国家社会科学基金重大项目
"农民工与城市公共文化服务体系研究"（12&ZD022）成果

农民工
城市公共文化服务体系
重组与优化

刘奇　范丽娟　邢军◎著

北京师范大学出版集团
安徽大学出版社

图书在版编目(CIP)数据

农民工城市公共文化服务体系重组与优化/刘奇,范丽娟,邢军著.—合肥:安徽大学出版社,2022.10
ISBN 978-7-5664-2400-6

Ⅰ.①农… Ⅱ.①刘…范…邢… Ⅲ.①公共管理－文化工作－体系建设－研究－中国 Ⅳ.①G123

中国版本图书馆 CIP 数据核字(2022)第 009262 号

农民工城市公共文化服务体系重组与优化
Nongmingong Chengshi Gonggong Wenhua Fuwu Tixi Chongzu Yu Youhua

刘奇 范丽娟 邢军 著

出版发行:	北京师范大学出版集团 安 徽 大 学 出 版 社 (安徽省合肥市肥西路 3 号 邮编 230039) www.bnupg.com www.ahupress.com.cn
印　　刷:	合肥创新印务有限公司
经　　销:	全国新华书店
开　　本:	710 mm×1010 mm　1/16
印　　张:	25.25
字　　数:	400 千字
版　　次:	2022 年 10 月第 1 版
印　　次:	2022 年 10 月第 1 次印刷
定　　价:	96.00 元

ISBN 978-7-5664-2400-6

策划编辑:范文娟　　　　　　　　装帧设计:李　军
责任编辑:范文娟　　　　　　　　美术编辑:李　军
责任校对:汪　君　　　　　　　　责任印制:陈　如　孟献辉

版权所有　侵权必究
反盗版、侵权举报电话:0551－65106311
外埠邮购电话:0551－65107716
本书如有印装质量问题,请与印制管理部联系调换。
印制管理部电话:0551－65106311

编写人员名单

首席专家：刘　奇
执行主持：范丽娟　邢　军
承担单位：安徽省社会科学院
项目名称：农民工与城市公共文化服务体系研究
项目批准号：12&ZD022
项目组成员：江刘伍　丁光清　李应振　李春荣
　　　　　　　沈　梅　韦向阳　靳贞来　周　艳
　　　　　　　李双全　殷民娥　赵　蓉　李小群
　　　　　　　吴海升　王　磊　陶　武　张　静
　　　　　　　宋玉军　朱剑峰　余许友　焦德武
　　　　　　　房蒲生　沈晓武　杨旭东　凌宏彬
　　　　　　　沈　昕　栾敬东　何　平　郝永华
　　　　　　　梅　琳

序

当下城市文化中荒唐的"高大上"

——论构建多层次城市文化生态的必要性

刘奇

一种文化的生成是时间积淀的过程。中国城市化率从1978年的17.9%迅速提高到2013年的53%,有的城市规模扩张了几十倍、上百倍,最高的达200多倍。城市化率提高20个百分点,英国用了120年,德国、美国用了80年左右,法国用了上百年,而中国仅用了22年。快速崛起的中国城市,虽然高楼林立、车水马龙,但还来不及形成自己的文化。一些城市呈现文化荒漠化、碎片化、快餐化、无规则化的特点,这不仅有碍城市成熟发育,妨害城市软件建设,也会殃及城市发展的政治利益。

应以层次构造为着力点

中国城市文化建设的必要性、紧迫性及方法论已有诸多文章论述,但对中国城市文化生态的格局问题还少有提及。一个良性的城市文化生态应是

"精英文化""大众文化"和"草根文化"三位一体的"草灌乔型"多元体系。借用林业生态术语,我们把"精英文化"比作直插云天的"乔木",把"大众文化"比作不高不矮的"灌木",把"草根文化"比作绿遍山野的"草木"。就像大自然数千万年形成的原始森林中的生态环境系统,草木、灌木、乔木融为一体,三者共生共荣,不分高低贵贱,都是其中的一员。只有不同层次互为因果,彼此照应,才使其生生不息,从而造就至今让人类无法破解的大森林生态系统良性循环之谜。因此,用生态学的原理打造城市文化应是当代中国城市文化建设方向性、目标性的着力点。

城市文化"靶向"偏差

综观当今我国城市文化建构,令人忧心的是,许多城市不惜人力、物力、财力,高薪延揽世界级大师设计的"高大上"的形象工程,投资数亿甚至数十亿的高档影剧院、音乐厅、山水实景演出等屡见不鲜,其奢华气派世所罕有,新奇怪诞堪称一绝。这些已达极致的"阳春白雪"行为,用学者王列生的话说:"一开始就没有面对社会基本文化诉求并以此为逻辑起点和靶向,而是在形式主义和官僚主义的支配下热衷于各种形象工程、政绩工程、标志工程、速效工程,热衷于文化建设中的权力意志所决定的随机虚拟指标以及对这些指标的政绩验收。"一些文化建筑建好后,门前冷落,入不敷出已成常态,不要说正常的维护费用无力筹措,有不少连水电费交起来都十分困难。

在一些人看来,只有标志性文化建筑才是主流文化的代表,才是中国人才能的显现,借此才能在世界文化发展中傲视群雄。在这种荒唐理念的驱使下,本来就投入不足的城市文化建设过多地向精英文化倾斜,嗷嗷待哺的大众文化、草根文化却无米下锅。难怪坊间戏称今天的一些城市文化是"领导的文化""富豪的文化""洋人的文化"。

"人化"和"化人"是关键

从风靡全国的大妈广场舞,毁誉参半,到徐州街头的万人集体暴走,评价不一,再到农民工业余时间四处游荡,无可奈何,这其中透露出的一个重要信息,就是城市文化需求与供给之间的尖锐矛盾,城市没有提供更多可以选择的文化活动方式,他们只好千人一面、万众齐趋地参与某项单调的活动。那些高不可及的一流歌剧院、音乐厅,那些交响乐、芭蕾舞、歌剧,票价都高得吓人,大众看不起,也不愿看,他们需要的是适合普通百姓消费的平民文化,尤其是那些参与式、体验式的自娱自乐文化。

基于文化就是"人化"和"化人"的理念,在城市文化建设中决不能让老百姓不知文化何"化"、美术何"术"、图书何"图"、音乐何"乐",而是务必树立适合平民消费的健康有益的大众文化、草根文化的观念,只有这样,才是一个城市的主流文化、主体文化和主导文化。一个城市的文化是所有生活在这个城市里的人共同创造的,每个人既是文化的消费者,也是文化的创造者。集聚城市的人来自天南地北,每个人都承载着不同的家族文化、民族文化、地域文化。各种文化在互相冲撞中融合,在融合中统一,在统一中升华,这就是"人化"的过程;然后再按照升华后的文化范式,约束规范来到这个城市生活的所有人,这就是"化人"的过程。城市文化有极强的包容性和巨大的同化力。每个人在他所生活的城市里既消费着既往的城市文化,也为这个城市的文化发展默默创造着、贡献着。如果忽视了占人口绝大多数的普通百姓,一个城市的文化建设将是没有价值的。培养一个城市市民的文化认同感、参与度和归属感,是一个城市凝聚向心力的根本途径和关键举措。

五个平台与四支队伍

当今中国的城市文化建设务必两眼向下,瞄准大众,瞄准基层,瞄准平民百姓,让他们贴得近,听得懂,能进入,能参与,喜闻乐见,积极投身。为此,当务之急是要搭建五个平台,建好四支队伍。

五个平台:一是免费开放的馆、站、室、厅等公共文化设施,如图书馆、博物馆、文化馆、阅览室、歌舞厅等。一些地方,博物馆成了"文物仓库",图书馆成了"图书仓库",一面是需求不能有效供给,一面是资源闲置浪费。而人口有700多万的香港有77家图书馆,图书借阅红红火火,一个借阅电话可以送书上门,还书不光可在任何一家图书馆,各地铁站口还都设有还书处。有关调查显示,国内图书馆借书还书手续多有不便,导致许多图书资料很少有人问津。某地竟出现一个有32名工作人员的图书馆一年只借出32本图书的奇闻。二是为2.6亿农民工搭建"文化低保"平台,在为他们免费提供文艺演出、电影电视、图书阅览的同时,免费发放文化消费券,让他们自由选择适合自己的定点商业文化消费,保障他们的基本文化权益。三是搭建适合群众自娱自乐的街头表演平台。国外许多国家在街头巷尾都建有这样的简易场所,可以让那些有即兴表演兴致的人,兴来神至,临时组合,演完即散。四是搭建便于市民包括农民工交流的"亲情网站",使那些无法融入城市或心情郁闷难以自我排遣的人找到情感的寄托。可以组织专业人才或征集志愿者帮助他们排解积郁、疏导情感,提供交流思想、答疑解惑的平台。五是搭建非物质文化传承平台。在芬兰,小学生掌握一项本民族非物质文化遗产是必修课。城市应免费开办各类有当地特色的非物质文化遗产传承培训,吸引爱好者参与,使之薪火永续。

四支队伍:一是能尽心尽职做好服务的基层专业文化工作者队伍,把那些热心于基层文化事业的同志选出来,用到位。二是民间文艺骨干队伍。把那些有各种文艺才能的民间骨干分子组织起来,广泛开展各种文艺活动。三是具有专业文艺水平的师资培训队伍。把公办院、团、校的专业人才组织起来,采取多种方式,深入基层文艺骨干群体,定期开展各类培训辅导。四是志愿者队伍。把有文艺特长的志愿者组织起来,利用节假日或其他休息时间到社区和企业开展文化服务。

城市文化的丰富多彩是一个城市精气神的体现,建立起"草灌乔"结合的城市文化生态,不仅能够让广大市民尤其是农民工找到精神的栖居之所,更能充分激发一个城市昂扬向上的强大活力,生动展示一个城市的勃勃生机,这也是一个城市树立形象、提升软实力的重要途径。

(原文刊《人民日报》2014年8月20日)

目 录

第1章 研究结构 ………………………………………… 1
1.1 问题的提出及意义 …………………………………… 1
1.2 相关研究评述 ………………………………………… 5
1.3 研究内容和方法 ……………………………………… 13
1.4 主要特色和创新 ……………………………………… 18

第2章 模型结构、理论基础及逻辑策略 ……………… 19
2.1 三维度的目标模型建构 ……………………………… 19
2.2 重组与优化的理论基础 ……………………………… 22
2.3 重组与优化的逻辑框架 ……………………………… 30
2.4 重组与优化的策略选择 ……………………………… 36

第3章 农民工城市公共文化服务评估 ………………… 41
3.1 评估的内涵及意义 …………………………………… 41
3.2 评估的实践探索 ……………………………………… 42
3.3 相关评估的研究 ……………………………………… 44

3.4 双元评估模型建构 …… 51
3.5 评估指标体系设计 …… 54
3.6 评估过程的实施 …… 58

第4章 农民工城市公共文化服务调查分析 …… 62

4.1 调查设计与组织实施 …… 62
4.2 主要数据分析 …… 63
4.3 问题及挑战 …… 81
4.4 政策建议 …… 86

第5章 农民工城市公共文化服务需求和消费研究 …… 90

5.1 需求研究的社会价值 …… 90
5.2 农民工多样化的文化需求 …… 92
5.3 农民工文化需求的调查分析 …… 97
5.4 农民工文化需求信息表达保障系统 …… 104
5.5 满足农民工文化生活需求的策略选择 …… 107

第6章 农民工城市公共文化政策实施状况调查 …… 115

6.1 政策运行中的重要行动者 …… 115
6.2 政策运行机制 …… 126
6.3 政策工具的作用发挥 …… 135
6.4 政策运行的绩效评估 …… 145

第7章 农民工城市公共文化服务的政策优化设计 …… 152

7.1 政策设计原则 …… 152
7.2 政策内容设计 …… 156
7.3 运作模式设计 …… 165
7.4 政策资源支撑设计 …… 168

第8章 提升农民工城市公共文化服务的效能机制设计 …… 172

8.1 公共文化服务体系及效能分析 …… 172
8.2 提升效能的预算机制设计 …… 180
8.3 服务运营机制 …… 196
8.4 提升效能的问责监督机制 …… 204

第9章 农民工城市公共文化服务保障机制 …… 209

9.1 构建保障机制的战略意义 …… 209
9.2 保障机制的理论基础 …… 212
9.3 高效保障机制的构成系统 …… 226
9.4 健全保障机制的对策建议 …… 231

第10章 农民工公共文化服务的高质量发展 …… 239

10.1 高质量发展新内涵 …… 239
10.2 高质量发展面临的新环境 …… 242
10.3 高质量发展面临的新挑战 …… 243
10.4 高质量发展的路径选择 …… 245

参考文献 …… 255

附录一:实地调研材料 …… 264

北京、上海、深圳、成都四市部分农民工访谈个案 …… 264
农民工与城市公共文化服务体系调查问卷 …… 315
《农民工与城市公共文化服务体系研究》实地调研提纲 …… 319

附录二:已发表的部分课题阶段性成果 …… 321

大力推进农民工以家庭为流动单元 …… 321
二元文化:城乡一体化的"暗礁" …… 331
"乡愁"九脉 …… 346

城镇化背景下农民工参与城市文化生态构建的路径选择 …………… 353

新生代农民工:作为群体的文化研究及其公共文化服务立体供给系统 …………………………………………………………………… 363

农民工公共文化服务现状及路径探究 ……………………… 376

后 记 ……………………………………………………………… 388

第1章
研究结构

1.1 问题的提出及意义

公共文化服务是丰富精神文化生活、传承中华优秀传统文化、弘扬社会主义核心价值观、增强文化自信、促进中国特色社会主义文化繁荣发展、提高全民族文明素质的重要方式[①]。农民工是在中国工业化、城市化进程中产生的一个特定群体,这一群体的特征可以概括为"六最":一个人类历史上规模最大的人群,在最短的时间内,涌入最没有准备的城市,承托起规模最大的制造业,创造出数量最多的廉价商品,以最低廉的成本改写了世界经济版图[②]。2021年我国农民工总量为2.9亿人,占全国人口总量的20%。农民工从熟悉的乡村来到陌生的城市社区,离农村老家很远,在城市几乎没有"家",与城市社会缺乏有效链接,成为一个个孤独、沉默、脆弱的原子化个体,农民工普

---

① 中华人民共和国农民工公共文化服务保障法[EB/OL].[2020-12-20]. http://www.npc.gov.cn/zgrdw/npc/xinwen/2016-12-25/content_2004880.htm.

② 刘奇.大力推进农民工以家庭为流动单元[J].中国发展观察,2012(2):39.

遍感到远离故乡缺乏家庭亲情温暖和精神慰藉,"无根一代"的感受挥之不去。当前,80后、90后、00后的新生代农民工已成为农民工主体,他们正是生理成长旺盛、感情交流需求最强烈的阶段,新生代农民工的需求层次结构也由生存型向发展型转变,需求由物质生活层面向精神生活层面拓展,需要丰富多彩的文化产品满足他们的精神文化需求。同时,由于农民工处于城市主流文化的边缘化,极难融入城市文化,只能自我形成一个"次文化圈",即"老乡文化圈""工友文化圈",精神文化生活整体呈现"孤岛化"特征,处于城市和农村的"夹心层"。

2000年以来,党和政府坚持以人民为中心的工作导向,以改革创新为动力,以"普遍性政策和专项政策"相结合的方式保障农民工公共文化权益。2004年12月,文化部发布《关于高度重视农民工文化生活,切实保障农民工文化权益的通知》首个以农民工群体为主体的公共文化政策。中共十八大以来,党中央、国务院高度重视农民工文化建设,出台了一系列政策措施,2015年1月中共中央办公厅、国务院办公厅在《关于加快构建现代公共文化服务体系的意见》这一纲领性文件中指出,加快将农民工文化建设纳入常住地农民工公共文化服务体系。2016年文化部发布《文化部关于进一步做好为农民工文化服务工作的意见》这一专项政策,部署新形势下农民工文化服务工作。2017年3月1日实施的《中华人民共和国公共文化服务保障法》规定,"根据流动人口等群体的特点和需求,提供相应的农民工公共文化服务";2017年文化部印发的《"十三五"时期繁荣群众文艺发展规划》指出,开展"戏曲进乡村"活动,丰富基层群众精神文化生活;2017年文化部印发的《"十三五"时期全国公共图书馆事业发展规划》指出,要加强农民工群体适用资源建设和设施配备,有针对性地开展服务,为其更好地融入社会提供帮助。党的十九大报告进一步强调,要深化文化体制改革,完善农民工公共文化服务体系,深入实施文化惠民工程,满足人民过上美好生活的新期待。

同时,各地开展了农民工公共文化服务创新实践,出现了"点单式"的文化服务、"数字化"文化服务、"人性化"的文化服务、"造血型"文化服务等经典案例。农民工公共文化服务在供需模式上实现了从"单一"到"多元"的转变;在建设规范上实现了从"零碎"到整体"覆盖"的重塑;在实施效度上实现了从"边缘"到"均等"的提升,有力地推动了农民工文化权益的实现,促进了农民工的城市融入,培育了农民工的公民意识和公民素质,为城市文化的合理发育增加了鲜活元素和内容,农民工的精神文化生活得到显著改善,满意度和获得感日益增强。

但是,与农民工的个性化、多层次、多样化文化需求相比,农民工公共文化服务仍然存在体系不完善,发展不均衡,供需错位,精准供给不够,社会力量参与不足,服务效能不高,农民工知晓率、参与率、满意度不高等问题,其核心症结就是发展不充分、不平衡的问题。

推进农民工公共文化服务高质量发展是新时代社会主义先进文化建设的基本内容和要求,是文化领域贯彻落实高质量发展国家战略的必然之举,也是全面建成现代农民工公共文化服务体系的路径选择,更是提升国家文化软实力、切实保障与满足农民工美好生活新期待的新时代使命。农民工城市公共文化服务体系重组与优化的核心逻辑是,以农民工为中心,以社会主义核心价值观为引领,以高质量发展为主题,以深化农民工公共文化服务供给侧结构性改革为主线,完善制度建设,强化创新驱动,努力推动文化治理体系和治理能力现代化,为农民工群体提供更高质量、更有效率、更加公平、更可持续的农民工公共文化服务,使农民工能够更好参与文化活动,培育文艺技能,享受文化生活,激发文化热情,增强精神力量,参与城市文化创造,繁荣城市文化生态,从而更好地推进农民工市民化。

——事关服务高质量发展国家战略。"高质量发展"是2017年党的十九大确立的全新发展战略,既符合我国经济已由高速增长阶段转向高质量发展阶段的实际,也是基于全面建成小康社会的国家战略需求。通过农民工城市公共文化服务体系重组与优化,推进农民工公共文化服务的高质量发展,解决公共文化发展的群体差距问题,是文化领域通过高质量发展消解社会主要矛盾的有力举措,通过提供丰富的精神食粮,满足农民工过上美好生活的新期待。对应这一国家需求,农民工公共文化服务必将在深化供给侧结构性改革、绩效评估体系优化、社会化深度参与、数字化服务创新、文旅融合公共服务等重点领域,全面推进农民工公共文化服务高质量发展。

——事关农民工公共文化服务创新性发展。农民工城市公共文化服务体系重组与优化的实质是一个公共文化领域治理创新的过程,在这一过程中,农民工公共文化服务要适应新时代需求,从"建设施、搭网络、做活动"等高速度发展的传统方式,向"以需求为导向、注重效能、提高满意度"的高质量发展向度转型升级。在这个转型过程中,我国要通过制度创新和机制优化,消除社会力量参与障碍,促进多元参与,推动联动管理,使各种农民工公共文化服务资源要素重新配置,各种利益和权利关系重新调整,有利于政府进一步转变职能、激发市场活力和培育社会组织,这种国家在农民工公共文化服务领域的治理实践,有助力推动国家治理水平和治理能力的现代化。农民工公共文化服务高质量发展,被赋予了建立现代文化治理体系的国家需求,也是国家治理能力现代化的必备要素。

——事关农民工公共文化服务的开放性发展。农民工公共文化服务是一个开放的系统,农民工城市公共文化服务体系重组与优化,可以调动全社会的人力资源、物力资源和技术资源,通过"农民工公共文化服务+"与各种业态融合发展。比如,通过数字化农民工公共文化服务,开启"云端"模式。通过门户网站、手机移动端、公众号等多种渠道,向农民工提供以"读书看报、文学鉴赏、展览展示、艺术普及"为主要内容的安全便捷的在线服务,可以增加产品和服务内容的丰富性、观赏性、互动性、便利性,可以通过大数据等科技手段,进行精细化的定制服务,提高服务的精准配置,进一步深化农民工公共文化服务的供给侧结构改革,激发农民工城市公共文化服务发展新动能。

——事关农民工公共文化服务提质增效。农民工城市公共文化服务体系重组与优化,可以推动基本农民工公共文化服务融入农民工生活,提高农民工知晓率、参与率和满意率;继续实施公共文化设施免费开放,拓展服务内容,创新服务形式,提升服务品质;加强公共文化设施错时开放、延时开放,鼓励开展夜间服务;推动公共图书馆、文化馆拓展阵地服务功能,面向农民工群体,开展经典诵读、阅读分享、大师课、公益音乐会、艺术沙龙、手工艺作坊等体验式、互动式的公共阅读和艺术普及活动;面向农民工群体,开展形式多样的个性化差异化服务,提供更多适合农民工的文化产品和服务,并最终为农民工个体的全面发展提供服务,推动农民工的城市融合和市民化进程。

——事关城市文化的合理发育。农民工城市公共文化服务体系重组与优化,有助于推动农民工与城市农民工公共文化服务体系相互衔接与融合,优化城市文化生态。城市文化建设的主体应是城市居民、文化工作者和农民工,农民工不仅是被动的城市公共文化接受者,而且是城市文化新形态的创造者。打工文化是农民工自我表现、自我创新的文化形式,理应成为城市文化体系的重要增长极。中国传统文化的根在乡村,由于乡村中传统文化的积淀,中华文化具有极强的包容性和同化性,城市文化合理发育亟须农民工参与城市文化创造,为城市文化增加鲜活元素和内容。

1.2 相关研究评述

1.2.1 国外研究现状

农民工研究深受国外移民研究的影响。移民研究中,新古典经济学宏观理论关注地区差异对迁移的影响,微观理论则从理性角度将迁移视为个体收益与成本算计的结果,而新移民经济学将决策主体从个体转向家庭,强调迁移是家庭为分散风险所采取的多样化经营策略[①]。社会学、人口学则从生命周期、社会网络等诸多角度对移民的迁移决策、迁移类型或迁移意愿进行解释。近年来,时间与空间因素在移民与农民工研究中受到了越来越多的关注。多阶段迁移理论认为,在迁移目的地的选择过程中,移民心中也会对诸多目标城市进行排序,形成一个迁移城市等级体系,既有研究将迁移视为一个从空间迁移到经济适应、社会适应与心理适应的动态过程。移民研究中,文化因素备受重视,文化认同被视为移民融合的结果与关键指标。例如,经典同化理论将移民的社会融合视为移民对主流或强势的文化、价值观和生活方式的接受与认可过程,在融合过程中,移民原有的族裔特质与文化特征将逐渐丧失[①]。多元论虽然倡导族群文化差异与文化多样性,但依然将文化认同作为移民融合的标准。其中,目标城市的文化特征与移民自身文化的亲和性成为影响排序与迁移决策的重要因素[②]。总之,从迁移目的地选择、融入策略到融入结果,文化因素的影响贯穿迁移的全过程。与国际移民常常面临

---

① Robertp,Ernestw,Roderickb,etal. *The City : Suggestions for the Study of Human Nature in the Urban Environment*[M]. Chicago : University of Chicago Press , 1984.

② Paulam. Step Wise International Migration :Amulti Stage Migration Pattern for the Aspiring Migrant [J]. *American Journal of Sociology*,2011(6):1842~1886.

母国与目标国之间巨大的文化差异不同,农民工迁移是国内迁移,农民工迁移面临的文化差异不如国际移民那样显著。但文化因素依然是农民工行动逻辑的坚实基础。

在文化政策方面,长期以来,西方国家将公共文化政策的目的定位为形成与社会发展总体目标相适应的共同价值观,通过制定系统的公共文化政策促进经济社会的可持续发展,其现代文化政策体系经历了"无政府管理阶段""现代管理体系的确立阶段"和"文化管理的调整、改革阶段"等。20 世纪 80 年代以来,西方国家将新公共管理理论运用到国家文化政策创新上,出现了一批研究成果,比如法国奥古斯丁·杰拉德(1972)的《文化发展变化:经验与政策》、英国克里斯·巴克(1998)的《文化研究:理论与实践》、德国安托尼·埃弗利特(1999)的《文化治理:整体性文化计划和政策取向》、欧盟委员会的(1998)《文化、文化产业和就业》、哈贝马斯(1998)的《文化与公共性》等。这些成果从不同层面研究了如何通过显性和隐性的文化政策,塑造文化管理体系,推进公民社会各种力量的新型合作。

国外学者对公共文化服务质量的研究更多是借鉴了应用于工商管理中"服务质量"的管理理论和成熟的管理模式和模型。相对国内的定性研究而言,国外借助于良好的数据搜集与系统性模型的建立,从定量层面研究,得出的结果与结论更为客观,能够更好地去反映公共文化服务质量,由此为后续的建议和政策奠定基础。

在研究方法方面,西方具备多元化的服务质量测评模型(如美国的 ACSI 模型、瑞典的 SCSB 模型、欧洲的 ECSI 模型、服务质量模型等)从不同的方面探讨了公共服务质量,并且进一步分析和探讨,这些模型能够更好地从定性的层面去判断政府公共服务有效性与质量好坏,从而提供合理的改善建议。此外,应用于传统商业领域的产品质量评价方法也逐步被应用在了公共服务质量评价中。主要评价方法包括层次分析法、DEA 法、德尔菲法等,这些评价方法都得到了广泛应用,且取得了良好的效果。

1.2.2　国内相关研究综述

关于农民工城市公共文化服务的研究。笔者以 CNKI 为样本文献来源数据库,以"农民工公共文化服务"为主题词进行高级检索,检索时间为 2018

年12月18日,共得到文献177篇。通过绘制样本文献的发刊时间与发刊数量关系表(见表1-1),可从时间维度上直观看出学术界关于农民工公共文化服务研究的产出趋势。

表1-1 2007—2018年农民工公共文化服务的发刊时间与发刊数量关系表

年度	2007	2008	2009	2010	2011	2012	2013	2014	2015	2016	2017	2018
数量	1	1	3	1	13	21	36	32	25	21	14	9

农民工公共文化服务研究文献数量于2011年开始呈现明显上升的趋势,研究文献数量最高的2013年共有36篇,是近年来的峰值,并且年际间的文献增量波动较小,2015年之后呈现明显下降的趋势,2015年成为转折点。2011—2015年农民工公共文化服务研究发文量激增期,占样本总量的71.8%,2011—2015年之所以出现研究发文量激增,是因为国家自2011年起开始创建公共文化服务示范区,尤其是全国社会科学规划办公室2012年立项了一批有关农民工文化的国家社会科学基金项目。

2015年以前,学术界更多关注农民工公共文化服务现状评价、新生代农民工的文化需求调查,关注农民工群体内部的分化、文化需求的差异比、公共文化服务提供方式等。2011年,翟莹昕对农民工的文化需求与公共图书馆的服务功效进行对接研究[①]。2013年,庄飞能基于武汉市农民工及北京工友之家文化发展中心的调查,认为"'农民工组织'模式是一种内生动力型长效机制,提出了'组织农民工'模式向'农民工组织'模式转型的必然性和有效途径"[②]。2014年,卢明针对苏州市农民工群体公共文化参与需求,提出了面向农民工需求的城市公共文化服务体系[③]。2015年后,农民工公共文化服务的研究产出开始下降,但研究逐步深入服务模式、城市融入、文化消费、文化效应与价值实现等领域,也开始出现诸如文化服务供给侧结构性改革、数字农民工公共文化服务、满意度评估等新的研究方向。2015年,叶继红依托社会

---

① 翟莹昕.论"80后"农民工的文化需求与公共图书馆的作为[J].长春理工大学学报(社会科学版),2011(2):30～31.

② 庄飞能.农民工公共文化服务模式的转型与重构——基于武汉市农民工及北京工友之家文化发展中心的调查[J].华中农业大学学报(社会科学版),2013(3):90.

③ 卢明.基于农民工文化需求的农民工公共文化服务体系建设研究——以苏州市为例[D].苏州:苏州大学硕士论文,2014.

行动理论,分析了农民工公共文化供给与需求满足的过程①;程晓婧基于Servqual和Servperf服务质量模型,研究了农民工群体的公共文化服务绩效②;杜春娥等人发现,借助于网络平台和移动终端,农民工越来越多地参与到数字文化活动中,建构起自己的文化生态,并逐步成为其中的文化主体③。2016年,肖希明等人认为,数字化是实现农民工基本公共文化服务均等化的必由之路④;姜海珊、李升利用北京市"城中村"农民工的调查数据,对首都农民工公共文化服务消费现状进行分析,发现农民工公共文化服务内容贫乏、满意度不高、闲暇时间少、收入低、社交网络窄是影响农民工公共文化服务消费的主要原因⑤;郑迦文探讨了民族地区的农民工公共文化服务策略,提出要实现城镇化背景下的"文化下乡"与农民工"精神进城"的有效整合⑥。2017年,陆自荣、徐金燕设计了社区融合测量的指标体系,通过因子分析构建了社区融合的四因子模型,指出农民工公共文化服务参与程度和层次对农民工城市社区融合有显性作用⑦;王为理、任珺认为,农民工公共文化服务供给侧结构性改革的核心是,解决公共文化产品供给和需求相匹配问题,并最终服务于人的发展⑧;徐增阳等人以武汉市农民工调查为例,探讨了基于结

---

① 叶继红.农民工文化需求与城市农民工公共文化服务体系构建——来自江苏的调查思考[J].中州学刊,2015(6):66~71.

② 程晓婧:农民工公共文化服务质量评价研究——基于个体差异的视角[J].石家庄:河北经贸大学硕士学位论文,2015.

③ 杜春娥,畅榕,刘辰.农民工数字文化资源需求与使用状况调查——以北京地区为例[J].中国广播电视学刊,2015(6):93~95.

④ 肖希明,完颜邓邓.以数字化促进基本公共文化服务均等化的实践研究[J].图书馆工作与研究,2016(8):5~10.

⑤ 姜海珊,李升.城市融入视角下的北京农民工公共文化服务状况[J].人口与社会,2016(2):50~53.

⑥ 郑迦文.文化下乡与精神进城——民族地区农民工公共文化服务的面向及策略[J].贵州社会科学,2016(5):84~89.

⑦ 陆自荣,徐金燕.农民工社区融合与城市公共文化服务体系研究[M].北京:人民出版社,2017:121~148.

⑧ 王为理,任珺.农民工公共文化服务供给侧改革探析[J].特区实践与理论,2017(2):85~90.

构方程的农民工公共服务满意度测评①。黄寿海、胡小平分析了基于差异化需求视角下农民工对城市公共文化产品的评价②。2018年,孙友然从新市民的角度分析了我国农民工公共文化服务的现状和城市融合水平,以及公共文化对农民工城市融合的影响机理③。

农民工公共文化服务的主要论域、主题基本和同时期的公共文化服务研究高度重合,但也呈现出各自特色。(1)每个研究者都重视群体之间的异质性。(2)每个研究者都认为应该为特定群体量身定制特色农民工公共文化服务。(3)农民工城市社会融入成为研究的焦点。

从研究逻辑上看,农民工公共文化服务主要有"治理说""权利说""政治说"和"福利说"之分。"文化治理说"倡导现代农民工公共文化服务政府主导,多元参与,形成互动的文化生态,强调政府文化职能应实现从传统公共管理向现代治理的根本转变。这里有两种主要的研究方向:一是将文化作为治理对象,强调文化管理要从传统的管制模式转变为现代的治理模式,并据此对文化治理的构成要素④、核心任务⑤及对国家文化政策相关问题进行探讨;二是将文化作为治理的手段,强调文化在社会治理中的独特功能⑥。目前,文化治理已成为国家治理体系和治理能力现代化进程中的新命题。"权利说"核心议题在于文化资源获取、服务享用的公平性,从农民工基本权利角度出发阐释农民工公共文化服务所应当具备的功能与价值,体现为确保政府执政合法性的时代呼唤与和谐社会的现实要求。"政治说"主要聚焦于全球化时代不断凸显的文化霸权与政治格局失衡等危机⑦,将农民工公共文化服务的平台载体功能上升为提升国家文化软实力、抵御外来文化冲击与增强民族

---

① 徐增阳,崔学昭,姬生翔.基于结构方程的农民工公共服务满意度测评——以武汉市农民工调查为例[J].经济社会体制比较,2017(5):62~74.
② 黄寿海,胡小平.差异化需求视角下农民工对城市公共文化产品的评价[J].财经科学,2018(5):47~55.
③ 孙友然.中国新市民公共文化服务体系研究[M].南京:南京大学出版社,2018.
④ 景小勇.国家文化治理体系的构成、特征及研究视角[J].中国行政管理,2015(12):51~56.
⑤ 祁述裕.当前文化建设的几个重点难点问题[J].行政管理改革,2013(1):23~29.
⑥ 胡惠林.国家文化治理:发展文化产业的新维度[J].学术月刊,2012,44(5):28~32.
⑦ 毛少莹.全球化中的文化[J].特区实践与理论,2006(1):47~49,28.

凝聚力的战略载体,强调将农民工公共文化服务作为主流价值普化。"福利说"主张农民工公共文化服务的政府职责履行,文化福利属于社会福利的一部分,是政府职能改革在文化服务领域的深入和发展[①]。

以上四种研究逻辑,其核心主旨是不同学界基于取向的重点关切,是基于不同文化属性的考量而作出的学术阐释,每一种逻辑皆有其独到和可取之处,也证明了农民工公共文化服务内涵的丰富。

从研究视角看,主要包括国家—社会视角、历史制度主义视角、结构—功能视角、主体—空间视角、本土—内生视角[②]。(1)国家—社会视角。农民工公共文化服务作为一项基本公共服务,需要构建政府主导与社会化发展相统一的协同发展框架,国家一手包办的文化运作模式产生于旧时代的政治理念,显然不再适用于当下的市场经济环境,亟须进行模式重构[③]。这种借由文化项目实现"国家—社会"互动的新型社会治理模式通常囿于中央政府强控制逻辑、地方政府弱应对逻辑,以及基层民众的无反馈逻辑而存在农民工公共文化服务成效甚微等问题[④]。社区文化活动中心社会化服务模式的趋同和差异[⑤],将这种研究深入到微观实证研究。(2)历史制度主义视角。其研究主要聚焦于文化政策与理论思辨两个层面。政府履行其文化职能的权威工具之一便是发布相关文化政策。从服务供给角度看,有权威型供给、商业型供给和志愿型供给三种模式[⑥]。(3)结构—功能视角。农民工公共文化服务需求不仅是读书看报、看电视电影,而是集文体娱乐、技能培训、信息服务、知识学习等于一体的综合性文化服务。基于政绩逻辑导向的形式表演,其财政支出效率和服务绩效不容乐观,更深层次可归结为农民工公共文化服

[①] 祁述裕.提高国家文化软实力"三题"[J].人民公仆,2014(2):52~56.
[②] 赵军义,李少惠,朱侃.农民工公共文化服务研究的主要视角及重点关切[J]图书馆,2019(7):50~56.
[③] 傅才武.当代农民工公共文化服务体系建设与传统文化事业体系的转型[J].江汉论坛,2012(1):134~140.
[④] 周飞舟.财政资金的专项化及其问题 兼论"项目治国"[J].社会,2012,32(1):1~37.
[⑤] 陈世香,王余生.基层治理现代化:社区农民工公共文化服务的社会化研究——基于三个社区文化活动中心的比较分析[J].辽宁大学学报(哲学社会科学版),2017,45(4):11~17.
[⑥] 周晓丽,毛寿龙.论我国农民工公共文化服务及其模式选择[J].江苏社会科学,2008(1):90~95.

务体制和结构失灵问题,亟须从供给侧结构性改革入手予以修正[①]。依托国家治理体系和治理能力现代化的战略背景,国家文化治理面临三大任务,核心是调整政府与市场、社会的关系,解决政府文化管理体制和管理能力现代化问题。(4)主体—空间视角。学术研究的"空间转向"逐渐使人们对空间的理解逐渐超越了其物理属性,更加关注空间的社会实践,关注人在空间中的主体行为和空间的生产与再生产[②],而后又经历了空间治理与区划治理转向[③]。(5)本土—内生视角。农民工公共文化服务供给始终存在政府一厢情愿的政绩导向问题,自上而下标准化、配套化的文化福利难以落地,成为游离于民众真实文化需求之外的文化摆设。究其原因,与政府习惯以"他者"视角进行"文化下乡",以及对基层社会深厚文化根基和优秀文化资源的忽视不无关系[④],学界主要将"本土—内生"视角重点指向农村公共文化服务供给,并试图通过推动内生公共文化资源结构性调整与联动聚集,提升农民公共文化服务效能,增强农民的文化参与度与获得感。

关于公共文化服务效能的研究。彼得·德鲁克认为,效能是指选择适当的目标并实现目标的能力,它包括两方面内容:一是所设定目标必须适当;二是目标必须实现[⑤]。因此,农民工公共文化服务体系的效能是指农民工公共文化服务体系目标设置得当及其实现的程度[⑥]。目前,学术界对于如何提升农民工公共文化服务效能有以下几种主要观点:一是通过推进农民工公共文化服务项目的政府购买行为,引入市场机制[⑦]。二是通过建立农民工公共文化服务体系的监督反馈机制科学设置农民工公共文化服务体系的绩效考核

---

① 王列生. 警惕文化体制空转与工具去功能化[J]. 探索与争鸣,2014(5):16~18.

② Henri Lefebvre, Donald Nicholson Smith. *The Production of Space*[M]. Oxford: Blackwell,1991.

③ 陈亮,熊竞. 棘手问题治理的复合困境、可行路径与理论反思——基于网络化治理的视角[J]. 吉首大学学报(社会科学版),2018,39(1):64~72.

④ 沙垚. 乡村文化传播的内生性视角:"文化下乡"的困境与出路[J]. 现代传播(中国传媒大学学报),2016,38(6):20~24.

⑤ 李成彦. 组织文化对组织效能影响的实证研究[D]. 上海:华东师范大学,2005:26.

⑥ 李世敏. 农民工公共文化服务效能提升的三个维度及其定位[J]. 图书馆理论和实践,2015(9):10~13.

⑦ 李山. 政府购买农民工公共文化服务的现实困境与改革路径[J]. 湘潭大学学报(哲学社会科学版),2014(3):25~29.

标准,在此基础上配套监督反馈机制,以有效的考核和监督反馈提升效能[1]。三是采取高新科技改进农民工公共文化服务模式,将计算机技术、数字技术、网络技术、移动通信技术等应用于农民工公共文化服务体系,通过新技术实现资源的整合和共享[2]。四是建立健全农民工公共文化服务需求反馈机制[3]。五是改革传统的农民工公共文化服务体制机制,整合文化资源[4]。随着文化治理理论的提出,目标导向的农民工公共文化服务的效能研究引起学者的重视,王列生提出,在当下构建国家农民工公共文化服务体系的具体事项中,要倡导一种意识形态前置的处置方案。农民工公共文化服务体系的路径应该包括社会主义价值观前置、政府职能的公共服务塑造和公共文化资源均等性配置三个方面[5]。吴理财认为,农民工公共文化服务体系涉及资源分配、社会整合、政治认同以及这些过程的象征化、美学化和合理化[6]。李世敏认为,农民工公共文化服务效能目标包括满足基本的文化需求、引导健康的生活方式以及塑造政治文化认同三个维度,三者之间存在一致的地方也存在一定的张力[7]。郭妍琳认为,农民工公共文化服务体系是实施公共文化政策的平台、实现人民基本文化权益的媒介和建立社会主义核心价值观的制度保障[8]。张桂琳认为,农民工公共文化服务体系的建设不仅可以满足群众的基

---

[1] 何继良.关于构建农民工公共文化服务体系,保障人民基本文化权益的若干问题思考[J].毛泽东邓小平理论研究,2007(12):5~10.

[2] 刘洋,等.构建现代农民工公共文化服务体系——2013年中国农民工公共文化服务体系建设盘点[J].中华文化论坛,2014(3):132~136,191.

[3] 吴漫.论农民工公共文化服务需求反馈机制的构建[J].淮北师范大学学报(哲学社会科学版),2013(5):50~53.

[4] 傅才武.当代农民工公共文化服务体系建设与传统文化事业体系的转型[J].江汉论坛,2012(1):134~140.

[5] 王列生.论构建农民工公共文化服务体系的意识形态前置[J].文艺理论与批评,2007(2):125~129.

[6] 吴理财.农民工公共文化服务的运作逻辑及后果[J].江淮论坛,2011(4):143~149.

[7] 李世敏.农民工公共文化服务效能提升的三个维度及其定位[J].图书馆理论和实践,2015(9):10~13.

[8] 郭妍琳.农民工公共文化服务体系的社会效益与制度建设[J].艺术百家,2008(3):216~217.

本文化需求,保障公民的基本文化权利,还有助于提升公民素质和公民能力[①]。李海娟认为,农民工公共文化服务体系建设的意义不仅在于繁荣社会主义先进文化,推进社会主义核心价值体系建设,还有利于增进文化认同,提升中国文化软实力[②]。杨泽喜认为,西方价值观的强烈冲击、和谐社会建设的要求与公民文化权利保护是构建农民工公共文化服务体系的逻辑基础[③]。

但从现有的研究来看,对农民工公共文化服务效能提升路径的研究是重点,研究得比较系统,而对公共文化服务目标的研究则是附带的。因此,我们研究农民工公共文化服务效能提升不仅要有正确的目标导向,而且要有相应的领域和重点。

1.3 研究内容和方法

1.3.1 四个核心概念:农民工、农民工公共文化服务体系、农民工公共文化服务效能、重组与优化

农民工:本书研究的农民工是指具有农业户口,在城市从事第二、三产业的农村流动人口,包括本地农民工和外地农民工两类。

农民工公共文化服务体系:公共文化服务体系是在《中华人民共和国公共文化服务保障法》立法框架下的各种制度与程序安排,是公共文化服务的制度体系、设施体系、项目体系、核心价值观引领体系、优秀传统文化传承体系、文化产品和服务生产传播体系等多种体系的集合。本书认为,公共文化服务体系由"主体、对象、资源、创新"四种要素组成。把创新作为一种资源要素,是本书的特色之一。

[①] 张桂琳.中国特色农民工公共文化服务体系的发展与完善[J].探索与争鸣,2013(2):19~21.
[②] 李海娟.试析农民工公共文化服务发展的整合战略[J].毛泽东邓小平理论研究,2011(11):21~26.
[③] 杨泽喜.构建农民工公共文化服务体系的逻辑原点与路径选择[J].江汉论坛,2012(5):141~144.

农民工公共文化服务效能：所谓效能是指选择适当的目标并实现目标的能力。因此，农民工公共文化服务效能是指农民工公共文化服务体系目标设置得当及其实现的程度①。根据效能的定义，本书提出要从目标和路径上考虑提高效能的方法。由于文化的特殊属性，本书把"公共性"的实现作为公共文化服务的目标效能之一。

重组与优化：所谓重组与优化是指在有关理论的指导下，利用政策工具，通过体制机制和制度创新，从目标和路径上优化各种要素，调整各种关系，从而对公共文化服务体系进行完善的动态过程。

1.3.2 研究目标

由于公共文化服务的特殊性质，本书研究的目标有四个。

目标1：通过研究，本书提出农民工城市公共文化服务体系重组与优化策略，使农民工群体能够享受更高质量的公共文化服务，提升农民工的获得感、公平感和幸福感，更好地满足农民工对美好生活向往的需要。农民工公共文化服务体系作为核心价值观和传统文化的教育平台，可以提高农民工的文化自觉，增强文化凝聚力，并最终服务人的发展，推动农民工的城市融入和市民化。

目标2：在农民工公共文化服务供给侧结构性改革中，本书借鉴经济学中的供给侧四要素原理，引进"创新"要素，探索创新在农民工公共文化服务供给侧结构性改革中的作用，有利于推动"公共文化服务＋"，促进产业融合，激发发展新动能。

目标3：通过分析现代农民工公共文化服务体系的特性，建立农民工公共文化服务体系的理想模型并分析它的运行逻辑，本书尝试在农民工公共文化服务理论方面进行一些探索。

目标4：通过政策分析、环境判断，本书提出农民工公共文化服务高质量发展的路径选择，为政府制定农民工城市公共文化服务政策提供决策参考。

---

① 李世敏.公共文化服务效能提升的三个维度及其定位[J].图书馆理论和实践，2015(9)：10～13.

1.3.3 研究内容

本书研究的核心问题是"农民工城市公共文化服务体系重组与优化",沿着研究背景——研究问题——理论基础——理论建构——实证研究经验研究——策略研究思路进行,研究思路如图1-1所示。

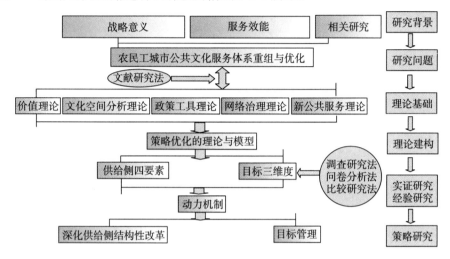

图 1-1 研究思路图

研究内容主要涉及以下五个关键部分。

——研究的重要性和目标。农民工城市公共文化服务体系依然存在着供给主体缺位和供需匹配失衡双重问题,农民工城市公共文化服务的公正性、均等化意蕴任重道远。如何通过农民工城市公共文化服务体系的重组与优化,提高农民工城市公共文化服务的效能,具有服务"高质量发展"国家战略、推动农民工文化治理的现代化、丰富城市文化生态等重大意义,并依据相关理论和研究基础提出研究的四个目标,这是第1章的重点内容。

——研究目标模型构建和效能提升的理论基础及其路径。通过分析现代农民工公共文化服务体系的内涵和特征,构建农民工城市公共文化服务体系的理想模型,并分析模型特性和应用,结合农民工公共文化服务价值理论、政策工具理论、公共服务理论、网络治理理论、文化空间分析理论,提出农民工城市公共文化服务体系"重组与优化"的策略选择。这是第2章的内容。

——目标导向的农民工城市公共文化服务评估研究。第3章主要研究农民工城市公共文化服务评估的内涵、意义、原则、目标及过程,构建农民工城市公共文化服务的"公平、效能"二元评价模型,探索建立指标体系,研究指标体系测量方法。

——实证研究。第4章在全国5个城市3974份问卷调查和230份访谈问卷和使用SPSS软件进行统计的基础上,描述农民工城市公共文化服务状况,分析原因并提出建议。第5章对农民工城市公共文化服务需求现状进行分析,提出需求管理的策略。第6章对政策的执行过程从公平性、系统性、契合度等方面进行评估。

——策略研究。第7章认为"政策倾斜"是保障农民工平等享受城市公共文化服务的必要手段,提出要坚持公益、保护公平、尊重差异、促进参与,采取前瞻性、干预式运作模式设计政策优化思路。第8章从服务体系结构本身着手,认为农民工城市公共文化服务效能主要体现为预算实施效能,效能提高的关键在决策计划、执行管理、绩效控制三个环节,重点从创新预算机制、运营机制、考核机制三个方面提出了优化设计方案。第9章从构建农民工城市公共文化法律保障机制、建立财政投入长效机制、健全组织体系保障机制、建立信息系统保障机制、完善绩效考核保障机制、建立农民工公共文化服务的社会舆论监督反应机制、建立农民工自主参与农民工公共文化服务考核机制、健全培育公共文化专业人才政策、制定并完善对广大农民工文化消费的激励政策、健全公共文化资源建设和运营保障机制等10个方面提出对策建议。第10章重点关注推进农民工公共文化治理体系和治理能力现代化、农民工公共文化服务高质量均等化、城乡农民工公共文化服务体系一体化、公共文化数字化建设,让农民工发挥传承弘扬中华优秀传统文化的主体作用等。

1.3.4 研究方法

本书立足公共管理学,借鉴经济学、社会学、政治学、文化学和统计学等学科的研究方法,研究过程中主要运用了以下几类方法。

——文献研究法。其一,通过学习各相关学科关于农民工公共文化服务和农民工的理论成果,探寻理论基础。其二,梳理、比较研究我国各部门关于农民工公共文化服务和农民工的现行政策,广泛搜索中央人民政府网、中国网、国家公共文化网,文化部等官方网站,省级文化部门官方网站,农民工公共文化服务 APP,文化产业 APP 上的相关政策和规定,梳理出至今有效的法律、法规和文件,对农民工城市公共文化服务发展趋势进行研判,追踪关注国家公共文化服务体系示范区、示范基地、示范项目、文化类重大工程的建设情况,深入挖掘发达国家弱势群体公共文化服务的理论和经验,为本书提供重要借鉴,丰富知识结构,提高研究能力。

——问卷调查法。本书采用非概率配额抽样和偶遇抽样相结合的方法,于 2012－2013 年对农民工流出地的安徽阜阳、四川成都和农民工流入地的北京、上海、深圳等 5 个城市各类型农民工聚集较多的企业进行问卷调查,回收有效问卷 3974 份。其中,北京 1029 份、上海 569 份、深圳 446 份、成都 691 份、阜阳 1212 份(见表 3-1)。问卷所涉及的问题主要涵盖了被调查者的基本个人信息(如性别、年龄、职业、婚姻等)、文化生活现状、农民工公共文化服务需求、对城市农民工公共文化服务满意度等方面进行调研。在问卷调查的基础上,本书还采用了结构式访谈的方法对北京、上海、深圳、成都等地的农民工进行了 230 份个案访谈。通过对调查问卷、个案访谈编码处理,进行内容分析,这些调查给本书提供了第一手材料,本书中的数据和案例应用如果没有特别注明,都来自于此。

——规范分析和演绎分析相结合法。规范分析围绕价值判断与逻辑建构展开,能解决"应然"问题,本书主要应用规范分析方法对农民工城市公共文化服务体系的理想目标是"是什么样结构"及"怎样运行才能"的问题进行应然界定,具体包括现代农民工公共文化服务体系的内涵、特征、理论基础等。然后,结合演绎分析内在机理,演绎出如何从农民工城市公共文化服务"实然"状态到"应然"的逻辑策略。

——统计分析法。本书利用 SPSS 软件,对调查问卷进行描述分析,分析农民工城市公共文化的现状和现存问题;通过满意度分析,判断政策执行情况;通过对农民工文化服务需求进行统计分析,了解农民工的需求偏好,为政策和机制优化设计提供依据。

1.4 主要特色和创新

其一,本书融合多学科研究方法,在分析现代公共文化体系内涵和基本特征的基础上,尝试构建农民工城市公共文化服务体系的三维结构理想模型,并将其抽象为"在法治化的基础上,多元协调、均等高效的一个行动过程",为公共文化服务体系建设提供了一个参照系。

其二,本书提出提高效能要从目标和路径两个方面考虑,把经济学中供给侧四要素原理引入农民工城市公共文化服务中的供给侧结构性改革中,尝试把"创新"作为农民工城市公共文化服务体系的四要素之一,探索创新要素在推动农民工城市公共文化服务高质量发展中的意义。

其三,本书认为,在农民工城市公共文化服务的效能目标中,除了满足基本文化需求之外,最重要的是引入"公共性",把"公共性"纳入效能测量指标中,在农民工城市公共文化服务评估中纳入效能考察,对农民工更好地融入城市社会有着重要意义。

第 2 章
模型结构、理论基础及逻辑策略

本章把"现代农民工公共文化服务体系"作为一个理想状态的参照系,通过分析现代农民工公共文化服务体系的内涵和特征,构建农民工城市公共文化服务体系的理想模型,并分析模型特性和应用,结合有关理论和政策工具提出农民工城市公共文化服务体系"重组与优化"的逻辑策略。

2.1 三维度的目标模型建构

2.1.1 依据:现代公共文化体系的内涵和基本特征

从内涵来看,农民工公共文化服务是现代公共服务的重要组成部分。构建农民工公共文化服务体系的出发点和价值基础是保障公民的基本文化权益,公民文化基本权益主要包括四方面:参与文化生活的权利、享受文化发展成果的权利、开展文化活动及文化创造的权利、文化创造成果得到法律保障的权利。农民工公共文化服务体系建设的基本任务是提供基本文化服务,满足农民工的基本文化需求。"基本文化服务"是社会的公共文化服务,在现阶段,我国基本文化服务内容主要包括看电视、听广播、读书看报、参与公共文化活动、进行公共文化鉴赏等方面。我国"基本文化服务"具有标准化的特征,随着经济社会和文化发展水平动态调整。

——表现在文化理念上,农民工公共文化服务体系建设坚持以人民为中心的工作导向,尊重农民工的主体地位。农民工公共文化服务体系建设,不仅是为了满足农民工的基本文化需求,而且更重要的是,通过文化活动和文化空间再造促进农民工对社会公共价值的形成和核心价值的认同,提升全民族的素质,增强文化自觉与文化自信,繁荣社会主义文化。

——表现在制度建设层面,一是农民工公共文化服务体系是在《中华人民共和国公共文化服务保障法》立法框架下的各种制度与程序安排。二是健全农民工公共文化服务的社会参与机制,鼓励多元参与,建立政府和社会、市场之间的良性协调互动关系,推动农民工公共文化服务社会化。通过进一步深化文化体制改革,处理好政府和各类文化主体的关系。三是引入平等竞争机制,允许多元服务主体通过公平、公正竞争,发挥市场机制的积极作用。

——表现在现代技术运用层面,要求充分利用现代数字网络技术,推进农民工公共文化服务数字化网络建设,提高农民工公共文化服务的效能。蒯大申认为,现代农民工公共文化服务体系具有"均等化、高效化、多元化、民主化、法制化"五个基本特征。在五个基本特征中,"均等化和高效化"属于发展目标范畴,"多元化和民主化"属于体制机制范畴,"法治化"属于制度保障范畴。并且,这些基本特征之间呈现出相互联系的关系,它们相互作用,共同影响着整个现代农民工公共文化服务体系的各种制度安排[①]。

2.1.2　三维度的目标模型结构

依据现代公共文化服务体系具有"均等化、高效化、多元化、民主化、法治化"五个基本特征,我们发展出它的三维度结构模型。

维度1:发展目标——均等化和高效化;

维度2:体制机制创新——多元化和民主化;

维度3:制度建设——法治化。

---

① 蒯大申.现代公共文化服务体系的内涵与基本特征[J].上海文汇报.2014-02-24.

根据以上基本特征及其相互关系的分析,我们建构了农民工城市公共文化服务体系的理想模型(见图2-1)。

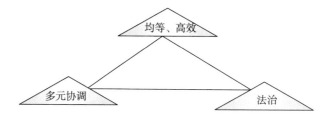

图 2-1　农民工城市现代公共文化服务体系的理想模型

这个模型可以表述为:农民工城市公共文化服务体系的理想模型就是"在法治化的基础上,多元协调、均等高效的一个行动体系"。其中,法治化是基础,多元协调是手段,均等高效是发展目标。这个模型符合现代文化治理理念。

2.1.3　模型的应用

为了分析从目标上提高效能的方式,我们把"均等高效""多元协调""法治化"三个模型的基本特性转化为3个一级指标,分别表述为"服务效能""体制机制创新""制度化"3个指标,然后发展出5个二级指标、12个三级指标,这12个三级指标就是影响效能的关键因素。

表 2-1　目标影响效能的多因素分析表

一级指标	二级指标	三级指标
服务效能	均等化程度	财政投入
		可及性
	供给有效性	内容供应量
		价值引领
		满意度

续表

一级指标	二级指标	三级指标
体制机制创新	主体参与	政府文化服务机构
		社区(文化类社会组织)
		企业
	农民工参与	服务活动参与
		服务管理参与
制度化	制度建设	政府农民工服务政策制定
		制度创新案例

2.2 重组与优化的理论基础

农民工城市公共文化服务体系的重组与优化,涉及多个学科的理论基础。结合前面有关研究及农民工群体的特点。本书以公民权为逻辑起点,以公共文化价值理论为价值引导,以政策理论工具、网络治理理论、文化空间分析理论、新公共服务理论为工具进行相关分析。

2.2.1 公民权:体系重组与优化的逻辑起点

"公民权"是一个舶来品,英国学者马歇尔在代表作《公民权与社会阶级》一书中将公民权划分为政治权利、市民权利及社会权利。在农民工城市公共文化参与中对应的就是农民工的政治权利赋权问题。农民工的经济权利及社会权利就是农民工公共服务供给内容的来源。保障农民工的基本文化权益是我国建设服务型政府的现实要求,是构建现代农民工公共文化服务体系的出发点和价值基础。为农民工提供基本文化服务,满足农民工的基本文化需求,是现代农民工公共文化服务体系建设的基本任务,也是与国际接轨保障公民文化权利是一致的。联合国教育、科学及文化组织大会第三十一届会议通过《世界文化多样性宣言》(2001年11月2日)认为:"文化权利是人权的一个组成部分,它们是一致的、不可分割的和相互依存的。……每个人都应当能够参加其选择的文化生活和从事自己所特有的文化活动。"总之,农民工公共文化服务实现是对公民权的现实实现。农民工基于"经济理性"来到城市,他们不仅丧失了关于自身公共事务的话语权,而且体现自身基本经济权利和社会权利实现的农民工公共文化服务供给也常常处于缺失状态。究其原因,首要的制约因素是城乡二元分割体制,这种社会结构形态及制度设计,使得城市政府在设计公共服务的规模时虽然依据政策规定向农民工配置,但城市政府向农民工提供的集体消费品和其他社会福利并没有真正落实。因为公民权不会自动保护,所以保障农民工的公民权,必须通过农民工城市公共文化服务实现为公民权的实现提供条件和保障,公民权是农民工应该享有的城市公共文化服务的逻辑起点。

2.2.2 价值理论

公共服务理论和文化有关研究,确定了农民工公共文化服务的价值特性,为农民工公共文化服务体系的效能构成提出了特殊要求。自从法国法学家莱昂·狄骥1913年提出公共服务定义以来,公共服务就从公法的基础演变为特定的公共价值,公共服务的价值目标也由促进社会团结向"新公共管理理论"提出的追求效率与服务顾客需求"满意度"转变,再向"新公共服务理论"提出的培育公共精神,促进公民参与,创造共同利益、共同责任不断演进。由此,公开性、可获得性、公共参与、公平性、公共精神培育,成为公共服务的公共价值要求。

作为发展性[①]、社会性的公共服务,农民工公共文化服务具有精神层面和发展层面的双重要求,文化的本质属性表现为建立一定条件上的人的理性或共享价值及其传递过程。因此,文化具有构建、传播价值的功能。在我国各类农民工公共文化服务建设指导性文件中,对这一特性都特别强调。2017年实施的《中华人民共和国公共文化服务保障法》指出,公共文化服务的立法目标是"为了加强公共文化服务体系建设,丰富精神文化生活,传承中华优秀传统文化,弘扬社会主义核心价值观,增强文化自信,促进中国特色社会主义文化繁荣发展,提高全民族文明素质。"文化的本质、国家政策与相关研究都强调,我国现阶段农民工公共文化服务具有凝聚共识和引领价值的作用。农

---

① 陈云良.服务型政府的公共服务义务[J].人民论坛,2010(10中):25.

民工公共文化服务的价值目标应当包含一个前提、三个层次。一个前提是：与区域经济文化社会发展水平相协调；三个层次的目标由低到高分别为：满足基本公共文化需求、适应群体特色文化需求、实现价值引领，并且目标层次与服务发展的阶段性特征一致。农民工公共文化服务价值理论应用于农民工城市公共文化服务建设中应注意三个方面的问题。

——畅通需求表达渠道，满足农民工的基本文化需求。在农民工公共文化服务体系建设中，需求是导向的基础。因此，提升农民工公共文化服务效能首先应该建立在对农民工真实文化需求的认识和选择上。古宜灵等人认为，文化与行为因个人价值观、认知的不同而有差异，从而导致文化需求的不同。日常文化生活的艺文活动实践（practice）＝［习癖（habitus），文化资本（capital），艺文活动领域（field）］。上述公式可见，个人的兴趣和偏好是影响个人文化需求的首要因素。如果文化服务不符合对象的需求，文化活动实践就会难以开展，文化设施、文化资本就成了浪费。因此，农民工基本公共文化服务作为一项完备的制度体系，必须高度重视农民工公共文化服务需求日益复杂化的现实，建立回应公众的基本文化需求，通过有效的途径提高服务效能。目前，我国的农民工公共文化服务主要以政府和文化部门的意见主导和表达来认识社会公共文化服务需求，并作为农民工公共文化服务体系建设的依据，以此彰显农民工公共文化服务中政府的主体性。随着我国社会结构的现代化变迁，农民工的需求日益多元化。因此，我国必须建立健全农民工公共文化服务需求表达机制，满足农民工的真实文化需求。

——注意农民工公共文化服务在引导农民工积极健康生活方式中的作用。公共性是农民工公共文化服务的一个基本属性，在某种意义上，农民工公共文化服务的主旨是通过公共文化产品和服务的提供来实现的，农民工公共文化服务的目的就是建设文明健康的公共文化生活方式，培育公民的公共理性或公共精神。在中国当下社会转型过程中，个体化特征日益凸显，个体化的一个显著特征就是"去传统化"。个体日益从外在的社会约束中脱离出来，在个人约束方面传统和社会群体作用已经弱化。但绝对否定传统的意义，是一个错误的倾向。托克维尔认为，个体是公民最坏的敌人。个体除了追求个人利益之外,根本不知公共利益为何物①。农民工公共文化服务的供给过程也是培育公共性的过程。由于市场经济的不断活跃,大众文化日益兴起。调查数据显示,大众文化的发展解决了文化生活匮乏问题,"快手""抖音"等一些APP成为农民工特别是新生代农民工文化消费和文化参与的重要场所,大众文化在丰富农民工文化生活的同时,由于缺乏引导也带来一系列的负面影响。大众文化是人的欲望的产物。作为一种工业化的文化生产,大众文化以大众不断膨胀的消费需要为前提。以娱人耳目、刺激感官、提供消遣为功能特征的大众文化快餐,容易对农民工产生诱惑,让农民工遗忘或丧失了中心价值,由于大众文化将审美的文化转向消费的文化,在消费与世俗的浸染下,一些低级趣味的文化也一并裹挟进农民工的日常生活。农民工公共文化服务体系可以通过举办各种活动,引导农民工参加积极健康的文化生活,提升农民工的艺术鉴赏能力,抵制大众文化中的部分消极影响。农民工公共文化服务体系不仅可以通过提供公共文化产品和服务让农民工享受到基本文化娱乐,也引导农民工接受文化产品背后的文化价值观和行为准则。

——在农民工公共文化服务体系建设中,应注意社会主义核心价值观的价值引领作用,加强传统文化教育,引导农民工的文化自觉,增加农民工的文化自信和政治认同感。农民工公共文化服务体系也属于整个文化治理范畴。构建农民工城市公共文化服务体系,必须深刻意识到社会主义核心价值观已经前置性内存于国家概念所给定的内在制度要求中。由于处在社会主义价值目标的引领下,农民工城市公共文化服务体系应成为农民工社会主义核心价值观教育的新平台。美术馆、公共图书馆、文化馆(站)等公益性文化服务机构,是保障农民工基本文化权益、开展农民工公共文化服务的重要场所,利用这些馆(站)开展公益文化服务活动也应成为加强农民工社会主义核心价值体系建设和公民思想道德建设的有效手段。农民工公共文化服务体系建设的内容之一是对我国优秀传统文化的继承,这些优秀传统文化服务可以无形中影响新生代农民工的价值观,并成为整个社会文化生态的重要组成部分,能够激发文化和民族的凝聚力。比如,非物质文化遗产就是重要内容之

---

① 阎云翔.中国社会的个体化[M].陆洋等译.上海:上海译文出版社,2012:328.

一。非物质文化遗产是民族文化的精华,是智慧的结晶。在构建农民城市公共文化服务体系的过程中,我们应发挥博物馆在传承传统文化中的重要功能,政府应重视博物馆的教育功能,通过参观自然、历史、美术等各类博物馆,引导农民工了解我国各族人民的生产和生活,激发和凝聚农民工的集体观念和国家民族观念,塑造文化凝聚力,从而提升国家的文化软实力。

2.2.3 体系重组与优化的工具理论

我们选择以政策工具理论、网络治理理论、文化空间分析理论、新公共服务理论为工具进行相关分析。

2.2.3.1 政策工具理论

政策工具理论是当前政策科学的重要内容,研究重点集中在政策工具的分类、选择和评价等方面。其中,罗斯维尔和费尔德两位学者通过对技术创新政策的研究,根据政策工具对产业创新活动的作用,将创新政策工具分为供给型、需求型和环境型三种类型,并指出充足的资金、人才、技术供给、良好的政策环境和多元化市场需求有助于创新产业的成功[1]。本书借鉴罗斯维尔和费尔德的政策工具分类思想,将农民工公共文化服务政策运用的政策工具分为供给型、环境型和需求型三大类型。供给型政策工具是指政府部门对农民工公共文化服务事业进行资金投入、人才培养、设施建设、科研技术、信息服务等相关要素的供给,具体分为资金投入、人才培养、设施建设、技术支持、信息服务等项;环境型政策工具表现为一种外部力量的保障作用,依托政治环境来影响农民工公共文化服务的发展,具体划分为农民工公共文化服务目标规划、策略性措施、法规管制、金融服务、税收优惠等项;需求型政策工具是指政府通过市场需求的创造,从而对农民工公共文化服务事业起到拉动作用,促进公共文化服务事业持续、稳定发展,具体分为农民工公共文化服务政府购买、市场培育、志愿服务提供等项。我们利用"工具—目标"二维分析方法,从政策工具维度对政策结构进行分析,找出各政策工具运用程度不同且

---

[1] Roy Rothwell, Walter Zegveld. *Reindustrialization and Technology*[M]. London: Longman Group Limited,1985:104.

内部结构不均衡,实现政策工具和政策目标的衔接。

政策工具理论的启示是:在推动农民工公共文化服务高质量发展中,我们应重视需求型政策工具的应用价值,在不断完善政府购买公共文化服务制度的同时,积极营造稳定的公共文化服务市场环境,适度降低环境型政策工具的使用频率,适当增加供给型政策工具的使用,加大对公共文化服务资金投入、人才培养、技术支持、信息化服务和金融税收等方面的政策支持力度,均衡利用各类型政策工具,强化政策工具使用的整体协调性,加强对公共文化服务政策目标薄弱环节的政策供给。在今后政策制定和调整过程中,我们应进一步加强对公共文化服务标准化、社会化、数字化等薄弱环节的政策支持。公共文化服务社会化涉及政府、市场和社会公众,需要环境型、供给型、需求型政策工具的协同作用。

重视农民工公共文化服务政策工具与政策目标的协同匹配。政策目标的实现需要政策工具的选择与实施,不同类型的政策工具进行科学的组合运用能最大限度地发挥作用和效能。在农民工政策工具的选择和运用过程中,我们要围绕政策目标进行优化组合,注重多指标水平的整体提升,综合运用环境型、供给型、需求型政策工具促进政策目标的实现。在此基础上,我们应加强农民工公共文化服务体系管理,适时调整并优化公共文化服务政策工具和目标之间的协同效应,逐步建构起科学合理、实施有效的政策工具体系。

2.2.3.2 网络治理理论

网络治理理论首先出现在斯蒂芬·戈德史密斯和威廉·艾格斯的共同著作《网络治理:公共部门的新形态》一书中,欧克利和凯特对其内涵进行了拓展,认为网络治理模式是在知识经济背景下,依托现代信息网络技术的全新治理模式,网络治理模式认为环境变化趋于动态化、复杂化,科层的协调方式已经开始环境的变化,网络治理模式提供了一个互相依赖的行动者互动及协调框架,与科层管理及市场治理相比,其特征主要体现在五个方面(如表2-2所示)。

表 2-2 网络治理与科层管理的特征比较

	科层管理	网络治理
关系基础	雇佣	资源交换
交换媒介	权威	信任
冲突处理	规则	外交
组织文化	服从	互惠
依赖程度	依赖	相互依赖

网络治理理论作为政策网络理论与治理理论的结合,其优势是政府不再是行动者中心,政府同其他行动者一道共同加入公共政策过程中,不存在支配性力量。网络治理理论最大限度地平衡了各方利益,但是利益的多元化必然形成冲突,多元利益的博弈若想取得多赢的效果,就必须建立以信息充分沟通为前提的信用体系,网络治理理论的本质是合作治理和互助治理,这种治理的实现必须依赖信任机制的培育和落实。

网络治理理论是农民工城市公共服务体系建设中实现效率供给的重要理论基础,可以将网络治理模式作为农民工公共服务供给机制的工具。想要实现农民工公共服务供给的效率提升,我们可从以下三方面着手:一是在认识上需明确政府不是唯一的供给主体,面对农民工日益增长的公共服务需求,单一供给主体明显无法满足,政府必须根据供给需求激活由企业、非政府组织、公民共同组成的供给网络,选择合适的网络组合方式,如志愿服务是辅助政府完成农民工城市子女艺术服务供给的合适方式。

——必须实行共担机制。首先根据供给目标充分沟通协调,形成多元供给主体之间的信任,并以风险共担保证这种信任的循环。如为农民工提供的"城市书房"公共文化服务,一般选址在工业园区,由企业、政府、社区居民、农民工共同出资,这就需要政府出面协调各方的利益,根据各方受益程度划分出资责任。

——必须搭建常态的沟通协调平台。网络治理下农民工公共文化服务的效率供给网络涉及多元主体,不同主体类型存在动力不一的情况,这就需要在网络治理框架下,由政府主导搭建一个能够充分沟通与交流的合作平台。只有这样,才能调动不同主体的积极性,充分发挥政府在效率网络中的主体作用。

2.2.3.3 文化空间分析理论

早在20世纪40年代末,法国人文地理学家梭尔就研究了聚落的形式、土地的所有权等对生活方式的影响。列斐伏尔认为,空间由各种行为、社会关系及过程产生,强调日常生活的物质空间、概念化的设计空间、普通人感受的社会空间中不同主体的地位和作用。哈维认为,"居住差异"是社会分化、分层的重要动因。福柯认为,要从权力分工及其作用机制研究城市空间。从消费与生产的关联,思考文化和空间的关系。随着城市化的发展,城市劳动者的个人消费已日益变成以国家为中介的社会化集体消费。政府提供或支持的公共物品的"集体消费"(包括医疗卫生、教育、文化、住房、基础设施等)变得愈发重要。卡斯泰尔认为,政府对集体消费的干预,既代表了资本和经济的要求,也代表了普通大众的需求。从个体特征审视文化的空间影响,服务受众的个体特征,是空间分析的关键[①]。

上述理论的启示是:(1)我们要结合社会结构及相关机制,研究影响服务效能提升的空间要素和机制。农民工公共文化服务效能的提升不仅涉及布局的技术层面,而且涉及与经济、政治和社会的空间联系。(2)我们要结合公共文化服务的集体消费特性,从供给与使用的关系切入,去思考效能提升的途径。加强数字文化服务和流动文化服务。(3)农民工的个体特征,是空间分析的关键要素。我们要从农民工的个体特征、社会性切入,研究其公共文化需求。设施布局的标准化,主要评价以公共文化设施布局为载体的供给能力的事实。

2.2.3.4 新公共服务理论

新公共服务理论在西方为多数国家的政府根本性变革提供了指导,市场化竞争机制、私营部门管理理念、管理技术和管理方法,使得政府变得更加灵活、有效,政府管理弹性更大。新公共服务理论在对新公共管理理论扬弃的基础上,更加关注公共行政的基本价值,关注民主价值和公共利益,这种理论是以人为本的政府管理理论。

---

① 夏建中.新城市社会学的主要理论[J].《社会学研究》,1998(4):49~55.

新公共服务理论的基本观点包括以下几个方面：(1)服务而非掌舵。政府通过提供服务的方式帮助公民实现他们的共同利益,而不要主导和控制社会。(2)公共利益是行政服务的基本目标。政府官员要树立公共利益观,创造共享利益和共享责任,而不是受个人利益驱使。(3)战略性思考和民主行动。公共服务的供给需要在充分研究基础上,特别是听取民众需求和民众参与表达基础上作出规划,并通过社会及民众参与的方式共同实现。(4)服务民众而不是顾客。政府在提供服务过程中,政府与民众之间不仅仅是简单的供给和需求的关系,而是信任、平等、合作的关系。(5)责任不是单一的。政府绩效考核是综合型考核。(6)重视人而不是生产效率。以满足人的全面发展为基础,提供所需的公共服务。(7)重视公民权和公共服务。

新公共服务理论为公共服务保障机制提供了新的理念和解决方案,为提高为公共服务质量和效率提供了理论基础。在公共服务提供过程中,要注重民众的参与,民众不是受众而是用户,有权参与公共服务的决策和对公共服务进行评价。在公共服务决策中,民主首先体现为服务对象参与决策,为决策提供意见、建议,决策过程有接受者的参与和互动,不是被动地接受。因此,民主决策是提高公共服务质量的重要保障。在政府角色上,政府是资源的协调者,政府主要是协调社会资源参与公共服务的生产和供给。为保证公共服务的效率和质量,政府可以是直接的提供者,但更多的是资源调停者,尊重社区、社会和志愿者个人参与公共服务,为非政府组织参与公共服务创造环境,环境的内容包括法制秩序、文化环境等。

2.3 重组与优化的逻辑框架

以上研究构建了农民工城市公共文化服务体系的理想模型,如何通过合适策略达到这种理想模型状态,是随之而来需要思考的问题,文化公共价值理论为我们提供了价值引导,政策工具理论为我们提供了政策运用的分类工具,文化空间分析理论为我们提供了空间公平解释依据,网络治理理论为我们提供了效率分析工具,新公共服务理论为我们提供了"以人为本"的理念,根据前文有关理论基础的分析,本书以 SSP 范式作为整体分析理路,通过要素重组、结构优化来构建农民工城市公共文化服务体系的逻辑框架。

2.3.1 SSP 范式应用及其适用性

SSP 范式作为一种绩效分析范式是美国密歇根州立大学教授爱伦·斯密德在《财产、权利与公共选择》一书中提出的,是基于状态(Situation)—结构(Structure)—绩效(Performance)的逻辑链提出绩效分析的理论框架,此分析框架主要分析制度规则如何构建个体的博弈机会。运用 SSP 范式来分析农民工城市公共文化服务的行动过程,就是要揭示结构的构成要素如何根据状态的不同对应不同的设计,进而实现有效运行的。

SSP 分析范式对本书的适用性主要体现在两个方面:一是三个主要组成部分即状态、结构和绩效涵盖了农民工城市公共文化服务的三个层面。状态变量所描述的个人、团体和物品三个特性可以与农民工特性、主体特性、农民工公共文化服务特性三个特性对应,结构变量所代表的制度或权力的选择,可以与农民工城市公共文化服务决策和生产过程相对应,绩效变量可以与体制机制下产生的效果相对应。因此,SSP 分析范式所包含的要素与农民工城市公共文化服务体系中各种要素具有高度的契合性。二是 SSP 分析范式是一条逻辑链的完整展开,这种分析范式为农民工城市公共文化服务体系的重组与优化研究提供了一个理论分析框架。

2.3.2 农民工城市公共文化服务体系中 SPP 要素分析

2.3.2.1 状态要素

状态要素由个体特性、集体特性和物品特性三部分组成。在农民工城市公共文化服务体系重组与优化的问题研究中,个体特性是指价值观、素质、认知、情感、决策意向这种个人特征等;集体特性主要是指集体决策的逻辑、议事和决策规则;物品特性主要是指物品有没有规模购买效应、使用上能否共享、交易的有形和无形成本、是不是受周期性供求的影响等。由个体特性、集体特性和物品特性构成的状态要素着眼于如何利用政府强力赋予弱者话语权;在效率中如何根据不同的需求选择不同的供给主体;在公平中如何弥合农民工与本地居民在公共文化服务享用上的差距;在协同中怎样平衡中央与地方、各种供给部门间,以及流入地、流出地的利益关系。不同的供给主体权利结构直接影响供给效果。

状态要素中的个人特性对应于主体特性,如农民工的自利选择偏好、素质层次、需求层次如何影响农民工城市公共文化服务体系的供给,进而产生何种效果。比如,以对农民工的影响为例,直接受到个人素质影响,一线城市农民工公共文化服务供给水平一般要高于二线、三线城市,例如在上海等地出现了"新市民生活馆"。

集体特性对应的是政府、企业、社会组织等农民工公共文化服务供给主体的特性,政府作为公共服务提供的绝对主体,往往关注纯公共服务的提供,着眼于农民工长期利益的实现。市场的趋利性特性可以通过充分竞争保障农民工公共文化服务供给质量,比较适合供给经营性农民工公共文化服务。社会组织具有公益性,比较适合承担融合服务的供给,各个不同供给主体的特性都会对提供绩效产生影响。

物品特性在农民工公共文化服务供给中是指农民工公共文化服务产品和服务的特性。农民工公共文化服务的特征主要表现在四个方面:一是区域分布的集中性。因为农民工主要集中在长三角、珠三角、京津冀等城市群,所以农民工公共文化服务供给具有区域集中性。二是供给水平的层次性。城市不同的经济发展水平和包容程度导致农民工公共文化服务供给程度的不同。三是需求的多样性。农民工公共文化服务的需求倾向呈现多样性特征,据调查结果显示,北、上、广、深一线城市农民工对发展性农民工公共文化服务需求强度最高。四是发展的阶段性。由于受到经济结构、社会结构转型,以及信息技术等因素发展的影响,农民工公共文化服务的供给主体、范围、类型和数量也会随之变化。如在有些城市居住证办法普遍实施后,农民工的基本公共文化服务已经进入落地阶段,农民工对经营性农民工公共文化服务的需求强度将会上升。

2.3.2.2 结构要素

结构要素是指权力结构安排的制度方案,对应于农民工公共文化服务的制度资源,其中包括正式制度和非正式制度。这种制度资源是社会游戏遵循的规则,包括产权、使用权、交易权和收益权,这些规则用来协调不同个体的利益关系。因为每个个体权利的实现必须受制于他人的权利选择,所以他人的选择就会转化为个体权利实现的成本,变成抑制个体需求满足的强制力。因此,没有权利或者权利不多的人就变成弱者,在农民工公共文化服务政策决策中自然缺少话语权。

2.3.2.3 绩效要素分析

SSP 范式下的绩效偏重考虑效率对谁有利,主要考虑谁取得了收益,谁支付了成本,其衡量指标就是个人财富和机会的分配情况,因为状态作为给定要素是不变的,所以在不同的个体、集体和物品特性状态下,由制度的选择而形成的权力结构决定绩效。在 SSP 范式中,绩效是给定状态下权利选择的函数,在利益均衡被打破时,利益受损者群体打破制度的力量增强,最终导致制度变迁。因此,制度均衡取决于利益均衡,对应农民工公共文化服务的城市供给,这种均衡就是农民工群体能否均衡地享受经济发展带来的利益。

2.3.4 效能提升的策略分析:目标侧管理+供给侧结构性改革

根据效能定义,我们分两方面考虑:目标方向、路径方向,在目标维度的分析中,我们找出了 12 个关键因素,在路径上现有的研究中已经有许多学者给出了答案。我们认为,农民工城市公共文化服务的主要问题是发展中的"不充分、不平衡"。因此,我们借鉴经济学解决这种发展中矛盾的方法,本书从供给侧结构性改革和需求侧管理两方面分析。

供给侧结构性改革。供给侧结构性改革,就是从提高供给质量出发,用改革的办法推进结构调整,矫正要素配置扭曲,扩大有效供给,提高供给结构对需求变化的适应性和灵活性,提高全要素生产率,更好满足广大人民群众的需要,促进社会经济持续健康发展。供给侧结构性改革旨在调整经济结构,使要素实现最化配置,提升经济增长的质量和数量。需求侧改革主要有投资、消费、出口三驾马车,供给侧则有劳动力、土地、资本、制度创造和创新等要素,在这些要素中,人们抽出了劳动力、土地、资本、创新四种关键要素。

需求管理的概念来源于市场营销学,其含义是指以用户需求为出发点,判断和管理用户需求,并利用该信息进行生产决策,从而实现用户效用最大化的一种活动。需求管理不仅仅是需求获取,更重要的是需求分析、需求引导或需求创造(挖掘潜在需求)①。

2.3.5 重组与优化路径图

以上分析演绎路线是:背景现状(不充分、不平衡)——组合和优化(研究方向)——效能提升(策略)——供给侧结构性改革+目标管理(路径)。在演绎过程中,我们依据的理论基础很多,本书只选出比较关键的理论进行分析。基于以上分析,本书将 SSP 范式与农民工城市公共文化服务体系的各种要素和结构统筹考虑,构建了基于四要素—三结构理想模型的农民工城市公共文化服务体系重组与优化的分析框架(见图 2-2)。

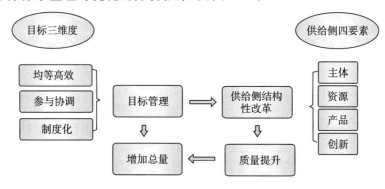

图 2-2 重组与优化农民工城市公共文化服务体系的逻辑结构搭建

框架结构解释如下:事实上,农民工城市公共文化服务体系是一个有多种要素组成的复杂结构,本书为了研究方便把多种要素简化成四类,体系四要素分别是:

——主体:农民工城市公共文化服务的主体包括农民工、政府、市场、社区、非政府组织及公民。

——内容:农民工城市公共文化服务的内容包括为农民工提供的一切文化产品、服务和活动的总和。

——资源:农民工城市公共文化服务的资源包括体制内文化资源和体制外文化资源,可分为人力资源、物质资源、非物质资源、财力资源、制度资源、

---

① 顾锋,张涛. 需求管理的新视角及其发展——上海交通大学博士生导师顾锋教授访谈[J]. 社会科学家,2013(3):1~4.

技术资源等多种,按照 SSP 范式的解释,以上各种结构特征都影响绩效结构。

——创新:本书把"创新"作为一种资源要素,有着非常重要的意义。创新是一个民族的灵魂,在新时代下,农民工城市公共文化服务已从"娱乐休闲需要"向"发展性需要"转变,农民工城市公共文化体系已由"落后的供给状态"转变为"不平衡、不充分的发展状态",只有通过创新驱动,才能精准定位发展原则、目标和路径。只有通过创新,才能进一步全面深化改革、重组要素、调整结构。这种调整和重组的实质是城乡结构、地区结构、群体结构关系的调整,资源结构的调整,政府、社会、市场和公民关系的调整,牵涉政府职能转变、非政府组织发展、公民素质提高等多个方面,这种重组与优化不仅有利于满足农民工不断增长的基本公共文化服务的需要,而且有利于推动国家治理能力的现代化,有利于繁荣社会主义文化和增强文化自信。

体系三结构包括主体结构、资源结构和绩效结构。主体结构是指农民工城市公共文化服务体系中政府、企业、社会组织和公民等多元主体之间形成的关系结构,表现为供给主体之间的结构。根据 SSP 范式中状态结构受制于结构要素,制度资源和权力规则决定这种结构关系,不同的制度配置和权力结构对主体结构有着不同的影响,从而影响供给绩效。资源结构是指各种资源之间的相互关系结构,SSP 范式中状态结构受制于结构要素,它和主体结构一样也受权力结构和制度的影响,从而影响绩效结构。

也就是说,三种结构之间的关系,按照 SSP 范式解释,主体、资源、内容都是"状态",如果作为给定要素是不变的,那么在不同的个体、集体和物品特性状态下,制度的选择形成的权力结构决定各种关系组合,主体结构、资源结构都是制度变量的函数,影响着绩效结构。同时,绩效结构也受制度和权力规制。因此,农民工公共文化服务体系运作的绩效不仅受各种状态要素的影响,而且受制度要素和权力要素,以及主体结构、资源结构等多种因素的影响,绩效结构是各种因素的函数。

2.4 重组与优化的策略选择

2.4.1 目标

通过以上研究,本书认为农民工城市公共文化服务体系重组与优化的运作过程就是通过创新制度和各种机制提升状态要素的质量和总量,优化体系内的各种关系使其逐渐完善过程。在这个过程中,我们要达到两个目标。

——直接目标:通过农民工公共文化服务体系的重组与优化,做大增量,盘活存量,解决农民工公共文化服务供给总量不足、质量低下等问题,精准识别需求,着力提升供给效能,提高供给结构对需求结构的适应性,通过提供公共文化产品和服务,不仅让农民工享受到基本的文化娱乐权利,也引导农民工接受文化产品背后的文化价值观和行为准则,培育健康文明的生活方式,提升农民工的获得感、公平感和幸福感,更好地满足农民工对美好生活向往的需要。农民工公共文化服务体系可以作为社会主义核心价值观和传统文化的教育平台,以此可以提高农民工的文化自觉、增强文化凝聚力,并最终服务人的发展,推动农民工的市民化。

——间接目标:其一,从国家层面看,农民工城市公共文化服务体系重组与优化,可以调整农民工公共文化服务供给的体制机制和各种供给主体的比例关系,其本质是对我国城市农民工公共文化服务供给和分配制度的优化与调整,有助于理顺中央与地方、农民工流出地和输入地、政府与市场及社会、城市内各种主体之间在农民工公共文化服务供给中的关系与责任,提升供给服务总量,精准回应需求,优化服务质量,从而达到变革供给制度,实现公平供给。"解决公共问题、管理公共事务、提供公共服务是国家治理的逻辑起点"[①]。因此,农民工公共文化服务的供给与分配能力是国家治理能力的体现,将有效推进国家治理体系和治理能力的现代化。其二,从社会层面看,农

---

① 薛澜,张帆,武沐瑶.国家治理体系与治理能力研究:回顾与前瞻[J].公共管理学报,2015,12(3):2.

民工城市公共文化服务体系之所以重组与优化，是因为在农民工公共文化服务的供给过程中，由于政府资源有限、社会资源参与不足，在"量"和"质"的维度上通常难以满足农民工不断增长的公共文化服务需求，这就需要整合市场与社会等多元主体在人力、资金、技术、智力等资源，形成农民工公共文化服务的供给合力。这样做不仅可以提升多元主体参与度，而且可以调节公共文化资源和利益的再分配，推动社会治理重心向特殊群体倾斜，发挥社会组织的社会效用，促进社会组织的发展，为政府治理和社会调节、居民自治的良性互动奠定了基础。

2.4.2 原则

——坚持导向，强化功能。农民工城市公共文化服务体系是培育和弘扬社会主义核心价值观的重要载体，是民生幸福的重要保障。因此，我们要强化导向意识、阵地意识，发展先进文化，传承传统文化，引导流行文化，抵制有害文化。农民工城市公共文化服务体系重组与优化要坚持以人为本，尊重农民工的主体地位，认真研究新时代农民工多样化的文化需求，建立以农民工需求为导向的农民工公共文化服务模式，把农民工公共文化服务体系变成弘扬社会主义先进文化的重要平台，让中华民族优秀文化和社会主义先进文化走进农民工。

——保障基本，促进公平。农民工城市公共文化服务体系通过重组与优化变得更加便捷高效、普惠均等。目前，农民工群体和城市居民平等享受公共文化服务的机制还不健全，农民工和城市居民之间的群体差距还比较大，这是要着力解决的一个突出矛盾。因此，我们要以标准化为抓手促进农民工公共文化服务均等化，明确各级政府的责任和义务，在短时间内弥补农民工公共文化服务短板。在重组与优化的过程中，我们要将农民工及其随迁家庭成员、农村留守妇女儿童等特殊群体作为重点，实行精准对接，保障农民工群体的基本文化权益。

——创新制度，统筹发展。农民工城市公共文化服务体系重组与优化，重点是解决当前农民工公共文化服务体系建设存在的体制机制问题，进一步深化改革，推动制度创新，加快政府职能转变，着力构建兼顾公平和效能的制度体系。农民工城市公共文化服务体系重组与优化要进一步加强体制机制创新,整合资源,统筹不同部门农民工公共文化服务设施、项目和资源,实行互联互通,实现共建共享,综合利用,融合发展。统筹社会资源,坚持政府主导,积极拓展社会参与渠道,培育和发展多元化的社会服务主体,调动社会各界参与农民工城市公共文化服务的积极性,适度引入市场机制、竞争机制,不断增强壮大的内生动力,激发全社会的文化创造活力。

2.4.3 策略:以精准化推动消费侧与供给侧协同改革创新

2.4.3.1 以精准化推动消费侧改革

进一步深化改革,创新完善需求侧方面的制度和机制。近年来,一些学者将需求管理应用到政府公共服务领域,用来解决公共服务供给和需求不适应的问题。陈水生认为,服务型政府建设要重视需求并强化需求管理,构建囊括需求调查、需求整合、需求传递与需求吸纳的需求管理体系,以更好地连接民众需求与服务供给,弥合供需之间的错位,实现需求信息与服务决策的无缝对接[1]。杨柳指出,我国公共服务供给存在"供给真空"和"需求过剩"并存的困境,解决这一问题的关键是要从公共服务需求信息的管理入手,通过需求采集、需求分析、需求转化,为公共服务生产提供依据[2]。从市场营销的角度看,客户的大多需求是非专业、主观、模糊的,有的客户在接触有关产品、服务之前甚至不知道自己存在这方面的需求。在农民工公共文化服务领域,这种情况表现得尤其明显,调查显示:农民工对自己的文化需求多数时候是模糊的、不稳定的。这就需要农民工公共文化服务部门去分析、挖掘农民工的文化需求信息,从而达到满足群众文化需求、提升服务效能的目的。

需求管理理论给予我们的启示是:要实现农民工公共文化服务中供给和需求的对接,提升服务效能,我们应根据需求管理的内涵要求,将农民工公共文化服务的提供过程分为需求信息获取、需求信息分析、需求信息引导和创造几个方面。

---

[1] 陈水生.公共服务需求管理:服务型政府建设的新议程[J].江苏行政学院学报,2017(1):109.

[2] 杨柳.公共服务供给中的需求管理[J].中国党政干部论坛,2017(1):105.

以精准化推动消费侧改革可以从以下几个方面做起:(1)完善机制提高农民工公共服务需求的个体特征。其中包括保障休闲时间、保障支付能力、提高文化素质。(2)建立农民工城市公共文化服务信息保障机制。其中包括农民工文化需求信息的采集、农民工文化需求信息的分析、农民工文化需求信息的传递,农民工文化需求信息是决策依据。(3)健全农民工城市文化服务决策信息传递机制。其中包括建立目标管理责任制、明确决策信息的传递渠道、建立农民工文化服务信息监督反馈机制。(4)进一步引导完善农民工城市公共文化服务消费机制。其中包括发放代金券制度、最低收入补贴制度、文化消费时间补贴制度。

2.4.3.2 创新机制,进一步深化供给侧结构性改革

供给侧方面的结构性改革创新,要坚持政府主导。从农民工的特点出发,政府要认真研究农民工的精神文化需求,因地制宜,科学规划,分类指导,推动实现均等化,切实保障农民工基本文化权益,促进社会公平实现。深化公共文化产品供给侧结构性改革,建立面向农民工的公共文化资源配置机制、完善的农民工公共文化服务保障机制、以效能为导向的农民工公共文化服务评价监督机制。其中,如何推动公共文化与科技融合、PPP模式应用、社会力量参与农民工公共文化服务建立现代配送体系等重大问题是重点。

创新机制,进一步深化供给侧结构性改革可以从以下几个方面做起:(1)建立面向农民工的公共文化服务资源配置机制。其中包括创新利用市场机制优化供给结构、吸引社会资本投入农民工公共文化领域、引导文化类社会组织依法依规开展活动、大力推进农民工文化志愿服务。(2)建立灵活适应农民工文化需求的公共文化产品供给机制。其中包括提升农民工公共文化服务效能、建成满足农民工需求的"固定+数字+流动"设施网络、加强农民工公共文化服务品牌建设、为农民工提供高质量的优秀公共文化产品、采取多种形式推进农民工公共文化服务与科技融合。(3)完善农民工城市公共文化服务保障机制。其中包括建立财政保障机制、建立文化人才保障机制。(4)建立以效能为导向的农民工城市公共文化服务评价监督机制。其中包括建立农民工公共文化服务绩效考核长效制度、设定农民工公共文化服务绩效考核的专业指标,制定构符合农民工公共文化服务特征的绩效考核指标体

系、培育农民工公共文化服务绩效考核专业评估队伍(专家)、建立农民工公共文化服务绩效考核的问责机制、建立农民工公共文化服务的社会舆论监督反应机制、建立农民工自主参与农民工公共文化服务的考核机制。

第 3 章
农民工城市公共文化服务评估

本章主要研究农民工城市公共文化服务评估的内涵、意义、原则、目标及过程。在第二章的基础上,建立农民工城市公共文化服务的"公平、效能"二元评价模型,探索建立指标体系,并研究指标体系测量方法。

3.1 评估的内涵及意义

评估是利用科学的技术和方法对农民工城市公共文化服务的绩效进行描述和检验,并在此基础上达到良性循环,不断优化公共文化治理的机制。评估对农民工城市公共文化服务具有重要意义。

其一,建立城市农民公共文化服务评估机制为城市农民公共文化服务其他机制的运用提供决策基础和现实依据。农民工城市公共文化服务体系是一个包括需求管理机制、供给优化机制、资源整合机制、保障机制、评价机制等多种机制的综合系统,这些机制之间相互依存、相互制约,形成一个协调统一的有机整体。评估机制作为农民工城市公共文化服务系统中的重要组成部分,它和系统中的其他长效机制不同,农民工城市公共文化服务评估机制作为一种前沿性的准技术机制,不是以具体的制度形态出现,而是借助于各种科学方法和理论对农民工城市公共文化服务的效能作出尽可能准确的评价,作为一种过程管理融入具体的服务过程中发挥辅助作用。例如,通过评估机制的发挥,可以发现城市公共文化服务系统中需求管理机制、供给优化机制、资源整合机制、保障机制中存在的问题和发展的趋势,从而为这些机制的运行提供决策基础和现实依据。

其二,建立农民工城市公共文化服务评估机制,有利于加强农民工城市公共文化服务的目标管理。农民工城市公共文化服务评估是一个循环往复的过程,不仅包括对目标任务、政策和实施的单向评估,还包括对农民工城市公共文化服务成效的双向评估。因此,我们在对农民工城市公共文化服务进行评估时,在循环往复的周期变化中,一方面能对本阶段的农民工城市公共文化服务状况和效果定期地评估衡量,向政策决策者、执行者与相关群体提供政策信息;另一方面可以重新检视政策目标与政策执行的妥适性,厘清政策责任归属,建立激励机制和反馈机制,调动政策行动者的积极性、主动性和创造性,从机制上保证农民工城市公共文化服务的目标实现,推进农民工公共文化服务的创新。

其三,建立农民工城市公共文化服务评估机制,有利于推进农民工城市公共文化服务制度化、标准化、科学化。目前,农民工城市公共文化服务可以保障农民工的文化权益,满足农民工精神文化的美好需要,促进农民工的城市融合,繁荣城市文化生态,推进城市治理现代化,伴随着农民工规模日益庞大、农民工收入水平日益提高和农民工流动的空间转移,以及新时代城市经济转轨、社会结构转型和科技发展,农民工城市公共文化服务具有新的需求,呈现出高端化、差异化、多样化的发展趋势,面对这些新情况、新问题不断涌现,就需要通过系统的评估手段发现和认定,并通过研究解决。

3.2 评估的实践探索

近年来,文化旅游部、全国总工会、国家统计局等有关部门在农民工公共文化服务领域初步探索了相对成型的评估机制,而且这些评估机制在农民工城市公共文化服务评估过程中起到了非常重要的评估监督功效。

——加强调研督查。通过调研座谈、专项督查等手段,掌握农民工城市公共文化服务的进展情况,有针对性地进行检查督办。文化旅游部曾多次对各省(自治区、直辖市)进行调研走访,就农民工城市公共文化服务进行专项督查,真实掌握各地农民工城市公共文化服务进展情况。例如,在文化部组织有关人员定期对"国家公共文化服务体系示范区"建设进行督查中,将农民工公共文化服务作为专项督查内容,就各地政府在农民工文化工作方面所采取的具体措施、公益性文化单位农民工文化工作开展情况、城市社区农民工文化工作开展情况、企业农民工文化工作开展情况等方面督查,推动"政府主导、企业共建、社会参与"农民工文化工作机制建设落实,出现农民工文化工作典型案例。

——实施调查监测。调查监测作为一种发掘事实现状的研究方式,通过测量受试者个人的所知所闻,对各地工作进展情况实现动态评估。例如,2010年全国总工会先后赴辽宁、广东、福建、山东、四川等省的10余个城市,就新生代农民工问题进行深入调查;2015年国家统计局建立农民工市民化监测调查制度。在全国31个省(自治区、直辖市)的城镇地域,抽取进城农民工样本,由调查员使用手持电子采集终端进行访谈。这些调查监测结果对农民工公共文化服务政策制定提供了参考依据。

——落实以会代促。近年来,文化旅游部召开了多次农民工城市公共文化服务会议和座谈会,及时进行工作部署,推动农民工城市公共文化服务平稳有序开展。例如,2012年5月,原文化部在浙江省东阳市举行全国农民工文化建设现场经验交流会,在交流会上厦门市湖里区文化馆的"湖里区外来青年艺术团/合唱团"、北京市朝阳区文化馆的"民工影院"等40个项目被评为全国"农民工文化服务示范项目"。此次会议交流了各地在农民工文化建设方面的成果和经验,共同探讨了如何进一步保障农民工的基本文化权益。

然而,现有农民工基本公共服务评估机制探索属于典型的"体制内"评估模式,由于在评估主体、指标、内容及方式等方面都存在明显的局限性,存在着评估工作"自发性"、主体"内向性"、运行"单向性"、运用"单一性"等问题。主要表现在:评估工作"自发性",即各种评估行为基本都是从某一个阶段的工作实际出发,由各地自行制定评估标准,全面性、系统性及协调性均显不够,且存在工作不够平衡、标准不够规范、内容不够全面的问题。主体"内向性",即评估工作一般是由各政府部门发起,基本上属于政府内部行为,未引入或较少引入第三方评估机构,影响了评估结果的真实性和可信性。运行"单向性",即评估的工作运行机制是自上而下的,重视上级对下级的监督检查,对横向的意见掌握不够。运用"单一性",即在结果运用方面,重视评先评优而忽视行政问责,评估结果的严肃性、有效性体现不够,导致农民工城市公共文化服务评估机制处于"软约束"状态。因此,农民工城市公共文化服务评估机制尚待进一步规范和完善。

3.3 相关评估的研究

3.3.1 国外关于公共文化服务评估的研究

在公共服务绩效评价方法方面。围绕公共服务绩效评价的两种理念,所形成的主要评价方法也大致分为两类:一是测算公共服务效率,其目的是计算多投入、多产出特点下的成本效益。其中,投入产出比是衡量公共服务效率的典型特征。(2)衡量公众满意度,采用问卷调查、结构方程和多元回归等方法,能够清楚地分析影响公共服务满意度高低的因素。前者属于在客观数据基础上的测量,后者属于在主观感知基础上的测量。公共服务效率的衡量,通常需要估计成本和产出。衡量公共服务是否有效率,至少需要有两个研究对象进行比较,如果前一个研究对象的公共服务收益超过成本的差额大于后一个研究对象,则认为前者的公共服务支出更有效率。上述这种简单的成本效益比较是容易理解的,对于商业部门来讲,这是很简单的核算方式,然而对于公共服务而言,通常很难统计收益,因为其收益包括经济、社会和环境等多方面。对成本的统计也不大容易,包括人力、资金、技术投入等。可见,公共服务效率的衡量是一种多投入、多产出的形式。因此,针对公共服务投入产出,国外研究者通常采用数据包络分析(Data Envelopment Analysis,简称"DEA")。DEA创建于20世纪80年代,大量的研究者将其作为计算政府效率、公共服务效率的手段,因为DEA是计算多投入、多产出非常合适的方法。在针对公共服务的相对效率计算时,采用DEA、FDH、SFA等计算公共服务的效率,能够使用公开的统计数据得出定量的结果,结论可信度大。其缺点是计算结果仅仅是公共服务的效率,而没有体现公共服务的公平性、回应性和满意度等主观指标,不能完全反映公共服务绩效状况。对于衡量公共服务满意度的方法。斯蒂帕克对公共管理实践中的公众主观评价问题提出了一些建议,主张采用多元回归方法可以看出相关变量对公共服务顾客满意度模型的运用,各个国家和地区都非常重视公共服务的顾客满意度评价,出现了大量的公共服务满意度评价模型。1989年,瑞典成为第一个拥有评价公共服务绩效指数(简称"SCSB")的国家,随后被美国采用和改进,形成美国顾客满意度指数(简称"ACSI")[①],在这两个成功模型应用的基础上,形成了欧洲顾客满意度指数(简称"ECSI")[②],ACSI增加了一个结构变量—感知质量,模型设计了质量的定制化、质量的可靠性、质量的总体评价三个标识变量来度量感知质量。ECSI增加了形象这一结构变量,将感知质量分为感知硬件质量和感知软件质量两个部分,并去掉了顾客抱怨这个结构变量。有学者评价,ACSI通过增加一个结构变量—感知质量,克服并弥补了瑞典模型的缺陷。从上述这些模型的应用可知,公众满意度指数的求解方法是采用结构方程模型运算,公众满意度是公共服务总体满意状况的量化指标,这一因变量由若干个自变量来反映。然而,有关公民满意度测量的方法同样受到质疑,例如,对需要投入大量人力和财力进行社会调查的犹豫,以及对调查数据的真实性判断等。还有学者认为,满意度只能代表绩效评价的一个方面,并不能完全替代绩效,这就需要结合效率、客观测量等其他方面来综合评价公共服务的总体质量。

---

① C. Fornell, M. D. Johnson, E. W. Anderson, J. Cha and B. E. Bryant. The AmericanCustomer Satisfaction Index: Nature, Purpose and Findings[J]. *The Journal of Marketing*, 1996(60):13.

② J. J. Hans, K. Kai and O. Peder. Customer Satisfaction in European Food Retailing [J]. *Journal of Retailing and Consumer Services*, 2002(9):327.

图 3-1　SCSB 结构模型

3.3.1.1　在公共服务绩效评价指标选择方面

"3E"法则(经济、效率和效果)的指标选择。公共服务绩效评价的理念是从宏观上论述其指导思想和主要内涵,公共服务绩效评价的方法是对其进行落实,而评价方法的实施则是通过评价指标体系的构建来完成。评价指标的选择一开始就受到其他国家和学者的广泛关注,众多文献中列出了许多指标组成模式,为公共服务绩效评价提供了理论与实践基础。布鲁德尼认为,一项公共服务可以从效率、效益、回应性和公平性四个维度进行评价。性博伊认为,在"3E"准则中,经济指标,即成本指标会带来很大争议,而效率指标和效果指标则是公共服务所强调的[①]。但缺少对公众偏好和公众参与、公平等民主指标的关注。因此,博伊重新建立了一套完整的评价体系,共 15 个指标,综合考评公共服务的产出、效率、结果、回应性和民主。纽科默认为,政府公共服务的绩效评价不仅需要以结果为导向,也需以过程为内容,因而设计的指标为投入、过程、产出和结果四类,这种划分获得了其他学者的支持。公共服务追求的指标需要体现效益、过程、效率、公平、透明性和责任等内涵[②]。依据上述理论研究,西方国家在实践中设计了内容各异的评价指标体系。如美国国际开发署在 1970 年设计了一种项目开发、计划和评价的工具——逻辑框架法模型(简称"LFA"),该模型框架包括条件、投入、产出、结果、环境影响等指标,能够很好地评价项目的发展历程。美国联邦管理与预算局对此进行改进,以 LFA 为基础,采用四类评价指标,即投入、产出、结果和影响指

---

① G. A. Boyne. Concepts and Indicators of Local Authority Performance[J]. *Public Money & Management*,2002(22):17.

② J. Downe, C. Grace, S. Martin and S. Nutley. Theories of Public Service Improvement: A Comparative Analysis of Local Performance Assessment Frameworks[J]. *Public Management Review*,2011(12):663.

标。1997年,美国联邦政府责任总署在LFA基础上设计了一套评价指标体系,共有6种指标构成,即投入、能力、产出、结果、效率和成本效益、生产力指标。在英国,撒切尔夫人推行的"下一步行动方案""公民宪章"运动、"竞争求质量"运动改变了以往的"效率战略"改革方向,开创了质量和顾客满意的新方向。布莱尔新工党上台后,沿袭了保守党的改革方向,继续强调公共服务的效率、资金的价值和顾客导向;在地方政府层次上,推行最优价值标准,使公共责任、注重效益和顾客至上的理念进一步得到实践和推广。自1998年提出"公共服务协议"以来,英国充分考虑公共服务的投入、产出和结果指标,而且以结果为主的目标所占的比重逐渐加大,成为主要考评目标,也有少量的产出目标。

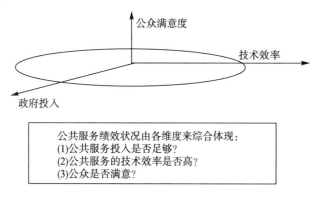

图 3-2 公共服务绩效评价的三维结构

3.3.1.2 对当前我国公共服务绩效评价的理论模型构建启示

从国外公共服务绩效评价的研究,尤其是指标选择的多元化设定中可以看到,其主要是建立在"3E"法则(经济、效率和效果)和逻辑框架法LFA模型(关键是投入—产出—结果指标)基础上。本书结合这二者关系,从政府、企业和公众三方主体在公共服务绩效评价中的作用出发,公共服务绩效评价的三维结构虽然在"3E"法则之后出现了4E,增加了公平指标,但我们认为类似公平、伦理等方面的考虑也是一种效果追求,公共服务供给的结果是否公平也可以用农民工满意度来代表。从目前来看,虽然各国对各种公共服务的评价体系进行了很大调整,特别是英美国家,但是其评价的基础还是没有脱离"3E"法则的基本框架。因而,我们将农民工公共服务绩效评价划分为三个维度(图2),体现"3E"法则,以投入、技术效率和农民工满意度来反映公共服务绩效的总体状况,即投入是否足够,是否达到门槛值;技术效率是否高;农民工满意度是否高。公共服务绩效评价的三维理论模型是指导评价指标体系设计和改革实践的原则性指南,是整个评价设计的理论基础与出发点。

不同时期、不同对象的评价理论深受其所选择的价值理念的影响,进而导致不同阶段、不同对象的评价维度呈现显著差异,本书所构建的公共服务绩效三维理论体系,既体现了以结果和公民为导向,也兼顾了效率导向,注重综合考虑效益,注重定性与定量评价方法相结合,可以用来综合衡量当前公共服务绩效的基本状况。

3.3.2 国内关于公共文化服务评估的研究

在国内,目前公共文化服务评价机制的研究视角不断多元化。(1)从不同的绩效理念去提纲挈领引导绩效评价研究,刘淑妍、王欢明指出,公共服务评价绩效评价的理念正从注重效率、追求投入产出比的最大化逐步向注重结果和服务满意度转变[1]。王列生、向勇等认为,公共文化服务绩效评价要能体现公平正义、普世价值和基本权益[2]。李少惠、余君萍认为,公共文化服务绩效评估要体现以人为本、激励性、目标性、有效性[3]。陈红宇认为,公共文化服务绩效评价要客观全面、经济适用、具有可比性,要有独立性和规范性[4]。王前、吴理财认为,要从公共文化服务供给与需求间的"适合度"出发,

---

[1] 刘淑妍,王欢明.国外公共服务绩效评价的研究发现及对我国的启示[J].国外社会科学,2013(2):115.

[2] 王列生.论构建公共文化服务体系的基本原则[A].中国文化发展战略研究与和谐文化建设学术讨论会论文集[C].中国艺术研究院,2007;向勇,喻文益.公共文化服务绩效评估的模型研究与政策建议[J].现代经济探讨,2008(1):24.

[3] 李少惠,余君萍.公共治理视野下我国农村公共文化服务绩效评估研究[J].图书与情报,2009(6):52~53.

[4] 陈红宇.内蒙古农村牧区公共文化服务绩效评估研究[J].内蒙古科技与经济,2012(12):4.

从可获得、可接近、可接受和可适应四个方面构建评价指标体系[①]。(2)从研究公共文化服务的评价方法来看,可分为综合评价和分类典型评价。在综合研究领域,李宁以农村公共文化服务为研究对象,设计出绩效评价量化指标体系,涵盖经济性、程序性和公众满意度等指标[②]。李少惠、余君萍认为,要从政府自我评估、上级评估、专家评估、社会评估和农民评价等维度,建立多重复合的公共文化服务绩效评价指标体系[③]。李艳英以基层公共文化服务体系为研究对象,从文化建设投入、设施、人才、服务、社会效益、居民满意度六个方面构建评价指标体系[④]。郑满生等以图书馆、艺术团体、艺术馆、文化馆、文化站、大众传媒、公共文化经费投入作为区域公共文化服务体系的衡量指标,对区域公共文化服务水平进行评价[⑤]。胡税根、李幼芸以省级文化行政部门为评价对象,从服务投入、服务过程、服务产出和服务效果四个方面进行绩效评价[⑥]。在分类典型评价研究领域,李少惠、尹丹从服务供给水平视角,构建指标体系评价兰州市公共文化建设水平[⑦]。单微从均等化视角,设计公共文化服务绩效评价指标体系[⑧]。解学芳从满意度视角,研究不同人口变量对公共文化供给的绩效认知差异[⑨]。薛艳从感知质量、公众期望、公

[①] 王前,吴理财.公共文化服务可及性评价研究:经验借鉴与框架建构[J].上海行政学院学报,2015(3):57~58.

[②] 李宁.农村公共文化服务绩效评估机制构建研究[J].宁夏大学学报(人文社会科学版),2009(6):184.

[③] 李少惠,余君萍.公共治理视野下我国农村公共文化服务绩效评估研究[J].图书与情报,2009(6):53.

[④] 李艳英.基于长效运行的基层公共文化服务评价指标体系构建研究——以河北省为例[J].河北师范大学学报(哲学社会科学版),2015(4):153.

[⑤] 郑满生,王慧,臧运平.基于综合指数法的区域公共文化服务体系发展水平测评研究[J].中国农学通报,2015(2):283~290.

[⑥] 胡税根,李幼芸.省级文化行政部门公共文化服务绩效评估研究[J].中共浙江省委党校学报,2015(1):28.

[⑦] 李少惠,尹丹.公共文化建设评估体系的建构及其应用研究[J].科学·经济·社会,2010(4):73~78.

[⑧] 单薇.从多维视角综合评价我国公共文化服务均等化水平[J].中国统计,2015(4):56~58.

[⑨] 解学芳.公共文化产品供给绩效与文化消费生态研究——以上海为例[J].统计与信息论坛,2011(7):104~111.

众抱怨和公众信任四个维度研究群众公共文化服务满度水平①。谭秀阁、王峰虎基于投入产出效率,以 31 个省为研究对象,考察了公共文化服务绩效水平②。杨林、韩科技从财政保障视角,选取文化事业费为投入指标,研究公共文化财政投入产出绩效③。三是从绩效评价的技术方法研究来看,研究方法涉及定性评价、统计分析、系统工程、模糊综合评价、信息熵理论熵值等技术方法。刘淑妍、王欢明发现,国外公共服务绩效评价指标筛选依据"3E"法则(经济、效率、效果)与逻辑框架法(LFA)及其衍生形态,效率评价多用 DEA 投入产出法,公众满意度评价多用结构方程模型和回归模型④。

从以上文献可以看出,目前国内外公共文化服务评价的现有文献主要集中在评估理念、评价方法、评价指标几个层面,其发展趋势是:农民工公共文化服务评价的价值理念由最初过程和效率转变为以公民为中心、以目标为导向;评价方法由单纯衡量成本和效率发展到关注效益、公众参与、公平等体现公民满意度的综合评估方法;评价指标由侧重过程类指标演变为兼顾目标和过程类指标。

已有研究对象多集中在国家、地方政府、图书馆和博物馆等目标上,针对农民工这一特殊群体的公共文化服务研究,学术界才刚刚起步,程晓婧基于 Servqual 和 Servperf 服务质量模型,研究了农民工群体的公共文化服务绩效⑤。卢明针对苏州市农民工群体的公共文化参与需求,提出了面向农民工文化需求的公共文化服务绩效评价指标体系⑥。徐增阳等以武汉市农民工

---

① 薛艳.公共文化服务绩效评估研究——以沧浪区为例[J].中外企业家,2014(7):60~62.
② 谭秀阁,王峰虎.基于 DEA 的我国公共文化投入效率研究[J].发展研究,2011(2):90~93.
③ 杨林,韩科技.基于 DEA 模型的地方公共文化财政支出绩效评价——以青岛市为例[J].经济与管理评论,2015(2):71~76.
④ 刘淑妍,王欢明.国外公共服务绩效评价的研究发现及对我国的启示[J].国外社会科学,2013(2):114~122.
⑤ 程晓婧.农民工公共文化服务质量评价研究——基于个体差异的视角[D].石家庄:河北经贸大学硕士论文,2015:14~23.
⑥ 卢明.基于农民工文化需求的公共文化服务体系建设研究——以苏州市为例[J].苏州:苏州大学硕士论文,2014.

调查为例,探讨了基于结构方程的农民工公共服务满意度测评[①]。黄寿海、胡小平等分析了差异化需求视角下农民工对城市公共文化产品的评价[②]。这些研究从视角看都是聚焦于某一方面,评价的系统性和逻辑性不足,指标规模参差不齐,基于农民工城市公共文化服务的综合评价体系尚未建立。

3.4 双元评估模型建构

3.4.1 理论依据:文化治理

主体多元是文化治理的主要特点。文化治理体系是由公共部门、非营利组织、私营机构和公民组成的复杂网络,治理主体包括来自公共部门、非营利组织、私营企业等各种性质的团体和个人。文化治理的目的是通过政府、社会、市场与公民的合作来实现公共利益的最大化。从视阈来看,公共文化服务的供给主体主要由公共部门和社会力量两大类组成。在我国,公共文化服务所依靠的公共部门有公共图书馆、博物馆、文化馆(站)、文艺院团等公益性文化机构,它们是我国公共文化服务体系的骨干力量;社会力量主要包括非营利的文化类社会组织、私营企业和社区组织、文化志愿者及公民个人。文化治理下的公共文化服务将原来由政府承担的责任越来越多地分给社会力量来共同承担。这种供给理念的转换,使政府主体在公共文化服务供给过程中变为间接引导者,能够更多地通过制定文化发展的宏观政策来调控引导,并对各合作主体的合作进行有效管理。文化治理下的公共文化服务鼓励多主体参与与合作,通过合作来促进公民表达文化需求,实现与政府的互动。文化治理涉及社会整合与文化资源分配,以及过程的象征化、美学化和合理化。

从结构—功能的视角来看,文化治理视角下的公共文化服务有三个方面

---

① 徐增阳,崔学昭,姬生翔.基于结构方程的农民工公共服务满意度测评——以武汉市农民工调查为例[J].经济社会体制比较,2017(5):62~74.
② 黄寿海,胡小平.差异化需求视角下农民工对城市公共文化产品的评价[J].财经科学,2018(5):47~55.

的功能,公共文化服务职能的实现,可以实现文化"引导社会、教育人民、推动发展"的目标。公共文化服务是现代政府治理和国家治理在文化领域的体现。公共文化服务既可以为公民提供公共文化产品与服务,又可通过多元主体间的合作,培育公民的公共理性精神,建构文化认同。

从国家和社会的关系来看,公共文化服务中的权力关系,主要体现在政府(供给者)和公民(消费者)之间的关系上。公共文化服务职能的实现,可以促进二者的互动、改善二者的关系:一方面,公民在享受公共文化服务过程中增强了对政府的合法性认同;另一方面,在享受公共文化服务过程中,让更多的公民学会了协商与合作,培育了公民的公共理性精神,有利于实现社会整合。由此,公共文化服务在互动与合作中改善了政府与公民的关系。公共文化服务通过整合政府间的资源,形成合作、共赢的政府治理结构,促进政府治理结构的转变。

从微观个体来看,文化治理可以更好地促进政府与公民之间文化需求表达的互动。公民通过参与公共文化产品和服务的形式和频率,将需求偏好告知公共部门,政府可以依据公民的文化需求偏好,不断调整文化设施的建设、文化资金的投入和文化活动的供给,以实现公共利益的最大化。

文化治理理论对我们构建农民工城市文化服务评估模型的启示是:(1)公共文化服务是政府的职责,构建评估模型应以政府为主要责任主体。(2)公共文化服务的主体应该是多元合作的,强调社会参与。(3)公共文化服务效能具有"双重价值",是价值目标前置的效能考察。(4)公共文化服务治理强调"以人为本"。因此,农民工的满意度是评价公共文化服务绩效的关键要素。

在文化治理理念下,结合现代绩效评估理论和项目后评估理论。管理大师德鲁克提出的"目标管理"理论[1]、以卡普兰和诺顿提出的"战略导向"理论[2]和"顾客导向"理论[3]被广泛应用到政府的绩效管理中并取得了积极的效果。

---

[1] 目标管理是以目标为导向、以人为中心、以成果为标准,使组织和个人取得最佳业绩的现代管理方法。目标管理亦称"成果管理",俗称"责任制"。

[2] 战略管理是指对一个企业或组织在一定时期全局的、长远的发展方向、目标、任务和政策,以及资源调配作出的决策和管理艺术。

[3] 顾客导向理论是以顾客的满意度为依据的评估理论。

3.4.2 现实依据:已出台的公共文化服务法律和政策

2015年初,国务院办公厅印发的《国家基本公共文化服务指导标准(2015—2020年)》提出,要促进基本公共文化服务均等化;2015年中共中央办公厅、国务院办公厅在《关于加快构建现代公共文化服务体系的意见》纲领性文件中指出,要加快将农民工文化建设纳入常住地公共文化服务体系。2016年出台的《中华人民共和国公共文化服务保障法》规定,要根据流动人口等群体的特点和需求,提供相应的公共文化服务。2016年文化部公共文化司发布《文化部关于进一步做好为农民工文化服务工作的意见》这一专项政策,部署新形势下农民工文化服务工作。2017年文化部印发的《"十三五"时期繁荣群众文艺发展规划》指出,要开展"戏曲进乡村"活动,丰富基层群众的精神文化生活。2017年文化部印发的《"十三五"时期全国公共图书馆事业发展规划》指出,加强农民工群体适用资源建设和设施配备,有针对性地开展服务,为其更好地融入社会提供帮助。这些政策给了农民工"城市公民"的身份,因此"均等化指标"成为我们评价农民工城市公共文化服务的重要方面。这些政策关注的农民工城市公共文化服务的发展维度,是建立农民工城市公共文化服务评估指标体系的基础。

基于城市农民工公共文化服务的特点,在文化治理理念下,借鉴公共绩效管理及项目后评估相关理论,我们从社会学研究"理想类型"的视角,构建以"公平、效能"为目标导向的二元评价模型(见图3-3)。在这个模型里,我们考虑了效能的两个维度:公共价值维度、满足基本需求的效率维度。"满意度"体现了以人为本的顾客导向。另外,由于文化服务的标准随着当地经济社会发展水平而动态调整,此评估模型还具有"发展性"特征。

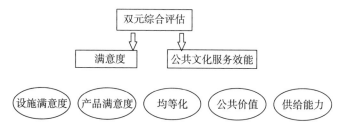

图3-3 以"公平、效能"为导向的双元评估模型

在建立评价指标体系的过程中,根据评估模型,设计指标体系框架。首先,根据国内外理论文献的检索,选取指标体系构成要素的理论参照。其次,根据农民工服务政策进行领域界定和体系框架设计,确定各类指标和权重,构建一套理论设计的指标体系框架。再次,确定测评指标的获得途径、调查群体或个体、调查方法,修订完善指标体系。采用材料审核、问卷调查、深度访谈、整体观察和专家咨询方法进行测评试点,进一步修订完善指标体系。

3.5 评估指标体系设计

3.5.1 指标设计和选择

农民工城市公共文化服务体系评估指标体系,是基于评估模型而设计出的具有科学性、系统性和代表性的一系列评估指标。在建立指标体系过程中,重点考虑三个方面的问题:一是从多层次、全方位入手,解决整体性问题。二是从考核主体多元化、考核方法多样化入手,解决真实性问题。三是从分解量化农民工城市公共文化服务目标入手,尽量把定性指标转化为定量指标,解决可比性问题。农民工城市公共文化服务体系建设状况的评价三指标体系(见第2章表2-1),指标设计特点如下:考虑到"创新"在政策变迁中的重要性,我们在制度建设方面设计了"制度创新指标"。

3.5.2 关键指标解释及赋值

关于满意度的测量——采取问卷调查法。设计满意度问卷,从"设施满意度"和"产品满意度"两个维度测量。为了对农民工城市公共文化服务供给进行准确估测,本书在问卷设计环节将评价等级划分为"很满意""满意""一般""不满意""很不满意"五个等级,让农民工更好地表达自己对城市公共文化产品供给的评价意愿。但基于操作的简便,我们进行了归类:将"很满意"和"满意"这两个选项赋值为"1";将"一般""不满意"及"很不满意"这三个选项赋值为"0"。然后,利用SPSS统计软件进行统计,用"平均值"和"中位数"来评价满意度。具体测量指标分解及赋值见下表(见表3-1)。如果调查对象对题项的回答为肯定,我们在数据预处理中将其赋值为"1";若持否定回答,我们则在数据预处理中将其赋值为"0"。

表 3-1 满意度指标测量表

变量类别	变量名称	变量名称解释及赋值
被解释变量	对城市公共文化产品供给的评价	满意=1,不满意=0
受访者个人特征	受访者年龄	受访者实际年龄
	受访者工龄	受访者离开家乡从事非农业生产工作时间(年)
	性别	男性=1,女性=0
	受教育程度	专科以上=4,高中、中专、职高、技校=3,初中=2,小学及以下=1
	就业状况	现有工作=1,现无工作=0
	每周工作小时数	实际工作时间
	每月收入(元)	实际收入(元)
公共文化设施	设有文化活动室	有=1,无=0
	设有体育活动室	有=1,无=0
	设有影视放映室	有=1,无=0
	设有学习培训室	有=1,无=0
	设有电子阅览室	有=1,无=0
	设有报栏或宣传栏	有=1,无=0
	设有棋牌室或休闲活动室	有=1,无=0
	配备免费的无线网络	有=1,无=0
公共文化服务	提供图书报刊阅读服务	有=1,无=0
	供给免费的手机报	有=1,无=0
	提供文化补贴	包括送购书卡、电影票等文化服务券活动;有=1,无=0
	支持开展自发性文娱活动	有=1,无=0
	提供教育服务	包含相应的职业技能教育、培训与职业资格准入培训等服务;有=1,无=0

续表

变量类别	变量名称	变量名称解释及赋值
公共文化服务	提供视听文化服务	包括提供收听广播、收看电视、放电影等视听文化服务；有＝1，无＝0
	开展棋牌活动	有＝1，无＝0
	开展免费网络服务	免费网络是否很方便地从社区或单位获得；有＝1，无＝0
	组织开展文艺活动	包括歌咏朗诵、摄影书画与务工地的地方民俗等活动；有＝1，无＝0
	组织开展体育健身活动	有＝1，无＝0
	支持和协助文化社团成立	有＝1，无＝0

3.5.3 指标权重的确定

指标权重的计算是指标体系设计中非常重要的一环，体现了指标在指标体系中的重要程度。对于多指标权重的计算，学术界通常采用两种方法。一是层次分析法。该方法是根据指标相对重要性经过计算得出权重值，从而能够较好地避免评估过程的主观随意性，具有一定的科学性，但此方法中矩阵的建立及比较只有比较专业的人士才能完成，对农民工城市公共文化服务来讲，可能选择的专家范围受到一定程度的限制，这样就会导致误差产生，且计算较为繁琐。二是专家调查法。该方法主要依据德尔菲法的基本原理，选择农民工城市公共文化服务各方面的专家，采取独立填表选取权数的形式，然后将他们各自选取的权数进行整理和统计分析，最后通过讨论确定出各因素、各指标的权数。这种方法简单易行，具有很强的操作性，它集合了各方面专家的智慧和意见，并运用数理统计的方法进行检验和修正，是一种较科学合理的方法。

本书中我们首先采用专家调查法来计算各指标权重（计算方法见附录1），然后考虑到实际操作的便捷性，经过本书课题组成员讨论，进行进一步调整，将一级指标（基本指标）的总分设为100分，5个二级指标的权重分别为：20、40、20、20、10，三级指标的测量指标选择见表3-2。

表 3-2　各级指标权重分布及三级指标的测量指标选择

基本指标(100 分)			
二级指标(5)	权重	三级指标(12)	权重
均等化程度	20	可及性	8
		政府农民工公共文化的财政投入	12
供给有效性	40	内容供应量	15
		价值引领	10
		满意度	15
主体参与量	15	政府文化服务机构	7
		社区(文化类社会组织)	4
		企业	4
农民工参与量	15	服务活动参与	9
		服务管理参与	6
制度建设	10	政府农民工服务政策制定	4
		制度创新指标	6

3.5.4　评估标准选择和信息采集方法

确定评估指标的评估标准和方法是评估指标操作化的过程,需要考虑以下三个方面的问题:一是指标的实现程度需要通过哪些标准去衡量,选择这些标准的依据是什么。二是这些标准如何去量化。三是通过何种方法能够获得这些量化的信息。

——评估标准的选择。评估标准指的是在各个指标上分别应该达到什么样的水平,也就是在各个指标上所应达到的具体的绩效要求。在本书中评估标准主要是根据有关部门近年来制定的农民工城市公共文化服务政策及有关工作要求设定的。随着农民工城市公共文化服务的推进,农民工城市公共文化服务政策和目标会适时进行调整和完善,评估标准也根据发展阶段进行调整。

——评估信息采集的方法。为客观、准确地反映农民工城市公共文化服务状况,保证对农民工城市公共文化服务进行综合评估,农民工城市公共文化服务评估主要采用材料审核、实地考察、问卷调查三种方式采集评估信息。

这些方法在测评中具有互补的功能,可以对农民工城市公共文化服务进行综合考评。

材料审核是指由被评估城市提供相关材料供评估人员进行形式审核和内容审核的方法,相关材料包括统计资料、会议记录、原始文件等,这种考核方法的优点是简单快捷、易于操作,不足之处在于可能会出现虚假材料。

实地考察是一种由评估人员通过访谈、座谈、典型调研、抽查检验等方式进行信息采集的方法,优点是可以克服材料审核的不足,缺点是耗时耗力,也可能由于评估人员的素质问题和腐败问题导致结果出现偏离。

问卷调查是通过围绕某个主题设计一系列问题的问卷向被调查群体获取信息的方法。影响问卷调查的关键因素很多,包括问卷设计的质量、被调查群体的选择、调查的方式等。为避免这些问题,在本书中专门设计了"农民工满意度"问卷,着重对农民工城市公共文化服务成效进行评估。本书在上述理论研究的基础上,通过专家访谈和实地调研,形成了以省(自治区、直辖市)为考评对象的农民工城市公共文化服务评估指标体系(见附录1)。

3.6 评估过程的实施

评估工作的实施是评估工作的实践环节,主要包括选择合适的评估主体、设计实施的程序如何、运用评估的结果等主要问题。

3.6.1 评估主体的选择

评估主体是组织、实施、参与评估的组织、团体或个人,一般有内部评估主体与外部评估主体之分。农民工城市公共文化服务评估主体一般包括以下三种:一是各级党委、政府设立的专门考核评估机构。二是独立的第三方评估机构,指依据各类社会中介组织、教学研究机构的章程,经申请批准而成立的专门考核评估机构,属于社会组织的范畴。三是利益相关者,农民工城市公共文化服务工作的利益相关者主要包括从事农民工文化工作管理和服务的党委、政府工作人员、社区工作人员、文化类社会组织从业人员、企业工作人员、相关的专家、农民工等。第一种属于内部评估主体,第二、三种属于外部评估主体。由于每一类评估主体在价值观、利益取向、个人的知识经验都不相同,这决定了任何一个特定的评估主体都有自身特定的评估角度,有着不可替代的作用。同时,各单一主体也有着难以克服的局限。

由于农民工城市公共文化服务开展时间不长、统计数据相对缺乏、绩效内容表现情况相对复杂,我们建议初期阶段主要采取专家评估的方式进行。即利用具有较高知识水平和丰富实践经验的专家的知识和经验对绩效作出综合判断和评估。具体分工和职责是:城市的文化旅游部门作为农民工城市公共文化服务的主管部门,也是评估的发起人、主办方和评估管理机构,将评估工作委托给第三方专业机构实施。而城市作为农民工公共文化服务的具体执行部门,居于评估的客体位置。因为农民工城市公共文化服务评估是一项专业性、技术性很强的工作,所以还需要聘请相关咨询专家组成咨询委员会来对评估过程、评估结果及评估争议进行判断裁决。咨询委员会由绩效管理和公共政策专家、文化战略专家、农民工城市公共文化服务主管部门工作者组成。咨询委员会与评估管理机构职能明确区分,管理部门行使管理和协调职能,咨询委员会行使判断、裁决职能。咨询委员会与评估管理机构须确保第三方机构具有评估事务上的权威性及独立性。

3.6.2 评估的程序

农民工城市公共文化服务的评估过程可划分为自评、初评、总评、反馈沟通和提交五个基本阶段,各个阶段的参与主体会有所不同。具体实施过程见图3-4。

在自评阶段,各城市在上述评估方案确定的基础上,根据要求上报相关评估材料,并进行分布式自我评估,撰写、提交评估报告。

在初评阶段,第三方机构对各城市提交的评估报告使用统一标准进行评价,并提出意见,将部分结果进行反馈。各部门可对评估意见提出异议,由第三方机构给予回应,各城市根据第三方机构的意见修改评估报告。同时,第三方机构采取抽样方式对农民工城市公共文化服务部门及利益相关群体进行材料审核和访谈、座谈、典型调研、抽查检验,形成社会调研评估意见;对利益相关者群体发放调查问卷,提取利益相关者群体的主观满意度信息,在此基础上,第三方机构独立给出综合评估判断,形成评估意见。

在总评阶段,第三方机构结合自评及初评结果,提出汇总的评估意见,通过内部比较(相同级别城市)和相关理论给出评估结论。第三方机构将评估意见向评估主管部门及咨询委员会提交,评估主管部门向各城市进行沟通反馈,在此基础上形成评估结论,进入最终评估报告提交阶段。最后,由第三方机构向文化旅游部门提交最终评估报告。

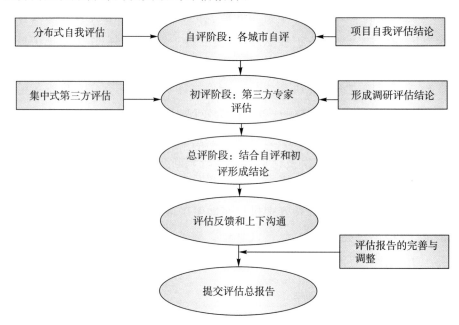

图 3-4 农民工城市公共文化服务的评估过程

3.6.3 评估结果的应用

评估结果运用是评估工作价值实现的关键,具有导向和激励作用。评估结果运用要从制度入手,确保农民工城市公共文化服务评估结果得到充分合理使用,可以实现真正的"奖优惩劣"目标,推进农民工城市公共文化服务上台阶、上水平。

——建立信息通报制度。通过对评估过程中收集掌握的农民工城市公共文化服务信息进行统计分析,对典型案例、突出问题实行分类管理,综合量化研究,形成较为科学的数据分析体系。同时,在评估工作中注意收集并研究各方反馈信息,对评估指标体系和方法适时进行调整。

——建立工作预警制度。通过开展农民工城市公共文化服务评估,对评估结果科学分级,准确掌握农民工城市公共文化服务运行状况。针对失分最多的工作和普遍失分的工作,以及各地在推进农民工城市公共文化服务中存在的重点问题、热点问题,及时向评估对象发出预警信息,并进行重点监控,以便有针对性地加以改进。

——建立表彰奖励和问责制度。将农民工城市公共文化服务实行目标责任制考核和人才工作目标责任制考核相挂钩,将其作为干部政绩与干部任用的重要依据,对农民工城市公共文化服务考核评估成绩突出的地区,采取通报表彰、授予荣誉称号、颁发奖金等形式予以奖励。将评估结果与行政问责相结合,明确规定考评结果为"一般"及以下等次的,在文化主管部门和相关单位年度综合考核中不能被评为"优秀"等级;对连续两年被评定为"差"等级的,由上级党委组织部对党委(党组)班子进行诫勉谈话和全面整顿,对党组织书记进行组织调整;对思想重视不够、履行职责不认真、工作措施不力、实际效果不好的单位、个人进行通报批评。

另外,我们可依托各类研究机构,组织出版《中国农民工城市公共文化服务蓝皮书》,编入农民工城市公共文化服务考核评估报告、最新农民工城市公共文化服务研究成果、典型制度创新案例及农民工城市公共文化服务政策等内容。

第 4 章
农民工城市公共文化服务调查分析

本章通过国家社科基金重大项目《农民工城市公共文化服务体系研究》课题组组织实施了"农民工城市公共文化服务体系"大型问卷调查活动,旨在了解掌握进城农民工的文化生活基本情况、值得关注的问题和挑战,以及农民工自身的文化权益诉求等,为各级党委、政府不断改善农民工城市公共文化服务提供科学的决策与咨询依据。

4.1 调查设计与组织实施

本书所采用的调查数据源自《农民工城市公共文化服务体系研究》课题组所作的问卷调查,本书采用非概率配额抽样和偶遇抽样相结合的方法,于 2012—2013 年对农民工流出地的安徽阜阳、四川成都和农民工流入地的北京、上海、深圳等 5 个城市各类型农民工聚焦较多的企业进行问卷调查,回收有效问卷 3974 份。其中,北京 1029 份、上海 569 份、深圳 446 份、成都 691 份、阜阳 1212 份(见表 4-1)。问卷所涉及的问题主要涵盖了被调查者的基本个人信息(如性别、年龄、职业、婚姻等)、文化生活现状、公共文化服务需求及对城市公共文化服务满意度等方面。

表 4-1　问卷调查样本的区域分布

区域分布	频率	百分比	有效百分比	累积百分比
北京	1029	26.1	26.1	26.1
成都	691	17.5	17.5	43.6
阜阳	1212	30.7	30.7	74.3
上海	569	14.4	14.4	88.7
深圳	446	11.3	11.3	100.0
合计	3947	100.0	100.0	

在问卷调查的基础上，本书还采用了结构式访谈的方法对北京、上海、深圳、成都等地的农民工进行了230份个案访谈。其中，对北京的朝阳区金盏乡皮村、朝阳区全峰快递公司、大兴区保全保安公司、大兴区义利食品公司、丰台区秦唐食府等农民工聚集的区域和企业单位访谈个案85个；对上海青浦区上海五天实业有限公司、徐汇区上海天天渔港集团、松江区雅泰实业集团、松江区龙工机械等企业单位访谈个案33个；对深圳福田区深圳特发物业管理有限公司、盐田区珍兴鞋业、盐田区中显微电子公司等企业单位访谈个案39个；对成都富士康公司、绿地建筑有限公司、郫县温德姆酒店、郫县农科村刘氏庄园、成都市工业港等企业单位访谈个案73个。

4.2　主要数据分析

4.2.1　调查样本的基本情况

4.2.1.1　基本构成

从农民工的性别构成来看（见表4-2），男性农民工占比为56%，女性农民工占比为44%，男女性别比为127:100。

表 4-2　调查样本的性别构成

	性别	频率	百分比	有效百分比	累积百分比
有效	男	2159	54.7	56.0	56.0
	女	1699	43.0	44.0	100.0
	合计	3858	97.7	100.0	
缺失	系统	89	2.3		
合计		3947	100.0		

从农民工的年龄结构来看(见表4-3),16岁及以下农民工占比1%,17~20岁的农民工占比11.4%,21~30岁的农民工占比45.9%,31~40岁的农民工占比25.1%,41~50岁的农民工占比11.2%,50岁以上的农民工占比4.8%。由此可见,新生代农民工已经成为农民工群体的主体构成,占农民工总数的近六成。

表4-3 调查样本的年龄分布

年龄分布		频率	百分比	有效百分比	累积百分比
有效	16岁及以下	38	1.0	1.0	1.0
	17~20岁	444	11.2	11.4	12.4
	21~30岁	1812	45.9	46.5	58.9
	31~40岁	979	24.8	25.1	84.0
	41~50岁	435	11.0	11.2	95.2
	50岁以上	189	4.8	4.8	100.0
	合计	3897	98.7	100.0	
缺失	系统	50	1.3		
合计		3947	100.0		

从农民工的政治面貌来看(见表4-4),农民工为中共党员的占比7.5%,共青团员的占比32.4%,民主党派的占比3.0%,无任何党派的占57.1%。

表4-4 调查样本的政治面貌

政治面貌		频率	百分比	有效百分比	累积百分比
有效	中共党员	292	7.4	7.5	7.5
	共青团员	1267	32.1	32.4	39.9
	民主党派	117	3.0	3.0	42.9
	无党派	2233	56.6	57.1	100.0
	合计	3909	99.0	100.0	
缺失	系统	38	1.0		
合计		3947	100.0		

从农民工的教育程度构成来看(见表4-5),小学及以下学历的农民工占比9.9%,初中文化程度的占比32.5%,高中或中专学历的占比37.0%,大专及以上学历的占比20.6%。由此可见,农民工群体整体文化教育程度偏低,近八成的农民工为高中及以下文化教育程度。

表 4-5　调查样本的受教育程度

受教育程度		频率	百分比	有效百分比	累积百分比
有效	小学及以下	388	9.8	9.9	9.9
	初中	1275	32.3	32.5	42.4
	高中或中专	1451	36.8	37.0	79.4
	大专及以上	808	20.5	20.6	100.0
	合计	3922	99.4	100.0	
缺失	系统	25	0.6		
合计		3947	100.0		

表 4-6　调查样本的婚姻情况

婚姻状况		频率	百分比	有效百分比	累积百分比
有效	已婚有配偶	2058	52.1	52.6	52.6
	丧偶	95	2.4	2.4	55.0
	离异	135	3.4	3.5	58.5
	未婚	1623	41.1	41.5	100.0
	合计	3911	99.1	100.0	
缺失	系统	36	0.9		
合计		3947	100.0		

从农民工的婚姻状况来看（见表4-6），已婚有配偶的农民工占比52.6%，丧偶的占比2.4%，离异的占比3.5%，未婚的占比41.5%。

从农民工所在行业的分布情况来看（见表4-7），从事制造业的农民工占比19.5%，建筑业的占比16.5%，商贸业的占比22.6%，家政服务业的占比2.2%，交通运输业的占比15.7%，社区服务业的占比6.1%，其他类型行业的占比17.4%。由此可见，农民工主要聚集在制造业、建筑业、交通运输业和商贸业等几大行业。

表 4-7　调查样本所从事的行业

从事行业		频率	百分比	有效百分比	累积百分比
有效	制造业	755	19.1	19.5	19.5
	建筑业	641	16.2	16.5	36.0
	商贸业	875	22.2	22.6	58.6
	家政服务业	86	2.2	2.2	60.8
	交通运输业	608	15.4	15.7	76.5
	社区服务	238	6.0	6.1	82.6
	其他	675	17.1	17.4	100.0
	合计	3878	98.3	100.0	
缺失	系统	69	1.7		
合计		3947	100.0		

4.2.1.2 经济状况

从农民工的月收入情况来看(见表4-8),月收入在1000元及以下的农民工占比5.6%,1000~2000元的占比30.3%,2000~3000元的占比35.1%,3000~4000元的占比16.4%,4000~5000元的占比8.3%,5000元及以上的占比4.3%。由此可见,农民工整体收入偏低,月收入主要集中在1000~4000元范围内,农民工收入的中位值为2000~3000元[①]。而据国家统计局《2017年农民工监测调查报告》数据显示,农民工月均收入为3485元,比2016年增加210元,增长6.4%。

表4-8 调查样本的月收入

	月收入	频率	百分比	有效百分比	累积百分比
有效	1000元及以下	219	5.5	5.6	5.6
	1000~2000元	1178	29.8	30.3	35.9
	2000~3000元	1365	34.6	35.1	71.0
	3000~4000元	639	16.2	16.4	87.4
	4000~5000元	324	8.2	8.3	95.7
	5000元及以上	166	4.2	4.3	100.0
	合计	3891	98.6	100.0	
缺失	系统	56	1.4		
合计		3947	100.0		

4.2.1.3 外出状况

从农民工的外出务工时间来看(见表4-9),外出务工6个月及以下的农民工占比9.5%,6个月至1年的占比18.1%,1~3年的占比31.5%,3~5年的占比22.6%,10年及以上的占比6.6%。总体来看,农民工外出务工时间超过1年的占七成多,这就意味着大量农民工长期生活在打工所在的城市社会。

---

① 因为调查时间是2012—2013年,所以与2021年农民工收入相比偏低。

表 4-9　调查样本外出务工时间

外出务工时间		频率	百分比	有效百分比	累积百分比
有效	6 个月及以下	372	9.4	9.5	9.5
	6 个月至 1 年	708	17.9	18.1	27.6
	1~3 年	1229	31.1	31.5	59.1
	3~5 年	884	22.4	22.6	81.7
	5~10 年	454	11.5	11.6	93.4
	10 年及以上	259	6.6	6.6	100.0
	合计	3906	99.0	100.0	
缺失	系统	41	1.0		
合计		3947	100.0		

表 4-10　调查样本跟谁一起外出务工

外出同伴	响应		个案百分比
	N	百分比	
配偶/情侣	1241	27.8%	31.9%
父母	470	10.5%	12.1%
子女	549	12.3%	14.1%
兄弟姐妹	489	11.0%	12.6%
独自一人	1715	38.4%	44.0%
总计	4464	100.0%	114.6%

从农民工外出务工同伴来看(见表 4-10),31.9%的农民工是与配偶或情侣一起外出打工,与父母一起外出的占比 12.1%,与子女一起的占比 14.1%,与兄弟姐妹一起外出的占比 12.6%,独自一人外出的占比 44.0%。调查结果与近年来农民工外出流动家庭化趋势一致,超六成的农民工是与家人一起外出打工的。

从农民工每年回家次数来看(见表 4-11),每年平均回家 1 次的农民工占比 29.3%,2 次的占比 27.3%,3 次的占比 18.4%,4 次及以上的占比 25.1%。

表 4-11　调查样本每年平均回家次数

	年均回家次数	频率	百分比	有效百分比	累积百分比
有效	1 次	1148	29.1	29.3	29.3
	2 次	1069	27.1	27.3	56.6
	3 次	720	18.2	18.4	74.9
	4 次及以上	983	24.9	25.1	100.0
	合计	3920	99.3	100.0	
缺失	系统	27	0.7		
合计		3947	100.0		

4.2.1.4　居住情况

从农民工的居住情况来看（见表 4-12），单独租房居住的农民工占比 22.3%，与别人合租居住的占比 13.8%，住单位宿舍的占比 36.3%，住自己购买商品房的占比 9.7%，借房住的占比 3.5%，住在建筑工棚的占比 6.7%，无固定住所的占比 4.0%，其他类型的占比 3.7%。总体来看，农民工居住情况已有了较大改善，但从市民化角度来看，能够购买商品房的农民工不到一成，住房问题仍然是困扰农民工市民化进程的最大障碍因素。

表 4-12　调查样本的居住情况

	居住情况	频率	百分比	有效百分比	累积百分比
有效	单独租房	873	22.1	22.3	22.3
	与别人合租	539	13.7	13.8	36.1
	单位宿舍	1423	36.1	36.3	72.4
	自己购买的商品房	379	9.6	9.7	82.1
	借房住	138	3.5	3.5	85.6
	住建筑工棚	262	6.6	6.7	92.3
	无固定住所	156	4.0	4.0	96.3
	其他	146	3.7	3.7	100.0
	合计	3916	99.2	100.0	
缺失	系统	31	0.8		
合计		3947	100.0		

4.2.1.5　社会交往

从农民工社会交际网可以看出（见表 4-13），农民工的交往对象主要是同事、老乡和同学等，分别占比达 47.7%、24.6% 和 18.9%，与城市居民交往的比重仅为1.8%,而基本没有交往对象的农民工竟占4.1%。农民工在城市的社会关系网主要以地缘、血缘、业缘等初级关系网为主,社会关系网较为封闭,未能真正融入城市社区和城市社会,属于城市社会中的边缘群体。"感觉他们本地人不是很好交往,也很少交往,平时主要就是和老乡、同事交往得多一些,但也就是聊聊天和打牌而已"①。"平时和他们当地人交往不多,但还比较融洽。我们跟他们不能比,差距太大了,他们生活要优越得多,福利也多,比如在我们这里上班的北京本地人都有各种补助,和他们没有可比性,谁让人家生在这个地方呢"②。作为外来人口的农民工,一方面存在基于城乡二元结构差异的身份自卑;另一方面受到流入地政府地方保护主义的政策排斥和流入地当地人的歧视,从而遭遇来自政府和市民的"双重夹击"。"平时主要跟同事和同行业的人交流比较多,跟他们北京本地人交往不多,和他们也不是很熟悉,不过我感觉他们看不起我们这些外地打工的"③。

表4-13 调查样本在城市务工主要交往的对象

	主要交往对象	频率	百分比	有效百分比	累积百分比
有效	家族人或同乡	942	23.9	24.6	24.6
	同学	690	17.5	18.0	42.6
	工友或同事	1835	46.5	47.9	90.5
	基本没有交往对象	163	4.1	4.3	94.8
	城市居民	68	1.7	1.8	96.6
	其他	131	3.3	3.4	100.0
	合计	3829	97.0	100.0	
缺失	系统	118	3.0		
合计		3947	100.0		

---

① 2012年10月14日,在北京朝阳区皮村农民文化活动中心,对从事机械加工的农民工进行访谈,受访者年龄50岁。

② 2012年10月16日,在北京大兴区某保安公司,对出纳岗位的农民工进行访谈,受访者年龄28岁。

③ 2012年10月16日,在北京丰台区某西北饭店餐馆后厨,与配菜的农民工访谈,受访者年龄27岁。

表 4-14 调查样本参加社会组织情况

	响应		个案百分比
	N	百分比	
文艺社团	275	14.7%	44.1%
社会公益组织	439	23.5%	70.5%
打工者协会	374	20.0%	60.0%
老乡会、同学会等	467	25.0%	75.0%
农民工维权组织	314	16.8%	50.4%
总计	1869	100.0%	300.0%

从农民工参加的社会组织情况来看(见表 4-14),参加老乡会、同学会的占比最高,达 25.0%;其次是参加社会公益组织,占比 23.5%;排在第三位的是参加打工者协会组织,占比达 20.0%;而参加农民工维权组织、文艺社团的分别占比 16.8%、14.7%。

4.2.2 调查样本的文化生活状况

文化娱乐消费。据调查数据显示(见表 4-15),农民工每个月文化娱乐消费支出 10 元以内的占比 13.0%,10~30 元的占比 15.8%,31~50 元的占比 21.1%,51~100 元的占比 21.4%,100 元以上的占比 28.7%。总体来看,农民工文化娱乐消费开支偏低,但与第一代农民工相比有较大提升。之所以这样,是因为文化娱乐消费开支与农民工年龄结构和农民工收入水平相关。

表 4-15 调查样本每月文化娱乐消费金额

	消费金额	频率	百分比	有效百分比	累积百分比
有效	10 元以内	488	12.4	13.0	13.0
	10~30 元	594	15.0	15.8	28.7
	31~50 元	794	20.1	21.1	49.8
	51~100 元	807	20.4	21.4	71.3
	100 元以上	1081	27.4	28.7	100.0
	合计	3764	95.4	100.0	
缺失	系统	183	4.6		
合计		3947	100.0		

分年龄段来看(见表 4-16),21~40 岁年龄段农民工是文化娱乐消费支出的主体,占调查样本总量的 71.7%,整体结构呈现"两头小中间大"的态势,20 岁以下农民工有文化娱乐消费意愿,但由于收入水平有限,难以支撑

较大的支出金额。而40岁以上的第一代农民工,由于受思想观念及养家糊口等因素影响,在文化娱乐消费方面开支也相对较低。通过访谈也得到印证,"平时下班回家也就是做点家务,最多看看电视,也没什么文化方面的活动和开支,对文化活动也没什么想法,反正出来就是为了多挣点钱。单位组织过相关的文化活动,但是我自己不想参加。本来平时工作就比较辛苦,没有时间和精力参加这些活动,而且又不是年轻人了"①。

表4-16 调查样本的年龄/每月文化娱乐消费金额交叉分析

年龄分布		每月文化娱乐消费金额					合计
		10元以内	10~30元	31~50元	51~100元	100元以上	
年龄	16岁及以下	0.1%	0.2%	0.3%	0.1%	0.3%	1.0%
	17~20岁	1.0%	1.3%	2.8%	2.7%	3.5%	11.3%
	21~30岁	4.2%	5.4%	10.6%	11.1%	15.6%	46.9%
	31~40岁	3.1%	4.5%	4.5%	5.6%	7.1%	24.8%
	41~50岁	2.9%	2.8%	2.2%	1.5%	1.9%	11.2%
	50岁以上	1.8%	1.3%	0.6%	0.6%	0.6%	4.9%
合计		12.9%	15.5%	21.0%	21.6%	29.0%	100.0%

在具体文化消费项目支出上(见表4-17),农民工的主要文化消费项目集中在有线电视费用、上网费用和购买书籍报刊费用,比重分别是63.6%、59.2%和43.3%,而在文艺演出或体育赛事、体育健身或美容美甲、学习培训等消费项目上涉及的比重较少。其中,77.5%的农民工几乎没有在体育健身或美容美甲项目上消费过,74.8%的农民工几乎没有在文艺演出或体育赛事项目上消费过,68.2%的农民工几乎没有在学习培训项目上消费过。由此可见,农民工在文化消费项目选择上仍然较为单一,文化消费支出主要用在基本型文化消费项目上,而在拓展型的文化消费项目上较少涉及。据《2017年中国农民工调查监测报告》数据显示,进城农民工业余时间主要是看电视、上网和休息,分别占40.7%、35.6%和28.4%,基本与本书调查数据一致。

---

① 2012年10月17日,在北京大兴区某食品加工公司,与保洁人员访谈,受访者年龄45岁。

表 4-17 调查样本的文化消费项目支出情况(%)

文化消费项目支出	有线电视费	电影与戏曲	上网费用	KTV、歌舞厅及棋牌室等	文艺演出或体育赛事	体育健身、美容美甲	学习、培训费用	购买书籍、报刊
几乎没有	36.4	66.5	40.8	68.0	74.8	77.5	68.2	56.7
较多	47.7	26.4	40.6	25.0	20.1	17.1	24.5	34.0
很多	15.9	7.1	18.6	7.0	5.1	5.4	7.3	9.3
合计	100.0	100.0	100.0	100.0	100.0	100.0	100.0	100.0

不论是国家统计局还是本书所进行的调查数据均显示,收看电视是农民工工作之余最为主要的文化娱乐休闲方式。据调查数据显示(见表4-18),农民工常看的电视节目类型中,排序依次是新闻类占比20.8%、娱乐类占比18.8%、电视剧类占比15.3%、体育类占比13.1%、法制类占比11.3%、科技类占比10.3%、生活类占比7.7%、其他类节目占比2.7%。

表 4-18 调查样本常看的电视节目类型

常看电视节目类型	响应		个案百分比
	N	百分比	
新闻类	1160	20.8%	62.3%
体育类	730	13.1%	39.2%
科技类	576	10.3%	31.0%
娱乐类	1047	18.8%	56.3%
法制类	631	11.3%	33.9%
电视剧	855	15.3%	45.9%
生活类	432	7.7%	23.2%
其他	152	2.7%	8.2%
总计	5583	100.0%	300.0%

4.2.3 公共文化服务供给分析

4.2.3.1 政府

公共文化服务作为政府公共服务的组成部分,流入地政府理应担负着公共文化供给的主体责任。从理论角度来看,公共文化服务理应面向辖区居住的所有居民,实现公共文化服务全覆盖,不应有群体身份之分。从调查情况来看(见表4-19),政府在面向农民工公共文化服务供给时仍然存在供给不足或不到位的问题,8.4%的调查对象认为当地政府从未提供过任何免费的公共文化服务。在提供免费的公共文化服务中,首先是文化馆、图书馆、博物馆免费开放,占比23.3%,其次是为农民工组织大型文化节庆活动,占比21.5%,再次是送图书、演出、电影等,占比21.4%,而免费文化艺术培训,占比17.8%,举办文化艺术交流活动,占比7.5%。

表4-19 当地政府面向农民工公共文化服务的供给情况

	响应 N	响应 百分比	个案百分比
文化馆、图书馆、博物馆免费开放	513	23.3%	70.0%
送图书、送演出、送电影	471	21.4%	64.3%
免费文化艺术培训	392	17.8%	53.5%
组织大型文化节庆活动	473	21.5%	64.5%
举办文化艺术交流活动	166	7.5%	22.6%
从未提供任何免费文化服务	184	8.4%	25.1%
总计	2199	100.0%	300.0%

据调查数据显示(见表4-20),农民工享受政府提供的免费公共文化服务情况也不容乐观,近一半的农民工从来没享受过政府提供的免费公共文化服务,仅二至三成的农民工享受过政府提供的各类免费公共文化服务。造成农民工公共文化服务困局的原因是多方面的,既有农民工自身的原因(诸如:时间精力、兴趣爱好等),也有公共文化供给端的原因(如:供给制度化程度不高、供给内容供需错位等)。

表4-20 农民工享受政府免费公共文化服务的频次(%)

频次	文艺演出	图书馆、文化馆	联欢会、体育比赛	技能培训	观看电影
一月一次	9.6	11.7	8.4	12.9	16.7
半年一次	15.9	13.0	13.9	13.8	13.9
一年或更长时间一次	18.8	15.3	20.9	19.1	15.5
从来没有	55.8	59.9	56.8	54.3	53.9
合计	100.0	100.0	100.0	100.0	100.0

4.2.3.2 企业

企业作为大部分农民工就业的场所,也是农民工公共文化服务的供给主体之一,而且企业直接面对农民工群体,其提供的文化服务更直接、更有效、更具有优势,也能够真正意义上满足农民工的文化生活需求。从为农民工提供的文化服务来看(见表4-21),组织联欢会、体育比赛等文体活动是企业为农民工提供文化服务的常见类型,占比32.9%;其次是节日送文化大礼包,占比18.6%;然后是免费组织看电影或演出,占比19.5%;而技能培训和组织社会公益活动分别占比10.8%和13.7%。总体来看,大部分企业为农民工提供了文化服务,仅4.7%的被调查农民工未能享受企业提供的文化服务。

表4-21 企业提供的文化服务

企业提供的文化服务	响应 N	响应 百分比	个案百分比
免费看电影或演出	371	19.5%	58.5%
组织联欢会、体育比赛等文体活动	621	32.6%	97.9%
开展电脑知识、摄影、刺绣等技能培训	206	10.8%	32.5%
组织社会公益活动	261	13.7%	41.2%
节日送文化大礼包	354	18.6%	55.8%
什么都没有	89	4.7%	14.0%
总计	1902	100.0%	300.0%

从企业提供的文化设施情况来看(见表4-22),体育运动场所是企业为农民工提供的常见文化设施,占比达31.4%;而电视房、电脑室、图书阅览室、棋牌室、卡拉OK室及心理咨询室等文化设施分别占比为15.8%、12.4%、11.4%、11.3%、10.4%和4.5%。正式规模经营企业提供的文化设施较为常见,但微小型企业或加工作坊等非规模经营企业基本没有相关文化活动设施。如,访谈对象说:"本身企业就小,又不是正规的大企业,所以平时也不可能组织什么文化娱乐活动,更别说提供文化活动场所了,我对企业提供文化服务没什么想法,已经很习惯这样了"[①]。"公司能发给你工资就不错了,我们国庆假期都是正常上班,连基本的加班工资都不能兑现,哪敢奢求企业给我们提供文化服务"[②]。

---

① 2012年10月14日,在北京朝阳区皮村农民文化活动中心,与车床加工工人访谈,受访者年龄38岁。

② 2012年10月14日,在北京朝阳区皮村农民文化活动中心,与尚未开业的高尔夫球场保安访谈,受访者年龄48岁。

表 4-22 企业提供的文化设施情况

企业提供的文化设施	响应		个案百分比
	N	百分比	
棋牌室	264	11.3%	33.8%
体育运动场所	736	31.4%	94.2%
电视房	355	15.2%	45.5%
图书阅览室	266	11.4%	34.1%
电脑室	291	12.4%	37.3%
卡拉OK室	243	10.4%	31.1%
心理咨询室	105	4.5%	13.4%
其他	83	3.5%	10.6%
总计	2343	100.0%	300.0%

4.2.3.3 社区

社区尽管属于城市社会自治组织,但作为政府行政管理体制的延伸,往往承担了大量的公共服务职责。对于农民工大量聚集的区域,社区往往充当政府为农民工公共文化服务供给的代理人角色,是农民工公共文化服务政策的执行者。但从调查结果来看(见表4-23),农民工参加社区组织的文化活动不多,经常参加社区组织的文化活动的农民工仅占7.0%,偶尔参加的占比31.6%,而从未参加和不知情的农民工占比分别达37.5%和23.9%。由此可见,城市社区在为农民工提供公共文化服务方面存在较大短板。其原因主要是,一方面城市社区为农民工提供的文化活动供给不足;另外一方面是农民工自身并未能融入城市社区,对相关文化活动的知晓度、参与度不足。如"除了在这个皮村活动中心之外,其他基本没有什么文化活动场所,社区的文化设施和服务,以及所有优惠政策都是为他们北京人服务的,我们打工的人享受不到"[①]。

---

① 2012年10月14日,在北京朝阳区皮村农民文化活动中心,与尚未开业的高尔夫球场保安访谈,受访者年龄48岁。

表 4-23 参加社区组织的文化活动情况

		频率	百分比	有效百分比	累积百分比
有效	经常参加	267	6.8	7.0	7.0
	偶尔参加	1211	30.7	31.6	38.6
	从未参加	1437	36.4	37.5	76.1
	不知情	915	23.2	23.9	100.0
	合计	3830	97.0	100.0	
缺失	系统	117	3.0		
合计		3947	100.0		

4.2.4 公共文化服务需求分析

长期以来,不论是各级政府还是学界对农民工的文化需求关注都是缺失的,农民工文化权益往往让位于工资保障、人身安全等其他方面权益。通过与农民工访谈发现,绝大部分农民工是有文化服务需求的,尤其是随着新生代农民工队伍不断壮大,他们对城市公共文化服务尤为渴望。正如一位90后新生代农民工所言,"我们这里离城远,交通不便利,周边又没有文化设施,生活比较单调"①。"单调乏味"是绝大多数农民工文化生活的共性特征,既是当下农民工业余文化生活状态的一种真实写照,也是对城市公共文化服务表达的一种渴望。

4.2.4.1 个人意愿

从农民工参与城市文体活动意愿来看(见表 4-24),绝大多数农民工表现出较强的参与意愿。其中,22.7%的农民工非常愿意参加当地政府或社区开展的文体活动,29.5%的农民工愿意参加文体活动,处于中立态度的农民工占40.2%,而明显表现出不愿意的仅占7.6%。通过访谈发现,农民工之所以持中立态度或消极态度,是因为他们比较在意文体活动组织时间和活动内容,如受访都说:"组织文体活动挑选的时间不太合适,都是选择公休的时间,这有可能会扰乱我自己的休息计划,因为是组织大家去公园玩,去的人不太多,也不是很积极,玩的内容可能不太吸引人。"②再如,有的受访者认为:"感

---

① 2012年10月15日,在北京朝阳区某快递公司,与客服人员访谈,受访者年龄25岁。
② 2012年10月15日,在北京朝阳区某快递公司,与客服人员访谈,受访者年龄24岁。

觉公司组织的文化活动一般,如果能够丰富一些最好,希望公司以后能够多组织一些活动,最好能够提供文化活动的场地和设施。"①

表 4-24 您是否愿意参加当地政府或社区开展的文体活动?

		频率	百分比	有效百分比	累积百分比
有效	非常愿意	848	21.5	22.7	22.7
	愿意	1104	28.0	29.5	52.2
	看具体情况	1501	38.0	40.2	92.4
	不愿意	284	7.2	7.6	100.0
	合计	3737	94.7	100.0	
缺失	系统	210	5.3		
合计		3947	100.0		

4.2.4.2 参与目的

从农民工参加文化娱乐活动的目的来看(见表 4-25),主要集中在四个内在驱动因素:"增长文化知识,提升自身修养""满足自己的兴趣爱好""休闲娱乐,无聊消遣""陪家人、亲戚或朋友",分别占比 21.6%、20.5%、20.5% 和 13.6%。而受"单位或上级组织安排""工作需要""别人推荐"等外部因素影响的占比则相对较低,分别占比 7.2%、6.7% 和 5.7%。由此可见,农民工公共文化需要是由内在需求所驱动的。

表 4-25 参加免费文化活动目的

	响应		个案百分比
	N	百分比	
满足自己的兴趣爱好	821	20.5%	61.4%
增长文化知识,提升自身修养	866	21.6%	64.7%
工作需要	270	6.7%	20.2%
休闲娱乐,无聊消遣	821	20.5%	61.4%
陪家人、亲戚或朋友去	544	13.6%	40.7%
方便,正好顺路	172	4.3%	12.9%
别人推荐	229	5.7%	17.1%
单位或上级组织安排	291	7.2%	21.7%
总计	4014	100.0%	300.0%

---

① 2012 年 10 月 15 日,在北京朝阳区某快递公司,与市场人员访谈,受访者年龄 30 岁。

随着农民工群体规模不断扩大,农民工群体内部已发生结构性变化,不同年龄、学历和消费观念的农民工群体对公共文化服务需求呈现出差异性。第一代农民工的文化需求被归纳为"生存型需求",即倾向于无成本或低成本的文化服务,诸如看电视、打牌等娱乐消遣型文化活动;而日渐壮大且作为农民工群体主要构成的新生代农民工的文化需求则与第一代农民工的文化需求呈现明显的差异性,他们追求具有新颖、多元、内涵等特征的文化活动,属于"发展型文化需求"。从访谈过程中也得到印证,如"平时不上班就看看书,和北京的同学聚一聚。看书也主要是为了考一些证,之前就考了个计算机证,已经考完了,现在想考个会计证,平时买书比较多,每月有一两百块钱的消费,主要是考试用书,还有就是文学方面的,如小说等。公司也有征文活动,比较喜欢这种形式。跟公司也出去郊游过几次,觉得在工作技能培训方面应该加强组织"[①]。

4.2.4.3 谁来提供

政府在农民工公共文化服务供给中的主体责任不仅是各类政策文件中明确规定的,也是社会各界的共识,但政府并不是农民工公共文化服务的单一供给主体,只有政府、企业、社会多元主体共同参与才是农民工公共文化服务的根本路径。从对农民工的调查来看(见表4-26),24.8%的农民工认为,城市政府最应该为农民工提供文化服务;23.8%的农民工认为,企业最应该为农民工提供文化服务;19.3%的农民工认为,最应该提供文化服务的是公益性文化单位;12.7%的农民工认为,最应该提供文化服务的是城市社区,而认为最应该提供文化服务的是文化工作者、农民工及民间文化组织分别占比7.7%、6.5%和4.1%。由此可见,在农民工看来,政府、企业及城市社区是农民工公共文化服务的三大供给主体。

---

① 2012年10月15日,在北京朝阳区某快递公司,与市场人员访谈,受访者年龄24岁。

表 4-26 谁最应该为农民工提供文化服务

	响应		个案百分比
	N	百分比	
城市政府	1078	24.8%	74.3%
公益性文化单位	842	19.3%	58.0%
用工企业	1036	23.8%	71.4%
城市社区	553	12.7%	38.1%
民间文化组织	179	4.1%	12.3%
农民工自己	285	6.5%	19.6%
文化工作者	334	7.7%	23.0%
其他	46	1.1%	3.2%
总计	4353	100.0%	300.0%

政府在农民工公共文化服务供给体系中承担主导作用,在政策制定、设施建设、免费开放、活动组织、资金扶持等方面的作用是不可或缺的。但对农民工而言,政府供给的公共文化服务什么是重要的,是相关政策制定、内容供给等需要重视的问题,避免政府在农民工公共文化服务供给过程中出现"一头热"的情况,如果忽视了农民工的内在需求就会出现农民工公共文化服务的"主体性缺失"等问题。从调查结果来看(见表 4-27),在政府为农民工提供文化服务的出台支持农民工文化政策、建设农民工文化活动设施、开展农民工文化体育活动、免费向农民工开放文化场所、为农民工提供各类特色文化服务、扶持农民工文化自组织建设及引导农民工参与文化活动等重点内容,农民工基本都认可,但从具体分析来看,免费向农民工开放文化场所占比最高。

表 4-27 政府为农民工提供文化服务的重点内容

	出台支持农民工文化政策	建设农民工文化活动设施	开展农民工文化体育活动	免费向农民工开放文化场所	为农民工提供特色文化服务	扶持农民工文化自组织建设	引导农民工参与文化活动
不重要	10.9	10.2	12.2	9.0	11.7	11.5	13.2
较重要	46.4	44.9	43.6	38.6	44.4	41.0	40.5
很重要	39.1	45.0	44.1	52.5	43.8	47.5	46.3
合计	100.0	100.0	100.0	100.0	100.0	100.0	100.0

4.2.5 公共文化服务评价分析

随着政府对农民工公共文化服务需求的关注度提升,明确了农民工常住地政府的主体责任,于 2016 年 12 月 25 日通过的《中华人民共和国公共文化服务保障法》明确规定,"根据流动人口等群体的特点和需求,提供相应的公共文化服务",更是将农民工文化权益上升至法律高度进行保障,以政府为主体、企业与社会多元参加的农民工公共文化供给格局初步形成。但作为公共文化服务需求方的农民工是否对政府提供的公共文化服务满意呢?从调查结果来看(见表4-28),被调查农民工对城市政府提供的公共文化服务满意率并不高,达到满意层次以上的仅占19.3%,而不满意的却占24.6%,认为一般的占比高达56.1%。从对政府提供的公共文化设施、资金投入、活动内容、服务质量、服务场所及服务形式来看,整体差异并不明显,与总体评价基本一致。由此可见,城市政府为农民工提供的公共文化服务仍有较大的提升空间,与农民工的期望值存在较大差距。

表4-28 您对城市政府在为农民工提供公共文化服务的评价?

	总体评价	公共文化基础设施	公共文化资金投入	公共文化活动内容	公共文化服务质量	公共文化服务场所	公共文化服务形式
不满意	24.6	23.6	30.0	26.9	28.0	26.6	26.5
一般	56.1	53.6	49.1	50.2	49.3	49.8	49.5
满意	16.2	20.3	17.1	19.1	18.4	19.0	18.2
很满意	3.1	2.5	3.8	3.8	4.3	4.7	5.9
合计	100.0	100.0	100.0	100.0	100.0	100.0	100.0

从政府层面来看,各级党委、政府为农民工公共文化服务作了大量工作,但却未能得到服务对象的认可,其内在原因是什么?据调查结果显示(见表4-29),之所以对文化活动参与的积极性不高,25.1%的农民工是因为"工作忙,没有时间、精力",14.1%的农民工是因为"距离远,不方便",13.1%的农民工是因为觉得文化活动的"没有兴趣",12.5%的农民工是因为"怕花钱",10.3%的农民工是因为"内容不够实用",8.4%的农民工是因为"活动设施少",7.9%的农民工是因为觉得文化活动的"宣传做得不够,缺乏了解",是因为"工作人员服务水平低"的农民工占4.1%。

表4-29 农民工很少参与文化活动的原因

	响应		个案百分比
	N	百分比	
工作忙,没有时间、精力	1076	25.1%	75.2%
没有兴趣	562	13.1%	39.3%
内容不够实用	442	10.3%	30.9%

续表

	响应		个案百分比
	N	百分比	
怕花钱	537	12.5%	37.6%
宣传做得不够,缺乏了解	339	7.9%	23.7%
活动设施少	362	8.4%	25.3%
工作人员服务水平低	178	4.1%	12.4%
距离远,不方便	604	14.1%	42.2%
其他	190	4.4%	13.3%
总计	4290	100.0%	300.0%

4.3 问题及挑战

4.3.1 因农民工身份的标签化而造成的群体区隔

尽管农民工是特指"身在城市从事非农工作的农业户口的人",从身份属性和职业属性两个维度较好地概括了这一群体的特征,但是长期以来中国社会城乡二元分割的发展使得具有农村户籍的人在身份认同上存在心理落差,尤其是与城市人相比而言更是觉得"低人一等",其内在原因就是附着在户籍制度下的城乡福利二元不平等。据调查数据显示(见表4-30),42.5%的农民工认为"打工者"这一称谓存在歧视,而明确表示不存在歧视的占比为23.6%。

表4-30 您认为"打工者"这一称谓是否存在歧视

		频率	百分比	有效百分比	累积百分比
有效	存在歧视	1586	40.2	42.5	42.5
	不存在歧视	880	22.3	23.6	66.1
	无所谓	1265	32.0	33.9	100.0
合计		3731	94.5	100.0	
缺失	系统	216	5.5		
合计		3947	100.0		

问卷调查和个案访谈均显示,农民工社会关系网较为单一,主要与同事、老乡、亲戚、同学等交往,而跟当地居民交往的频次较低,甚至没有任何交集。

在访谈过程中,论及农民工与城市居民关系时,经常出现的词汇就是"我们"和"他们",农民工与城市居民属于不同阶层的群体,进而建构了城市居民和农民工两种不同类型的社会身份。如受访者说:"平时也就是和园区工作的同事交往比较多,下班之后主要是和家人一起,和上海本地人交流不多。"①农民工社会关系网之所以较为封闭,是因为他们工作、生活圈子较为狭窄,不论是工作单位还是居住地往往都是农民工集中地,难以与本地居民有互动的时间和空间,即使租住房屋的农民工也仅仅是和房东接触得较多。如受访者说:"工作生活之余主要交往的对象就是同事,同事当中上海本地人基本没有,所以和上海本地人交流得很少,基本没有交往。"②由此可见,时间和空间的阻隔是农民工社会关系难以拓展的重要影响因素。此外,农民工自身的心理阻隔因素也是限制农民工融入当地社会的另一关键因素,如受访者说:"在酒店里工作的城里人少,只有几个上司是城里人,跟他们也就是聊聊工作。虽然我感觉跟城市人没多大区别,但是我感觉城市人有优越感,有点看不起外地人。"③

4.3.2 农民工文化权益需求代际差异日趋分化

据国家统计局《2017年中国农民工监测调查报告》显示,1980年及以后出生的新生代农民工逐渐成为农民工主体,占全国农民工总量的50.5%,而第一代农民工占全国农民工总量的49.5%。与第一代农民工"生存型文化需求"不同,新生代农民工的文化服务需求属于"发展型文化需求"。随着新生代农民工规模不断发展,农民工文化权益需求发生了结构性变化,已由被动参与型向主动参与型转变,对公共文化服务供给内容、组织形式、呈现方式等期望值有了较大改变,尤其是培训、学习等发展型文化需求较为迫切。

---

① 2013年4月26日,在上海青浦区与某实业公司,与从事物流看护的农民工访谈,受访者年龄41岁。
② 2013年4月26日,在上海青浦区与某实业公司园区,与物流业务部总经理助理访谈,受访者年龄31岁。
③ 2013年4月27日,在上海徐汇区,与某粤式餐饮店楼面经理的访谈,受访者年龄33岁。

表 4-31 参加免费文化活动目的/年龄交叉制表(%)

	年龄						合计
	16 岁及以下	17～20 岁	21～30 岁	31～40 岁	41～50 岁	50 岁以上	
满足自己的兴趣爱好	35.1	32.0	38.2	36.7	36.3	35.5	36.7
增长文化知识,提升自身修养	40.5	39.1	35.5	31.8	23.0	18.8	32.8
工作需要		2.7	4.1	5.2	4.2	4.8	4.2
休闲娱乐,无聊消遣	13.5	16.1	14.7	14.1	19.5	28.0	15.9
陪家人、亲戚或朋友去	10.8	4.3	3.8	7.3	9.1	6.5	5.5
方便,正好顺路		0.9	0.8	1.6	4.4	4.8	1.6
别人推荐		1.1	0.4	0.6	1.2	1.6	0.7
单位或上级组织安排		3.6	2.5	2.8	2.3		2.5
合计	100.0	100.0	100.0	100.0	100.0	100.0	100.0

从不同年龄段农民工参与文化活动的目的可以看出(见表 4-31),40 岁以下的新生代农民工对满足自己的兴趣爱好、增长文化知识、提升自身修养等发展型文化需求的占比较大,而 40 岁以上的第一代农民工对休闲娱乐、无聊消遣等基本生存型文化需求的占比远高于新生代农民工的占比。通过访谈发现,与新生代农民工相比,第一代农民工对文化服务需求相对单一,且需求并不强烈。"我们平时一天工作 11～12 个小时,从早上 7 点半到下午 7 点 50 分下班,工作一天就是感觉累,又是住 6 人一间的集体宿舍,所以下班之后也就是看看电视、睡睡觉,对文体活动也没什么爱好,更没想过那些东西"[①]。因为新生代农民工文化程度高、接受新事物能力强、对未来发展有着强烈且迫切的期望等,所以对文化活动需求相对强烈且更加多元。"平时下班后睡觉、看电视,有电脑但是上班时间太紧,没有时间上网,我也喜欢看书,都是些电子书和文学小说,从手机上下载来看。我感觉比较需要进修和培训,如果能够多提供些这方面的渠道就好了"[②]。

4.3.3 不同群体特征的农民工利益诉求日趋多元化

根据调查结果发现(见表 4-32),体面的收入、稳定的工作和子女的教育

---

① 2013 年 4 月 27 日,在上海松江区与某实业公司,与车间工人访谈,受访者年龄 45 岁。
② 2013 年 4 月 27 日,在上海松江区与某实业公司,与车间工人访谈,受访者年龄 24 岁。

是农民工最为关切的问题,分别占比18.2%、15.2%和11.2%;其他困扰农民工的问题是文化生活、工作时间和找对象,分别占比9.8%、9.5%和9.3%;而城市安家、家庭生活和情感问题等是困扰农民工的第三层次因素。由此可见,文化需求是农民工基础生存需求满足以后的更高层次需求,稳定的工作和客观的收入则是农民工的首要诉求。正如农民工所言,"老板不可能为员工提供什么文化设施和服务,能给我们涨些工资就好了,'文化'就是'玩玩',是自己的事情,自己有钱就可以解决了"①。

表4-32 目前最大的苦恼和最大的心愿

最大的苦恼	响应		最大的心愿	响应	
	N	百分比		N	百分比
找不到稳定工作	693	15.2%	有稳定的工作	1505	25.1%
找不到对象	426	9.3%	不当农民或孩子不再当农民	606	10.1%
孩子无法在城市上学	511	11.2%	在城里有房子	856	14.3%
工作时间太长	436	9.5%	全家人在一起生活	1027	17.1%
文化生活缺乏	449	9.8%	子女能在城里上学	419	7.0%
不能过正常夫妻生活	280	6.1%	过上体面的生活	592	9.9%
工资收入低	831	18.2%	恋爱结婚生子	172	2.9%
在城市落户难	330	7.2%	有丰富的文化生活	423	7.0%
情感问题多	218	4.8%	外出旅游	406	6.8%
其他	392	8.6%	总计	6006	100.0%
总计	4566	100.0%			

从农民工最大的心愿来看,选择"稳定的工作"的比例最高,达25.1%;其次是"全家人在一起生活",占比为17.1%;排在第三位的是"在城里有房子",占比为14.3%;"不当农民或孩子不当农民",占比为10.1%;"过上体面的生活",占比9.9%;"有丰富的文化生活"和"子女能在城里上学",占比均为7.0%,并列第六位。通过与农民工访谈,我们发现不同年龄段、不同文化程度、不同行业的农民工群体利益诉求既有共性特征,也有差异化特征。其中,稳定的工作和体面的收入是绝大多数农民工的普遍诉求,有的农民工对子女教育需求较为强烈,有的农民工对一家人生活在一起的诉求较为强烈,

---

① 2012年10月14日,在北京朝阳区皮村农民文化活动中心,与小作坊机械加工工人访谈,受访者年龄38岁。

有的农民工对未来发展前景诉求较为强烈,等等。

4.3.4 公共文化供给"主体性缺失"导致供需错位

近年来关于农民工公共文化权益保障出台了一系列文件,政策法规制度体系逐步建立健全。2011年文化部、人社部、全国总工会联合颁布了《关于进一步加强农民工文化工作的意见》,首次明确了常住地政府在农民工公共文化服务中的主体责任。2014年发布的《国务院关于进一步做好为农民工服务工作的意见》提出,要把农民工纳入城市公共文化服务体系,推动图书馆、文化馆、博物馆等公共文化服务设施向农民工同等免费开放。2016年2月,文化部下发的《关于进一步做好为农民工文化服务工作的意见》再次指出,要促进农民工平等享受城镇基本公共文化服务,切实将农民工纳入城镇公共文化服务体系、加大公共文化设施向农民工免费开放力度、增强基层综合性文化服务中心为农民工服务的功能;进一步丰富农民工精神文化生活,举办面向农民工的公益性文化活动、加强农民工题材文化产品创作生产、丰富农民工随迁子女的精神文化生活、净化农民工文化生活环境。2016年出台的《中华人民共和国公共文化服务保障法》规定,要根据流动人口等群体的特点和需求,提供相应的公共文化服务,为农民工公共文化权益提供了法律保障。但从调查反馈结果来看,地方政府所提供的公共文化产品及服务内容并不能很好地满足农民工的文化需求,农民工公共文化供给不足或供需不匹配的问题同时存在(见表4-33)。

表4-33 您认为哪些公共文化服务形式需要改进?

		频率	百分比	有效百分比	累积百分比
有效	送图书	562	14.2	15.8	15.8
	送电影	621	15.7	17.4	33.2
	送演出	738	18.7	20.7	53.9
	送培训	1018	25.8	28.6	82.4
	送器材设备	626	15.9	17.6	100.0
合计		3565	90.3	100.0	
缺失	系统	382	9.7		
合计		3947	100.0		

从当前农民工公共文化服务供给运作机制来看,政府主导的公共文化服务供给是单向运作,缺乏对农民工需求的评估环节,运作机制缺乏互动机制,

农民工作为公共文化服务需求方往往处于被动接受状态,缺乏必要的参与机制和表达渠道,未能实现公共文化服务的有效供给。从供给内容来看,送电影、送演出、送图书、送设施、送培训等常态化内容,内容重复,形式单一,缺乏吸引力。从供给主体来看,政府对全社会公共文化产品生产供给的主导体制,仍不同程度地表现为部门化、系统化的内部行为或地方化的局部行为,容易导致"今天李书记送书,明天王书记送戏"等问题。企业作为农民工文化服务供给主体的重要组成部分,往往是缺位的,尤其是非正式企业组织连农民工基本权益都难以保障,为农民工提供文化活动更是天方夜谭,部分企业提供的文化活动也只是流于形式。社区作为政府的延伸组成在农民工公共文化供给过程中往往心有余而力不足,不仅缺少人手也存在严重的经费不足问题。

4.4 政策建议

随着各级党委、政府对农民工文化权益的逐渐重视,农民工公共文化服务制度体系的顶层设计基本完善。从政策文本角度来看,已明确要求将农民工纳入城市公共文化服务体系,并从法律层面对农民工文化权益进行保障。从调查结果来看,农民工公共文化服务得到了较大改善和提升,各地也积极出台配套政策予以保障。但在实际运作过程中,农民工对城市公共文化服务供给满意度并不高,其根本原因在于农民工公共文化服务供给理念和机制出现了偏差。农民工公共文化服务不仅要保障农民工的基本文化需求,还要促进农民工在城市的社会文化融入,逐步实现培育农民工的核心价值和公共精神的目的[1]。因此,笔者认为,我国有必要建立以需求为导向、以参与为目的的农民工公共文化服务供给机制,逐步健全以政府为主导、企业与社区协同、社会组织参与、农民工自觉行动的多元共治与整体推进运作机制[2]。

---

[1] 林拓,虞阳.重塑地方感:农民工流动的空间转变及公共文化服务[J].社会科学,2016(5):76.

[2] 叶继红.农民工文化需求与城市公共文化服务体系构建——来自江苏的调查与思考[J].中州学刊,2015(6):70.

4.4.1 以政府供给为主导,建立多元主体协同供给机制

20世纪80年代以"重塑政府"为导向的行政改革浪潮在世界范围内兴起,其核心目标就在于提高政府行政效率和公共服务质量,降低行政成本,并形成了影响甚广的新公共管理理论。新公共管理理论的生产与供给相分离,为改革传统政府公共服务垄断供给提供了理论基础。因此,在农民工公共文化服务供给中,政府的角色定位应当是"掌舵"而非"划桨"[1],即政府是农民工公共文化服务的政策制定者而非政策的执行者,是公共文化服务的提供者和推动者,而不是直接的生产者。政府不再作为唯一的供给主体,加快构建以政府为主导、多元主体协同参与的供给机制,并引入市场竞争机制扩大文化服务的供给主体,通过建立竞争机制提升公共文化服务供给质量和效率。因此,农民工公共文化服务供给机制可在明确政府主体责任的基础上,建立以政府为主导、企业与社区协同、社会组织参与、农民工自觉行动的多元共治与整体推进运作机制,对不同性质的服务供给探索不同的供给方式。对于纯公共物品性质的公共文化服务,如文化馆、图书馆、博物馆等基础性服务设施建设等可以采取政府供给方式;而对于一些可以标准化量化评价的公共文化服务,可以采取政府购买服务等委托代理形式供给;还可以采取一些财政补贴的形式,对一些开展农民工公共文化服务的机构进行补贴。

政府在农民工公共文化服务供给过程中的主体责任是明确规定的,责任包括政策法规制定、公共财政资金保障、社会环境营造及过程的监督管理等。政府承担主体责任并不意味企业、社区、社会组织及其他社会力量不必承担相应的职责。企业要加强对农民工公共文化服务的有效供给。作为农民工的就业单位要主动承担起社会责任,在追求经济效益的基础上,保障农民工的基本权益,在确保农民工基本权益的基础上,适当加大基础文化设施的投入建设力度,将农民工文化生活纳入企业文化建设中,不断丰富农民工的业余文化生活,增强农民工的企业归属感和认同感。社区作为农民工居住的聚集地,要积极构建农民工公共文化服务平台,在公共文化设施配置上要以常

---

[1] [美]戴维·奥斯本,特德·盖布勒.改革政府:企业家精神如何改革着公共部门[M].周敦仁等译,上海:上海译文出版社,2021:1.

住人口为依据,充分考虑辖区内农民工的规模、特点和需求,规划建设社区文化设施和服务,为满足农民工的文化服务需求提供便利。积极扶持培育农民工社会组织,夯实其在农民工公共文化服务供给中的补充作用,可采用政府购买服务、授权委托、联建共建等形式组织以农民工为主要受众的大型文艺活动,逐步深入参与城乡公共文化治理。如,北京、上海等城市设立的"工友之家""打工妹之家"等不同类型的社会组织,已经成为农民工参与公共文化服务的重要主体,并发挥了积极作用。

4.4.2 以有效需求为导向,建立不同群体的差异化供给模式

农民工公共文化服务自上而下"送文化"的供给模式,忽视了农民工作为被服务对象及参与主体的话语权和表达权,往往导致农民工公共文化服务供给与需求的不匹配,未能达到公共文化服务的精准供给或有效供给[1]。因此,我们农民工公共文化服务供给模式必须以农民工的实际文化需求为出发点,拓展他们的参与渠道及表达渠道,由自上而下的"送文化"模式向自下而上的"种文化"模式转变。建立以需求为导向的农民工文化服务供给机制,必须建立基于不同行业、不同年龄、不同教育程度等群体特征基础上的差异化供给模式,有针对性地改进服务方式、内容和渠道,实现公共文化服务的精准供给和有效供给。

4.4.3 以主体参与为手段,建立农民工文化培育机制

"文化并非我们'消费'的某种现成物,而是我们在各种文化消费实践中所生产之物"[2]。构建农民工公共文化服务体系的主旨不仅仅是为农民工提供公共文化服务,其根本价值在于促进农民工这一生活在城市的特殊群体融入城市社会生活,并逐步形成农民工群体的市民精神和具有独特魅力的农民工文化核心价值,其重点就在于培育和扶持农民工文化娱乐的内生机制。而在现有的农民工公共文化服务供给机制中,农民工往往是被动的接受者,而

---

[1] 吴理财.公共文化服务机制的六个特性[J].人民论坛,2011(30):39.
[2] [英]约翰·斯道雷.记忆与欲望的耦合——英国文化研究中的变化与权力[M].徐德林译,桂林:广西师范大学出版社,2007:110.

非主动的参与者,现有机制既导致了大量的公共资源、人力资源的浪费,也未能充分发挥农民工的主体作用。

农民工作为中国独特的群体,经过了40余年的发展壮大,已逐渐形成了农民工群体的独特文化价值,诸如"追求梦想,永不言败""吃苦耐劳,勤俭节约""积极创造,主动创新""牺牲自我,奉献社会"等特质均从某一侧面反映了农民工文化的价值观念。调查发现,92.2%的农民工认为,"吃苦耐劳,勤俭节约"是农民工文化的核心价值,而认同"追求梦想,永不言败"的农民工则占比66.2%。因此,构建农民工公共文化服务体系应通过专业组织、专业队伍积极引导,扶持和培育农民工自组织或为农民工文化娱乐提供帮扶等,让更多的农民工共同参与、创造更好的公共文化服务,并通过参与提升农民工公共文化服务的公共性。

第 5 章
农民工城市公共文化服务需求和消费研究

本章从农民工公共文化服务需求和消费的社会价值,农民工公共文化服务的需求偏好、需求分析、需求信息表达,以及满足需求的策略选择进行论述。

5.1 需求研究的社会价值

农民工阶层在外在拉力和内在拉力的双重作用下,抱着经济理性和享受城市文明的理想,从熟悉的传统乡村来到陌生的现代都市,在城市是一个原子化的个体,多数缺少家庭关怀和温情,他们缺少城市社会资本,普遍感到远离故乡寂寞孤独,缺乏精神慰藉,"半城市化"角色明显。同时,由于城乡文化冲突,农民工受到城市主流文化的排斥,极难融入城市文化,往往形成一个农民工次级的"文化圈",精神文化生活整体呈现"沙漠化""孤岛化""边缘化"特征,农民工在城市基本享受不到城市公共文化服务,农村公共文化服务也是鞭长莫及,长期处于城市公共文化服务和农村公共文化服务的"夹心层"。目前,新生代农民工已占农民工总量的50%以上,并逐渐成为农民工主体,他们正处于生理成长旺盛、感情交流需求最强烈、文化需求最急迫的时期,缺失的城市公共文化服务和贫乏的精神文化生活会导致诸多社会问题。

开展农民工公共文化服务需求研究正是针对农民工尤其是新生代农民工文化需求难以满足的实际,通过理论研究和实地调研,广泛收集关于农民工文化需求的第一手资料和基础数据,分析出农民工文化需求的新特点、新内容、新要求,从宏观整体上把握影响农民工公共文化需求的因素及其根源,以惠及全体农民工为工作目标重点设计城市公共文化服务体系,从战略上提出满足农民工公共文化需求的具体方案,从策略上设计出供需有效对接的办法,为国家有关部门构建覆盖农民工城市公共文化服务体系提供新观点、新思路,从理论上确立城市公共文化服务体系建设的大方向和基本路径,减少城市公共文化服务体系建设中的无效、低效工作,优化农民工文化政策,提高城市公共文化服务体系覆盖农民工的效能。

开展农民工文化需求研究,具有重大的社会价值和历史意义。坚持以农民工文化需求为导向,从满足农民工文化需求入手,有利于从宏观上整体把握影响农民工公共文化需求的因素及其根源,设计惠及全体农民工的城市公共文化服务体系;有助于提高全社会文化权益意识,保障农民工基本文化权益;有助于不断优化城市公共文化服务体系,促进农民工与城市居民的交流互动和城市原住民对农民工的理解、认同、接纳,促进农民工的城市融入;有助于促进文化供给侧结构性改革,完善文化服务体制机制,实现文化共谋、共建、共享;有助于推动农民工城市社会融合,传承中华优秀传统文化,优化城市文化生态;有利于引导社会力量参与农民工公共文化服务供给,丰富城市公共文化服务品种,实现社会公平正义;有助于增加农民工公共文化产品的有效供给,提升农民工文化素质和道德素养,从源头上化解社会矛盾和问题,促进社会安定和谐;有助于丰富创新我国公共文化治理理论,加速国家治理体系和治理能力现代化,促进全面小康社会建设,进而推动社会主义现代化强国建设。

5.2 农民工多样化的文化需求

农民工文化是农民工融入城市的纽带和桥梁。从权益保护视角来看,农民工应享受均等的城市公共文化服务权益,主要包括农民工对城市文化的参与权、文化方式选择权、文化成果创造权、文化成果享有权和文化利益的支配权。这些文化权益既是农民工自身生存和发展的需要,也是新型城镇化和社会主义现代化强国建设的需要。改革开放以来尤其是党的十八大以来,随着新生代农民工群体的出现,农民工的精神文化生活问题逐步受到全社会的关注,农民工文化需求也日益成为农民工基本需求的重要内容,政府开始推出关于加强农民工文化的政策,学术界也逐步推出关于农民工文化需求的研究成果,认为农民工享受城市公共文化服务既是福利也是权利,既有利于政治建设也有利于社会治理。这些政策和成果对我们掌握农民工文化生活现状,分析农民工文化需求存在的问题,如何从供给和需求两个方面需求解决思路和办法提供实践借鉴和理论指导。

研究发现,农民工虽然对国家经济社会发展作出了重大贡献,但是他们的经济收入较少,社会地位很低。陆学艺在研究当代中国社会阶层时认为,"'农民工'应该是产业工人阶层的一个组成部分,但实际上却成了这个阶层中的一个相对独立的群体,其主要原因就在于:他们做的是与城市工人相同的工作,但他们因为身份是农民,所以在工资、劳保和福利等方面的待遇明显不如城市工人"[1]。近年来,农民工阶层受到包括学界在内的社会各界的关注,这种关注正如陆学艺所言,是因为农民工的出现改变了中国社会的原有秩序,引起了人们在观念、日常生活和社会关系上的不适合紧张。主要表现在城市的不适合和农民工自身的不适应[2]。

韩长赋在《中国农民工的发展与终结》一书中提出,实际上有三个需要解决的农民工问题:一个是一亿多进城务工农民的权益如何保障,就业环境如

---

[1] 陆学艺主编.当代中国社会阶层研究报告[M].北京:社会科学文献出版社,2002:21.
[2] 陆学艺主编.当代中国社会流动[M].北京:社会科学文献出版社,2004:306.

何得到改善的问题;一个是农民工如何有序进入城市生活,并逐步成为市民、完成城市化的问题;一个是更广大的农村富余劳动力如何逐步、合理地转移出来,实现比较充分就业的问题。其中,包括文化权益在内农民工权益问题尤为突出。在这一漫长的历史进程中,尤其是进入21世纪以来,关于农民工是否有公共文化需求,农民工是否有不同于城市居民的特殊公共文化需求,农民工文化需求是公共需求还是私人需求,农民工公共文化需求是否是其基本文化权益,农民工公共文化需求的满足是否会挤占城市居民的公共文化服务资源,以及如何研究农民工公共文化与城市公共文化服务体系之间的内在关联等问题逐渐进入文化工作者、理论工作者的视野,其间关于农民工公共文化创新的政策不断推出,关于农民工公共文化需求的研究成果也陆续出现。关于农民工文化需求的研究成果,对本书研究具有一定的借鉴和启发价值。我们拟在专家学者和党委、政府文化管理部门总结提炼的基础上,重点就农民工尤其是新生代农民工如何界定,农民工是否有强烈的公共文化服务需求,农民工是否具有与城市原住民差异化文化需求,农民工公共文化需求是公共需求还是私人需求,农民工公共文化服务体系是不是在城市另起炉灶的公共文化体系,满足农民工公共文化服务需求的策略选择是什么进行探讨。

5.2.1 农民工有着强烈的公共文化需求

王春光是国内较早提出新生代概念的,2001年他在《新生代农民流动人口的社会认同与城乡融合的关系》一文中提出,"农村流动人口已经出现代际间的变化,他们不仅在流动动机上存在很大的差别,在许多社会特征上也很不相同"。他"将80年代初次外出的农村流动人口算作第一代,而90年代初次外出的算作新生代"[①]。农民工公共文化需求可以分为直接需求与间接需求、现实需求与潜在需求、生理需求和心理需求、硬需求和软需求等。农民工的文化需求主要指参与文化活动、创造文化产品、共享文化成果,实现基本文化权益。农民工的文化需求分为生存、发展、融入三个层次,农民工在向城市

---

① 王春光.新生代农村流动人口的社会认同与城乡融合的关系[J].社会学研究,2001(63):63,66.

融入过程中最大的障碍来自内在心理和社会秩序不适应。融入文化需求主要指心理适应和社会秩序适应方面的文化,如心理咨询、精神激励、寂寞排解、法律知识、城市文明、恋爱婚姻、社区交往等。农民工文化需求的最高标准是能够顺利融入城市,由农民工转变成新市民。而农民工城市融入更为复杂和根本的是文化认同和文化融入,真正得到城市原住民的认可、信任、包容和接纳。农民工精神文化需求没有得到有效满足,直接影响了农民工阶层的身心健康、城市融入、美好生活和发展需要,直接影响国家农村建设、城市发展、小康社会和现代化进程。本章主要概述农民工城市公共文化服务需求相关概念,分析农民工城市公共文化服务现状和主要成因,提出满足农民工城市公共文化服务需求、保障农民工基本文化权益的全新策略。

美国心理学家亚伯拉罕·马斯洛1943年提出,"人类需求从低到高按层次可以分为五个层次,即生理需求、安全需求、社交需求、尊重需求和自我实现需求",这是行为科学重大创新理论[1]。马斯洛的行为科学理论也同样适用于农民工。农民工需求分为五个层次。第一层次:农民工生理上的需要。农民工从偏僻农村来到陌生城市,最初的心理动机是找到合适工作,获得合理的经济报酬,以解决自己和家庭的生活问题,也就是解决衣食住行等基本生活需求。当然,第一层次的需求也包括农民工对性的需求,农民工多数处于青春期,性饥渴处于人生最强烈阶段,他们也想通过劳动具有一定经济基础,从而获得合法的、有规律的性生活。第二层次:农民工安全上的需要。农民工在城市生活、工作、休闲过程中对工作环境和社区环境也有明确的安全需要,主要是追求人身安全、财产安全、健康保障、职位安全、家庭安全、名誉安全等。他们都希望从事无毒、无污染、无噪音、对身体无伤害的工作,在生活中也希望居住在治安环境良好、邻里和睦温馨的社区。第三层次:农民工情感和归属的需要。农民工在城市是无根的浮萍,他们内心渴望获得友情、爱情、性亲密,渴望爱情能够有所收获,完成恋爱结婚过程,情感可以相互交流,生活中的困扰烦恼能够及时排解。农民工的友情主要依靠血缘、地缘、学缘等这种天然的情感纽带,符合费孝通先生所指出的中国人的"差序格局"理

---

[1] [美]亚伯拉罕·马斯洛.动机与人格(第3版)[M].许金声等,译.北京:中国人民大学出版社,2007:28~29.

论。由于农民工工作的流动性和不稳定性,他们与工作中的工友、生活中的城市居民,多数没有深交,很难从中获得感情寄托。爱情对于农民工来说是奢侈品,由于工作中男女比例失衡,时间上经常错位,在城市的农民工无论男女,谈恋爱的机会都不多,且成本较高,多数农民工是利用农忙或者节日回老家相亲和结婚。第四层次:农民工尊重的需要。其表现在自我尊重、对他人尊重、被他人尊重。进城农民工都希望自己有稳定、体面的工作,能够在工作岗位上展示自己的才华,实现自己的人生梦想,通过突出业绩使个人的能力和成就得到社会的肯定和认可,从而不断提高自己的社会地位。对个体而言,农民工希望自己在各种不同环境中有实力、有能力、有机会、能胜任、表现优秀、充满信心、能独立自主;对外界而言,农民工希望自己有社会地位、有面子、有威信,能够经常得到他人的理解、认同、肯定、尊重、信赖和好评。第五层次:农民工自我实现的需要。其主要表现在农民工的自我修养、文化水平、文明素质、道德品质、创新能力、合作意识、志愿精神及接受客观现实能力。农民工希望通过自己的努力,去实现个人理想、梦想、价值、抱负,发挥个人的突出优势和最大潜能,成为自己所期望的人物。调查发现,农民工最低层次的自我实现需求是在城市出人头地、展示自我,较为理想的自我实现需求是成为城市精英,最大的理想做"末代农民工",能够获得人们的尊重与认可,获得与城镇居民同样的权益。

5.2.2 农民工文化需求是公共需求也是私人需求

从农民工文化需求的角度来看,他们的文化需求既有基本的、共同的、无差别的或差别较小的文化需求(共性需求),也有多样化、多层次、多方面的文化需求(个性需求,特殊需求),相应地满足农民工文化需求的供给也被区分为基本文化供给和多样化文化供给,对应的是政府提供的基本公共文化服务和市场提供的多样化、个性化文化服务。但是总体来说,农民工文化需求既是公共需求也是私人(个人)需求。

政府在公共文化服务范畴中应向公民提供的公共文化产品与服务共有三类:重要的公共文化服务基础设施、对弱势群体进行的文化救助,以及对文化原创予以支持、资助①。农民工公共文化需求的满足是政府通过财政支出生产或采购获得公共文化产品或服务后提供给农民工实现的。农民工公共文化服务主要是受农民工需求或需要制约的,是从基本需求开始的;考察城市公共文化效能主要是看公共文化服务对农民工公共文化需求的满足程度。但是,公共文化服务最终的服务对象还是农民工群体,也还是对农民工文化需求的回应。陈共认为,"提出公共需要的概念是为了明确提供公共物品的目的,并有利于从货币价值形态上分析提供公共物品所体现的社会关系"②。张晓明认为,公共需求仍然是个体的需求、消费者的个人需求。私人需求无非是指在市场上由个人自主选择、政府决策予以满足的需求。由于公共需求本身的特性,它的满足是一个较为复杂的过程。

5.2.3 农民工有着特殊文化需求

农民工有和城市居民相同的文化需求。农民工需要像城市居民一样,每天看看图书报刊、看看电视、听听音乐、上上网、听听新闻,有可能也想去看看电影、听听音乐会、看看歌舞剧、打打游戏,也愿意参加文艺创作、文艺演出、技能大赛、春节晚会、文化节庆,等等。但是除了这些共性需求之外,农民工来自农村,由于生活习惯、生活经历、文化水平、文化鉴赏能力的差异,农民工对高雅的歌舞剧、都市文化活动等不感兴趣,他们喜欢自己能独立完成的文化欣赏、文化创造,喜爱参与带有泥土味的乡村文化活动,特别喜欢自娱自乐式的文化活动,如农民工春晚、农民工文化艺术节、农民工广场舞、农民工运动会等,新生代农民工也喜欢现代文化艺术形式,比如网络直播、发抖音、打游戏、玩电竞等。改革开放 40 多年来,许多农民工痴迷文学创作和文艺表演,他们往往一边打工,一边搞小说、诗歌创作,用自己的文字记录打工生活,涌现了一大批才华横溢的农民工小说家、农民工诗人、农民工歌手、农民工艺术家,尤其是网络写手,有些甚至成为网红,他们的许多作品被用作 IP 进行开发。另外,农民工在城市也不愿长期作为城市文化的施舍者、被动参与者,

---

① 李景源,陈威.中国公共文化服务发展报告(2007)[R].北京:社会科学文献出版社,2007:9~10.
② 陈共.财政学(第六版)[M].北京:中国人民大学出版社,2010:21.

许多新生代农民工对城市的文化认同、文化融合和文化需要表达与第一代农民工差异较大,他们具有旺盛的文化参与热情,能主动表达自己的文化利益诉求,积极主动参与城市的文化创造,为城市文化输入传统文化基因,在参与城市创造文化成果中实现自我价值,实现创造文化成果的权利。

但是,我们强调加快构建覆盖农民工城市公共文化体系,满足农民工的特殊文化需求,保障农民工的文化权益,绝对不是要在城市建立起一个独立于城市公共文化服务体系之外的农民工公共文化服务体系,让农民工另开小灶,享受着城市原住民享受不到的公共文化服务;也不是借口满足农民工文化需求随意挤占城市居民原本有限的公共文化空间和资源,降低城市居民原有的公共文化服务标准和质量。我们只是希望城市政府能树立共建、共享的发展理念,加强文化供给侧结构性改革,有效整合全社会的公共文化资源,实现城市公共文化治理体系和治理能力现代化,确保城市公共文化服务体系能覆盖包括农民工全体在内的所有城市人口,在提供公共文化服务时能够考虑农民工的特殊文化需求。

5.3 农民工文化需求的调查分析

农民工文化需求是指农民工为了满足精神文化生活而形成的对各种文化产品及文化服务的要求,并通过一定的数量、品质、质量、内容、结构表现出来。由于二元户籍制度、城乡文化冲突,以及文化制度设计缺陷,农民工再社会化不甚顺畅,融入城市文化极为困难。研究发现,农民工文化需求呈现阶段性、层次性、区域性和多样性,他们最现实的文化需求是希望城市公共文化服务覆盖全社会,自己可以享受无差别的公共文化服务,渴望其子女能够在流入地城市接受公正、平等的优质教育,最高的文化需求是父辈或农民工本人成为"末代农民"。

本章节所采用的调查数据主要源自《农民工城市公共文化服务体系研究》课题组于2012—2013年对农民工流出地的安徽阜阳、四川成都和农民工流入地的北京、上海、深圳5个城市开展的问卷调查和在安徽省内对新生代农民工所作的专题调查,以及国家统计局、部分省(自治区、直辖市)所作的有关调查,重点调查农民工尤其是新生代农民工的文化生活现状、公共文化服务需求,以及他们对城市公共文化服务的满意度等方面。

据统计数据显示,从2014年开始,新生代农民工占农民工总数的比重逐年上升。据国家统计局发布的《2018年农民工监测调查报告》显示,2018年我国农民工总量为28836万人,比上年增加184万人,增长0.6%。其中,1980年及以后出生的新生代农民工占全国农民工总量的51.5%(见图5-1)。在全部农民工中,未婚的占17.2%,有配偶的占79.7%。农民工中大专及以上文化程度的所占比重比上年提高0.6个百分点[①]。

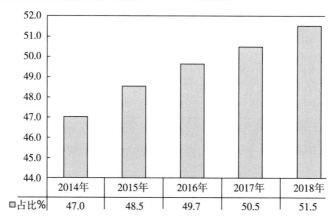

图5-1 新生代农民工占农民工总量的比重

调研发现,影响农民工尤其是新一代农民工文化需求的因素有经济收入、社会政策、企业文化、社区环境、年龄差别、科技手段、文化程度、社会心理、劳动时间、住宿条件等。根据我们在各地的实地调研发现,多数农民工普遍缺少"闲时""闲钱""闲智",农民工深处城市社区,心灵却难以在城市栖息,他们"白天当机器人""晚上作木头人",农民工文化需求及实现状况总体较差,对文化需求满意度较低。

5.3.1 经济收入、劳动时间对农民工文化需求的影响

调查显示,由于农民工工资低、收入少,基本"无钱"去休闲消费。2018年全国农民工月均收入3721元,比2017年增加236元。外出务工农民工月

---

① 国家统计局.2018年中国农民工调查监测报告[R].2019-4-29.

均收入4107元,比2017年增加302元。农民工文化娱乐消费开支总体偏低,文化消费与农民工收入呈正相关关系。农民工每月文化娱乐消费支出10元以内的占比13.0%,10~30元的占比15.8%,31~50元的占比21.1%,51~100元的占比21.4%,100元以上的占比28.7%(见表5-1)。限于农民工职业不稳定、工资收入低,农民工文化消费意愿不强烈,有限的文化消费也常常选择简朴型或无偿型,用于智力开发、技能培训、业余进修、体育健身的消费几乎没有。

农民工文化活动单一、贫乏,除了经济条件较差原因之外,"无闲"休息,劳动时间过长也是原因之一。近20%的农民工因为每天工作超过10个小时,下班回家后的第一需求就是想全面放松一下,最好是睡觉补充体力,至于其他的读书看报、欣赏歌舞音乐、参加文化活动等他们是望而却步、力不从心的,他们表示不愿也不会进行文化活动和文化消费(见图5-2)。

表5-1 调查样本每月文化娱乐消费金额

		频率	百分比	有效百分比	累积百分比
有效	10元以内	488	12.4	13.0	13.0
	10~30元	594	15.0	15.8	28.7
	31~50元	794	20.1	21.1	49.8
	51~100元	807	20.4	21.4	71.3
	100元以上	1081	27.4	28.7	100.0
	合计	3764	95.4	100.0	
缺失	系统	183	4.6		
合计		3947	100.0		

5.3.2 社会政策对农民工文化需求的影响

改革开放40多年来,尤其是党的十八大以来,党中央、国务院加强对农民工文化工作的顶层设计,不断深化社会流动的体制机制改革,一批维护农民工合法权益的法规政策大量出台,初步形成"政府主导、企业共建、社会参与"的农民工文化工作机制,丰富了新生代农民工的精神文化生活,促进农民工和城市原住民一样享受普惠、标准、均等、便捷的城市公共文化服务。但是,从实际效果来看,农民工并不理解、买账和认同。由于存在理念陈旧、规范缺乏、落实制度确实,尤其是如王列生所言的存在的"体制空转"和"工具去功能化"现象,现行的文化体制没有面对社会基本文化诉求并以其为逻辑起点和靶向,体制运行绩效的设计、评价、测值、监管和奖惩多是长官意志,存在形式主义、官僚主义的行为。另外,现有的各种文化政策工具和平台工具等在实际使用过程中或则有效功能匹配不足,或则功能匹配与功能指向缺乏一致性、协调性,出现与社会预期成反比关系的工具运行轨迹[①]。

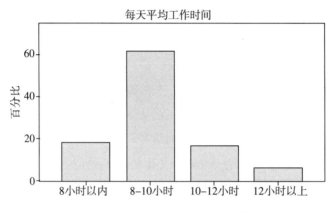

图 5-2　农民工每天平均工作时间

5.3.3　企业文化、社区环境对农民工文化需求的影响

从城市社区来看,农民工所在社区文化设备先进、设施齐全,文化活动也经常开展,但对于农民工而言,由于文化理念、文化习俗、消费习惯、文化形式、活动时间等限制,农民工参加社区文化活动极少,且对所在城市文化生活满意度较低,近半数的农民工不满意社区提供的文化服务。企业是农民工文化活动的主要场所,但是调查发现,农民工所在企业提供的文化设施、设备、活动和服务无法有效满足农民工的实际文化需求。认为所在企业提供文化活动内容单调、不能满足需要的农民工占 31.3%,认为所在企业没有任何文化活动的农民工占 16.2%(见表 5-2)。

---

① 王列生.文化建设警惕"体制空转"[N].人民日报,2014-8-1.

表 5-2　您所在企业提供的文化活动情况

满意度测评	频数	百分比
内容丰富,能够满足需要	150	16.3
提供一些,基本满足需要	329	35.8
内容单一,不能满足需要	285	31.3
没有任何文化活动	148	16.2

5.3.4　年龄差异对农民工文化需求的影响

农民工文化需求与农民工年龄呈负相关关系。与第一代农民工相比,新生代农民工文化消费有提升,按年龄段划分,21～40岁年龄段农民工是文化娱乐消费支出的主体,占调查样本总量的71.7%,整体呈现"橄榄型"文化消费结构。第一代农民工较多是应付性、消遣式文化消费,新生代农民工倾向于生活体验、时尚型的文化休闲,上网、打游戏、看电影、听音乐、攀岩等成为首选。李培林和田丰研究发现,新生代农民工在消费方式上与第一代农民工存在较大差异①(见表5-3)。理论假设农民工性别不同可能会影响文化消费水平,但是在调研分析中并没有发现明显的差异,只是文化消费内容和结构略有区别。

表 5-3　年龄/每月文化娱乐消费金额交叉制表

		每月文化娱乐消费金额					合计
		10元以内	10～30元	31～50元	51～100元	100元以上	
年龄	16岁及以下	0.1%	0.2%	0.3%	0.1%	0.3%	1.0%
	17～20岁	1.0%	1.3%	2.8%	2.7%	3.5%	11.3%
	21～30岁	4.2%	5.4%	10.6%	11.1%	15.6%	46.9%
	31～40岁	3.1%	4.5%	4.5%	5.6%	7.1%	24.8%
	41～50岁	2.9%	2.8%	2.2%	1.5%	1.9%	11.2%
	50岁以上	1.8%	1.3%	0.6%	0.6%	0.6%	4.9%
合计		12.9%	15.5%	21.0%	21.6%	29.0%	100.0%

文化消费可以从直观上反映出农民工的文化需求。调查发现,农民工在具体文化消费项目支出上,主要集中在有线电视费、手机上网费、购买书籍报

---

① 李培林,田丰.中国新生代农民工:社会态度和行为选择[J].社会,2011(3):7.

刊费用三个方面,比重分别是63.6%、59.2%和43.3%,而在学习培训消费项目上消费较少,不足四分之一(见表5-4)。由此可见,农民工在文化消费项目选择上仍然较为单一。据《2018年中国农民工调查监测报告》数据显示,进城农民工业余时间主要是看电视、上网和休息,分别占40.7%、35.6%和28.4%,基本与本书调查数据一致[①]。不论是国家统计局还是本书所进行的调查数据均显示,由于电视观看的习惯性和便捷性,收看电视是农民工最为主要的文化娱乐休闲方式。据调查数据显示(见表5-4),农民工常看的电视节目类型中,排序依次是新闻类占比20.8%、娱乐类占比18.8%、电视剧占比15.3%、体育类占比13.1%、法制类占比11.3%、科技类占比10.3%、生活类占比7.7%、其他类节目占比2.7%。

表5-4 调查样本文化消费项目支出情况(%)

	有线电视费	电影与戏曲	上网费用	KTV、歌舞厅及棋牌室等	文艺演出或体育赛事	体育健身、美容美甲	学习、培训费用	购买书籍、报刊
几乎没有	36.4	66.5	40.8	68.0	74.8	77.5	68.2	56.7
较多	47.7	26.4	40.6	25.0	20.1	17.1	24.5	34.0
很多	15.9	7.1	18.6	7.0	5.1	5.4	7.3	9.3
合计	100.0	100.0	100.0	100.0	100.0	100.0	100.0	100.0

5.3.5 心理预期、住房条件对农民工文化需求的影响

调研发现,农民工心理压力较大,文化活动总体贫乏,主要活动是玩手机、看电视、睡觉、聊天、逛街购物、散步健身,参加社区文娱活动、休闲旅游、去图书馆文化馆、学习培训等极少。他们普遍有经济压力、技能恐慌、自卑焦虑、心情压抑和归属感缺失等负面心理问题,尤其是恋爱婚姻压力、性压抑感比较突出。另外,农民工的文化需求层次逐年提升,部分农民工文化需求已经从以往的满足温饱型、生存型向未来的发展型、享受型转变,农民工文化需求呈现个性化、多样化特征,部分农民工对微博、微信、音乐、歌舞、游戏、电竞、网购、旅游、健身等时尚文化消费需求也在逐步增加。他们希望政府加强公共文化供给侧结构性改革,73.6%的农民工希望政府提供专业技能培训,

---

① 国家统计局.2018年中国农民工调查监测报告[R].2019-4-29.

66.9%的农民工希望政府提供随迁子女教育的便利,38.4%的农民工希望政府支持农民工文艺社团组建并开展活动。对举家外出务工的农民工来说,住房的需求仅次于工资收入增加,67.7%的农民工渴望政府或企业能够提供一批廉租房或职工公寓。农民工有了房子以后,由于家庭温情增加他们就会明显减少对城市公共文化的需求,也容易提高对城市公共文化服务的认可度和满意度。

5.3.6 文化程度、科技水平对农民工文化需求的影响

新生代农民工文化程度比第一代农民工有所提高,职业愿望也更远大。2018年具有大专及以上学历的农民工占10.9%。新生代农民工文化程度普遍提高,加上现代科技手段普及,直接导致农民工文化生活需求内容的巨大变化和文化需求层次的大幅提升。与第一代农民工业余时间多是睡觉、看电视、聊天、看录像等不同,新一代农民工业余生活主要是上网、游戏、培训、看电影、体育活动、逛街。新生代农民工业余生活上网的有87.1%,用手机上网的比例比老一代高出25.6个百分点。这充分说明网络尤其是移动互联网已成为新生代农民工信息来源的主要工具,成为满足新生代农民工文化需求的主要方式。新生代农民工认同城市文化,2018年在进城农民工中有38%的人认为自己是所居住城镇的"本地人",他们的职业目标是留城就业或创业(见图5-3)。

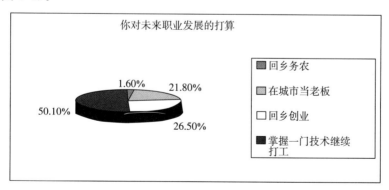

图 5-3 新生代农民工的未来职业打算

5.4 农民工文化需求信息表达保障系统

在现代管理理论中,信息可以理解为原始数据经过加工后得到的结果。在公共文化理论中,文化需求是文化供给的导向,文化需求决定文化供给系统的发生和运转。文化需求与文化供给的对接,表现为文化需求以信息的形式传递给文化供给方,从而影响文化服务的决策和生产及提供行为。文化需求信息是公共文化服务体系的基础元素,只有真正及时地了解农民工文化需求,才能有效地制定措施来满足农民工文化需求。

5.4.1 农民工文化需求信息系统

农民工文化需求信息系统主要包括农民工文化需求信息源、信息使用者、信息系统管理人员及信息处理机构等。农民工是城市公共文化服务需求信息的首要来源,包括需求信息的直接来源和间接来源。农民工文化需求是零散的、多样的,由于农民工文化需求具有多样性和信息表达能力渠道不畅,农民工公共文化服务需求信息来源具有随机分布或零散分布的特点。首先,农民工生活经历背景不同。虽然农民工具有聚集生活、群居一隅的特点,根据地缘、血缘、学缘关系,聚集在一个城市的某一区域,但是同一区域内、同一社区内甚至同一用工企业内,农民工的来源地也往往不同。其次,农民工的文化程度、文明素质、生活习惯、家庭背景、性别都不同,他们的文化需求自然也不相同。比如文化程度低的农民工,对文化的需求侧重娱乐型、休闲型或健康等方面的文化知识,或对国家政策新闻比较关注(也主要是为了满足休闲、聊天等需要),而文化程度较高的新生代农民工文化需求更侧重知识技能、创业培训、戏剧歌舞等方面的文化信息。再如,女性农民工更关注有关家庭、子女教育、美容美甲、娱乐八卦等方面的文化需求;而男性农民工侧重国家大事、事业发展、职业规划、教育培训、娱乐健身等方面的文化需求。另外,农民工对需求的表达能力也影响需求信息源的结构,有的农民工能够完整清晰地表达自己对公共文化的需求,而有的农民工则需要提示、提醒等才能表达出自己的文化需求类型和具体内容。农民工文化需求信息表达方式具有多样性，根据表达方式可以分为主动表达和被动表达。被动表达即农民工根据调查者提出的问题进行被动式的表达，这也是需求信息来源最直接的方式。文化需求信息源还可能来源于间接的渠道，如在市场消费中反映出的文化需求特点，比如需求的品种、品位、数量等，即用农民工的文化市场选择表明需求结构。

农民工文化需求信息只有经过科学加工处理，才能被政府和社会了解和使用。信息系统分为基本数据处理系统、信息分析系统和决策支持系统。农民工需求信息的采集和加工属于基本数据处理系统、信息分析系统。农民工的文化需求信息具有多样性的特点，采集到的信息不能作为决策层支撑决策的直接基础，需要专业化地采集和加工。研究机构通过对农民工个体的抽样了解、问卷调查、专业的数据分析，提出具有共性的、能够为决策者理解和接收的信息。农民工公共文化需求信息经过调查和分析，由专业机构优选出需求比较集中的文化内容信息，在对农民工群体需求信息进行集中分析基础上，提出具有典型性、针对性、代表性的，或集中度比较高的需求诉求，向供给方系统性地反映农民工文化需要的集体诉求。社会舆论机构也是信息采集和加工的重要主体，部分媒体包括网络、报纸、专业期刊等，尤其是新媒体对社会关注度比较高的社会问题进行的系统调研、分析和报道，能够对农民工的公共文化需求信息进行一定的处理和加工，这种加工虽然专业化水平不是很高，但能够引起社会的广泛关注。农民工组织也是信息采集和加工的重要载体，如农民工工会组织、自服务组织、志愿者服务组织等，也通过对农民工公共文化需求的分析，对农民工公共文化需求信息进行采集和加工。

5.4.2 农民工文化需求信息传递渠道

农民工公共文化需求形成信息后，只有向上传递、有效传递，能够进入政府、人大决策机构的议题，农民工公共文化服务需求信息才有价值。农民工文化需求信息的向上传递主要有这么几个渠道：一是农民工人大代表建议案。人大代表的选举机制直接决定了对其赋予的职责，代表了一个群体的利益，向各级人大会议决策提供建议。近年来，农民工进入各级人大代表的数量逐步增加，这是基于党委、政府对农民工群体价值的认可、对农民工群体利益的重视。但是农民工人大代表的数量与其所代表群体的数量远不匹配，农民工人数占到了全国人口超过五分之一,农民工人大代表的比例远远低于此比例。这十分稀缺和宝贵的渠道,需要反映的建议案很多,直接反映农民工文化需求、基本文化权益保护的建议案相对较少,但目前仍然是反映农民工生产生活状况、文化各种权益的主要渠道,也是能够直接反映农民工城市公共文化需求、能够直接进入决策层的最直接的信息渠道。二是媒体的专业报道。媒体舆论渠道是农民工信息向上传递的一个潜在渠道。媒体渠道从潜在渠道变为现实渠道,是基于对社会热点问题的关注,即社会问题本身的热度决定了媒体对特定问题的报道。只有媒体广泛深入地关注一个问题,才能在决策层产生响应。三是专项研究报告制度。如文化主管部门的农民工公共文化需求报告这样的专题报告,能够引起政府决策机构对农民工公共文化需求的关注。社会研究专业研究机构,如各地的社科研究机构、高等院校、民间智库、调查公司,接受社会组织委托或自主选择的农民工文化权益的专题研究,在"学术导向"与"政策导向"之间寻求平衡,也是农民工公共文化需求信息向上传递的重要渠道。

5.4.3 农民工文化需求信息接收渠道

现代信息传播技术扩大了农民工文化需求信息的传递和传播,和传统的传播技术和手段相比,由于政府广泛推行电子政务,加速政府信息传递网络化、电子化、智能化、便捷化,农民工文化需求信息接受渠道更加多元,有价值的信息能够十分便捷地到达政府和决策部门,有效增进了需求信息的传递速度和时效。

5.4.4 农民工文化需求反馈机制

建立以有效需求为导向、不同人群差异化的农民工公共文化供给模式,必须建立有效的需求反馈机制,做好事先需求评估、事后绩效评估,不断吸纳改进公共文化供给内容、供给方式,突出解决公共文化服务供给主体失衡、供需匹配失衡、供给行业失衡、供给区域失衡、供给群体失衡的问题,提升农民工公共文化服务的供给质量和供给效率。一是要充分发挥城市社区的服务功能和社区工作者的主体作用,社区作为农民工的自治管理组织,要像对待自己家人一样,及时将农民工的文化需求及时反馈给政府相关部门。二是要培育农民工文化组织,增加农民工组织的话语权,增强农民工的群体影响力。三是要建立农民工网络信息搜集与反馈平台,打破传统社会的政府垄断信息习惯,扩展农民工信息沟通渠道的时空范围,提高农民工需求表达和回应的速度。

5.5 满足农民工文化生活需求的策略选择

满足农民工文化需求,维护和保障农民工基本文化权益,必须坚持以习近平新时代中国特色社会主义思想为指导,坚持以农民工为中心的服务思想,坚持以农民工文化需求为导向,转变城市文化治理理念,实施积极的公共文化政策,优化农民工文化靶向性供给制度,推进公共文化供给侧结构性改革,推动主体化、法治化、一体化、信息化的"四化"同步,做好城市文化资源的整合、利用和开发的三道"加法"答卷,推动以家庭流动为单元的城市融入,建立完善农民工文化需求信息体系,提升农民工公共文化服务效能,构建起多元共享的城市文化生态,促进以家庭为社会流动单元,满足农民工文化需求,切实保障农民工基本文化权益。

5.5.1 主体化、法治化、一体化、信息化的"四化"同步

——主体化。农民工公共文化服务的提供主体是城市政府(包括国有文化单位)、用工单位(企业)、生活社区和农民工群体。构建公共文化服务体系必须坚持政府主导的方针和原则,作为农民工流入地的政府承担着为农民工提供均等、标准、可及的公共文化服务的职能,必须坚持政府主导,在政策设计、硬件投入、效能评估上作出明确规定,将其纳入政府目标考核中,纳入政府治理体系和治理能力现代化评价指标中。国有文化单位担负着为农民工提供文化产品和服务的直接责任,要深化文化事业单位改革,树立以人民为中心的思想,尽快建立理事会制度,完善公司法人治理结构,为农民工提高免费、低偿、优质的公共文化产品和服务。坚持城乡文化一体化发展方向,建立完善农民工文化需求信息系统,委托第三方及时收集、归纳、提炼农民工文化需求信息,并及时报送政府主管部门,供政府动态调整政策。但是,政府的财

力、人力、物力和信息反馈能力都是有限的,还必须通过政府采购、委托承办、承包、PPP等形式,吸引社会机构和社会资本参与公共文化服务,推动公共文化的市场化和社会化。企业是农民工生产、生活的主要场所,加强企业文化建设必须把农民工文化建设放在重要位置,列入企业工作重要日程,不仅要定期研究农民工文化需求,还要保障农民工休息时间、工资收入、社会福利、住房条件,不断加大对农民工文化建设的硬件和软件投入力度,不仅在厂区内部有投入,在农民工比较集中生活的区域也要有所投入,并定期开展各种文化活动。社区是农民工文化活动的主阵地,城市社区包括各类文化组织要摒弃对农民工的各种歧视和偏见,为农民工量身打造一批特色文化活动和文化服务,为农民工提供质优价廉、喜闻乐见的公共文化产品和服务,全面免费开放辖区内的各种文化体育场馆(文化馆、图书馆、艺术馆、体育馆、体育场、文化活动中心、体育中心、健身房)和设施,并根据农民工作息时间调整服务时间。农民工也要增强现代文化消费理念,打破封闭自卑心理,主动接受文化、技能、法律、礼仪等方面的培训和熏陶,提高参与城市文化的创造性和主动性。

——法治化。坚持法治思维,建设法治型政府,是新时代政府有效治理的重要内容,要把法治理念、法治精神贯穿到农民工公共文化治理全过程。要根据农民工文化需求的变化,加速农民工文化立法进程,实现农民工文化工作法治化。另外,要严格执行国家、省已经出台的法律法规,细化实施方案,不能让"体制空转"。要根据农民工实际文化需求,创新性地实施一批精品文化建设项目,结合文化惠民消费活动,完善农民工"文化低保"制度,对农民工文化创作、活动开展、图书出版、网站建设、场地建设等重大工程给予支持。

——一体化。一体化主要是指城乡公共文化服务一体化和城市常住人口公共文化服务一体化。结合乡村振兴战略和新型城镇化战略,树立城乡一体化理念,在公共服务特别是农民工文化服务投入上加大对农村的倾斜力度,改变以往的以农补工、剥夺农民的不平等做法,补齐农村公共基础设施、产品服务、人员配置、平台渠道、技术手段等方面的突出短板,彻底偿还城市对农村的欠账,保障城乡居民同步进入全面小康社会。在城市,要制定非歧视、保均衡的公共文化服务制度,消除公共文化服务在农民工和城市原住民之间享受文化权益上的差别,实现普惠制、均等化的城市公共文化服务。要科学制定包括城市公共文化设施的布局、城市公共文化机构的开放、城市公共文化场地的使用、社区公共文化综合服务中心等开放使用规定,让农民工可以与城市原住民无差别地使用城市公共文化设备、设施和产品与服务。

——信息化。在现代信息社会,农民工文化需求传播方式日趋多样,文化消费也日益多元。在文化供给方式上,农民工尤其是新生代农民工对于网络的利用和依赖程度较高,接受公共文化服务方式、习惯发生了较大变化,比如新生代农民工更喜欢电子阅读、视频浏览、微信、微博浏览等,利用手机和电脑上网聊天、浏览信息、购物、查找资讯、娱乐游戏等成为新生代农民工最主要的休闲娱乐和学习方式。而传统体制内文化单位的公共文化供给模式明显存在短板,像数字图书馆、数字文化馆、数字博物馆、数字美术馆、数字展览馆、网络剧场、社区公共电子阅览室等数字公共文化服务平台建设进展缓慢,这离为农民工提供高质量文化服务有明显差距,未来必须加快公共文化数字化建设,以"互联网+公共文化服务"来满足农民工公共文化需求。

5.5.2 从内在需求和外在供给双向发力

坚持以农民工文化需求为导向,建立完善农民工文化需求信息管理系统,匹配需求关系。将现代科技创新与制度优化结合起来,运用大数据、区块链、人工智能等技术,加强"互联网+公共文化服务"建设,利用"互联网+"与大数据平台,完善类别信息借调程序,推动公共文化服务信息共享。农民工文化需求信息管理系统是一个完整的信息管理过程,包括农民工文化需求信息的采集、加工、存储、传递、使用和反馈等,保障农民工文化需求信息的对称性。调查显示,农民工对于政府提供的公共文化服务评价不高,因为存在着行政领导主观"决定"农民工公共文化需求,主动替农民工决策,导致农民工公共文化"供而不需""供而不当"现象。建立以有效需求为导向、不同群体差异化的农民工公共文化供给模式,必须建立有效的需求反馈机制,做好事先需求评估、事后绩效评估,不断吸纳改进供给内容、供给方式,提升农民工公共文化服务的供给质量和供给效率。

同时,加强文化供给侧结构性改革,要牢固树立以农民工为中心的思想,从农民工公共文化服务制度安排向政策优化转变。在农民工公共文化服体系中,从供给侧来看国有文化单位是长板,民营文化机构是短板。从全面深化文化体制改革中谋出路,在国家治理体系和治理能力现代化中寻找解决农民工文化需求问题的制度张力与工具活力。只有这样,才能使国家文化治理走上科学化、法制化、规范化和长效化的良性发展道路。以农民工有效需求为根本导向,建立不同于城市居民的差异化供给模式。传统的农民工公共文化服务自上而下地"送文化"的供给模式虽然起到一定的文化育人、文化乐民的功效,但是这种制度安排忽视、轻视、漠视农民工群体作为被服务对象及文化创造参与主体的知情权、话语权和表达权,直接导致农民工公共文化服务供给与需求失衡。因此,农民工公共文化服务供给模式必须以农民工的实际需求为出发点,切实增强农民工在公共文化服务体系中的参与渠道及表达渠道,由自上而下地"送文化"模式向自下而上地"种文化"模式转变。建立以需求为导向的农民工文化服务供给机制,必须建立基于不同行业、不同年龄、不同教育程度等群体特征基础上的差异化供给模式,有针对性地改进服务方式、内容和渠道,实现公共文化服务的精准供给和有效供给。对民营文化机构参与农民工公共文化服务给予鼓励和奖励,制定出台引导社会资本进入农民工公共文化服务领域的意见,从土地供应、税收优惠、社会融资、财政补贴等方面给予支持,加大农民工公共文化服务的社会供给力度。

坚持以文化供给引导需求,不断拓展农民工公共文化服务的内容和手段。要考虑和照顾农民工文化需求的特殊性,多数新生代农民工喜欢上网、打游戏、听音乐、玩抖音、看新闻、与家人朋友在线聊天等文化活动,城市政府和社区要及时掌握和调整农民工公共文化服务的针对性、时效性、便捷性。要加大数字文化产品的研发力度,利用大数据、互联网、人工智能、现实技术等,加强农民工数字文化资源建设,创新农民工文化服务的内容和服务方式,加大对公共数字图书馆、文化馆、博物馆、美术馆和社区电子阅览室建设力度,努力消除农民工文化数字鸿沟。

5.5.3 推动农民工文化服务的多方参与

农民工公共文化服务社会化是政策要求,也是做好实际工作的有效方法。为农民工提供高质量的公共文化服务,满足农民工文化需求,必须坚持走社会化之路,用足现有公共文化资源。目前城市现有公共文化设施和资源是公共文化服务体系的主阵地、主渠道,这些阵地、设施、场馆、人员、知识、资源由各级文化行政部门分割管理,初步建成了覆盖城乡的公共文化服务网络。省会城市一般建有"四馆"(公共图书馆、文化馆、博物馆、美术馆,有的还建立展览馆、会展馆、名人馆、好人馆、创新馆)、省辖市一般建有三馆、县(市)城一般建有两馆、乡镇建有文化中心、文化广场、新时代文明实践中心,只要对农民工开放就可以基本满足文化服务硬件要求。首先,要以农民工流入地政府为主导,把农民工文化纳入当地公共文化服务体系建设规划之中,加大对场馆农民工文化建设资金投入力度,实施重大农民工公共文化工程,逐步完善覆盖农民工的城市公共文化服务设施建设,扩大城市公共文化服务资源增量。其次,要通过扩大城市开放公共文化服务单位居民免费范围,面向包括农民工全体在内的全体居民提供优质公共文化服务,坚决破除原先不利于农民工群体享受城市公共文化服务的各种身份限制和收费门槛,确保农民工可以与同城居民一样享受文化创造、图书阅览、文化鉴赏、研发产品、志愿服务、文化培训和参与文化活动等公共文化服务。再次,要进一步优化社区和企业等基层公共文化资源配置,采用政府采购的方式为农民工配送图书、演出、展览,探索公共服务的"反弹琵琶"模式,重点整合公共文化资源,提高城市公共文化服务质量,满足农民工文化需求。复次,要盘活城市各类公共文化资源。目前,在城市中除了文化部门归口管理的公共文化资源之外,仍有大量可供农民工使用和消费的公共文化资源,这些资源在教育、体育、旅游、共青团、妇联、工会、农业、电信、科技等众多不同部门分散拥有,如工人文化宫、青少年宫、妇儿活动中心、旅游景区、研学基地、红色文化教育基地、大型文化广场、文化主题公园、文化中心、老年大学、影剧院、图书馆等,要加大对这些分散资源的整合力度,出台对农民工全面开放这些设施和资源的意见,对相关部门给予财政支持和考评加分。对于企业内部的各种文化资源,政府积极引导用工企业、文化企业、民间公益性组织等各类社会力量参与农民工文化建设,按照社会公共服务的内容和性质,给予一定的优惠政策,形成全社会支持农民工文化工作的良好局面。

5.5.4 构建良好的城市文化生态

城市文化决定着城市的内涵、气质、形象和品位,"多样共生"是城市文化生态的主要特征。新型城镇化是以人为中心的城镇化,文化建设将成为新型城镇化的重中之重。未来城市之间的竞争主要是城市文化软实力的竞争和城市文化生态的比拼。"未来的新型城镇化将以文化建设为中心,走文化型城镇化道路,注重城市原住民和进城农民工文化权益保护,发挥好农民工作为城市文化生态构建主体的作用,构建起'草灌乔'共生共荣的文化生态"①。

城市文化从内容上看主要包括精英文化、大众文化和草根文化,每一种文化没有高低贵贱之分,只有是"阳春白雪"和"下里巴人"的形式和内容差别。农民工和城市原住民都是城市文化生产主体,理应积极参与城市文化创造和文化生态建设。为此,农民工流入地城市政府要自觉把农民工纳入城市文化生态建设队伍之中,是积极引导而不是排斥农民工参与,并将农民工参与文化工作纳入领导干部考核范围、纳入城市科学发展评价体系。城市管理者还要积极创造条件,增加农民工参与公共文化决策的机会,使他们顺畅表达文化需求、文化感受、文化权益诉求。推进传统媒体和新媒体融合,为农民工阶层提供独立频道、专栏、网站、微博、微信和客户端等信息载体,全面、客观、公正、正面地宣传农民工对城市建设的贡献,消弭城市原住民对农民工的误解和排斥。建立农民工文化多元化的投入和运作机制,适时建立农民工文化专项资金或基金,扶持农民工建设独具特色、彰显品质、独立管理的戏院、剧场、影院、网吧、书店、文化广场、电竞馆等,提供农民工参与文化创作费用,扶持农民工各种文艺创造活动,支持打工文化繁荣发展,从以往的"送文化"转向"种文化",实现从"授之以鱼"向"授之以渔"转变。

满足农民工公共文化需求还依赖于农民工文化素质的提升。一座城市既要有颜值,更要有气质,一座城市是否有灵魂、有温度、有气质、有特色,主要取决于它自身的文化生态。完善的公共文化服务体系就是提升城市品质的面子和里子的重要抓手。一方面要组织农民工参与城市文明创建,积极践行社会主义核心价值观,组织包括农民工在内的城市常住人口积极参与城市文化活动、创造新时代美好生活。农民工作为城市公共文化服务对象和受益者,也是城市文化创造主体,也是城市文化生态的建设者,也是城市文化服务

---

① 邢军.城镇化背景下农民工参与城市文化生态构建的路径选择[J].贵州社会科学,2015(11):92.

模式创新的推动者。打工文化深受农民工和绝大多数市民的欢迎,因为它是农民工精神文化生活的真实表达,是农民工文化的全新展示,是农民工精神的对外张扬,体现了农民工的文化自主性,扩大了农民工的文化话语权。

5.5.5 大力推进农民工流动家庭化

推进以家庭为单元的社会流动,可以大大减少农民工对城市公共文化服务的需求,保障农民工家庭稳定和谐。从历史长河来看,农民工个人外出打工,是无奈的、不合理的流动,是临时的、不稳定的迁徙,是虚假的、不真实的城市化。农民工常年外出务工容易造成个人生活难、家庭稳定难、社会和谐难[①]。只有以家庭为流动单元,举家进城生活,才能激活家庭细胞,保障社会肌体的健康发育,才能真正实现安居乐业、全面小康。目前,我国已经进入中国特色社会主义新时代,在全面建成小康社会的伟大征途中,推进农民工以家庭为单元的举家流动、整体迁徙条件已经具备,存在的主要问题是限制农民自由迁徙的户籍制度尚未取得重大突破,仍然处在"犹抱琵琶半遮面"的状态,城市的政府和市民不愿意让农民工到城市定居,认为城市天然是城里人的,农民工低他们一等,不适合在城市和他们做邻居。所以,要从中国发展大局出发,全面放开城市入户条件,降低进入城市的门槛,注重优化农民工治理制度,重点从农民工的住房、就业、培训、教育、医疗、养老、社会保障等方面采取灵活政策,为农民工以家庭为流动单元提供制度保障,从而使农民工的文化需求得到较好的满足。

首先,解决农民工住房问题。乐业先安居,农民工目前最需要的是改善住房条件,他们需要"老婆孩子热炕头"。要创新城市住房供给政策,将农民工纳入城市住房保障体系之中,为农民工夫妇提供一批廉租房、经济适用房或农民工公寓。其次,坚持就业就是民生的理念,城市发展坚持就业优先,建立完善农民工就业长效保障机制。注重对农民工进行职业技能培训,提升农民工就业能力。严格执行最低工资保障制度,不允许拖欠农民工工资。再次,重点解决农民工子女的教育难题,切断农民工职业代际传递,促进代际垂直流动,避免出现"农 N 代"现象。城市政府要坚决落实中央出台的"两为

---

① 刘奇.大力推进农民工以家庭为流动单元[J].中国发展观察,2012(2):40~41.

主"政策,确保农民工子女"有学上""上好学"。复次,建立完善农民工社会保障体系。要全面落实农民工工伤保险政策、健全农民工医疗保障制度、健全农民工养老保险制度,探索城市社会保险与新型农村社会养老保险的衔接政策。

农民工公共文化服务问题是一个战略问题,满足农民工公共文化需求、保障农民工基本文化权益是一个漫长的历史过程,不能超越发展阶段,操之过急,但又要明确方向,必须遵从中国特色社会主义现代化强国的建设规律,遵从中国特色社会主义先进文化的发展规律,坚持以文化供给侧结构性改革和公共文化服务效能提升为突破口,根据新时代中国发展的阶段性实际,努力做到尽力而为和量力而行,创新探索,循序渐进,既要注重政策法规等外在影响,又要发挥理念素质等内在力量;要关注当下,着眼长远,深化体制机制改革,探索消除产生农民工公共文化服务问题的制度根源,重点是结合新型城镇化战略,彻底改革城乡分治的户籍制度,打破城乡分治二元模式,实现城乡一体化发展。要从需求侧和供给侧两端同时发力,从政策设计转向制度优化,从"送文化"到"种文化",从文化福利转向文化权益,从体系构建到效能评估,从二元分割到城乡一体化,从"沾雨露"到"全覆盖",从人工化到智能化,从选择性到制度化,不断优化农民工文化服务的内容、结构、信息、时间、平台、渠道、空间等制度性安排,确保农民工群体在全面建成社会主义现代化强国、实现中华民族伟大复兴的历史进程中不缺席、不掉队、同进步、同发展。

第 6 章
农民工城市公共文化政策实施状况调查

作为公共产品,农民工城市公共文化政策的实施是农民工公共文化建设及国家文化治理体系建设的重要环节和影响因素。作为一项公共政策,其运行中的行动者构成及其关系模式、社会服务的提供方式,以及政策工具的实施效果等都是影响农民工城市公共文化政策实施状况的重要因素,政策的完善、政策实施效果的提升都将是一个相对较为长期的研究和探索过程。

6.1 政策运行中的重要行动者

理顺农民工城市公共文化政策运行中的行动者构成及其关系模式是分析和探讨政策运行和实施效果的重要前提,政策中的行动者构成也是影响政策实施效果的重要因素。公共政策运行过程中的行动者由行动主体和政策客体两个主要部分构成。行动者主体是由公共政策的制定、实施、监督、评估等一系列的参与者构成,具体而言由政府、各类组织和公民个人共同组成。而政策客体则是指公共政策需要解决的目标任务和影响的目标人群,从这个意义上来讲,公共政策的客体包括政策针对的社会问题和人群。在农民工城市公共文化政策中,其政策客体包括农民工平等享受城市公共文化过程中出现的一系列社会问题,还包括农民工群体。农民工城市公共文化政策运行中的不同行动者构成及其关系定位将会产生不同的政策体系、实施过程和评价指标,实践中的政策效果也将产生较大差别。因此,正确理解和定位不同政策行动者的功能角色和关系特点对分析政策实施过程和效果具有重要意义。

农民工城市公共文化政策作为一项公共产品和公共服务,政府理所应当成为政策最重要的主体,参与政策制定、实施、监督和评估的整个过程,并且在每个环节中承担不同的责任和功能。农民工个体既作为文化活动的主体,又作为文化政策的重要客体,在公共文化政策的建设和运行中发挥着重要作用。

6.1.1 政府是公共文化政策的重要主体

6.1.1.1 政府是公共文化政策的制定者,农民工公共文化服务应进入政府政策层面

政府作为公权力的代表,掌握着公共资源和公共权力,通过制定政策对自身所掌握的公共资源和公共权力进行分配,从而实现提供公共产品和公共服务的过程。近年来,中央和地方各级政府从政策层面逐渐构建了相对完善的制度框架,对农民工城市公共文化服务的目标、原则、路径和保障等方面进行了较为积极的探索和规范,一系列公共文化政策和法律的出台,为农民工公共文化的建设与推进提供了制度保障。从政策层面来看,农民工享受基本公共文化服务问题已经逐渐受到政府的关注并进入政府治理的范畴。

——农民工公共文化政策以均等化为主要目标,把农民工纳入城市公共文化服务体系中。农民工城市公共文化服务是通过文化服务来促进农民工对城市社会的融入,消除公共文化在享受权益上的城乡差别,消除农民工与城市市民的群体差别。因为农民工在城市公共文化享受权益上与城市市民之间在实践层面上还存在着不均等甚至歧视现象,所以要提升农民工群体的权益保障,实现均等化的公共文化服务目标,必须在公共文化服务方面更加注重农民工群体的公共文化服务体系建设。因此,在政策层面上,各级政府都比较关注农民工群体的公共文化服务,包括公共文化设施的布局、公共文化机构的开放、公共文化场地的使用、基层公共文化综合服务中心的建设等

都以消除农民工与城市市民差别为重要原则,在公共产品的使用方面做到均等无差别。同时,因为与城市市民相比,农民工自身处于劣势地位,所以政府在很多文化活动的开展方面都对农民工有更多的投入和政策照顾。

——农民工公共文化政策以保基本为基本原则,逐步提高农民工城市公共文化服务水平。从调研的情况来看,农民工在参与城市公共文化活动、享受城市公共文化服务方面还存在着较大的困难,其基本文化需求不能很好地满足。因此,目前的相关政策设定多以保障农民工享受基本文化需求的权利,并在此基础上逐步完善农民工公共文化服务体系,提升公共文化服务水平,让农民工群体逐步融入城市文化生活中。《关于加强构建现代化服务体系的意见》明确指出,现代化服务体系要满足农民工群体尤其是新生代农民工的基本文化需求。保基本文化首先是保障农民工的基本文化权益,但是农民工城市公共文化体系建设的最重要的目标是促进农民工的城市融入、平等地享受城市公共文化。因此,保基本是目前政策的基本原则,也是公共文化服务体系建设的阶段性目标。

——农民工公共文化政策以社会化为主要发展方向,创新公共文化运行机制,提升服务效能。只有不断创新公共文化运行机制,才能为运行机制注入新的活力。农民工公共文化服务体系建设以社会化为主要发展方向,通过各种形式鼓励社会参与、社会资本进入公共服务领域,满足公共服务的多样性、差异性和高效性需求。目前的相关政策在创新公共服务体系方面都以政府主导、社会参与、共建共享为基本原则,更多的社会参与是政策的引导方向。《关于加快构建现代化公共文化体系的意见》强调,政府要鼓励引导社会力量参与,探索出政府与社会资本相结合的模式。《关于进一步加强农民工文化工作的意见》则强调,各级政府要通过购买服务、项目补贴、定向资助等方式探索农民工文化服务体系的社会化路径。

——农民工公共文化政策以数字化为主要手段,利用数字网络系统,建立数字平台和数字资源库,开辟农民工公共文化服务的多元化渠道。随着信息社会的到来,政府应该充分利用网络和数字化方式来丰富服务的内容,提升服务效率,扩大服务范围,优化服务结构。通过数字网络提供文化服务对于农民工群体而言,更具便捷性和广泛性。在我们调研中所接触的农民工群体特别是新生代农民工对网络的利用和依赖十分充分,利用手机和电脑上网聊天、浏览信息、购物、查找资讯、娱乐游戏等,是新生代农民工工作之余最主要的休闲娱乐和学习方式。因此,通过数字化手段可以将服务内容迅速传递到农民工群体中去。

6.1.1.2 政府是政策实施者和资源提供者,农民工公共文化需要政府更多的财政投入和更完善的公共文化服务设施

公共文化作为公共产品具有公益性、普惠性和均等性的特点,对于农民工享受城市公共文化而言,在普惠性和均等性方面明显表现不足,从课题调研的情况来看,一方面他们认为自己与当地城市居民存在着较为明显的差别,他们对所在城市公共文化产品的使用较少;另一方面,他们在使用公共文化产品和享受城市公共文化服务方面也存在诸多障碍。为促进农民工群体的融入,让农民工充分享受城市当地的公共文化,政府在政策推动、实施等方面具有更大的责任。

——政府对公共文化产品提供的主导作用体现在财政和资金投入方面。《关于加快构建现代公共文化文化服务体系的意见》明确指出,各级政府对公共文化建设具有提供财政支持的保障责任,可以采取政府购买、项目补贴、定向资助和贷款贴息等方式促进公共文化建设和发展。2018年中央财政安排公共文化服务体系建设相关资金208亿元。《关于进一步加强农民工文化工作的意见》要求,各级政府要将农民工文化工作日常经费纳入常住地公共文化服务经费统筹考虑。同时,建立农民工文化专项经费,纳入政府的财政预算,保障农民工公共文化服务的各项支出。从目前的相关政策来看,政府作为农民工公共文化建设的主要推动者,其财政支持和保障的责任已经十分明确。在基本公共文化服务项目中,读书看报、收听广播、观赏电影、送地方戏、设施开放、文体活动等主要的资金投入也由政府财政承担。目前,公共图书馆、文化馆、公共博物馆及公共美术馆等都向当地居民和农民工免费开放,图书馆和村(社区)综合文化服务中心都由政府出资建设、购买图书,一些免费服务的成本也由各级政府分责承担。在公共文化人才队伍建设方面,政府要配套相关的工作人员,确保合理的编制并由财政承担人员成本。同时,政府对公共文化从业人员还要承担相应的脱产培训任务,其资金来源也主要由政府财政支出。近年来,各地政府逐渐加大农民工公共文化建设的各项投入

力度。

2008年以来,全国总工会推出了职工书屋建设工程,为广大农民工提供便利服务,截至2015年底,累计投入专项经费1.6亿元。2012年四川省启动10亿元专项资金建设基层公共文化服务体系,各市、自治州也纷纷出台关于农民工文化的政策措施和服务规范,建立农民工文化发展资金,政府以补贴的方式为农民工配备公共文化产品。从农民工享受城市公共文化的实际情况来看,虽然政府从政策层面明确了建设目标和财政投入的基本原则,但是农民工城市公共文化建设的各项投入还是相对较为薄弱,建立财政投入增长机制尤为重要。同时,对于提供针对农民工群体的特殊公共文化产品满足农民工个性文化需求的相关探索和服务内容的丰富都需要政府建立更加科学灵活的财政投入机制。

——政府是公共文化设施规划者和建设者。公共文化服务必须依托结构完整、逻辑严谨、内容丰富、形式多样的公共文化设施建设与规划来实现,公共文化设施建设是实现公共文化服务目的的前提和基础。搜狗百科认为,公共文化设施"一般是由政府出资修建,为广大市民提供一个学习、交流的空间,让更多的文化爱好者参与进来"。由此定义可以看出,政府是公共文化设施建设的主要出资者。《国家"十三五"时期文化发展改革规划纲要》提出,要加快建设现代化公共文化服务体系,各地政府要逐步健全各级各类公共文化基础设施。做好公共文化馆、图书馆、博物馆、美术馆、乡镇(街道)综合文化站、村(社区)综合文化服务中心等规划建设。我国公共文化设施建设也出台了相关指导标准,根据国家基本公共文化服务指导标准,除了以上"四馆"和综合文化服务中心之外,还对广电设施、体育设施、流动设施和辅助设施等都明确了相关指导标准。这些公共文化设施的规划和建设是各级政府应当承担的公共责任。在公共文化设施建设方面,国家层面也提出,要以县级图书馆、文化馆为中心推广总分馆制建设,逐步扩大公共文化设施的覆盖面。

农民工公共文化设施建设还存在许多薄弱的环节,政府应该根据地方文化特点和农民工群体的特殊需求,对文化设施进行科学合理的规划,逐步加大相关财政投入力度。目前,农民工对城市公共文化设施的利用较少,针对农民工群体建设的公共文化设施也相对较少。缺少职工书屋、农民工文化馆等文化活动场所。一些面对全体公民开放的城市公共文化设施和场所,也未能在农民工群体中进行广泛的宣传,农民工群体对城市公共文化设施的了解和使用都存在较多困难。因此,政府要根据文化设施辐射的范围和人群,从公益性、普惠性、均等化及便利性等角度,让农民工能充分利用身边的公共文化设施满足文化需求,参与文化活动,融入城市文化生活。

——政府是农民工公共文化产品和服务的直接提供者。农民工作为相对弱势的社会群体,其享受公共文化的权利应该受到政府更多的关注,只有通过直接给农民工群体提供公共文化产品和更多更优的免费公共文化服务,才能逐步消除农民工与城市文化生活的隔阂,促进农民工更好地融入城市生活。近年来,各地政府都在积极尝试给农民工群体提供多样化的、有针对性的公共文化产品和服务。如上海市积极采取多种措施,丰富农民工文化生活,保障农民工文化权益。一是完善各种文化设施,满足农民工的公共文化场地需求。至2016年,上海市有114家博物馆、32家美术馆、238个公共图书馆免费向农民工群体开放。同时,区级文化馆、社区文化活动中心、社区公共电子阅览室、居委综合文化活动室也免费向农民工群体开放。二是采取多种形式为农民工提供公共文化服务。至2016年,上海市共建成嘉定区江桥镇太平村、松江区新桥镇、闵行区莘庄工业园区等8家农民工电子阅览室,受到了农民工群体的欢迎。三是为农民工提供免费的知识和技能培训。从2008年至2016年上海市共举办了三届"农民工绿色网上行"大型公益活动,为农民工提供免费的计算机、金融知识等培训工作,为农民工提供技能培训服务平台。四是丰富农民工文化活动内容。从2013年起,上海市每年举办市民文化节,吸引农民工参与。加大公共文化配送力度,每年向社区、工地送出一批文艺节目,丰富农民工的业余文化生活。同时,市文广局和市总工会联合开展"同在阳光下"等活动,举办农民工假日免费电影放映活动,至2016年累计30万人次享受此项公共服务。政府作为公共文化服务的主体,具有一定的优势,政府掌握着公共资源,有能力针对农民工的弱势地位和文化需求,整合分配现有的公共文化资源,有效保障农民工群体的文化权益。但是就目前的政策实施情况来看,政府为农民工提供的公共文化产品的差异性、多样性、契合性等方面有待进一步探索和提升。

6.1.1.3 政府是政策的管理者和宣传者,管理和宣传依然是农民工公共文化建设的薄弱环节

——作为政策管理者的政府。政府是社会公共事务的管理者,也是政策的管理者,政策管理的过程就是协调各方利益、行为实现政策目标的过程。因此,这一过程涉及规范、协调、监督和评估等环节。作为政策的管理者,政府在公共文化建设过程中发挥的主要作用有规范和引导参与各行动者的行为和观念、调整各方利益、合理分配社会资源、整合提升政策系统内各行动者的能力等。

政府对农民工公共文化政策的管理主要通过以下几个方面来实现。一是通过政策制定和目标设定,分解各级政府及其他政策主体的责任、目标。目前出台的有关农民工公共文化政策都明确了各级政府的责任及需要实现的目标。对社会组织和社会资本的参与也指明了参与方式、参与范围,以及政策责任和法律责任等。同时,政府还通过政策引导相关企业构建有利于农民工身心健康的企业文化。二是通过相关立法,明确各主体的权利义务,为农民工公共文化权益提供保障。"农民工'文化贫困'及城市融入不足的根源因素在于制度排斥"[①]。因此,政府只有从立法和制度的层面明确农民工公共文化权益,才能更好地促进农民工城市公共文化建设。从法律上明确农民工有平等地享有当地城市公共文化的权利,常住地政府有建设农民工公共文化的责任。2017年3月1日正式施行的《中华人民共和国公共文化服务保障法》是公共文化服务法治化的重要里程碑,也为农民工公共文化权益保障提供了法律依据。三是通过一系列的监督制度来规范各政策主体的行为。在公共文化建设中,政府监督包括政府内部的层级监督,也包括政府对社会组织和企业行为的监督。政府监督通常采取常规检查、目标考核、阶段评估、接待投诉等方式。四是通过整合动员各方力量,提升公共服务效能。在政策体系中,政府处于主导权威地位,具有调动整合各方力量参与政策执行过程的能力。在农民工公共文化建设中,政府应该引导鼓励社会资本进入公共文

---

① 赵驹.社会公平视域下构建农民工公共文化权益保障机制[J].华东理工大学学报(社会科学版),2013(3):114.

化建设体系中,并逐渐构建起"以社会为主导、企业共建、社会参与"高效合作机制。但是目前从政策管理角度来看,政府还需要进一步理顺各政策行动者之间的关系,夯实政策规划和实际操作的链接处。

——作为政策宣传者的政府。作为农民工公共文化宣传者的政府需要进行高效且有针对性的宣传活动,架起公共文化与农民工之间的桥梁。目前,农民工未能被完全纳入城市公共文化体系中的原因一是文化政策还有待进一步完善,一是农民工自己的参与度不够。农民工自身的参与不足除了自身的因素之外,对相关政策缺乏了解也是最重要的原因。我们在访谈中所接触的农民工,大多数没有参与当地的公共文化活动,对所在城市的公共文化活动也了解很少。在北京一家快递公司从事客服工作的湖北女孩在接受访时说,所在公司并没有什么文化活动,所居住的小区文化设施也很少,对北京提供的免费公共文化活动和服务并不了解。因为农民工对所在城市公共文化政策、活动等都缺乏必要的了解,所以他们对当地文化活动的参与也是几乎没有的。

在农民工公共文化宣传方面,政府可以通过企业宣传平台、社区宣传栏、宣传册、互联网信息发布等多种渠道发布农民工公共文化政策、文化活动、免费文化服务等内容,让农民工对这些信息能够触手可及。农民工公共文化应该在全社会进行广泛的宣传,在全社会营造平等看待农民工群体的氛围,只有城市主动接纳农民工群体,农民工群体可以平等享受城市公共文化,才能减少歧视、减少隔阂,促进农民工更好地融入城市社会。另外,政府对优秀的农民工公共文化服务项目进行表彰也会起到较好的宣传效果。2012年5月文化部表彰的40个"农民工文化服务示范项目",包括北京朝阳区的"民工影院"、福建艺术馆的"艺术扶贫工程"、厦门湖里社区文化馆的"湖里区外来青年艺术团/合唱团"等,这些表彰起到了较好的宣传效果。

近年来,国家卫健委等部门邀请相关专家、名人、明星和农民工代表为代言人,宣传农民工政策。文化部推出社会文化政府最高奖"群星奖",涌出了《城里打工姊妹花》《站在高高的脚手架》等一批优秀的农民工题材艺术精品,在全国范围内开展巡演活动,进行宣传报道,引起社会的广泛关注,并营造了农民工公共文化建设的良好氛围。

6.1.2 农民工个体既是公共文化建设的重要主体，也是文化政策的重要客体

农民工个体是农民工公共文化政策中最重要的政策行动者，既是公共文化建设的重要主体，也是公共文化政策所要发生作用的重要目标群体和客体。

虽然农民工是农民工公共文化服务体系的主要服务对象，但是作为个体和群体也应该是文化的创造者和文化服务模式创新的推动者，农民工在公共文化服务体系中也应该发挥一定的能动作用。目前，在各地兴起的打工文化和打工文学就是农民工参与文化建设主动性诉求的表现。"打工文化正通过在文化上自主发声，来促进声音、信息的公平流动，同时也建立打工者的文化自主性"①。很多打工文学也是对农民工打工生活的一种自我表述，渗透着农民工精神文化生活的描述和需求的表达。

除了创作文学作品之外，农民工个体还推动城市公共文化服务模式的变革。2006年成立于浙江杭州的"草根之家"正是农民工由于不满恶劣的工作环境、单调贫乏的文化生活而逐渐建立和发展起来的。"草根之家"在杭州以"学习、娱乐、交流、咨询"为主题为农民工提供各种无偿服务，包括电脑培训、课外辅导、音乐下载、爱心互助、法律咨询、就业指导、情感交流等。这些文化服务对于丰富农民工的文化生活，满足农民工的心理和情感需求，为城市的农民工找到归属感等方面都起到重要作用。2007年9月，浙江举行草根文化艺术节，此次活动让人们开始重新认识城市打工者，并且关注他们的精神文化生活。2008年11月，"草根之家"文化中心正式成立，以农民工自组织的形式来促进农民工文化建设。

打工文化的兴起显示了农民工群体对文化的强烈需求和对现有的公共文化服务的不满足。但是农民工这种文化组织发展面临很多困难，真正能发展壮大，在农民工群体和社会上产生广泛影响的组织毕竟只是少数几个。通过农民工组织来推进农民工文化建设，推进农民工城市公共文化体系的建设将是一个长期的、由少积多、逐步累积的过程。

---

① 刘忱.关注打工者的文化力量[J].人民论坛，2017(7):155.

对于多数农民工而言,他们对公共文化建设的关注和参与都很低。在我们访谈所接触的调查对象中,他们对当地政府的公共文化政策大多不太了解,也不太关心,更没有提出明确提出自己的文化需求。在被问及自己是否会积极参加各种文化活动时,他们也表示无所谓。但是作为惠及农民工群体的公共文化政策,只有得到农民工群体的积极关注和参与才能更好地实现政策目标,解决农民工群体的文化贫困,真正实现以文化促融入的发展目标。

6.1.3 作为文化政策客体的农民工,其公共文化需求的特殊性未能得到充分关注

在二元户籍制度的模式里,农民工是一个特殊的存在群体,这一群体的户籍身份和居住地长期相互分离,而长期附于户籍之上的社会福利、社会文化等对农民工群体而言则略显尴尬。因为他们既无法享受户籍所在农村的文化服务,又被排斥在城市公共文化服务之外,所以这一特殊群体的文化需求没有得到较好的满足。农民工群体来自农村,却生活和工作在城市,他们既受到农村文化的影响,也受所在城市文化的影响,他们既不同于农村居民,也与城市居民有所区别,作为一个特殊存在的群体,他们对公共文化的需求也具有特殊性。因此,建设农民工城市公共文化服务,既要考虑当地的城市文化特点,也不能忽略农民工自身的文化需求特点。近年来,有关农民工公共文化方面的研究,针对农民工群体的特殊性提出了"第三空间"和"真空"群体的概念。杨玉珍通过对 W 市农民工公共文化服务的研究,提出作为"第三空间"的农民工,不是传统意义的农民,只是城市尴尬的局外人[1]。杨红花通过对武汉市农民工文化生活的调查,认为农民工是公共文化服务的"真空"群体[2]。无论是"第三空间"还是"真空"群体,都表明在公共文化服务体系中,由于本身的特殊性,农民工群体处在一个不被关注的夹缝之中,其文化需求未能得很好的满足。

---

[1] 杨玉珍."第三空间"视域下农民工公共文化服务的完善——基于 W 市调研的调查[J].华中农业大学学报(社会科学版),2013(2):112.

[2] 杨红花."真空"群体:清除公共文化服务建设的"盲点"——基于武汉市农民工文化生活的调查[J].华中农业大学学报(社会科学版),2013(2):103.

正是因为农民工群体的特殊性,他们对公共文化产品和服务也存在特殊的需求,农民工公共文化服务之所以产生很多无效服务,主要是因为农民工的特殊文化需求未能得到充分关注而造成的供需脱节。在我们的调查中,很多农民工表示,他们所在的社区只有一些简单的体育器材和运动场所,并没有完备的公共文化设施。同时,他们与当地居民交往较少,对于政府所提供的公共文化产品和文化服务也了解不多。一位在成都打工的四川罗江的27岁男性表示,业余文化生活就是上网和看书,基本都是自己花钱购买,每月在文化消费方面花费50元左右。被访中去过图书馆、文化馆、博物馆的人数很少。在北京一家物流公司的访谈中,有些学历较高的青年农民工在当地办了图书馆的免费借阅卡,也会经常乘坐公交车去图书馆借书看。他们觉得这个免费借阅的活动很好,满足了读书的需求,而且乘坐公交车比较方便。如此类似的公共文化服务可以更多地惠及农民工群体。但是,在被访的农民工群体中,去图书馆借阅图书的人并不多。既是由于他们并不了解这项活动,还有就是便捷性问题。对一部分农民工而言,他们缺少时间、精力,需要更方便获取的文化产品和服务,如果文化服务辐射的范围太窄,未能考虑农民工聚集的区域,未能在原有文化设施布局上作出相应的改变,部分农民工可能无法享受到当地城市的公共文化服务。在一些城市博物馆、美术馆等公共文化设施里也缺乏农民工感兴趣的文化元素和文化产品,与农民工本身的文化素质和文化需求相差甚远。同样,对农民工群体中从事不同工作、不同年龄、不同收入的人而言,群体内部的文化需求也有一定的差异性。那些年龄较大、工作时间较长、工作强度较大、收入较低的农民工,他们没有时间和精力去参与各项公共文化活动,他们更需要的是休闲服务设施、更多的免费技能培训、用工信息,以及家庭子女的教育辅导等公共产品和公共服务。而对于新生代农民工而言,他们更希望分享城市公共文化服务,需要认同和融入,他们与当地居民相处更加容易,对城市的文化理念更加认同,也更容易接受。因此,新生代农民工公共文化服务也应该以融入文化为侧重点。同时,新生代农民工学历较高,他们对自身的能力提升和职业规划有更高的期待。因此,他们对于知识学习和技能培训也更加渴望,只有在城市中有了更好的发展,他们才能对城市有更多的认同和归属,接纳城市文化也被城市所接纳。

农民工群体的特殊文化需求没有得到必要的关注主要是有几个方面的

原因。一是由政府行政管理行为和思维惯性所致。政府一直是公共文化服务体系的规划者和建设者,在传统的文化供给模式中,政府一直是根据城市本身的特点和城市居民聚居的特点及城市居民文化行为习惯来安排各类公共文化设施,提供公共文化产品和文化服务。这种文化供给必然未能将身处城市的农民工群体的文化建设纳入城市公共文化服务体系。同时,长期以来政府自上而下的文化供给模式对政策客体需求的改变也很难作出快速的反应。二是农民工群体缺少合理的文化诉求表达机制。在政府与农民工之间、在政策主体和客体之间缺少交流互动的平台和渠道,造成政府提供的一些文化产品和服务并不能适当地满足农民工群体的文化需求,这既表现为供给过剩却无效,又却表现为供给不足。三是农民工自身的生活方式较为封闭,缺少与外界和当地居民互动和沟通的意愿,在文化需求方面又表现出需求不足的现象。在被访谈的农民工当中,他们很多人认为自己与当地居民不一样,相互之间有较为明显的界线。有些人还认为当地居民对农民工有排斥心理和行为。四是文化供给方式的单一、传统,不能适应多样化的文化需求。在知识经济的社会背景下,政府未能充分运用数字化手段,将文化服务与科技进行深度融合,对"互联网+"、大数据等手段反应滞后。在调查中,大部分的农民工,特别是新生代农民工对网络和手机的使用十分频繁,网络和手机也是他们获取信息和休闲娱乐的主要方式。因此,通过互联网的手段宣传,提供各种公共文化服务和产品,具有更大的便利性和吸引力。如大型的数字互动墙、公共文化服务云平台等,新生代农民工更容易接受和掌握。

6.2 政策运行机制

农民工城市公共文化政策的运行过程就是将公共文化服务资金转化为农民工提供公共文化产品和服务的过程,这一运行过程必然涉及公共文化服务资金供给的来源、资金的运行方式、服务传递模式、服务过程中各政策行动者之间的关系模式等机制。科学合理的公共文化政策运行机制的安排,可以有效地规范参与各方的行为,实现为农民工群体提供公共产品和服务的公平和高效。不同的制度安排对政策行动者的责任行为有着不同的期望,对政策客体提供服务的效果也不尽相同,而且对政府的财力也有不同的考验,对公共资源的利用程度也相差甚远。

资金供给和服务传递是公共文化政策运行的核心环节,如何将资金转化为农民工公共产品和公共服务,不同的模式选择与财政的财力、农民工的公共文化水平、公共服务发展水平等方面有着十分密切的关系。同样,不同的运行模式其政策效果也不相同。目前,我国农民工城市公共文化政策的资金供给模式倾向于财政预算型选择,而服务传递模式则由政府包揽逐渐向政府主导的市场化服务和社会化管理的方向发展。

6.2.1 政府主导的财政预算型公共文化资金供给模式

目前农民工城市公共文化建设作为基本公共文化建设,政府财政是其资金的主要来源。财政支持公共文化建设主要有两种类型,一种是根据公共需求来安排政府的财政资金支持,另一种是根据政府财政状况进行预算,划分各种事务和行政事务的开支,并按比例划分出公共文化所占财政资金。与第一种福利型导向的财政支持相比,财政预算型公共文化资金安排更符合我国中央和地方各级财政的实际能力,也可以避免供给过剩和财政资金的浪费。《关于加快构建现代化公共文化服务体系的意见》明确指出,要进一步加大财税对公共文化建设的支持力度,建立健全基本公共文化服务财政保障机制,落实基本公共文化项目所必需的资金。《关于进一步做好农民工文化服务工作的意见》也明确指出,做好农民工文化服务工作要加大经费投入力度,要积极争取财政部门支持,将农民工文化服务工作纳入财政预算。

6.2.1.1 财政预算型资金供给要注重农民工公共文化建设中资金投入和划分的各因素平衡

财政预算型资金供给模式要求政府在有限的财力下,合理划分各群体、各区域、各方面投入的分配比例,这就涉及政策运行过程中各相关因素的平衡。对于农民工城市公共文化建设而言,主要注意以下几个方面的平衡。

——城市居民与农民工群体公共文化需求的平衡。农民工所在城市是农民工城市公共文化建设的责任主体,也是财政投入的主体。在这种情况下,当地政府对有限的公共文化建设资金的分配,要充分考虑城市居民和农民工两个群体的文化需求差异,平衡两个群体的利益。长期以来,政府在城市和农村的公共文化投入差距较大,造成了城乡公共文化建设的不平衡,很多城市在满足本地城市居民方面都有较完善的公共文化设施、较丰富的公共文化产品及较高效的公共文化服务等,但是农民工则是被排除在这些公共文化投入之外的。当越来越多的农民工进入城市、建设城市的时候,当地政府也应当承担起满足这一群体公共文化需求的责任,加大对农民工公共文化建设的投入力度。一方面,针对城市居民和农民工共同的公共文化需求,将原有的公共文化设施、公共文化机构和公共文化活动场地向农民工群体免费开放,充分利用城市原有的公共文化资源,以已有的公共文化资源去辐射更多的农民工群体,避免重复建设,缓解财政压力;另一方面,针对农民工群体相对弱势的社会地位及特殊的文化需求,加大财政支持力度,给予他们更多的资金倾斜,减少与城市民居公共文化建设的差距,真正体现公共文化的普惠性、均等性的属性。

——公共文化建设中软件投入与硬件投入的平衡。将有限的政府财力投入农民工公共文化建设的不同部分和领域,要做好科学的财政预算。从目前的财政投入情况来看,对公共文化的硬件投入相对较多,而软件投入明显不足。《国家基本公共文化服务指导标准2015—2020》对基本的服务项目和硬件设施等都有明确的指标量化规定,这些指标量规定也是政府考核的重要依据。因此,地方财政会更加关注这些硬性的指标,在基本公共文化设施的硬件建设方面进行相对较多的投入。但是与公共文化设施建设投入相比,在农民工公共文化建设中对专业人才的培养、对农民工精神文化需求则较少作为,"基于地缘归属感和文化共同体所形成的公共文化空间被弱化"[①]。因此,加大对农民工精神文化需求满足方面的资金投入力度,积极构建公共文化空间,促进农民工的城市文化融入和归属感的形成,这是公共文化建设的应有之义。

——在公共文化建设中中央与地方财权的平衡。我国目前实行的是分税制的财政管理体制,根据事权与财权相结合的原则,划分中央与地方的财

---

① 陈波,李好.新时代下财政支持公共文化建设的思路与路径选择[J].湖北社会科学,2018(10):4.

权。但是由于地区发展不均衡,为了实现区域间各地区社会经济事业的协调发展,中央会采取区域补偿的转移支付政策。在农民工公共文化建设中,为了减轻当地政府的财政压力,中央专项转移支付的力度应该加大。农民工作为城市弱势群体,其在城市公共文化体系中处于边缘化的位置,农民工基本的公共文化权利未能得到充分的保障,在这种情况下,中央政府通过加大当地政府专项转移支付的力度,既减轻了当地政府的财政压力,也能更好地保障农民工的基本公共文化权益,凸显农民工的重要地位,让农民工在城市得到更多的认可。

6.2.1.2 健全第三方评估和农民工公共文化诉求机制

将有限的资金投入公共文化服务体系中,必须提高资金使用的效益和针对性,在农民工公共文化体系建设中必须建立高效且针对性较强的财政投入机制。

——健全农民工公共文化服务体系的第三方评估。探索科学合理的农民工公共文化服务评估体系,对政策完善、政策运行、服务反馈等环节建立较为完善的评估指标,对政策的科学性、任务目标的考核、农民工满意度等方面进行评估都至关重要。运用第三方组织进行评估,可对政府资金的使用进行较为有效的监督,通过对财政预算与资金使用情况的评价,可以规范资金的使用情况。同时,第三方评估还可以利用问卷、访谈等调查方法测量农民工群体的满意度情况,以及搜集他们的公共文化需求情况,以便及时调整政府资金投入的方向和侧重点,提升资金使用的针对性。

——建立更加合理有效的农民工公共文化诉求机制。只有掌握了农民工群体的公共文化需求才能让财政资金的投入做到有的放矢。在实际的政策运行过程中,存在一些公共文化供需脱节的情况,既表现为供给过剩,又表现为无效供给和供给不足。之所以出现这种供需不平衡的现象,主要是因为当地政府没能很好地了解和掌握农民工的公共文化需求。因为缺少宣传,所以农民工不知道政府做了哪些工作。因为缺少了解,所以政府不知道农民工真正需要什么。因此,我们要充分利用各种宣传手段和反馈手段来建立农民工公共文化诉求机制,这是做到公共文化供需协调的重要环节,也是保障财政投入效益的重要手段。

6.2.1.3 适当吸纳社会资本参与农民工公共文化体系建设,缓解政府主导下的财政压力

财政预算型的资金供给模式由于受到财力的限制,一些政府在农民工公共文化建设方面可能表现出能力不足的情况。而且有限的财力需要分配到多个领域,如果在一个领域投入减少,就能够加大其他领域的投入和建设力度。这种情况下,在政府财政之外,可以开辟一些其他的资金来源渠道,改变单一的资金供给模式,多元化的资金来源可以为农民工公共文化服务体系建设注入新的动力。因此,农民工公共文化建设要适当吸纳社会资本,主要可以选择一些文化产业资本、社会力量和金融资本等投入农民工公共文化建设。

——文化资本与公共文化服务体系有较高的契合性,文化产业资本进入公共文化建设较为容易。文化事业在和文化产业交融发展中,可以提升服务效能,丰富服务方式和服务内容,提高文化产品的契合度。在文化体制改革方面,文化产业由于面向市场,其与科技融合的速度及对市场的反应能力都优于文化事业的发展。因此,农民工公共文化的发展可以充分利用文化产业的平台,引导文化产业资本为农民工公共文化发展服务。

——社会资本是公共文化服务建设资金的重要补充。近年来,因为政府对公共文化建设的投入力度不断加大,资金缺口日益明显,所以需要其他的资金来源。在吸纳社会资本方面,我们要选择运行规范、专业水平较高,同时对农民工公共文化服务比较感兴趣的优质社会资本进入部分公共文化服务领域。因此,农民工公共文化服务建设要逐步探索政社合作服务农民工的资金投入方式,由少到多、由点到面地稳妥推进。

——金融资本也可以服务农民工公共文化建设。目前文化旅游部和财政部开始实施文化金融扶持计划,并取得了良好的社会效益。通过贷款贴息、债券贴息、保费补贴等方式支持了超过几百个文化产业融资项目,累计投入资金超过23亿元[1]。通过政策支持,以项目运作的形式让金融资本助力农民工公共文化建设,有利于缓解政府财政压力,能更好地满足农民工群体的

---

[1] 李慧.文化产业:如何与社会资本"共舞"[N].光明日报,2015-11-12(14).

公共文化需求,也有利于金融资本本身的优化。

6.2.2 政府主导下的农民工公共文化政策市场化与社会化的服务供给模式

在公共文化服务的实现过程中涉及资金提供者政府、服务提供者公共文化服务机构及服务受益方农民工群体,从资金到服务的转化过程中,三者的不同关系就形成了不同的服务供给模式。

6.2.2.1 农民工公共文化服务供给的三种模式

——政府直接运营公共文化服务机构为农民工群体提供服务。这些公共文化服务机构包括公共图书馆、文化馆、博物馆、美术馆及社区公共文化综合服务中心等基本公共文化机构,这些机构由政府出资建设和运营。在农民工公共文化服务体系中,政府加大这些基本公共文化机构为农民工群体服务力度,推进公共文化场馆免费开放,为农民工提供公益性文化活动、文艺演出、公益讲座、信息宣传等形式的公共文化服务供给。政府通过加大资金投入和人员提供力度来提升基本公共文化机构服务能力。这种服务供给模式保证了基本公共文化机构掌握充足的公共资源,有能力为农民工群体提供较好的公共文化服务,其服务的稳定性、保障性较好。但是这种服务供给模式也存在一定的弊端,由于缺少市场竞争机制的影响,可能导致提供的服务效率不易得到提升,对农民工群体公共文化需求的变化不能够及时地作出准确的反馈,也可能造成公共资源的浪费,政府投资建设大量的公共文化场馆,但是真正为农民工群体提供文化服务的场馆却达不到政策期望效果。

——政府补贴相关公共文化机构为农民工提供文化服务。在这个模式中,政府并不直接投资建设公共服务机构并提供服务,而是通过政府购买、项目补贴等方式向公共的或私营的文化服务机构提供补贴,让这些机构承担部分农民工文化建设项目。政府补贴所面对的文化服务机构并不再是单一的公共文化机构,还涉及私营的文化机构、非营利性的社会组织等。如对一些农民工自组织的文化机构给予一定的补贴和资助,帮助其更好地为农民工服务,也可以补贴一些文艺表演团体为农民工送免费的节目等。这个模式避免了第一种政府包揽模式的弊端,引进了市场机制,让政府在与文化服务机构的合作中具有更多的选择权,可以有效促进各文化机构之间的竞争与成长,有利于它们提供更加丰富多彩的文化活动和服务,也让政府从大量繁琐的运营管理困境中解脱出来。但是这一模式同样未能对服务对象农民工群体的文化需求给予过多关注。

——政府补贴农民工个体去享受城市公共文化服务。这个模式完全不同于前两种,政府把钱和福利券直接发给需要补贴的农民工个体。比如给农民工发放免费的观影券、图书券等。但是这种模式不可能面对大部分的农民工,只能帮助其中特别困难的群体。因此,与前两种服务提供模式相比,这种模式的优点在于其关注了农民工群体的特殊文化需求,在文化服务中更具有针对性。但是这种模式在实际操作中并没有被较为普遍地采用。这所以这样,主要是因为这种补贴方式并不具有普遍性,只能针对农民工群体中比较困难的少数人。而且对这些少数人的资格审查及动态管理等方面,政府将面临着大量的工作和难题。

6.2.2.2 服务供给市场化与社会化的发展方向

我国公共文化服务体系正在由政府单一供给模式向政府主导、企业共建、社会参与的多元协作模式变革,在这一变革过程中要逐渐改变公共文化供给的纯福利模式,引入多元服务主体和市场竞争机制,其服务的市场化和管理的社会化特征也逐渐明显。

——服务市场化的发展趋势有利于提高公共文化服务效率。基本公共文化服务由政府提供,但对其他的公共文化服务逐渐引入市场竞争机制,通过政府购买和项目补贴等形式,既可以减少公共资源的浪费,又可以提高服务机构的服务效率。公立的或私营的文化服务机构通过不断改善服务手段,丰富文化产品给农民工提供优质的文化服务,同时维持自身的生存和发展。这些文化服务机构也在产业化的道路上不断开拓服务市场来促进机构能力的提升。由于引入了市场机制,各类文化机构有了更有力的发展动力,服务质量和效率都会有大幅的提升。但是过多的市场化也存在损害公共文化服务的公益性、均等性等本质特点,让农民工公共文化权益得不到有效保障。因此,政府可以通过购买服务、项目补贴、专项资助等方式来约束服务机构的行为,把握农民工公共文化的公益性方向。

——管理社会化的发展趋势避免了政府直接管理的弊端。公共文化服务体系正经历着由政府直接管理向间接管理的转变。公共文化机构正在逐步探索法人治理结构,逐渐解除政府对其直接管理的状况。同时,大量民营文化机构的出现也逐渐参与农民工公共文化的供给体系,他们与政府之间也只存在间接管理的关系。政府从直接管理的繁杂中解脱出来,更加注重相关立法、政策、指导等宏观管理。政府在农民工公共文化政策、立法完善等方面将会取得更多的成果。更多社会力量的进入也给农民工公共文化服务体系注入更多的活力和动力,对于促进农民工公共文化体系建设起到重要作用。但是在社会化管理的服务模式中,政府依然处于主导地位,宏观的把控将更加必要。政府与公共服务机构关系的弱化只是在直接管理层面,宏观的监督和引导则要加强。

6.2.3 农民工公共文化政策运行的影响因素分析

公共文化政策运行过程受到多种因素的影响,政策问题的性质、政策本身的设定、政策行动者特点、政策实施过程中各主体间的关系模式、政策运行的社会环境等因素都影响政策运行的效果。在农民工城市公共文化政策运行过程中,政策本身的科学性和系统性,政府、社会和农民工之间的关系模式等都与公共文化政策运行的效果密切相关。

6.2.3.1 政策本身科学性

政策自身设定的科学性涉及政策结构是否合理、内容是否连贯及目标导向设定是否正确等因素。

——政策的系统性需要进一步完善。党的十八以来,党和政府更加注重文化建设,农民工公共文化政策也日趋完善。目前农民工公共文化政策已经进入中央及各级政府的决策层面,得到了政府的关注,从政策规划到指导意见对农民工公共文化建设的原则、目标、任务、保障等方面都作出了较为明确的规定,在政策结构上也更加合理。各地方政府也积极出台相关配套政策,明确目标任务,强化地方政府的主体责任。在政策的推动下,农民工城市公共文化建设了正逐渐推开。但是政策的实施过程也是一个长期探索、逐步完善的过程。一些项目的具体实施细则和相关配套政策都需要建立,相关的立法、财税政策也需要着手研究和制定。一些关于农民工公共文化建设的政策也不具有独立性和针对性,多是在全国公共文化建设的宏观文件中有所提及,独立、系统、完善的农民工公共文化政策还需要进一步完善。

——政策实施的连贯性需要进一步加强。农民工公共文化政策内容的连贯性也需要进一步加强,从目前农民工公共文化活动的现状来看,运动式送文化现象还较为普遍地存在,而这些给农民工送演出、送电影、送关爱等都不具有制度性、连贯性。这既源于政策的不完善,也是因为许多项目缺少稳定的资金来源,不能持续、常规地推进。

——政策的目标导向性需要进一步合理化。农民城市工公共文化政策设立是为了缩小农民工与当地居民在公共文化服务享受方面的差距,改善农民工城市公共文化供给不足,满足农民工公共文化需求,突现公共文化的普惠性、均等化和公益性的特征。虽然相关的政策多以缩小农民工享受城市公共文化方面的差距而设定的,但是针对农民工群体本身的特殊性和差异性的文化需求考虑较少。因此,在农民工公共文化政策的目标设定上要多考虑农民工群体特殊的公共文化需求,以需求促供给,逐步矫正政策目标的误差,促进政策目标的进一步合理化。

6.2.3.2 政策资源充足性

在政策运行过程中,主体掌握政策资源的充足性影响着政策的实施和效果。近年来随着经济社会的快速发展,政府的财力也有着很大的提升,国家对公共文化建设的投入,包括对农民工城市公共文化建设的投入都有大幅提升,但是相对公共文化需求而言,显然投入还显不足。目前我国的财税体制采用分税制,各地方的财力因为经济发展水平存在较大差异而造成政府财政能力差别很大,有的地方财政状况较好,在公共文化服务投入方面能力也较强,但是有些地方财政比较困难,对公共文化方面的投入也是捉襟见肘。不同的财力情况影响公共文化政策运行的效果。

6.2.3.3 行动主体间关系模式

现代化的公共文化政策体系应该是一个逐渐社会化的多元主体的文化服务体系。因此,农民工城市公共文化政策运行过程也应该是一个政府主导、市场运作、社会参与、共建共享的共同治理过程,其政策主体应该由政府、社区、社会组织、用工企业、文化团体及公民个人等多主体共同组成。各行动主体间不同的关系模式也影响政策运行的效果。

农民工公共文化服务的实现过程是公共文化服务在政府—文化机构—农民工之间的传递过程,在这一过程中,三者之间的关系对政策运行有着十分重要的影响。在政策设定中,政府是公共服务政策的制定者和资金的承担者,文化服务机构是服务的具体提供者,也是政策的执行者,而农民工则是公共文化的受益者。但是在政策实践层面,三者形成了一种"政府对居民和组织弱依赖、居民和组织对政府强依赖、居民和组织间弱依赖的'非对称性'互动关系"[①]。在这三者关系中,政府由于掌握公共资源而处于强者地位,社会组织由于需要从政府处获得资源而依附政府,并按政府的考核组织公共文化服务,农民工群体由于缺乏必要的表达和反馈机制,在服务体系中缺少选择权和话语权。在这样的关系影响下,农民工公共文化政策的运行缺少自我修缮的能力,政府对农民工公共文化需求反馈缺少直接及时的了解,从而使相关政策的应对能力减少。

6.3 政策工具的作用发挥

公共政策运行发挥作用必须通过一定的政策工具来实现,农民工公共文化政策工具主要包括公共文化设施、社区、社会组织及农民工个体和组织。公共文化设施除了一些体育器材和文化活动场之外,主要包括图书馆、博物馆、文化馆和美术馆等场馆。社区是农民工公共文化运行和发展作用的重要平台,也是综合文化中心最好的载体,更是农民工获取文化产品和服务的最便利的场域。在政策运行中,社会组织是政府最重要的合作伙伴和共同推进政策实施的重要工具。

---

① 颜玉凡.城市社区公共文化服务的多元主体互动机制:制度理想与现实图景——基于对N市JY区的考察[J].南京社会科学,2017(10):134.

6.3.1 公共文化服务机构服务调查

作为基本公共文化设施,图书馆、博物馆、文化馆和美术馆也是重要的公共文化政策工具,它们在农民工公共文化服务体系建设中发挥着十分重要的作用。

6.3.1.1 "四馆"发挥作用的现状:在定位上有所反思,但功能还未得到农民工群体的充分利用

根据《进一步加强农民工文化工作的意见》要求,促进农民工平等地享受城镇基本公共文化服务,要进一步加大文化设施向农民工免费开放的力度。公共文化设施要根据农民实际文化需求,有针对性地探索开展不同形式的文化活动和差异化的文化服务,这样就能更好地提高农民工参与公共文化活动的积极性。如增加面向农民工的图书阅读、培训讲座、艺术鉴赏等文化服务活动场次,因地制宜组织开展音乐会、演唱会、广场舞会、戏曲曲艺表演、民间艺术表演、艺术展览、健身游艺等适合农民工参与的形式多样、内容丰富的文化活动,通过展览展示、经典诵读、读书征文、论坛讲座等多种活动方式,组织农民工积极参加全民阅读活动。2018 年开始施行的《中华人民共和国公共图书馆法》(以下简称《公共图书馆法》),明确规定公共关系图书馆应当按照平等、开放、共享的要求为社会公众提供服务,并应当向社会公众提供免费服务包括文献信息查询、借阅,阅览室、自习室等公共空间设施场地开放、公益性讲座、阅读推广、培训、展览,以及国家规定的其他免费服务项目等。

全国各地为进一步贯彻《公共图书馆法》,也积极探索基本公共文化机构服务农民工的路径,不断加大免费开放的力度。

成都市制定了《成都市公共图书馆事业发展(2018—2020 年)工作计划》,提出了近几年的发展目标和重点。在服务网络方面不断完善,计划到 2020 年底建成 50 年城市阅读空间;推进分馆建设,到 2020 年底实现县级公共图书馆通借通还网络实现 100%;提升文献资源保障能力;推进均等化建设,做好图书馆免费开放、延时和错时开放等工作;加强数字图书馆和流动服务等。

广东省通过多举措并施来推进公共文化机构的快速发展。一是加强相

关保障,包括经费和政策支持。截至2016年底,全省县级以上公共图书馆文献购置费达3.16亿元,比2013年增长43%。2016年购书经费为8692万元,比2015年增长67.6%[①]。在政策保障方面,《广州市公共图书馆条例》于2015年5月1日正式实施,这是我国第一部省会城市的公共图书馆法规,一系列文化政策走在全国的前列。《广东省基本公共文化服务实施标准(2015—2020年)》对总分馆建设标准、验收标准等进行统一规定。每年省财政安排"三馆一站"8000多万元实施免费开放补助。

2012年北京市朝阳区文化馆的"民工影院"被表彰为农民工文化服务示范项目。从2004年起,北京市朝阳区文化馆主办的"民工影院"开始为农民免费放映电影,这一服务引起了强烈的社会反响。北京市文化局等给予相应的资金支持。同时,在电影放映前,农民工的文艺宣传队还会进行节目表演,不仅丰富了农民工的文化生活,也提升了他们的参与意识,这是一项有意义的探索。

从各级政府层面来看,各地都比较注重公共文化机构服务农民工群体的建设,从免费开放力量到多种多样的文化服务都有许多新的尝试。但是从农民工群体的调研情况来看,目前大多数的城市图书馆虽然都为有借阅证的农民工群体提供免费借阅服务,但是农民工主动享受这种服务的人数并不多。在北京一家快递公司的调查中,到当地图书馆进行免费图书借阅的农民工人数较少。参观当地城市博物馆、文化馆和美术馆的人就更少。"四馆"提供的农民工文化服务以形式化和运动式的方式运行,并没真正惠及农民工群体,没有被农民工群体所接受、所喜爱、所享受。基本公共文化机构的功能还有待于进一步挖掘和提升。

6.3.1.2 基本公共文化机构服务农民工群体困境的原因来源于多方面

出现这种供需不协调困境的主要原因既有历史因素也有现实因素,既有供给方原因也有农民工自身的原因。

---

① 《六大措施助推广东公共图书馆事业快速发展》,https://www.mct.gov.cn/whzx/qgwhxxlb/gd/201712/t20171208_829943.htm

——城市基本公共文化机构对农民工的社会排斥依然存在。近年来,虽然各地公共图书馆在自身的定位方面都有了新改变,逐渐向公益性、公众性、普遍性等大众化方向转变,但是相关的服务理念并没得到及时更新,没有真正做到面向农民工群体,方便农民工群体,服务农民工群体。如图书馆辐射的半径不足、开放的时间不合适、办理借阅卡手续繁琐等问题阻碍了农民工走进图书馆的脚步。同时在图书类型和活动题材等方面都缺少农民工需求的考虑。

——相关的宣传没有及时跟上,让供需双方的信息没有得到及时有效沟通。在调研中,很多农民工对城市基本公共文化机构免费开放的政策不太了解,对图书馆、博物馆、文化馆和美术馆的定位认知还停留在文化服务体系改革开放之前,他们认为这些文化场所具有高雅性,与自己的距离较远,没有想过要去这些场馆来获取自己所需要的文化产品和服务。

——农民工自身存在一定的自卑感和自我封闭,让他们缺少接触这些文化服务机构的信心。在调研中,许多农民工对自己的定位都是既不同于传统的农民,又与打工所在的城市居民有所区别。因此,他们认为,公共图书馆是城里人的图书馆,博物馆也是城里人的博物馆,这些基本公共文化机构与自己都没有太大关系。他们平日的文化活动主要是体育、娱乐、上网、自己买书看等,很少有去公共图书馆、博物馆、文化馆和美术馆。陈霞认为,农民工在城市生活的弱势群体身份,制约和消解了其从公共图书馆分享现代文化成果的勇气和自信[①]。

6.3.1.3 构建基本公共文化机构服务农民工群体新机制

面向农民工开放的基本公共文化服务机构都是较为传统的文化机构,其服务理论和运行机制也相对陈旧,虽然政府政策层面提出了公共文化机构服务农民工的原则、目标、路径等,但是实现服务模式和机制的转变将是一个长期的探索过程。

——转变服务理念,在自身发展转变的过程中,更好地服务农民工群体。根据农民工群体的工作时间需要,合理开放"四馆"的参观和使用时间,如可

---

① 陈霞.公共图书馆应履行好为农民工服务的职责[J].求实,2011(1):114.

以根据农民工工作时间长的特点，适当延长场馆开放时间。简化借阅证的办理手续，直接用身份证办理，或者实现网上借阅，流动集体借阅服务等。根据农民工群体的文化需求，逐渐丰富更加适合农民工群体的文化产品和服务。如在图书类型上增加一些农民工群体喜欢的消遣娱乐、技术培训等方面的书籍。在公益讲座的开展方面也根据农民工的实际需求设立，在时间和频率上也适当给农民工群体提供方便。在馆内区域划分方面，也可以划出农民工文化活动专区，以方便他们查找图书，进行文化活动。在送文化方面也积极探索菜单式服务、一站式配送等新型服务模式。文化馆和美术馆也要鼓励农民工题材的文化产品创作，激发农民工自身的积极性，让他们主动参与公共文化机构的建设。

——公共图书馆积极探索分馆和特色馆的建立。分馆和特色馆的建立不仅可以扩大图书馆的文化服务辐射半径，还可以优化图书馆的规划布局，为图书馆的发展提供更多动力。在分馆和特色馆的选址和规模规划等方面要充分考虑农民工聚居区的文化需求，合理规划分馆的辐射半径，实现一刻钟文化圈，增加农民工享受公共文化的便利性。分馆可以利用总馆的资源和管理模式，高效率实现为农民工群体的文化服务。同时在分馆建设中，图书馆还可以与农民工组织合作，向农民工文化组织提供文化资源，由农民工组织负责分馆的运行。由于农民工文化组织更了解农民工群体的需求，而图书馆又拥有丰富的文化资源，二者合作可以取长补短，将能够极大提高服务效率。

——积极探索公共文化服务机构现代法人治理结构。现代法人治理结构是"四馆"建设的重要发展目标，也是"四馆"改革的重要内容。现代法人治理有利于实现政事分离、管办分离，激发发展动力，提高服务效率。法人治理就是基于一种分权制衡的原则，把图书馆的决策层、管理层及监督层相分离。法人治理结构的建立必将摆脱政府包办的状态，让公共文化服务机构以服务对象需求为发展导向，以满足服务对象的文化需求为目标。农民工文化需求也必将进入基本公共文化服务机构的关注之中，只有这样才能让文化服务机构主动地为农民工群体提供多样化的文化服务。现代法人治理结构探索以文化服务机构的内部改革来促进外部服务的改善。

6.3.1.2 社区、用工企业和社会组织是农民工城市公共文化建设的重要载体

在现代公共文化体系建设中,社区、用工企业和社会组织也是农民工公共文化建设不可或缺的政策工具。近年来,在国家相关政策的推动下,"公共文化服务供给层面的政府、社会、市场多元参与机制初步形成"①。

——社区承载农民工公共文化服务的功能,但是社区公共文化服务能力相对欠缺。社区是农民工城市生活的主要场域,是农民工工作之余休闲、娱乐、文化生活的地方,因此,社区应该在农民工公共文化建设中扮演十分重要的角色。公共文化建设过程中应将社区作为主要平台和载体,在考虑辖区内农民工文化需求特征的基础上,提高城市社区的公共文化服务能力。

但是在调查中,我们发现社区在承载公共文化服务时显得力不从心。在北京某郊区农民工聚集的"城中村"调查时发现,该地区是农民工的主要聚集区,本地人口只有1500多人,而外来人口达到万人之多。但是这里基础文化设施十分缺乏,只有少量的健身器材。聚集在此的农民工对当地政府提供的公共文化服务不满意,他们需要更多的文化活动场所,包括篮球场和健身场所,同时期盼政府送来更多的文化产品,包括免费演出、技术培训、子女教育等方面的服务。相关的研究和调查也表明社区对农民工的公共服务功能有待提升。一项关于武汉市农民工的调查显示,目前"社区公共文化活动'缺兵少粮'。……社区在对农民工公共文化建设方面,存在着组织能力较弱,活动资金和专业人才缺乏等问题"②。另一项关于北京"城中村"的调查指出,在农民工聚集的"城中村"公共文化设施极为缺乏,农民工对所在社区的公共文化服务满意度较低③。

有些地区在社区公共文化服务功能建设方面也有较好的尝试。四川省

---

① 周笑梅,高景.公共文化服务视阈下的国家文化治理转型[J].社会科学战线,2015(5):184.
② 庄飞能.农民工公共文化服务模式的转型与重构——基于武汉市农民工及北京工友之家文化发展中心的调查[J].华中农业大学学报(社会科学版),2013(2):91.
③ 姜海珊,李升.城市融入视角下的北京农民工公共文化服务状况[J].人口与社会,2016(2):51~52.

在农民工公共文化服务体系建设方面提出,要以文化阵地支撑农民工的精神家园。四川省在农民工文化建设方面非常重视文化阵地的打造。省内各大工业园区、工矿区等农民工生产生活比较集中的地区应当参照相关的公共文化设施建设标准,配套建设部分公共文化设施。而对建筑工地等农民工临时性聚居区,也要配置相应的临时性文化设施,比如设立流动图书室。在农民工比较集中的成都、郫县等地新型社区建立了600平方米以上的文化中心,并配备价值25万元以上的文化设备。在外来务工人员最为集中的富士康员工生活配套区,每个生活小区都设立了两个以上的文化活动室和一个2000平方米以上的室外活动广场,每幢楼都拥有独立的流动文体活动柜。成都市的有益尝试值得其他地市借鉴。

从整体上来看,由于社区掌握公共文化资源缺乏,对社区公共文化组织能力较弱,其所承载的公共文化服务功能略显不足。但是社区作为农民工生活的聚集区,是实现农民工公共文化服务全覆盖不可忽略的区域,也是实现农民工享受公共文化便捷性的重要场所。因此,我们应该把社区农民工纳入社区公共文化服务体系中,根据农民工群体规模、特点和需求,逐步加大社区公共文化建设的投入力度,增加基础公共文化设施建设,除了简单的体育健身器材之外,还应该提供一些图书、资讯服务、技术培训、免费演出等多种形式的文化产品。只有尝试探索具有农民工特色的社区文化产品和文化服务模式,才能增强社区公共文化的辐射功能,同时让农民工群体不出社区就能享受城市公共文化,满足农民工精神文化需求,以公共文化服务促进农民工的城市融入。

——用工企业也是农民工城市公共文化建设的重要主体和阵地,但是企业文化活动的开展表现得参差不齐。现代化的服务体系是政府主导、企业共建、社会参与、多方协同、形成合力、共同推进的模式。因此,企业要承担农民工公共文化服务体系建设的重要责任。对于农民工比较集中的企业单位来说,承担农民工公共文化服务是企业承担社会责任的重要体现。

我们在调研中发现,一些农民工比较集中的企业,通常把农民工公共文化服务纳入企业文化建设,形成具有农民工特色的企业文化。但是从内容和形式上来看,都相对过于单一、枯燥。北京一家快递集团成立于2010年,规模较大,曾荣获中国物流品牌价值百强企业、最具成长性企业、中国快运50

强等荣誉。该企业的被访人员认为,企业有一些文化活动,比如每年组织员工外出旅游、节日会组织一些文艺联欢活动,还会组织一些征文比赛等。但是他们感觉缺少文化设施,比如体育运动场所,文化活动形式简单、内容单一,并不能很好地满足他们的文化需求。这些文化活动多以休闲娱乐为主,对于技能培训、免费观看演出等需求不能得到较好地满足。成立于1906年的北京一家食品企业是中国食品工业的骨干企业之一,该企业的被访人员认为,企业的文化活动主要是党员活动、节日的文艺联欢会,有些年轻的员工还参加过企业的相关培训,企业还有一些文化活动场所和设施。但是被访人员整体上认为,企业文化活动过于枯燥,很多人并不愿意参加。他们希望企业能增加文化活动的频率,丰富职工的业余文化生活,增加图书阅览室,多一些免费观影等活动。在上海和四川的一些企业调查中都有很多共同的特点,企业文化活动内容集中在组织旅游、开展节日联欢、体育活动等方面,企业员工对企业的文化活动满意度较低,普遍认为较为枯燥,参与意愿不高。企业开展的文化活动较为封闭,都是由企业自己组织、内部员工参与的自娱自乐型活动,与周边社区或当地居民互动较少。而这些活动并不能很好地满足员工的各种文化需求。

在一些规模较小的企业中,农民工员工数量较少,基本上没有组织过文化活动。一些小型企业中,农民工收入较少,工作时间较长,流动较为频繁,对企业文化需求较低,他们也普遍反映并不了解企业的文化活动,或者从未期望企业组织文化活动。他们多从个人渠道了解一些所需的文化讯息,比如手机网络、老乡、同事、同学等。他们有一些简单的文化需求,比如看电影电视、读书看报等,都是自己通过文化消费方式获取。

农民工较为集中的大中型企业有能力、有条件组织员工参加各种文化活动,应该增加相关投入,探索更加多元化的服务方式和更加丰富的服务内容,比如增加图书阅览室,提供免费观看表演、观影,增加技能知识培训等。同时,企业注重与周边社区和企业联动,让员工的业余生活更加丰富多彩。规模较小、农民工较少的企业,可以加强与周边社区的互动,针对这一群体的文化需求,与社区共同开展文化活动,既可以降低公共文化支出成本,也可以加强农民工与当地居民的互动,丰富农民工业余生活,促进他们融入当地生活。

——社会组织是农民工公共文化建设的重要自愿性政策工具,是政府的重要合作者,但整体上社会组织的参与水平较低。

构建科学高效的现代化农民工公共文化服务体系,社会组织是不可或缺的第三方力量,社会组织以公益性和专业性有效弥补了政府和市场的双重失灵,多元主体协同治理、共建共享是农民工公共文化体系建设的重要目标。《关于加强农民工文化工作的意见》明确指出,要建立以城市基层社区、用工企业为重点,以社会力量为补充的农民工文化工作机制。

在公共文化服务体系中,参与的社会组织主要有几种类型,一种是专门从事文化活动的社会公益组织,第二种是专门从事文化运营活动的组织,还一种是农民工自组织。对于文化类的社会组织,政府主要通过加大购买公共文化力度的方式,让各文化类组织为农民工群体提供多种类型的文化产品和服务;对于从事文化运营的社会组织,政府主要通过委托或招投标等方式吸引有实力的组织参与公共文化设施的运营;对于农民工自组织,政府主要通过鼓励、优惠、引导等方式让它们有序地为农民工群体提供丰富多彩的文化活动。具体而言,在农民公共文化服务中出现的各种社会组织有文艺小剧团、读书社或图书室、表演队、农民培训组织等。

2015年国务院办公厅出台《关于做好政府向社会力量购买服务工作的意见》,指出到2020年,在全国基本建立比较完善的政府向社会力量购买公共文化服务的体系。政府向社会力量购买服务的内容要适合市场化服务,社会力量要能够承担公共文化服务。在购买机制、资金保障等方面也作出相对明确的政策规定。政府购买公共服务已经成为公共文化供给模式改革的重要方向。

目前,社会组织参与公共文化服务的模式虽然有所发展,但是也表现出动力不足、参与水平较低等问题。农民工公共文化服务的社会力量参与动力不足,加剧了农民工公共文化服务需求与供给之间的矛盾[①]。在我们的调研中,接受访谈的农民工群体基本上没有接触过社会组织提供的各类文化产品和文化服务,他们整体上精神文化生活比较匮乏,主要还是政府送的各种文化服务,比如图书、技能、文艺表演等。黑龙江省在引导各种社会组织和社会

---

① 兰剑.政府主导下的农民工公共文化服务供给困局及其路径重构——"社会化供给与多元主体参与"模式的一种设想[J].吉首大学学报(社会科学版),2015(5):85.

力量参与农民工公共文化服务方面也进行了一些初步探索。黑龙江省积极调动文化经营单位和广大文艺工作者的积极性,丰富农民工的文化生活。以文艺表演、音像制品、电影、图书等文化产品和服务作为重要载体,文化经营单位积极为农民工创作和提供各类反映农民工生产和生活又深受农民工欢迎的优秀剧目,满足农民工的精神文化需求。社会力量参与公共文化服务,丰富了农民工的精神文化生活,多样性、多元化的文化供给方式,丰富多彩的文化产品有效弥补了公共文化生活的匮乏。但是社会组织的参与在深度上需要进一步加深,在广度上需要进一步拓展,包括社会组织自身建设、承接能力的提升、参与的主动意识、参与的公共文化领域、参与合作的方式等。

近年来,随着农民工群体的聚集和文化需求,兴起了许多农民工自组织,农民工自组织作为政府的有益补充,在丰富农民工公共文化方面发挥着一定的作用。2005年,非营利性社会公共服务机构——"北京工友之家文化发展中心"建立,创办者孙恒,租下了村里的一座废弃工厂,建立起"同心实验学校",服务打工子弟。后来又慢慢建起了图书馆、电影院、"新工人剧院",以及一个命名为"同心互惠公益商店"的二手货超市。2008年"打工文化艺术博物馆"也正式在此成立。博物馆里陆续收藏了包括工友日记、工资条、暂住证、劳动工具等2000余件展品,并向社会公众免费开放。目前,这里逐渐发展成全国打工者文化交流及社群建设的重要平台。农民工自组织的出现不仅是一件新鲜事,得到社会各界的广泛关注,也对农民工城市公共文化服务模式转型产生了十分重要的影响。农民工文化的供给模式开始实现从组织农民工到农民工组织的转变。这是一种文化供给由外在输送到内在自生自产文化动力机制的转变[①]。农民工自组织的出现不仅丰富了农民工的业余文化生活,满足了农民工群体的特殊文化需求,填补政府文化供给的不足,同时对增加农民工内部的凝聚力和归属感,激发农民工个体的文化创作热情,增加农民工群体文化诉求的表达渠道等方面都产生积极的作用。但是农民自组织的发展更多地表现为自发的状态,还需要政府的有序引导、政策支持及宣传鼓励等。同时,农民工自组织的外向活动能力、吸引社会资本的能力

---

① 庄飞能.农民工公共文化服务模式的转型与重构——基于武汉市农民工及北京工友之家文化发展中心的调查[J].华中农业大学学报(社会科学版),2013(2):92~93.

也需要在较长一段时间的发展中逐渐得到提升。

6.4 政策运行的绩效评估

近年来,各地政府更加注重对公共文化服务体系的投入,对公共文化建设比较薄弱的农民工公共文化也逐渐开始加大建设和投入的力度,对公共文化政策效能和公共文化服务满意度等测评指标也有了较多的探讨和研究。公共文化服务效能是"公共文化服务体系达到预期效果或影响的程度,也即公共文化服务体系功能的实现程度"[①]。对农民工城市公共文化政策运行的绩效评估也是一种公共文化政策的效能评估,它以公共文化政策的功能发挥作用、满足公共文化需要、政策自身的成长性等方面的效果为主要考量因素。因此,在评价指标方面会在公共文化公平性、政策效率、政策社会效益、政策契合度与农民工满意度等方面展开。

6.4.1 公平性评估

公共文化具有普惠性和均等性的本质特点,农民工城市公共文化政策的公平性则主要涉及农民工与城市居民在政策享受方面的差异。不同的政策设定,决定了不同的公共文化供给内容和方式,也决定了两个群体公共文化需求的满足状况,由此产生了对政策的公平性评估。

首先在城市公共文化资源的享受方面,政策的公平性有所提升,但农民工群体与当地居民还存在着较为明显的差异。在政策层面已经明确规定,当地政府对农民工公共文化建设应当承担主体责任,城市公共文化机构应该公平对待当地居民和农民工群体。目前,政府层面出台的相关公共文化政策都明确规定将农民工纳入城镇公共文化体系,农民工与城镇当地居民享有平等的公共文化服务权益。但是在实践层面,把农民工纳入城市公共文化服务体系还存在许多困难,这导致农民工对城市公共文化资源的享受方面远不及城

---

① 胡守勇.公共文化服务效能评价指标体系初探[J].中共福建省委党校学报,2014(2):46.

市居民。在我们对农民工的访谈调查中发现,他们普遍认为自己与当地居民有着明显的差异,对当地政府提供的公共文化服务也较少表现出关切和关心的态度,对自身的公共文化权益并不十分明确。他们的文化生活单调,但对当地政府和所在企业的文化需求表现出不太了解或无所谓的态度。

其次在公共文化服务设施的建设方面,整体建设力度加大,但是农民工城市公共文化建设相对薄弱。长期以来的城乡差异造成了城市的公共文化投入与文化设施建设明显优于农村地区。随着农民工进入城市,他们的各种文化福利依然跟农村的户籍保持着密切的联系。农民工城市公共文化建设起步较晚、基础薄弱,虽然近年来各地也逐渐加大了农民工城市公共文化建设力度,但是建设的力度远不及城市居民,这些差距的弥合将是一个长期缓慢的过程。近年来,中央与各地政府把提升公共文化设施的服务能力及提高服务效率等作为一项重要的工作,并纳入政府的日常工作和重要考核之中,同时把农民工作为特殊群体在公共文化政策制定时给予特别关注,但是在农民工聚集的企业和生活小区中的公共文化设施却相对比较缺乏。比如,北京的皮村是一个十分典型的农民工聚集区,也是一个典型的城乡接合的城中村,生活条件与城市相差甚远。在这里公共文化设施只有一些相对简单的运动器械,缺少可以开展文化活动的场地和设施。

再次这种政策的公平性问题主要源于城市公共文化的适用性、便利性及某种程度的排斥性。在适用性问题上,城市许多公共文化设施的建设最初都以满足城市居民的公共文化需求为目标,而农民工与城市居民在价值观念、行为方式、文化需求等方面都有一定的差别,这就影响了农民工群体自身对城市公共文化资源的利用程度。在文化设施的便利性方面,长期以来城市公共文化设施都集中在城区,而农民工大多居住在"城中村"等城市郊区,这里文化设施缺乏,文化活动单调、缺少活力,与城市中心的文化活动不能相比。在排斥性方面,无论是城市居民还是农民工,彼此都认为他们是两个完全不同的群体,他们之间互动交往很少,认为彼此生活在两个完全不同的圈子里,虽然生活在同一座城市,但是很多农民工认为自己并不属于这里,最终还是要回到自己的家乡。同时,对于一些城市居民来说,他们也认为农民工是外来人员,并不是城市新市民。这种内心的隔阂,阻碍了两个群体的交往和文化交流。但是这种心理的不认可和排斥会随着政策所倡导的公平性逐渐消除。

6.4.2 运行效率评估

公共政策运行也强调效率,效率的概念是一个关乎投入产出比的评价,是一个跟市场机制密切相关的概念。随着公共管理体制的变革,公共政策并不是一个完全排斥市场的存在,公共政策讲求效率得到了普遍的认可。因此,公共文化政策的运行效率评估要分析资金投入与公共产品与公共服务产出之间的对比。影响政策投入产出情况的因素有政策运行效率与政策本身的设定、资金的投入及执行效率等。

首先从政策本身的制定上来看,农民工公共文化政策逐渐完善,但是结构系统性和内容连贯性还需要进一步完善。农民工公共文化建设是各级政府的重要责任,政府对农民工公共文化服务的投入在政策方面有明确规定,政策对公共文化设施和文化服务给出了相对的量化标准,这些标准涉及公共文化设施的规模、数量、辐射人群、配套设施等方面都进行了明确的规定。因此,在一些硬件设施和人员配套方面都初见成效,一些农民工文化活动和心理关爱都在积极开展。但是还存在活动形式大于内容、应付上级检查多于满足农民工文化需求的现象,运动式、非连贯性的文化项目实施也使一些文化政策大打折扣。同时,在相关农民工公共文化政策的制定方面从中央到地方各级政府也应该更加注重系统性建设,关注相关配套政策、实施细则及监督评估机制的建立。

其次从资金的投入方面来看,各级政府对农民工公共文化的投入都有明显增加,但是单一的财政投入也影响了政策运行的动力。长期以来单一的政府投入运行机制给财政带来了较大的压力,也制约了公共文化服务的快速发展。对于资金难题的破解,政策上虽然也给出了吸引社会力量和社会资本参与的发展方向,目前全国各地政府都在与社会资本合作方面作出了较为积极的探索,也取得了一定的成效,比如经济较为发达的广东省,在公共图书馆的建设方面探索与企业、学校、医院、媒体、个体及各个社会团体合作,使农民工文化建设更加丰富多彩,也增添了发展动力,但是从全国范围来看,政府与社会资本的合作还需要开拓更多的合作方式和合作领域。同时,随着一些农民工自组织的出现,他们与政府合作的意愿逐渐增强,政府在与这些农民工自组织合作中应该表现得更加主动积极,为农民工公共文化建设注入多元的活力,但是社会力量的进入也是一个需要慢慢探索的过程,目前社会资本的利用比还相对较低。随着更多社会资本和金融资本的进入,农民工公共文化政策的运行效率也必将大大提高。

再次从政策执行层面来看,执行环节的一些非制度性因素,干扰了政策目标的实现和效率的提升。政策制定的目标要由执行环节具体实施完成,这一环节除了受到执行者的影响之外,还受到政府与服务机构及农民工之间非制度性关系的影响。长期以来政府对公共资源掌控的权威、社会组织的发展不充分等因素,让政府在三者关系中处于较强地位,社会组织对政府过于依赖,以至于在公共服务提供环节出现了一些忽略农民工真实文化需求的现象,造成文化政策在执行环节出现偏离制度目标的情况。如在我们的调查中,一些文化组织开展农民工文化活动主要的行动依据是政府的考核标准,而不是满足农民工群体的文化需求,对是否受到他们的喜欢、需要在哪些环节改进等方面都采取忽略的态度,更不会积极主动地去征求农民工的意见,倾听他们的心声。这种只应付政府验收而忽略农民工群体需求的机制,长期运行会造成政府与农民工之间的信息阻断和闭塞,并不利于农民工公共文化政策的进一步实施和完善。因此,我们认为,在逐步完善农民工公共文化诉求表达机制的同时要加强执行环节的监督与成果评估的制度建设。

6.4.3 社会效益评估

农民工城市公共文化政策作为一项公共政策,其政策的社会效益应是政策设定的应有之义,也是考察和评估政策运行质量的重要指标。在农民工城市公共文化政策中,其社会效益主要体现在几个方面,从对农民工群体的社会影响与对政府服务理念的传递这两个方面来看,农民工公共文化政策取得了较为理想的社会效益,是一项深得民心的惠民工程。

首先从政策实施对农民工群体的影响来看,通过农民工公共文化政策的实施,农民工的公共文化需求得到了满足,公共文化权益得到了保障,更重要的是他们的社会地位得到了政府的认可。农民工是城市的建设者,不应该被排斥在城市公共文化体系之外,而是应该与城市居民一样平等享受城市公共文化资源。通过农民工公共文化政策的实施,让社会其他成员也重新认识和定位农民工群体的社会地位,农民工在公共文化权益上与城市居民是平等的,需要尊重和认同。农民工公共文化政策得到了农民工群体的普遍赞同和欢迎,是一项深得民心的惠民工程。

其次通过农民工公共文化政策的实施,传递政府关注弱势群体,注重公共文化的普惠性、公益性和均等化建设的服务理念。政府的执政理念影响社会成员对政府的评价与定位,政府通过农民工公共文化政策的实施,把为民服务、平等公平的理念传递给社会成员,得到社会成员的认同和支持。农民工公共文化建设在相当长的时期内都是严重欠缺,农民工精神文化需求不被关注,作为城市弱势的农民工群体被排斥在城市公共文化之外。通过农民工公共文化政策的制定和实施,提升了农民工的社会地位,促进了农民工的城市融入,也表明了政府对农民工群体的肯定,传递了公平和谐的社会主义价值理念。在我们的调查中,农民工对政府出台的各项政策了解较少,但通过介绍,他们都认为这是政府关心他们,为他们提供帮助的重要举措,他们对政府实施的有关农民工的公共文化政策都表示欢迎。

6.4.4 契合度评估

政策的契合性既是政策需求与供给之间的契合,也是政策目标与项目设定之间的契合。农民工公共文化政策在供需之间的契合性还待进一步加强,而政策目标与项目设定之间的契合性较高,针对性较强。

首先政策的服务供给与服务需求之间的契合还有待进一步加强。农民工公共文化政策的运行多是自上而下的政府推行,政策运行的主要动力来自政府的权威和行政体制,而政府的财力投入也受到各地财政力量的限制,因此,在农民工公共文化政策的设定中并不能做到按需原则。同时由于农民工文化诉求机制不完善,诉求渠道不畅,农民工不能合理表达自己的文化需求,政府及相关部门也不能及时准确地掌握供需变化情况并及时作出调整。因此,在公共文化供给中也出现了一些供给相对过剩,但针对性较弱,供给无效和错位的情况。供需契合的加强既需要多方开辟资源渠道,增强供给能力,也要注重掌握农民工群体的公共文化需求及变化特点,并及时作出政策调整。

其次政策目标与政策项目之间的契合度较高。由于农民工公共文化政策是政府主导推动的一项基本公共政策,在政府权威推动下,针对项目目标,各种项目设定都具有较强的针对性。从政策制定的层面确定目标与项目标准,并通过行政力量自上而上地推进具有较强的推力,很容易在全国较大范围内展开。因为政策目标与政策项目之间有较高的契合度,所以很多农民工公共文化服务项目很快就会取得较好的效果,如公共文化设施的免费开放服务就进展得很快。

6.4.5 满意度评估

满意度评估是公共文化政策运行绩效最重要的评估指标,与前面几个评价指标不同,满意度评估侧重公共文化受众的心理体验和评价。"公共文化服务的满意度可以认为是公众消费公共文化服务之前的预期效用与消费后的实际体验的差距认知"[①]。作为公共文化政策的重要客体,农民工群体对政策的满意度评价是政策实施效果的重要体现。满意度评价可以从服务内容、服务方式、服务的便利性及服务效果等方面来建立指标。

首先从服务内容上来看,农民工更关注教育培训、团队活动、娱乐文体、信息资讯等方面的文化服务,对这些服务内容较为满意。根据相关政策,公共文化服务的任务就是以保障人民群众读书、看报、看电视、听广播、进行文化鉴赏、参与公共文化活动等基本文化权益为主要内容,公共文化服务内容十分丰富。但是对于农民工群体而言,由于他们更需要得到技能上的提升,对政府提供的各类免费技术培训更感兴趣,满意度也相对较高。在一些新生代农民工比较聚集的企业里,他们对企业的团体活动也很感兴趣,积极参与,并给予高度评价。通过团队活动,增强了农民工对企业的归属。娱乐文体方面的需求主要是一些基本的文体设施和文化活动场地,这些公共文化设施建设都属于有较明确建设标准的硬件设施,各地政府在建设中更容易实现。因此,农民工的满意度也较高。

其次从服务方式上来看,数字化的服务手段更加受欢迎。由于受到工作时间、工作强度和生活方式的影响,农民工群体对实体公共文化机构的利用

---

① 周全华,刘燕.公共服务对象满意度测评指标体系研究——基于上海市 X 区的实证分析[J].社科纵横(新理论版),2012(9):244.

率较低。他们很少走进城市图书馆、博物馆、文化馆和美术馆等一些公共文化机构,而是更喜欢从网络上获取各种资讯,或者通过网络进行文化消费和娱乐。特别是新生代农民工群体,他们对于网络方式更加适应。公共服务与科技融合,通过数字手段进行宣传和服务传递得到新生代农民工的高度认可。

再次从服务便利性上来看,农民工对文化服务获取便利性的满意度不高。文化设施的布局需要更加合理,信息获取需要更加便捷。文化设施是文化服务和活动的载体,只有较为合理完善的布局,增强文化设施的覆盖范围,才能更加有效地提供文化服务。但是农民工多生活在城市的边缘地带,他们与城市主要的公共文化设施距离较远,这给他们的利用带来了一定的难度,公共文化服务的便利性成为农民工群体重要的文化诉求。因此,我们认为应积极探索文化场馆的分馆制度,加大合理布局投入力度,打造社区公共文化服务综合服务中心,建设"一刻钟文化服务圈"等,以提升农民工公共服务的便利性。在信息获取方面,农民工对政府的很多公共文化服务的内容缺少了解,影响了他们的公共文化权益。因此,政府应该通过手机短信、微信公众号、微博、电子宣传栏等数字化手段针对农民工群体及时发布服务信息,扩大宣传。同时,加快探索建立农民工公共文化服务云平台,让公共文化服务触手可及,从而提升农民工的满意度。

最后从服务效果上来看,技术培训类的公共文化服务效果满意度较高,而丰富业余生活类的文化服务效果满意度较低。他们之所以对技术培训类的服务满意度较高,一方面是因为这类服务契合农民工群体的文化需求;另一方面是因为培训类的服务针对性强,有较快且直接的效果。而丰富业余生活方面各种文化服务满意度相对较低,主要原因是农民工在这方面的文化需求不足,缺少较为明确的需求表达。因此,对于政府而言,持续推进各类文化活动需要不断探索、不断丰富和不断创新。

第 7 章
农民工城市公共文化服务的政策优化设计

农民工问题本质上是城市化进程中人的社会角色转换问题。一般而言，农民工的城市适应依次表现为经济、社会和心理三个层面。就目前的情况来看，农民工的城市适应基本还停留在经济层面，由于制度、身份等因素的制约，使得农民工无法走向更深层次的适应。解决农民工问题的根本出路在于消灭农民工的身份和制度壁垒，要有政策上的优化设计，让农民工与城市居民享受同等待遇。

7.1 政策设计原则

农民工的基本文化享有权问题已引起政府和社会的关注，可供农民工利用的文化资源及相关服务也有一定的发展，但目前农民工群体所能享受到的公共文化服务还非常有限。农民工公共文化服务作为我国现有公共文化服务体系中的一部分，它先天受限于现有公共文化服务体系，我国现有公共文化服务体系资源供给总量不足、地区发展不平衡、管理和服务模式单一等都是农民工公共文化政策制定的前提性障碍。

长期以来，公共文化建设滞后于社会发展，公共文化资源相对缺乏，而按行政区划进行文化资源配置的方式更加重了这种资源匮乏。公共文化资源分散于多个部门,各自为政,缺少统筹与整合,难以形成合力,影响了对农民工的文化资源供给。公共文化服务设施在对农民工的服务上还存在资源短缺、服务手段单一等不足;政府部门组织的农民工文化活动往往频率较低,提供的文化服务针对性不强;大的用工企业和农民工居住较为集中的社区由于缺乏有效监管和财政支持,往往没有农民工文化服务设施或对农民工文化公共文化服务不够重视。加上长期以来形成的城乡二元经济结构使城市和乡村处于一种相互隔离的状态,城乡之间人们精神生活状态存在巨大落差,加之由于农民工大多从事劳动时间长、强度大、休息时间少的工作,使得农民工群体在城市生活比较封闭,接受城市公共文化服务上有一定困难,农民工的公共文化服务呈现城乡两重"边缘化"的状态。这种"边缘化"既不利于农民工自身的身心健康,也不利于加快城市化进程、促进城乡统筹发展。

7.1.1 公平性原则

联合国《经济、社会、文化权利和国际公约》规定,人人有权自由参加社会的文化生活,享受艺术,并分享科学进步及其产生的福利[①]。从文化生活参与权、文化方式选择权、文化成果拥有权、文化利益分配权几个方面对文化权利进行界定。中国政府在1997年正式签署了《经济、社会、文化权利国际公约》,并于2001年得到全国人民代表大会常委会的批准,这表明中国政府对这一国际标准的认同,开始把公民的文化权利列为保护的范畴。

农民工公共文化政策的实质是在承认差异的同时追求社会公平。农民工作为合法公民,在公共文化服务领域享有的权利在很多时候都是被忽略的或是不全面的。针对农民工群体的公共文化服务,应该从融入社会共同体的需求这一角度来看待——应该在家园背离与原有社会角色定位隐退,以及关注弱势群体权利这些语义背景下来看待这些需求。在此种意义上,公共文化服务包含了不被边缘化的认同、不被刻板化所扭曲的接受和融入等需求。

在政策设计层面,农民工公共文化服务的公平性原则是要在运行机制上确保农民工群体在享有基本公共文化服务方面的机会均等,从重大举措上确

---

① 胡志强编.中国国际人权公约集[M].北京:中国对外翻译出版公司,2004:255.

保他们在享有基本公共文化服务方面的结果均等。城市要合理配置公共文化资源，努力做到公正公平；在提供各项文化服务的过程中，对包括农民工在内的不同社会阶层和群体一视同仁。

7.1.2 公益性原则

现代政府越来越把服务功能提到重要的位置，强调政府在与公民的关系中确保权利与义务的均衡。从群体特征上看，农民工群体一般文化程度较低、工作时间长、劳动强度大、与外界接触机会相对较少并且整体收入水平不高，文化生活整体上仍呈现相对单一、封闭与参与性较低的特点。为这一群体提供公共文化服务必须遵循公共文化服务的公益性原则，免费或优惠提供给以弥补市场的不足，以保证农民工的基本文化生活。

在提供各项文化服务的过程中，我们要充分考虑农民工群体的共性和群体内的层级差异，建立农民工文化专项经费，并将其纳入各级政府的财政预算，加大部门间的整合力度，提高专项资金的使用效率和效益。在发挥政府文化部门与传统的公办文化事业单位力量的前提下，还可以通过创新公益文化活动运作机制，引导农民工公共文化服务步入社会化和市场化轨道。

7.1.3 针对性原则

正如吉登斯所指出的"伴随着 20 世纪世界工业化的到来，社会的运行方式出现了许多新的变化，以至于我们之前所掌握的生活经验已经无法足够应对社会的变化速度，包括环境变化所导致的身份认同模糊"[1]。改革开放 40 多年来，农民工群体已经出现明显的代际差异。新生代农民工成长于更加开放的社会环境，文化程度整体高于父辈，从而拥有更加开阔的视野与独立的个人意识，与父辈相比，新生代农民工对现代社会的经典诉求已经由"我要生活"向"我要认同"转化。两种生存环境叠加下的成长过程为他们开启了新的纽带和依附形式，也分裂旧的共同体形式，在身份认同上，他们往往具有选择困境：一方面，他们中的大多数没有从事农业生产的经验，不认为自己是农民；另一方面，由于教育、择业、医保等城乡二元对立的客观存在，他们又很难

---

[1] ［英］安东尼·吉登斯著.现代性的后果[M].田禾译.南京：译林出版社，2011：6～7.

将自己定位为城市居民。这样摇摆的自我认同,使得新生代农民工既要接受市场多元文化的冲击,也深深地孕育着不安全感和对共同体的渴望,自我日益受个人主义倾向影响,导致他们的社会孤立感越来越强烈。如果这种个体化继续向前发展,就存在潜在的负面后果,这既不利于个体的城市化,也容易在群体中形成亚文化,游离于主流文化之外,产生社会不稳定因素。

在针对农民工群体尤其是新生代农民工群体的公共文化服务政策设计及产品服务的提供上,有些地方政府还显得比较被动,服务手段单一,很多服务产品供而不当、供而不需。这与官僚主义作风有关,也与社会对农民工的刻板认知有关。如何最大限度地增强公共文化产品对不同农民工群体的吸引力和凝聚力,如何最大限度地提高针对这一群体的服务质量和实现效率?对这些问题都需要深入细致地调研并设计出具有针对性的服务产品及服务手段。

我们需要将农民工公共文化政策设计置于当下中国社会转型和信息共享的框架内考虑。网络化、多元文化诉求、城镇化、全球化和商品化的发展改变了个人文化认同的模式。我们看到,对文化认同的思考包含权利与义务、参与公共空间、尊重、认同、差异和个体化。针对性原则要求我们在为农民工群体设计公共文化政策和提供文化服务时,需要因地、因时、因人制宜,注意差别和个性,细化服务标准,简化服务流程,分类指导、梯次推进、特色化设计公共文化服务模式和内容。具体可以从两个方面考虑:(1)在文化设施使用、文化信息的采集利用(文化信息网络建设)、文化服务手段(充分利用电话、互联网等现代设施提供文化服务)、提供时间等多方面充分考虑农民工群体的特殊性,为其提供尽可能的便利;(2)针对不同性别、年龄、行业、文化层次的农民工群体,公共文化服务所提供的产品应有针对性,呈现多样性、多元化、多层次等非均衡的特点。

7.1.4 参与性原则

文化参与权包括接受性文化参与、融入性文化参与和体验性文化参与。在接受性文化参与中,人充分展示学习的特性,实现对所在时空的融入,构建主体能动性及其在族群内生存的核心竞争力,个体只有通过不断的文化接受才能具备不同程度的文化身份,从而确认自己的身份认同。融入性文化参与,主要是指个体参与节庆或庆典活动。体验性文化参与是指体验各种形式不同的文化生活。个体通过在丰富多元的文化诉求中追求精神幸福和心灵快乐,并体验着各种不同的文化心境和文化情绪,从而避免做一个"单向度的人",而成为有着丰富内心世界的人。

农民工公共文化服务的参与性原则包括两个方面的含义:一是农民工个体参与文化活动、创造文化成果,使自己的文化创造力得以发挥。二是政府在公共文化服务体系建设过程中,要尊重农民工群体在公共事务中的参与权和自主进行文化创造的权利。

7.2 政策内容设计

7.2.1 现代政府及其他参与方在农民工公共文化服务体系中的职能定位

2015年1月中共中央办公厅、国务院办公厅印发的《关于加快构建现代公共文化服务体系的意见》①(以下简称《意见》),对推进公共文化服务均衡化发展提出了进一步的要求,特别是将农民工等生活困难群体作为公共服务的重点对象,体现了国家对农民工群体的重视,彰显了社会的公平正义。

7.2.1.1 政府的职能定位

政府的职能涉及三个方面:物质层面、制度层面、价值观层面的引导和管理。

物质层面,即政府通过对文化事业部门、文化产业部门、文化资源部门、文化行政部门及文化市场的管理,为农民工提供公共文化设施与产品;制度层面,即政府对制度文化的管理;价值层面,即政府对精神文化的管理,包括对农民工社会价值观和文化价值观的培育。具体职能定位如下。

一是整合和优化配置各部门农民工文化服务资源,通过政策扶持和资金

---

① 关于加快构建现代公共文化服务体系的意见.人民网,2015-1-14.

导向,建设符合农民工文化需求,有针对性的公共文化设施与项目。二是组织和引导文艺工作者和业余爱好者创作一批反映时代发展,弘扬社会主义核心价值观,为农民工喜闻乐见的精神产品,引导农民工形成积极向上的精神追求和健康文明的生活方式。三是以公共文化机构为依托,结合广播电视、网络、报刊、书籍等传播载体,为农民工提供公共文化产品和服务项目,汇集和发布相关服务信息。四是制定政策、考核评估、编制规划。

目前从公共文化机构的工作实绩来看,面向农民工群体的公共文化服务在质量与效能方面还有待提高,需要进一步加强制度建设,形成良好的运营机制,具体运行机制设计如下。

一是深化公共文化机构内部机制改革,加强自身能力建设。建立法人治理结构,推动公共文化机构组建理事会,吸纳农民工公共文化服务方面的研究专家、农民工自建文化组织的代表参与管理。二是创新农民工公共文化服务内容,推进项目运行机制建设[①]。在农民工公共文化服务项目策划和实施上遵循规模化、经常化、品牌化、多样化的原则,有行业针对性地开展固定的公益文化活动,打造精品项目和组织品牌。三是建立联动互助机制。密切公共文化机构与社会公益团体、组织、社区、企业间的互动,建立与各行业、部门的协同合作机制。四是建立农民工意见登记系统,多渠道地整合农民工意见,针对反馈信息分类形成专题报告。组织专家对农民工的意见、建议进行定期讨论,形成整改建议或建设计划,进一步拓展和深化面向农民工服务项目的内涵,创新服务方式和管理运行模式。五是健全农民工公共文化服务评价机制,制定农民工公共文化服务绩效评估标准。

7.2.1.2　城市社区与农民工公共文化服务

社区是城市社会组织单位,它以"城市的行政管理或政权建设的基层单位来划分或存在的"[②],是城市居民生活的主要地域空间。随着社会主义市场经济体制的确立与发展,政府职能转变,单位体制的式微与去行政化,使得

---

① 祝小宁.公共文化服务组织运行机制研究[D].成都:电子科技大学硕士论文,2010:36.
② 黎熙元,陈福平.社区论辩:转型期中国城市社区的形态转变[J].社会学研究,2008(2):192.

"单位人"开始向"社区人"转变,社区的作用日益凸显。社区不仅是地理意义上一定范围的人群共同居住的场所,还是为社区居民提供公共服务、社会福利的基层社会组织。它是联结社区居民与城市间的纽带,为社会的发展、稳定起着积极的作用。

作为"新市民",农民工由农村进入城市,城市社区成了他们城市生活的主要空间。以城市社区为主要平台和载体,为农民工提供与社区居民均等的公共文化服务,是保障农民工文化权利,增强农民工归属感,促进其城市融入的重要途径。

一是实现公共文化服务"便利性",整合文化资源,构建以社区文化设施为依托的农民工文化服务平台。二是实现公共文化服务的"均等性",在设施开放时间与使用权限上保证农民工与城市居民享有同等使用社区文化设施的机会与权利。三是实现公共文化服务的"公平性",提高农民工获取文化权利的表达能力。在为农民工提供文化服务的同时,城市社区还要建立相应的反馈机制。利用社区网络信息平台或社区服务网点的意见箱,搜集意见和建议;发挥社区群众自治组织社区居委会的作用,吸纳社区内的农民工作为代表参与公共文化服务项目建设、管理和监督,维护农民工的文化自主权、选择权和参与权。四是城市社区应针对辖区内农民工的特点和需求举办文化活动。活动内容可以涉及技能培训、知识讲座、电影放映等多方面。组织农民工参与节庆活动,增强农民工作为城市居民的身份认同感。为农民工打造专属文化品牌活动,让其成为活动的主角。

7.2.1.3 用工企业农民工文化服务工作长效机制设计

企业作为城市社区外最主要的农民工集聚地,特别是新生代农民工的集中地。而吸纳众多农民工的劳动密集型企业,多集中在远离城市中心的城郊工业园区。地广人稀,公共文化设施薄弱,文化服务无法覆盖,加上用工企业以赢利为导向的生产经营模式,文化建设欠缺,工作节奏紧张,致使用工企业、工业园区成为农民工工作、生活的主要空间,与外界的文化、信息交流不畅,容易形成"文化孤岛"[①]。

---

① 陈瑶主编.公共文化服务:制度与模式[M].杭州:浙江大学出版社,2012:110.

与第一代农民工相比,新生代农民工受教育程度普遍较高,对文化的需求更强烈,层次也更高。"文化孤岛"现象势必会挫伤他们工作、生活的积极性,不利于企业的发展和社会的稳定。基于这一点,《意见》提出,"鼓励和引导用工企业加强农民工文化工作"的文化服务要求,并且确立用工企业是农民工文化服务的实施主体。

对用工企业而言,市场对资源配置起着基础性的作用。追求资源的最优配置,实现利润的最大化,是企业生产经营的终极目标。而文化建设的资源投入,势必会导致直接经济效益的损失。要让用工企业成为农民工文化服务的实施主体,必须发挥政府的引导与监管职能,明确用工企业的相关文化责任,制定政策法规,引导企业建立服务农民工文化需求的长效机制。

——思想意识的主观认同。伴随着近几年"民工荒"的出现,一些用工企业开始重视农民工文化建设。通过新建文化设施,提供知识技能培训,组织文化活动,营造企业文化氛围,满足新生代农民工发展自我、实现自身价值的客观需求,提升企业的凝聚力与竞争力。

——制度制定与监管。政府要制定考核标准,将企业文化设施建设纳入用工企业考核体系,作为企业年检与评优的硬性指标。保障农民工看电视、听广播、读书看报、进行公共文化鉴赏、参加大众文化活动等基本文化权益。此外,企业所在地政府要加大对企业用工时间、文化设施与服务的效能监管检查力度,切实保障农民工的文化参与权。

——经费保障。政府依据用工企业的用工规模、生产性质、社会贡献率等综合因素,灵活运用专项经费、项目补贴、定向资助、贷款贴息、减免税收等形式协助用工企业建设固定文化设施,充分调动企业参与农民工文化工作的积极性。

7.2.2　农民工公共文化服务多元参与机制设计

7.2.2.1　服务产品的多元供给机制设计

农民工自身旺盛的文化需求与农民工文化生活的匮乏存在巨大反差,是当下农民工公共文化服务领域面临的一大难题。而导致反差形成的根源主要在于城市为农民工提供的公共文化资源不足或缺失,农民工公共文化服务产品供给渠道单一,供给机制的不完善。要打破目前这种困窘局面,提升农民工公共文化服务的供给实效,需要政府、社会、农民工群体自身等多方参与,满足农民工多元化、个性化的公共文化服务需求。

——政府供给——主导性供给方。农民工公共文化服务产品的供给一般具有受众广、投资大、周期长等特征,非政府渠道不愿也无力持续、大量提供。政府因为自身的特殊性,拥有强大的供给能力和公共文化资源数量优势,诸如大量分布的公益性博物院、图书馆、文化馆等,极大地丰富了农民工的业余文化生活。

政府供给视情形可分为两种。一是直接提供公共文化服务。政府生产文化产品,集生产者与供给者于一身。如针对农民工举办的群众文化活动、广场文化节等,由政府财政直接投入。二是政府通过设置公共文化服务机构提供公共文化服务。如各级图书馆、博物馆、文化馆等。这些机构大多具有现代化的设备设施,能为广大的农民工提供文化服务设施和公共文化产品,能较好地发挥公共文化的服务作用。

——市场供给——营利性的合作供给方。"当市场经济已经成为一种基本的经济制度时,不仅文化产业必须围绕市场的优势和缺陷发挥自身的功能,具有公益性质的公共文化事业也要围绕市场的优势和缺陷发挥自身的功能"[①]。一味地依赖政府的单一供给,最终体现的将会是各级政府及其职能部门的供给意愿和利益,容易导致所供给的产品或服务偏离农民工的实际需求,无法满足农民工的多元化需求。农民工群体庞大且流动频繁,采取政府与私人部门合作方式,按照自由交换的原则,实现一部分公共文化服务产品的市场化供给,是当前社会主义市场经济条件下一项高效、多赢的模式选择。市场供给分为以下几类。

一是完全由私人独立供给。由私人部门掌控公共文化产品,并自行筹集资金、组织经营的方式来实现面向农民工的公共文化服务产品的供给,比如电影院和歌舞厅等。二是采取私人与政府实行合作供给。具体又分为以下几种形式。

---

① 陈立旭.以全新理念建设公共文化服务体系——基于浙江实践经验的研究[J].浙江社会科学,2008(9):2.

政府采购:政府主管部门按照一定的执行标准和农民工文化消费需求,从市场采购文化产品,提供给农民工。

服务外包:对那些可以由社会力量完成的公共文化服务任务,文化主管部门按照一定程序采用公开择优承包的方式,将其承包给社会,从而提高针对农民工公共文化服务的质量和效率。

项目补贴:对于准公益性的文化活动,例如文艺进工厂、惠民演出、展览等,文化部门通过财政补贴的方式实施文化惠民工程,确保演出票价在农民工能承受的范围之内,间接实现农民工公共文化服务。

——自主组织供给——非营利的补充供给方。伴随着农民工公共文化服务产品供给机制变迁而产生的全新供给模式——自助组织供给。结合农民工公共文化发展现状,可分为两小类:第三部门的供给和社区的供给。

第三部门的供给。第三部门的供给具有志愿性、公益性、民间性的特点,如"工友之家"等现有的农民工组织。相较于政府"以强制求公益"的职责,市场的"以志愿求私益",第三部门的供给则被定位为"以志愿求公益"[①]。由志愿组织在农民工群体内筹集资金、设备,让具有文化专长的农民工发挥自己的文化创造力,自己组织生产文化相关产品,打造独具特色的农民工文化活动。

社区的供给。不少农民工虽然工作在企业,但生活在城市社区。所在社区应该成为农民工公共文化建设的主战场。在保障社区资金、人才、物力的基础上,应有意识地下沉文化资源,保证农民工平等地享受到公共文化服务。

7.2.2.2 社会力量进入农民工公共文化服务领域的制度设计

党的十七届六中全会提出,引导和鼓励社会力量通过兴办实体、资助项目、赞助活动、提供设施等形式参与公共文化服务。当下农民工公共文化服务领域面临政府角色定位不准、文化供求反差、农民工个体参与度低等问题,社会力量的介入则带来了破解的可能。

社会力量参与农民工公共文化服务建设的渠道有政府采购、资本合作合

---

① 朱文文,朱彬彬.我国第三部门在公共产品供给中的阻力与对策分析[J].理论与改革,2006(3):28~31.

作运营。具体细节,可从以下几个方面考虑。

——社会力量参与农民工公共文化服务实体建设。在坚持政府主导的基础上,利用农民工聚集企业自身具备的人才、资金、场地资源优势,鼓励其建立、改建农民工公共文化服务场所、设施。对新建的农民工文化活动中心等公共文化服务设施,所在企业给予相应的税收优惠。同时,根据文化服务设施的建设投资额和面积大小,通过补助、贴息等方式对企业进行适当奖励;鼓励农民工聚集区周边的学校操场、社区文化站、各类书店等社会力量积极参与,将农民工纳入上述场所的开放人群之列,让农民工平等地、就近地享受公共文化资源。

——社会力量参与农民工公共文化活动。鼓励文化、科技、法律进企业,丰富农民工的业余文化生活;鼓励企业通过冠名、主办、承办、协办、捐赠等方式参与各类农民工公共文化活动,既有利于提升企业知名度,又为农民工营造了一个良好的工作氛围;发挥民办文艺团体机动灵活的优势,深入工地、厂矿为农民工提供各类公共文化活动演出,实现文化惠民目标。

——社会力量扶持兴建农民工公共文化团体。一是鼓励社会资本以个体、独资、合伙、股份等形式投资兴办或扶持服务农民工的文化团体。二是社会力量可支持农民工文化团队的培训、展示或参加赛事,扩大农民工团体的影响力,形成带动效应。三是充分调动社区、文化社团的志愿者,通过人才、物力的帮扶,为农民工文化团提供持续、专业的志愿服务。

——社会力量参与农民工公共文化课题的研究。借助于农民工所在地各类文化科研机构、高校的科研能力,结合实际,加强农民工公共文化服务制度设计研究,让理论先行。

7.2.3 农民工公共文化需求表达及参与机制设计

目前,政府供给决策程序是"自上而下"的,即农民工获得的公共文化服务的内容和样式均由政府决定,更多时候体现的还是各级政府及其职能部门的需求偏好,农民工真正的文化需求得不到及时、有效的反映,供给与需求错位无法避免。同时,农民工受制于文化水平不高,权益意识薄弱,不能有效地表达自己的文化需求,这就进一步加重了农民工公共文化服务供给与需求之间的反差。从这两个层面来看,构建积极有效的农民工公共文化需求表达及参与机制显得非常重要与必要。

7.2.3.1 需求表达机制设计

——培养农民工主体意识。农民工公共文化需求表达权益主体意识的养成,首先需要增强农民工的文化权益意识。受传统观念和社会地位因素的影响,之前的农民工在接受公共文化服务时,已经被动养成"等、靠、要"的习惯,过度依赖政府的单方面供给,权益意识比较薄弱,参与感较低。伴随新生代农民工文化水平的逐步提升,市民化程度越来越高,自身的文化权益意识也逐步苏醒。只有具备了相应的文化权利意识,农民工才能自觉地、自发地把自己的公共文化利益诉求与愿望合理、合法地表达出来。

——完善农民工文化需求利益表达的制度化、法律化建设。将农民工文化权益表达制度化、法律化是保护农民工文化权益的基础,从制度层面确保农民工在文化权益表达时能平等参与。城乡二元户籍制的并立,导致农民工进城务工,长期身处城市,却无法取得城市户口。与户籍挂钩的选举制度令农民工希望借助于官方渠道表达文化权益机会的丧失。因此,加快户籍制改革,去除城乡居民之间差异化的权益表达方式是其一。再者,在制定相关法律法规时,政府部门应该着重关注农民工这一特殊的中间群体,为农民工享有同等的文化权益提供制度保障。

——加强农民工组织建设,增强话语权。单个农民工由于缺乏资源优势、文化权益意识薄弱、社会地位不高等原因,即便有文化需求,在提出诉求时也几乎陷入"失声"的窘境。因此,政府应帮助扶持农民工建立健全为自己代言的文化权益诉求组织,如农民工工会,让农民工可以依靠组织的集体力量来维护自己的权益。

——树立以需求为中心的服务理念,打造服务型政府。服务型政府应主动倾听民众呼声,将其需求放在重要位置。在针对农民工实施的公共文化服务供给过程中,政府必须坚持"以民为本""需求第一"的执政要义,主动去了解农民工对公共文化服务的实际需求,加强可行性分析,制定切实有效的文化供给决策。

——畅通农民工公共文化需求表达渠道。"顺畅的利益表达渠道是人们有效地表达自身利益诉求的前提条件,也是利益表达制度化的基本保证"①。农民工公共文化需求表达的关键是农民工群体能够获得进行文化利益表达的渠道。

首先要积极发挥政府机构、基层组织的功能,完善农民工文化需求表达的正规渠道。我国现有的利益表达的渠道有人民代表大会、政协会议、信访、听证、工会等,要继续发挥上述机构、组织的职能,在维护农民工文化权益上,真正做到倾听民意,代表民意,实现民意。另外,网络作为一种新兴媒介,因为较低的使用门槛能让尽可能多的农民工参与使用。在诸多农民工文化需求表达渠道中,网络开始占据一席之地,而且比重会逐步加大。主管部门可以积极探索利用互联网收集民意,实现农民工文化权益的自助表达。同时,利用网络媒体广泛的影响力,为维护农民工文化权益提供话语权和知情权。

7.2.3.2 农民工公共文化参与机制设计

通过体制机制的优化,唤起整个社会力量的积极参与。

——促进公共文化服务均衡化建设,保障农民工最根本的文化参与条件。《意见》特别提出,要统筹推进公共文化服务均衡发展。保障老年人、未成年人、残疾人、农民工、农村留守妇女儿童等特殊群体享有基本公共文化服务。农民工背井离乡来城市工作生活,社会应该树立起尊重、理解、保护农民工的意识,公共文化服务建设更不能忽视农民工群体。对农民工群体应实施最基本"文化低保",增加公共文化产品的服务和供给,确保农民工最根本的公共文化参与条件。

——提高公共文化场所及设施的配备幅度,吸纳农民工群体积极参与。将农民工文化服务设施建设纳入公共财政保障体系,统筹城市公共文化设施布局,并加大对工厂区等农民工聚集地区的投入倾斜力度;在农民工密集区建立完善有效的文化活动设施,包括小型图书馆、农民工文化活动中心、健身广场、文化宣传橱窗等,定期开展服务农民工的基层文化活动;最大限度地开放城市公益文化设施,确保农民工能便捷地获得。

——构建以社区为依托的公共文化服务平台,向农民工免费开放。农民

---

① 吴佩芬.群体性事件与制度化利益表达机制的构建[J].思想战线,2010,36(4):108.

工生活的社区应努力尝试将农民工群体纳入社区管理范围,实行与社区居民等同的无差别待遇,积极促成农民工融入社区生活;社区里的全部公共文化活动场所应免费向农民工开放,主动提供给农民工看电视、看书读报等接触文化资讯的硬件条件;开展社区文化教育,聘请专业人士,开办社区课堂,如文化补习班、职业技能培训班、各种讲座等,满足不同农民工的文化需求,帮助农民工实现自我素质的提升;组织农民工参加社区文化活动,如歌唱比赛、广场舞大赛、社区电影放映等,以改善常住居民与农民工之间、农民工群体之间的人际关系,尽快帮助农民工纳入社区、融入城市,享受公共资源。

——发展农民工文艺团体,搭建农民工文化参与的平台。农民工文化团体所开展的公共文化活动更易于贴近农民工,通过成员的带动辐射作用,能够将更多的农民工带动起来,投身公共文化活动,形成农民工自觉参与的良性氛围。文化部门在送文化给农民工时,应帮助培育农民工文艺骨干。

7.3 运作模式设计

7.3.1 前瞻性、干预式运作模式设计

以农民工为服务对象的城市公共文化服务,其运作模式具有前瞻性、干预式的特点。

——前瞻性。作为公共文化服务的主体,政府文化服务职责包括宏观、中观和微观三个层面。宏观层面上的主要职责包括规划和具体的方针、制定公共文化服务战略、政策;制定文化资源开发方案,协助制定公共文化服务的相关法律法规,保证政府对文化领域调控渠道的通畅和政策操作的有效性;部署重点公共文化服务基础设施和重点文化建设项目以及维护国家文化安全等。其中,规划公共文化服务战略是核心职责,战略指导思想是确定其他战略要素的依据,是整个战略的灵魂。全面落实党中央、国务院关于公共文化服务体系建设的要求,统筹协调,狠抓落实。

——干预式。政府在农民工城市公共文化服务运作的干预主要表现在:充分发挥政府主体身份和主导作用,大力吸引社会资本,优化公共文化服务

微观主体,建立多管齐下、广泛参与的长效工作机制,形成政府主导、社会参与的良好运作环境,努力提高公共文化服务体系的建设效率。

7.3.2　农民工公共文化服务模式与项目创新设计

实践证明,运作体制落后,需求供给信息不畅、供给渠道单一,供给方式僵化等是当前公共文化设施闲置、农民工公共文化服务供给效率不高的问题所在。提高公共文化服务质量,了解农民工群体的文化需求,解决运作过程中服务难、管理难的问题是关键。

7.3.2.1　公益性文化事业单位运作模式

公益性文化事业单位是我国社会主义文化建设的重要力量,也是提供公共文化服务的重要组织。公益性文化事业单位公共文化服务的运作模式,可在以下环节进行:政府根据职能,通过制定或政府采购的方式挑选运营机构并签订服务协议。协议制定相应的权利责任、服务标准。运营的公益性文化事业单位在人才使用及薪酬奖励上进行优化,建立合理、灵活的激励机制。公共文化服务产品经由政府部门、专业评估机构和以服务对象为主的社会人群共同组成的监督体系进行评价,并将考评结果作为运作公共文化服务设施是否具有合理性的重要依据,同时以此为参照作为文化事业单位负责人的晋升依据。

7.3.2.2　营利性公共文化组织的运作模式

公共文化服务市场化是提升公共文化设施利用效率和配置优势,创新服务机制在新时期的可行之路。营利组织在农民工城市公共文化服务方式中可采用三种形式。一是委托生产,即政府和文化主管部门委托有资质、信誉高的营利企业生产的公共文化产品,再由政府统一供给。二是合同外包,政府则通过购买外包的服务,与营利机构签订合同,提供公共文化产品或服务,并依据合同接受监督。三是特许经营,通过出让一定期限的公共文化服务经营权,吸引具有良好资质和信誉的营利组织参与公共文化服务基础设施的建设。

7.3.2.3 非营利性公共文化组织的运作模式

非营利性公共文化组织运作可采取三种方式发挥功能。一是协同合作，政府与非营利组织共付资源、同担责任，以实现单方面无法实现的公共服务目标。二是委托实现，一部分公共文化服务原由政府提供，但在具体实现中非营利部门更有提供服务的优势。因此，为了效率和效益，由政府将一部分服务责任委托转交。三是补缺实现，在政府未能涉足的服务领域，非营利性公共文化组织机构承担起创新突破的作用，开展公共服务，满足某些具有特殊性、专业性的服务需求。

7.3.2.4 政府公共文化服务运作模式

政府公共文化服务主要在于制度设计、政策支持、体系建设、资金倾斜、配置管理等方面。建设起横向覆盖各领域，纵向覆盖省、市、县、乡、村五级的公共文化服务网络。农民工无论是在城市还是在乡村，都可以享受免费的文化产品和服务。其中，在设计服务体系时，政府可以制定资源的联合采购制度，举行资源联合采购联席会议。政府制定跨部门联合采购指导方案，统一申报联合采购专项经费。统一采购价格，形成联合采购制度，也便于降低采购成本，同时政府予以统一采购单位适当的财政补贴。政府主要承担的是模式建设和管理职能。

农民工问题本质上是城市化进程中人的社会角色转换问题。一般而言，农民工的城市适应依次表现为经济、社会和心理三个层面。就目前的情况来看，农民工的城市适应基本还停留在经济层面，解决农民工问题的根本出路在于消灭农民工的身份和制度壁垒，让农民工与市民享受同等待遇。因此，我们认为，政府应从制度设计转向政策优化，从而妥善解决农民工文化需求，为其提供合理、有效的文化服务和文化产品，保障他们的基本文化权益。

7.4 政策资源支撑设计

以下从政策资源支撑设计、资金资源支撑设计、人才资源支撑设计三方面进行设计,结合有关案例,初步探索农民工城市公共文化服务在政策、资金、人才方面可实施的模式。

7.4.1 制度资源支撑设计

新生代农民工更认同也更渴望城市生活,对于这一群体的保障制度和文化服务,关系到他们的城市融入和对社会主流价值观的认同,也关系到社会的良性运作与长治久安。刘先春、刘文玉在《农民工公共文化服务问题初探》中认为:"现行制度障碍是农民公共文化服务缺失的根本原因,户籍制度造成了农民工在城市公共文化服务体系中的缺失,而教育与就业制度制约着农民工的公共文化意识的形成和公共文化活动的参与。"[①]现行制度下,农民工享受城市公共文化服务的最关键制度樊篱无疑是户籍制度。因此,制度资源的支撑设计必须以户籍制度为切入点。

——淡化户籍,实现社会身份的均等化。计划经济体制下形成的以户籍制度为核心的"城乡二元结构",随后又形成"城市二元结构"——城市居民和农民工。在二元结构体制下,决定和影响人们之间地位与相互关系的重要因素就是户籍制度。在当下中国,虽然表面上的户籍制度对人的限定性日渐减弱,但在实际的经济活动和人际交往中,它仍在暗中支配着人们的行为方式和价值取向。以户籍制度为核心的现行制度,同公共文化经费管理体制、就业制度和劳动人事制度、社会保障制度等,一起构成农民工享受城市公共文化服务的制度樊篱。

党的十八届三中全会报告指出:"紧紧围绕更好保障和改善民生、促进社会公平正义深化社会体制改革,改革收入分配制度,促进共同富裕,推进社会领域制度创新,推进基本公共服务均等化,加快形成科学有效的社会治理体

---

① 刘先春,刘文玉.农民工公共文化服务问题初探[J].城市建设,2010(16):51.

制,确保社会既充满活力又和谐有序。"推进农业转移人口市民化,逐步把符合条件的农业转移人口转为城镇居民是未来社会发展的必然。因此,农民工公共文化服务制度资源的优化设计就要以户籍制度优化为中心的"一键式政策优化服务平台"。因为农民工各项权利之间存在着彼此联系、相互掣肘的关系,正所谓牵一发而动全身,所以要想彻底解决农民工享受公共文化的权利,必须采取"一键式"政策全优化。解决农民工问题的根本出路,在于消灭农民工的身份和制度壁垒,让农民工与城市居民享受同等待遇。

——完善公共文化财政体制,健全财政转移支付制度。保障农民工享受公共文化服务需依靠政府财政资金支持,建立和完善与社会发展相适应的公共财政转移支付体制,为农民工享受公共文化服务提供财政支撑,是政策资源支撑设计的重要一环。当前,与市场经济相适应的公共财政体制尚未完全确立,政府对公益事业的投入方式还比较单一,财政投入绩效考核机制也还不健全。目前文化事业费占国家财政总支出的比重只有 0.4%,远远滞后于我国的财政收入和财政支出的发展速度,按照财权和事权相匹配的原则,加大转移支付力度,规范转移支付方式,建立农民工专项转移支付机制。财政转移支付制度是由于中央和地方财政之间的纵向不平衡和各区域之间的横向不平衡而产生和发展的,它在促进区域经济的协调发展上能够转移和调节区域收入,从而直接调整区域间经济发展的不协调、不平衡状况。我国目前实行的财政转移支付制度仍然需要进一步健全、完善。现行的公共文化经费管理体制并不能及时有效地为农民工的文化权益提供财政支持,在针对农民工的流动性问题上,财政转移支付应更为便捷和有效,要及时消除因兼顾农村与城市、流动与留守所造成的不稳定性,将属于个人的文化事业费有效地落实到个人。强化经济资源配置,必须扩大文化支出在政府年度预算中的份额和覆盖面,同时提高文化事业预算支出的程序强制力和执行监管力。

——确立农民工文化需求表达机制,尊重农民工公共文化决策权。调查显示,农民工对现有的公共文化服务评价不高。主要是实际存在着行政领导主观"决定"公众公共文化需求的情况。在农民工公共文化服务资源供给方面,政府与公共文化服务资源的提供机构一般只有单纯的服务输出和设施建设,而作为服务对象的农民工基本处于被动地位——既不掌握相关信息,也无法对接受服务的过程进行评价、问责,更无法定的参与渠道。很多文化产品的生产和文化服务的提供因为不符合这一群体的特定需求,所以出现"供而不需""供而不当"的"被服务"局面。究其原因,就是缺少农民工参与的公共决策程序。目前,农民工参与公共文化的保障机制有待建立,农民工参与公共文化活动、文化成果创造的渠道亟待建立。

——精兵简政,确立"一站式"政策服务机制。由于体制原因,我国公共文化事业发展存在多头管理、条块分割的问题,公共文化资源分散于多个部门,各自为政,管理错位、缺位同时并存,这些因素加大了公共文化的投入和运营成本。在"一键式"政策全优化的基础上,以结构合理、发展平衡、网络健全、运行有效、惠及全民为原则,以"一站式的政策服务平台"为依托,确立"一站式"政策服务机制,让农民工享受公共文化服务政策优化所带来的各项权益,为农民工享受公共文化服务提供政策支持。

7.4.2 资金资源支撑设计

我国文化事业投入整体薄弱,20多年来我国文化事业费占国家财政支出的比例不仅没有上升,而且呈下降趋势。近年来,文化惠民工程项目和文化基础设施场所在数量上有了明显提高,然而文化基础设施等文化资源人均拥有量依然很低;公共文化服务资源不均衡发展,由于我国的经济发展存在区域不平衡问题,在文化资源供给上也相应表现为中西部发展明显滞后于东部地区,农村文化发展滞后于城市。由于缺乏统筹规划,我国公共文化设施建设分布不均衡问题突出,公共文化资源的布局结构不够合理。以公共图书馆为例,2011年我国人均拥有图书馆藏量为0.58册,北京为0.95册;上海为2.94册,安徽为0.23册。公共图书馆资源总量的不足与配置的不平衡,使免费开放效益的发挥受到影响。

随着社会组织的发育与成长,文化领域的非营利性组织和志愿工作者开始涌现,企业履行社会责任、投资公益文化的意识不断增强,公共文化服务的提供主体正日益多元化。在坚持政府主导的同时,鼓励社会力量参与公共文化服务体系建设,既有利于减轻公共财政负担、拓宽资金投入的渠道,又有利于弥补国有文化单位财力不足、有效增加公共文化服务的供给总量。因此,我国应通过完善相关法律政策,放宽准入领域、降低准入门槛,引导个人、企业、社会团体等社会各方面力量通过捐助、捐赠、自办等方式,兴办公共文化服务实体,建设公共文化基础设施,开展公益性文化活动,形成以政府为主导、社会力量积极参与的公共文化服务新格局。探索采用政府采购、资金基金、项目补贴、定向资助、贷款贴息等多种资助途径,对于具备市场竞争的公共服务文化领域,也可通过招投标或特定委托方式吸引各类企业参与。以公共财政经费补贴为基础,"两条腿走路",建立由单纯依靠国家财政投入向国家投入、社会捐助、企业参与等多种投入并举转变的利益协调机制。

7.4.3 人才资源支撑设计

现阶段的文化服务人才队伍,存在着从业精英流向都市和权力上层的现象,造成公共文化服务人才队伍的结构倒挂,农村、城乡接合部和农民工城市聚集地等弱势地区的公共文化服务人才供给不足,客观上加剧了农民工享受公共文化服务的难度。因此,我国应降低文化管理公务员录取门槛,吸引有志于从事公共文化服务的人才投身于公共文化服务行业;采取定向招生等方式按需培养公共文化服务的相关专业人才。

建立农民工自我激励机制。参与文化创造能够使人获得自我肯定和精神提升,获得尊严感、认同感、归属感和精神愉悦。与他们的父辈相比,新一代农民工对城市的认同和自身表达的需要都更明显、更强烈。因此,我国为农民工提供公共文化服务,除了为农民工提供看书、看电影等初级文化服务之外,还应帮助农民工在主动参与和创造文化成果中实现自我价值。

第 8 章
提升农民工城市公共文化服务的效能机制设计

提升农民工城市公共文化服务效能,需要建设结构完善、运行高效、监测评估、反馈及时的公共服务保障机制体系。服务保障机制建设,属于政府管理控制系统范畴,其理论基础本质上是现代管理理论中的政府管理控制理论,涉及系统论、信息论和控制论等相关内容,对各个环节的效率分析和提高效率的机制设计还需依托公共选择理论、产权理论、交易成本理论等经济学理论和文化生成理论等文化社会学理论。因此,设计提升农民工城市公共文化服务效率的机制,我们还需要从服务体系结构本身着手,分析影响效率的因素,有的放矢地提出改进措施。

8.1 公共文化服务体系及效能分析

向农民工提供公共文化服务,是政府履行服务职能的重要内容。公共财政投入是农民工城市公共文化服务的基础,没有公共财政投入就没有公共服务包括公共文化服务。在社会主义市场经济条件下,公共财政的来源主要是经济活动税收收入、行政服务、行政缴费等收入。其支出目的主要是有效配置资源、调节收入分配等,实现社会的公平和效率。向农民工提供城市公共文化服务的过程,也是公共财政资源的配置过程,公共文化服务的效能,也是公共财政资源的配置效能。相关公共财政活动的效率和公共财政资源的利用效率,直接决定着农民工城市公共文化服务的效率和效果。

8.1.1 关于农民工城市公共文化服务体系

报告研究指出,农民工公共文化服务过程大体分为"决策、执行、控制"三个阶段,相应地,提高农民工城市公共服务效能和效率,需要健全的保障机制,即需要建立决策保障机制体系、执行保障机制体系和控制保障机制体系。各保障机制体系之间的关系如下图8-1。

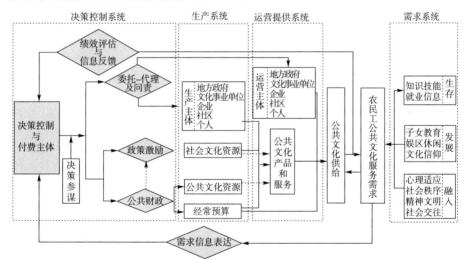

图 8-1 农民工城市公共文化服务体系保障机制框架图

框架图将保障农民工城市公共文化服务效能的过程分为四个系统,分别是决策控制系统、公共文化产品和服务生产系统、公共文化产品和服务运营提供系统、农民工公共文化需求系统。农民工城市公共文化服务效能的高低,取决于各个系统之间衔接和系统内部资源配置。笔者认为,提升农民工城市公共文化服务效能,需要厘清各系统的功能和内部结构,并依托交易成本理论指导以便降低各环节的交易成本。

8.1.1.1 农民工城市公共文化服务决策控制系统

农民工城市公共文化服务不同于一般的农村公共文化服务，也不同于城市社区公共文化服务。在最终付费主体上，一般的农村公共文化服务和城市公共文化服务的付费主体是辖区政府财政，最高一级的付费主体是省级政府财政，有一定的行政地域性。而农民工城市公共文化服务，由于农民工的跨区域流动，消费主体具有跨区域性特点，农民工的劳动红利关系到全国经济社会建设和发展，其公益性层次已经超出了行政辖区范围，农民工公共文化服务应属于十八届三中全会中提到的"跨区域且对其他地区影响较大的公共服务"，具有全国公益性。当前，正是由于农民工公共文化服务或相关的权益保障具有全国性或跨区域性特点，对农民工提供公共文化服务，流出地和流入地均没有明确的责任，导致付费主体不清晰，责任主体缺位，地方政府之间相互推诿，致使农民工文化权益难以得到有效保障，这也是农民工公共文化服务效率低下的根本原因。

由于向农民工提供公共服务，其效益具有跨区域性，既能够对流出地提供"效益"，即本地居民文化素质和技能提高，创造的劳动收入也相应提高，为流出地创造收入、消费。同时，流入地由于农民工素质技能的提升，劳动效率得到提高，通过劳动为流入地创造的价值也相应提高，且随着农民工文化素质的提升，有利于社会秩序好转，减少社会管理成本。因此，农民工公共文化服务具有效应外溢性，对农民工流出地和流入地都具有正效益。区别于一般的公共文化服务，农民工城市公共文化服务的最终付费主体（与提供主体相区别）应以中央政府为主，以流出地和流入地政府为辅，只有明晰付费责任，才能确保农民工城市公共文化服务到位。

付费主体也是整个公共文化服务体系的最高决策和控制机构，是农民工城市公共文化服务体系行动的始发者和效率控制者。在决策框架中，中央一级政府是一个整体概念，事实上在其内部也有分工，全国人大是最高决策机构，审议和决定资源配置，控制政府行为，并通过立法活动划分各主体的权益边界。国务院是决策控制及付费行为的实施主体，受全国人大委托行使公共服务职能，并接受全国人大的监督和考核。中央政府的行为包括预算行为、行政行为、立法行为等，其行为力度和效果取决于全国人大的立法、预算约束和监督等行为力度。

为保证中央一级政府决策行为的科学性和有效性,在决策系统中应有决策参谋机构,即专门的研究咨询机构,其功能是将需求信息转化为决策信息,提出政策措施、意见,供决策机构参考。其作用在于为决策主体的决策行为提供有效的信息集合,需提供的相关信息内容包括农民工城市公共文化服务需求的数量和结构、公共财政资源结构信息、代理机构的行为结构和效率信息、有效供给水平研究分析、服务机制设计等。

在此系统中还应包括行为工具(或称控制工具),其主要由公共财政、政策激励及制约代理主体行为的契约和激励机制等构成,行为工具的作用在于对资源进行调配,约束代理主体的行为。

8.1.1.2 农民工城市公共文化服务生产系统

公共文化服务生产系统包括主体、资源。

——农民工城市公共文化生产主体。农民工城市公共文化服务和产品的生产者有地方政府、文化事业单位、企业、社区、个人等。

地方政府主要指省以下的地方政府,与上一级政府是委托代理关系,其文化生产行为是指直接参与文化产品和服务生产,如提供就业信息与服务、组织民工参与的文化活动等。法理上地方政府应为辖区提供相关社会服务,是付费者。但是在农民工社会服务中,由于农民工是超地域概念,受中央和地方财政体制中财权和事权相统一原则激励,地方政府根据其财权范围和事权职责,只愿为其辖区居民公共服务的付费。尽管农民工为当地建设作出了重要贡献,农民工由于双重身份:流出地的居民和流入地的劳动力,其文化权益(也包括其他基本权益)保护这一事权,法理上难以落实到农民工所在地的地方政府职权范围内。不过,从公共文化产品生产者和提供者角度,农民工所在地的地方政府可以受上一级政府委托,代理中央政府成为文化产品和服务的生产者和提供者角色。

文化事业单位是社会文化产品和服务的主要生产者,事业单位体制也是中国特有的制度设计。无论是中央级文化事业单位还是地方级文化事业单位,均可以受政府委托代理生产文化产品和服务。根据文化产品和服务的具体形态,文化事业单位也可能会集生产者与提供者于一体,如文艺院团中的文艺表演活动。也有可能只是单纯的生产者,如图书出版机构等。也可能是单纯的提供者,如公共图书馆、博物馆、社区图书室、文化中心等。

企业可以是文化企业,也可以是非文化企业,前者生产特殊的文化产品和服务,后者如农民工所在的企业,它集合生产和提供职能,为农民工生产和提供所需的文化产品和服务,如组织文化活动、开展技能培训等。

社区是农民工在城市生活和工作的地方,是距离农民工最近的规范性组织机构,承担了多项社会服务职能。社区可以成为农民工城市公共文化服务的直接生产者,如就业信息收集与发布、心理咨询、文化娱乐活动等。

个人主要指文化志愿者和文化能人,这是社会文化发展中重要的补充力量。

——农民工城市公共文化服务资源要素。资源是生产文化产品和服务不可或缺的物质保障,主要包括公共文化资源、社会文化资源和公共财政资金资源等。

公共文化要素资源如公共文化设施图书馆、博物馆、科技馆等,文化广场,学校,电视,媒体等。它们是以往公共财政资源投资建设积累的产物,运营也靠公共财政支撑,属于公共财政范畴。

社会文化资源从产权上属于私有产权,但是在市场机制作用下可参与公共文化产品和服务的生产活动。如民办职业培训学校等,受政府委托可提供职业培训。再如民间法律援助机构,受政府委托为农民工提供法律咨询服务等。社会资源参与公共文化服务需在一定的激励机制或利益保障机制下,只有这样才能保障其有动力参与文化生产和服务。

公共财政资金直接表现为经常性预算,作为法定的经常性支出事项列入公共财政预算范围。经常性预算区别于专项预算,经常性预算具有法定性、持续性和一定的增长性,而专项预算属于一事一议,具有不可持续性。

8.1.1.3 农民工城市公共文化服务提供系统

在此用"提供系统"而不用"供给系统",意义在于"提供"是具体的行为动作,而供给则是行为集合。供给是针对需求方而言的,在系统框架中供给包含了决策与控制、生产和提供等行为动作。提供是文化产品供给和消费具体对接环节上的具体供给行为。

在提供系统中,包含了提供主体、文化产品和服务及财政预算支撑等要素。提供主体主要指地方政府、文化事业单位、企业、社区和个人。提供主体与生产主体有的是一体,但也有相对独立分离的。因此,在框架中用"虚线箭头"相连接。文化事业单位、企业、社区和个人在此主要指实施具体"提供动作"的主体,有的主体既是生产者也是提供者,但多数也是相互独立的。如社区文化站,站内的文化产品如图书、音像、报纸、网络等是由其他生产主体所生产,社区文化站提供的是运营管理服务,其动作行为包括保存、展示、借阅、更新文化资源等,只有"提供"动作而无"生产"动作。

同样,有的公共文化资源或社会文化资源本身就是文化产品或服务,如图书馆、新闻网络等。因此,在框架图中,也用"虚线箭头"将相应的文化资源与公共文化产品和服务相连接。

8.1.1.4 农民工城市公共文化服务需求系统

农民工公共文化需求系统的主体是农民工,是农民的身份与城市职业的叠加。农民工区别于一般的农民,也不同于城市居民,是农民向城市居民和产业工人过渡的特殊群体。群体内部会也有分层分化现象,如新生代农民工与上一代农民工(年龄及成长地域不同),以及学历层次、性别和融入城市的程度等,都将农民工群体划分为不同的多种多样的子群体。而农民工群体不同层次、不同子群体对文化的需求不一样,表现为农民工群体对文化的需求呈现多样性和实用性相结合的特征。就农民工向城市工人转变过程的不同阶段和不同层次,可将农民工的文化需求分为生存、发展、融入三个层次。

——生存文化需求,是农民工在城市立足的基本文化需求,这些文化与农民工的生产、生活直接相关,直接影响农民工在城市的收入来源和生活来源。这类文化主要指与职业有关的文化,如技能知识、就业信息和服务等。

——发展文化需求,是提升农民工身体素质和心理素质,保持健康身心的文化需求,是解决生存之后与个人及家庭长远发展有关的文化需求,如子女教育、文化娱乐、精神信仰、源文化保护(尤其是少数民族文化、地域性宗教文化)等。这类文化关系到基本的生存,能够使其生存质量更好。

——融入文化需求,农民工在向城市融入过程中最大的障碍来自心理和社会秩序适应。心理适应问题是与传统文化价值观及近现代二元社会制度相关的,农民工由于自古生活在社会底层而形成心理自卑,同时城市对农民工的排挤和歧视(如20世纪90年代前视进城农民为"盲流"),共同造成了农民工在城市中的心理适应问题。同样,长期的农村生活习惯和社会秩序,与城市所要求的社会秩序格格不入,农民工进入城市后还存在社会秩序适应问题。因此,融入文化需求主要指心理适应和社会秩序适应方面的文化需求,如心理咨询、法律知识、城市文明、社会交往等方面。

8.1.2 农民工城市公共文化服务效能体系

在农民工城市公共文化服务体系中,四个体系共同决定着农民工城市公共文化服务的整体效能。但通常意义上讲,供给体系的建设结构和质量是影响农民工城市公共文化服务体系效能的决定性因素。调查表明,在农民工城市公共文化服务供给的各个环节,都有影响农民工城市公共文化服务供给体系效率的因素。

——在决策供给和付费环节,影响效能的有外部因素,如需求信息表达和接收的充分性和准确性。但产生影响的主要因素还是内部因素,包括权责的明确程度、公共产品的范围界定、内部资源结构等。其中,权责的明确程度,决定了谁应成为农民工城市公共文化服务的主要付费者、具体产品和服务提供者、规定公共资源或公共财政的来源和结构及资源的可持续性等。公共产品的范围即应对公共产品具体内容标准作出明确规定,包括产品形态、数量、质量等,文化设施种类、品种、具体服务内容等。内部资源结构,包括资源已有存量和结构。在存量方面,如已有的公共文化设施网络及运营机制,政府财政支出中可用于农民工城市公共文化服务的财政资源等。资源结构中上下级政府之间的财权和事权配置结构、地区之间财政转移支付结构等都属于内部资源结构的内容,这些资源结构现状也影响决策和付费效果,从而影响公共文化服务的供给效率。

——在生产提供环节,影响效能的主要因素是委托代理关系而产生的逆选择。由于农民工城市公共文化服务的跨区域性和全国性,决定了其最终付费主体应是中央级政府。但是中央政府不可能直接生产公共文化服务和产品,只有委托给地方政府。而地方政府相继委托给文化机构、社区、基层政府和企业,从而产生系列的委托代理关系。代理方的利益选择会影响其行为,

第8章 提升农民工城市公共文化服务的效能机制设计

在监督不完善、激励机制不健全的情况下,代理方会选择性地执行委托方的委托要求。在农民工城市公共文化服务中,地方政府由于激励不足,对执行农民工服务的积极性会受到影响。相同原理,文化机构、社区、基层政府和企业,在没有政府相应财政支持的情况,向农民工提供公共服务的意愿也大受影响。因此,在生产提供环节,影响效能的主要因素是委托代理关系,激励不足、监督不完善会导致委托代理低效率,从而影响农民工城市公共文化服务效率。

——在监督环节,作为完整的供给系统,监督体系是其重要的一环,也是供给系统完整不可缺少的一个环节。监督环节的效率决定着下一次投入产出行为的效率。在监督环节,影响监督反馈效率的主要因素是监督的专业性、准确性、反馈性。专业性,即监督需要专业的部门和力量,从财政投入的角度,建立科学合理的评估机制,进行绩效管理,对绩效进行专门的考核和研究分析,并通过专门的渠道反馈到决策部门(如人大常委会、政府部门);准确性,即要求为财政投入建立科学合理的绩效评估体系,尤其要建立与文化特点相符合的(不是简单的如工业、基建等部门一样的投入产出)的绩效考核指标体系,特别是量化指标。反馈性,即绩效考核的结果反馈到决策部门后能够形成新的决策和政策体系,形成完整的闭合回路,政策体系应有新的奖惩举措,如问责体系等,否则考核也是无效行为。

综上研究分析,农民工城市公共文化产品和服务的组织过程,也是农民工城市公共文化服务的过程,包括决策付费、委托代理、生产提供、需求表达等环节。从实践活动来看,该过程可以简要地概括为公共财政资源投入、公共财政资源运行和公共财政资源使用效果监测与反馈这样一个完整的过程,直观上体现为公共财政资源的投入和产出。衡量农民工城市公共文化供给体系运行效率的主要指标可用产出与投入比,即效能。决定效能高低的情况也相应地在投入和产出两个环节发生。其中,投入效能,主要是公共财政的投入数量和机制,要保证公共服务供给量能够持续提升或充足,需要保证投入来源和持续增长,以及完整的供给结构。产出效能,主要在于公共财政资源和文化资源的运营机制,高效完善的运行机制,能够提高产出效能。监督有效、反馈及时的绩效考核机制能够为改善后的效能提供基础,但是还需要真正将考核提出的意见纳入决策机制和运营机制中,只有这样才能使监督考核真正发挥作用。

以上是对农民工城市公共文化服务效能理论上的分析,农民工城市公共文化服务过程可分为决策计划、执行管理、绩效控制三个环节,这三个环节都面临着提升效能的需要,也影响整个服务过程的效能总和。在实际工作中,公共文化服务的提供过程,主要体现为政府的预算设立、预算执行和预算考核三个环节,公共服务效能也主要体现为预算实施效能。因此,接下来,我们将重点放在预算机制、运营机制、考核机制上,也即对提升农民工城市公共文化服务的效能进行分析和提出相应的对策建议。

8.2 提升效能的预算机制设计

在农民工城市公共文化较为匮乏的情形下,通过直接增加预算投入能够迅速提升农民工城市公共文化服务效能。但是随着投入的增加,也会发生边际效应递减,单纯增量式的预算机制难以持续提高服务效能。影响预算质量的因素还包括预算结构安排。预算结构有着丰富的内容,包括预算支出方向、比例、方式等,因此通过预算机制提高农民工城市公共文化服务效能,可以通过建立稳定增长机制和结构调整机制来实现。结构调整可通过预算倾斜、标准化、均等化等途径实现结构的优化和调整,最终确保预算的公平。

8.2.1 建立农民工城市公共文化服务预算稳定增长机制

要为农民工提供稳定持续、不断增长的公共文化产品和服务,需要以公共财政预算为基础和主体,明确政府的公共服务职责,充分体现政府服务农民工等弱势群体的决心,将农民工城市公共文化服务纳入经常性预算中,并随着经济发展和社会进步持续增加。同时,要发挥公共财政的调节作用,引导和带动社会各种力量参与农民工城市公共文化服务,并鼓励引导农民工自身积极参与文化建设。

8.2.1.1 通过立法的形式明确农民工城市公共文化服务预算来源和稳定持续增长

多年来,社会不断呼吁加大公共文化服务投入力度,建议中央和地方公共文化财政占财政总量的比例不低于1%,增加公共文化的总体投入。同时,以法律的形式规定,公共文化财政投入应逐年增加,增加速度应不低于GDP增长速度或财政增长速度,确保公共文化财政来源的可持续性。为保障农民工文化权益,在保证公共文化服务建设投入中,应按照人口比例确定公共文化服务财政预算投入农民工城市公共文化服务上的比例。

——公共财政是公共文化服务财政经费的主要来源。所谓文化职能,是政府为满足人民群众文化生活需要,依法对文化事业、文化设施、文化资源所进行的科学规划和管理。政府文化职能,是加强精神文明建设,为经济社会提供文化生产力,实现协调发展的重要保证。从公共财政理论来看,公共文化财政是公共财政的重要组成部分,是以满足社会公共文化需要为宗旨进行的政府财税收支活动和财政运行机制。农民工文化服务属于公共产品范畴,在市场失灵情形下,必须靠政府力量,提供公共文化服务。

——在分级财政体制下明确中央财政是主体来源。在我国分税制下,中央财政负责全国性的公共事务经费支出。各地财政负责辖区内的具有区域性的公共事务经费支出。同时,建立了财政转移支付制度,中央通过加大向财政基础较弱的地方进行财政支持,促进公共服务均衡发展和防止区域差距过大。由于农民工具有流动性、跨区域性特征,农民工权益问题包括文化权益,具有全国性公共产品的特征,农民工城市公共文化服务不具备排他性,具有收益正外部性特征,农民工公共文化服务关系到全社会经济的转型升级。因此,我国需要建立以中央财政为主、地方财政相配套的公共财政来源结构。

——鼓励公共文化财政资金来源多样化。在我国,政府财政税收是公共文化财政资金的主要来源,在各级财政中都设有教科文专项,主要用于支持文化事业发展。同时,由于我国特殊的文化管理体制,为弥补文化建设资金的不足,还存在文化建设事业收费,这是文化建设的重要补充。此外,文化体育彩票等非税收入,均可以作为公共文化财政资金的来源。

——建立公共文化财政资金使用绩效考核办法。其相关内容包括(1)目标管理制度,公共财政的投入需要有目标意识,每一笔财政资金的使用都要有相应的社会效益和经济效益目标,只有这样才能合理利用有限的财政资源。(2)科学管理流程设计,建立从公共文化财政资金申报、预算审核和资金拨付和后期监督的完整的管理流程,保证支出标准的合理性、安全性、科学性和规范性,这是实现绩效目标的重要制度保障。(3)有力的绩效考核制度,在预算目标下,对资金的使用、管理等需要建立从预算、评估到使用和监督的全程监督制度,如财政绩效评价制度、审计调查制度、人大询问制度、专业机构评估制度等方式。(4)特殊绩效指标体系。公共文化财政绩效考核的指标体系需区别于一般的公共财政绩效考核体系,在指标设计上侧重社会效益,只有尽量量化才能有效地对公共文化财政的使用情况进行绩效衡量和考核。

8.2.1.2 通过改革创新确保农民工城市公共文化服务预算稳定增长

农民工对城市公共文化的需求从量和质都处于动态发展之中,农民工群体本身数量在城镇化进程中不断增加,对基础的公共文化需求在数量上要求持续增长。同时,随着社会的不断进步,技能需求、融入城市等方面的文化需求也在提高,农民工对城市公共文化的需求从满足劳动技能和生存需要向个人发展、文化发展权方向转变,这要求公共文化财政在投入上保持稳定的增长,只有这样才能满足农民工对公共文化服务的需求。公共文化财政总量稳定增长机制,要求公共财政对文化建设投入的增长幅度高于财政经常性收入的增长幅度。

——明确中央和地方在农民工城市公共文化服务中的事权,并配套相应的财政资源。按照分类管理原则,明确中央和地方的事权关系,确定对应的财政负担责任。对关系全社会的基本权益保障,应由中央财政承担主要的投入责任,如农民工基础教育、基础技能培训、子女义务教育等。对溢出效应的溢出范围易于界定,公共范围层次低、影响范围小、具有一定排他性的公共服务,应主要由地方政府承担投入责任,如社区文化活动、城市公共文化服务、农村公共文化服务、地方文艺院团发展等。对于公共范围不清晰、跨区域性的、有一定溢出效应的公共文化活动,可由中央政府和地方政府共同承担投入责任。对于公共图书馆、博物馆、广播电视网络、文化信息资源网络等公共文化服务基础设施网络建设,因其具有基础性、普遍性和易于量化特征,应以中央财政投入为主,地方财政配合。城市社区公共性文化活动、文化人才培养、节庆文化活动、地方戏曲等公共化产品和服务的提供具有明显的多样性和地域性特征,应以地方财政投入为主,中央财政采取补助或奖励等方式予以辅助支持。

——建立财政转移支付制度。由于西部地区、农村地区财政能力薄弱,提供公共文化服务比较困难,可加大中央公共文化财政向西部地区倾斜的力度,特别是在一些由中央和地方共同分担的公共文化基础设施、文化项目上,加大中央财政在西部地区和农村地区的分担比例,重点确保中西部地区和农村地区公共产品供给的必要经费。在东部地区支持西部地区中,应重点加大对文化设施、农民教育培训等方面的支持力度,减少城市行政办公等方面的投入。以基本公共文化服务标准化、均等化为目标,确定服务标准、投入标准、考核标准,加大对农村地区的财政投入力度,形成向农村、基层、困难群众倾斜的公共文化服务财政投入标准体系。

——建立公共文化投资基金制度。建立以财政投入为主,整合来源于社会捐助、彩票基金、文化执法罚款收入、公共文化事业收费等方面的资金,采取基金的形式进行运作,提高资金使用效率。可将筹集到的资金支持修建博物馆、剧场、文化馆、阅报栏等公共文化设施,并免费向农民工开放。

8.2.1.3 通过完善政策体系确保农民工城市公共文化服务预算稳定增长

由于农民工对公共文化的需求具有多样性,政府的公共财政资金只能满足基础性、具有广泛公共性的公共文化产品,大量的公共文化产品还需要社会力量的参与。因此,我们需要拓展社会资金进入渠道。如在保证投资公共文化事业获得最低收益保障基础上,鼓励建设社会资金投资机制。通过对捐赠实体减免税收等方式鼓励社会机构和个人向公共文化事业捐赠等。还可以通过政府贴息、担保、合作等方式降低社会资金进入公共文化事业领域的投资和运营成本,采取特许经营、行业管制等多种方式,拓展社会资金进入渠道。充分发挥公共财政的引导作用,吸引社会资金积极投入农民工城市公共文化服务。

——建立公共文化多元投资体系。分类管理公共文化,在以政府对公共文化投入为主体的前提下,要充分利用市场竞争机制,引入社会资源参与公共文化服务活动,鼓励社会、企业和个人投资公共文化服务。以财政、税收和政府投资等建立引导机制,主要的是明确界定产权关系,如明确标准、程序、指标等,如我国对文化事业捐赠有相关的税收优惠政策,但是在实际操作过程中很难落实,如文化事业单位认定、个人认定等,应进一步细化相关税收优惠的措施。

——明确界定财政资金和社会资金投入范围及方式。在农民工城市公共文化服务中,政府主要投资基础性、公共性强和保障性强的领域,如农民工基础文化教育、社区公共文化活动、社区基础文化设施、农民工子女义务教育等。对一些既具有外部性又具有排他性的如农民工专业(非基础)技能培训等,可采取政府和个人共同分担的形式,如培训补助、培训代金券等方式。对消费性的文化,可采取个人支出的方式,如文化娱乐活动等,但政府可以对商家进行补助,鼓励打折让利,使居民得到实惠。应加强公共文化基础设施的研究论证和合理化选择,重点选择关乎群众最大需求、喜闻乐见的项目,如加大对图书馆、博物馆、文化馆的投入力度,加大社区文化设施建设力度。

——出台政策鼓励民间资本投资公共文化。采取特许经营、投资补贴等多种方式,对有一定投资回收能力的公益性文化事业和公共文化基础设施建设项目,应重点采取公开招投标方式吸引社会资本参与。已经建成的政府投资项目,具备条件的也可以通过竞标形式依法转让产权或经营权,以回收的资金滚动投资于社会公益等各类基础设施建设。鼓励民间资本投资农民工职业培训机构、农民工文化娱乐设施、心理适应性辅导、专业技能培训等领域。政府重点制定支持一般公益性项目和服务内容的收费标准、补贴标准和相关制度,要求民间机构降低收费标准,由财政对民间投资的最低收益进行保障。

——出台国家层面鼓励社会投资的减税或免税政策。国家有鼓励社会捐助公共文化设施的税收减免政策,在实际操作中却难以落实。由于税收政策是国家制定的,地方没有税收政策制定权力,应从国家层面制定鼓励社会资本投资公共文化设施的税收减免或抵扣等政策措施。如可对投资公共文化设施的企业,如果其投资的文化设施确实是用于公共文化服务的,可以免征营业税或减免企业所得税。社会机构或个人捐助文化设施,可以税前抵扣,在实际操作中,需明确界定公共文化设施的范围、规模、运营方式等。

——制定鼓励地方政府投资的中央财政补助政策。中央政府也可对地方政府投资的面向农民工的公共文化设施,提供配套财政资金支持或承担较大比例的投资成本。或者中央政府负责建设投资,地方政府负责运营管理等。鼓励地方政府加大针对农民工公共文化服务的设施建设力度。

——制定鼓励社会投资的最低收益保障政策。对于一些盈利水平低或难以盈利的、社会投资积极性较低的公共文化设施或服务,可以采取最低收益保障政策。如低于一定水平收益率时,政府给予补贴。最低收益率应具体量化,对不同行业制定不同的最低收益保障率,但是最低收益保障率应设定一个合适的水平,如15%左右等,限定服务价格,同时对收益率进行保底支持,鼓励社会机构投资公共文化服务。

——建立文化机构运营补助制度(政府采购、专项项目等)。目前公共文化机构或经营性文化机构是文化服务的主体,如果完全按照市场定价,农民工没有相应的支付水平,他们就难以享受到这些机构提供的公共服务。但是降低收费标准,这些机构又难以弥补成本或保证最低的收益。这时就可以利用政府付费的形式,为这些机构向农民工提供文化服务的行为提供补贴,或对最低收益率进行补贴,当文化机构收益率低于某一水平时,通过补贴保障文化机构得到特定数额的收益。政府除了提供财政补助之外,重点是制定目录标准,规定为农民工提供的产品和服务的标准,只有符合标准的文化产品和服务,才能享受政府提供的政府采购和项目补贴。

8.2.1.4 通过对接需求拓展农民工城市公共文化服务相关资源投入

有的公共文化服务项目只有依靠收费才能保证公共文化服务的投入。但由于农民工支付能力所限,消费力弱,收费又会降低农民工的消费意愿。如果降低收费标准,提供方就缺乏积极性,只有采取除了降低收费标准之外的措施,才能鼓励农民工积极参与文化消费活动。

——制定文化消费激励政策。一是政府补贴制度,如代金券。由政府向农民工个体发放代金券。代金券制度需要建立相应的数据支持系统,需具备对农民工的识别功能,防止冒领、造假等行为,使政府的支持真正地转化为农民工的公共文化消费行为。二是文化消费补助制度。如北京实施的文惠卡措施,持卡人在购买文化产品和服务时,能够享受大幅度的折扣优惠,文惠卡对持卡人是一种直接的文化消费补贴,可以将类似政策延伸至农民工。提供方在提供后可以享受政府的补贴支持等。

——建立最低收入保障机制。一是最低收入制度。农民工收入低,且多数农民工工作不稳定,有活就干,没活就闲着,有的工作还有季节性等,也影响了农民工的收入稳定性,多数农民工月平均收入水平低于城市职工最低工资标准。因此,我国应在农民工就业的重点行业内,规定农民工最低工资标准,保障农民工能够满足基本生活需要,使农民工从生活压力下解放出来,有一定的时间和精力学习知识文化和劳动技能,提高劳动素质。二是最低文化消费支出保障制度。我国应为农民工提供基本的文化服务,如职业技能培训、文化基础知识学习等,保障农民工基础的文化消费。如拓展"三下乡"活动覆盖范围,向农民工提供基本的文化产品,如书籍、报纸等。

——建立最低文化消费时间保障机制。一是限制最长劳动时间。通过补充完善劳动法等法律法规,对劳动时间进行限制,对用工企业规定每天工作时间上限、每周工作时间上限等,保证农民工有时间休闲。对于违反规定的用工企业,加大处罚力度,保证劳动时限有关规定能够落实。二是文化消费时间保障。对农民工用工企业或农民工比较集中的行业,要求用工企业为农民工提供文化休闲时间,开展符合农民工文化需求的文化活动。如在工作期间或在工作之余,企业要安排一定的文化服务,对文化消费时间最好作出强制性的规定,这样可以避免企业不提供或提供后农民工不参与,在文化消费时间内,主要提供符合农民工需求的文化知识和文化娱乐。

——加强基础文化教育保障。一是增加文化教育。不少农民工只有小学、初中文化水平,对文化的理解存在困难,我国应加强基础义务教育,严格限制用工企业最低年龄,要求农民工有一定基础教育经历,限制农民工子女没有完成基础义务教育就过早地进入农民工队伍。同时,对文化水平低的农民工开展文化知识教育,让其重点学习与工作、个人发展有关的文化知识。二是基础技能培训。我国应参照义务教育经验,建立农民工技能培训体系,支持农民工输出地举办针对农民工就业所需的技能培训。严格要求输出地对农民工举办免费的劳动技能培训,相关的费用由中央财政统一给予支持。基础劳动技能包括基础的计算机使用技术、部分行业的基础技能,这需要政府强化研究,制定出农民工教育计划,通过全面培训提升农民工劳动技能。三是个人发展持续教育机制。为满足农民工个人发展需要,在不同阶段提供不同的公共文化服务,如针对初次就业的农民工重点提供基础的技能培训。当农民工有一定发展需求后,鼓励和支持农民工继续教育,可提供创业、高级阶段的技能培训,政府从培训成本方面提供补贴等。

8.2.1.5 通过文化资源整合发挥农民工城市公共文化服务预算效能

在注重农民工城市公共文化服务公共财政预算稳定增长的同时,我国要积极盘活和调动存量资源、相关资源,如已有文化设施网络、文化专业人才、文化志愿者等,与公共财政预算投入形成协同效应,发挥和提升公共财政预算效能。

——制定专业人才利用政策。文化的传播,主要靠"人力"传播,文化人才是农民工公共文化服务的重要文化传播者,在公共文化服务中不可缺少。相关的文化人才有专业文化人才、文化志愿者、文化科技人才等。专业文化人才,在农民工城市公共服务中,他们提供的文化服务能够符合农民工文化需求,如技能讲师、就业信息辅导员,以及农民工喜欢的文化艺人等。在农民工文化服务中,有的文化人才出自农民工群体自身,如农民工文化能人等,也能为农民工提供文化服务。文化志愿者。志愿者制度是当前许多国家公共服务中普遍采用的制度,如义工等,可以免费为农民工提供知识培训、开展知识讲座、提供文化援助等。文化科技人才。文化和科技正在融合发展,一些新的文化载体、技术迅速发展,如手机、移动终端、网络等,相应地在农民工城市公共文化服务中也需要熟悉农民工文化需求的文化科技工作者,他们可以为农民工提供文化信息产品和服务。政府要制定相关政策,注重文化人才的培养和使用。一是鼓励高校培育专门文化人才。目前社会整体文化人才缺乏,符合农民工综合性文化需求的文化人才更稀少。我国应鼓励职业学校或高等院校开设相关的文化专业,针对文化专业的内容提供符合农民工需求的文化产品和服务,如技能培训、基础文化知识等。二是鼓励社会文化精英发展。农民工城市公共文化服务所需的人才是多种多样、多层次的,除了基础技能型的公共文化服务人才之外,我们还需要鼓励社会文化精英的发展,如为农民工文化生活提供产品创意的创作人才,创作出符合农民工消费特点的文化产品和服务。三是壮大社会志愿者队伍。社会志愿者队伍是公共服务重要的补充力量,在农民工城市公共文化服务领域也需要培育大量的文化志愿者队伍。在培育过程中,主要是对志愿者的权益提供保障。志愿服务制度虽然强调服务的志愿性,但是也要有一定的激励机制。如收入保障机制,至少能满足其基本的生活。建立健全志愿者权益保护的法律和法规等,发展"义工"活动等,将相关的志愿服务转化为社会行为。对参加志愿服务的志愿者,提供未来发展空间和机会等,如就业推荐、精神鼓励等。

——充分利用已有文化设施网络体系建设。文化设施网络是公共文化服务的重要物质载体,因此保障有效的文化服务,还需要完善的设施网络支撑。农民工城市公共文化服务所需的设施,一是社区文化设施,城市现有的社区文化设施如文化中心等,需要扩大开放范围,面向农民工开放,在设施的服务内容上可以增加符合农民工需求的文化内容,如知识讲座、就业信息、就业辅导、举办文化活动等。二是公共图书馆、博物馆、文化馆的免费开放。三是针对农民工就业需求的职业培训机构,培训机构提供针对性的工种技能培训,如建筑工、厨师等职业培训。四是文化信息网络平台,如利用农民工服务网站,传播就业知识、农业生产技能知识等。五是用工企业的文化设施,如阅览室、娱乐室、培训场地等。

——加强农民工源文化保护与开发。对农民工民族文化和地域文化的保护有利于增强农民工的文化自信,也有利于文化多样性的发展。在城市公共文化服务中,我们应尊重农民工的民族传统,提供相应的便利条件,便于农民工开展自身特色的文化活动。

——注重农民工公共文化内容创新。农民工在进入城市、融入城市过程中所需的文化内容具有特殊性,如新生代农民工的心理融合需求、农民工能够理解和参与的文化活动、农民工就业和创业所需的文化知识等,都需要相应的文化内容创作和创新,只有这样才能满足农民工发展需要。

8.2.2 农民工城市公共文化服务均等化和倾斜机制

8.2.2.1 公共文化服务均等化

——预算基础的差异性。地方公共财政的基础是地方财政收入,由于长期存在的城乡二元结构、东西部地区不同的经济发展基础,导致城乡之间公共财政预算基础差异明显。

第一,财税体制导致地方之间预算基础差距拉大。1994年分税制改革,有效激励了地方发展经济的积极性,但同时分税制改革导致财权向中央集中,地区之间发展差距不断拉大,地区之间公共财政预算基础相应地扩大,农村公共文化服务与城市公共文化服务的差距也在相应地扩大。公共财政体制改革在促进财力增长、改善财政结构的同时,非均等化发展的矛盾也在不断积累。中央和地方之间财政、事权不对称,免征农业税后基层财政的紧张,更严重影响了农村公共产品的供给。长期以来,由于城乡之间非对称的财政供给体制,导致农村公共设施和公共服务方面的供给远远不能满足农村的实际需求。

第二,追求经济增量式发展的模式削弱了公共文化服务预算基础。长期以来各地以经济建设为中心,追求经济的数量增长,一些地方政府重工轻农、重城市发展忽略农村发展,追求非农经济增长,支持农村、农民发展的资金投入增长缓慢,在中西部欠发达地区,更无力支持农村、农民发展,一些地方政府甚至挪用、挤占转移支付用于支持农村、农民发展的资金。财政体制不完善而导致的事权与财权不匹配、分税制和转移支付制度不够完善、政府层级过多事权交叉重复等问题,导致公共财政投入用于农民公共文化服务十分有限。

——农民工城市公共文化服务均等化。公共文化服务均等化是现代公共文化服务体系的基本特征之一,也充分体现了现代政府和现代社会的公平公正,也是社会经济持续健康发展的必然要求。农民工城市公共文化服务的均等化体现在机会均等和权利平等两个方面。

第一,机会均等。机会均等体现在农民工与城市居民、农村农民之间有同等的机会获得基础的公共文化服务。由于农民工具有流动性、在城市具有聚集性,以及居住地多在城市郊区、城乡接合部,这些地方往往是公共文化服务基础最薄弱的地区,他们获取公共文化服务的机会要少于一般的城市居民。实现农民工城市公共文化服务均等化只有扩大公共文化服务设施的覆盖率,或针对农民工公共文化服务的需求特点,有针对性地提供文化服务。

第二,权利平等。农民工是农村居民向城市职业工人过渡的特殊人群,在现行城乡二元体制下,农民工在城市没有城市居民的文化权利,如对公共文化决策的投票权和建议权,对城市公共文化设施的消费权等。同时,他们也没有机会履行作为农民享受的农村公共文化服务权利。构建现代农民工城市公共文化服务体系,我们应在权利平等方面作出努力,让农民工享有与城市居民一样的文化权利。

基于农民工城市公共文化服务的财政基础差异,我国应建立倾斜机制,加大对农民工城市公共文化服务的投入力度,持续进行结构调整,让农民工有相同的机会、平等的权利获得基础公共文化服务。

8.2.2.2 建立公共财政向西部地区倾斜的机制

西部地区是农民工的主要来源地,但是西部地区也是公共财政最薄弱的区域,在现行财政体制下,我国应通过专款专项形式加大向西部地区转移支付力度,向中西部贫穷地区、农业县、革命老区倾斜,重点用于农民工的技能培训、职业教育、留守儿童教育等,支持农民工的发展。在转移支付中,我们应根据农村基本公共文化服务均等化标准,建立科学的各级政府财政支出测算体系,将农村总人口、农村务工人口、地区财政状况、地区用于农民工培训的财政支出等作为中央财政向地方财政转移支付的主要依据,确定中央财政向中西部地区转移支付的规模。在支付方式上,我们也要探索以奖代补的形式,调动西部地方政府投入农民工公共文化的积极性。

8.2.2.3 建立公共财政向基层基础倾斜的机制

从公共文化服务获得途径来看,农民工主要通过工作生活的社区、企业和城乡接合部等处获得,但是根据农民工城市公共文化服务事权划分和《农民工城市公共文化服务体系保障机制研究报告》,农民工城市公共文化服务应属于中央政府事权范畴。目前,公共服务支出责任主要集中在低层级政府,为实现农民工城市基本公共文化服务均等化,我国应通过中央财政委托地方城市地区政府,加大对农民工城市公共文化服务的投入力度,重点投向农民工聚居地区、工作的社区和企业,丰富农民工城市公共文化服务设施和服务内容。从投向服务内容来看,我国应重点投向基础性的文化服务,如就业培训、就业信息服务、农民工子女入学等基础性的公共产品和服务。

8.2.2.4 重点向青年农民工公共文化服务倾斜

由于农民工群体多种多样,对公共文化服务的需求也具有个性化、多样化的特征。在农民工群体内部,青年农民工既是未来融入城市的主体,也是未来经济社会发展的主力之一。同时,相对其他群体农民工而言,青年农民工对文化的需求更迫切,但文化消费支付能力更加有限。因此,对农民工城市公共文化服务进行投入,我们应把青年农民工的需求作为重要内容予以考虑,将重点放在加强青年农民工技能培训、职业教育、法律法规教育、政策宣传等方面,使青年农民工更快更好地融入城市工作和生活中。

8.2.3 农民工城市公共文化服务预算标准化机制

党的十八届三中全会提出,要"构建现代公共文化服务体系"。建设现代公共文化服务体系,核心是要促进基本公共文化服务标准化、均等化。标准化是实现均等化的前提条件,没有标准化就难以实现均等化,"均等"首先是量上的均等,而测度"量"则需要科学合理的标准、标准体系、标准测量机制、标准立法、标准调整等。农民工与市民等群体平等地获取城市公共文化服务,首要的是实现农民工城市公共文化的标准化。以标准化规范公共财政预算内容、流程、执行、控制等,以标准化规范政府行为,引导社会资源流向,增加农民工城市公共文化服务的整体投入。

8.2.3.1 农民工城市公共文化服务预算标准化建设的重要作用

农民工城市公共文化服务标准化建设,主要是指通过引入标准化的技术手段、标准化方法、标准化的管理流程,推进农民工城市公共文化服务规划管理。公共文化服务标准化建设工作的核心是将公共文化服务的供给和标准化建设有机结合。标准化最初发生于工业生产领域,公共文化服务的标准化是标准化管理向服务领域的有效拓展。公共文化服务与标准化这两个要素的结合,拓展了标准化的领域,对推进我国公共文化服务在区域之间、群体之间的均等化起到了重要作用。

——促进公共文化服务均等化建设。标准化建设是均等化的核心内容,没有标准化就没有均等化。均等化是基本公共文化服务的显著特质和基本要义,推进农民工城市公共文化服务均等化是一项文化民心工程。标准化规范了农民工城市公共文化服务品种、数量、服务流程等,为实现均等化打下了基础。标准化是均等化的核心参数,是实现均等化的有效手段。推进农民工城市公共文化服务标准化、均等化,需要充分了解广大农民工群众的文化需求,寻求不同年龄、不同阶层、不同职业、不同地域农民工基本文化需求的最大公约数,形成政府对农民工城市公共文化服务的底线保障和责任标准,切实保障农民工的基本文化权益。

——增加农民工城市公共文服务效能。目前,在公共财政领域已经开展一些绩效管理,但是还没有建立针对公共文化服务的具体绩效管理。在对公共文化绩效考核中,相关指标、评审办法等均引用传统的基础设施等部门的指标,如在投入产出指标中,产出使用的经济收入等,但是公共文化服务的产出难以体现为经济收入。因此,我国需要建立农民工城市公共服务指标体系,建立符合文化服务特点的指标,加强规范化管理,改进公共文化服务的绩效管理,提高效能。

——规范社会资源投入公共文化领域。社会资源参与公共文化服务,需要纳入政府的统一规划管理,加强监督指导,规范服务行为。公共文化服务的标准化,可以规范服务的产品、内容、方式,特别是量化指标的建立,能够减少政府与社会机构委托代理中的机会主义行为,即可减少政府对企业行为的不合理干扰,也有利于政府对企业提供公共文化服务行为进行绩效考核和监督,规范服务行为。

8.2.3.2 农民工城市公共文化服务预算标准化

现代公共文化服务体系标准化,从经济学意义上说,主要是通过增加信息对称性,降低交易不确定性,从而降低交易成本,提升公共文化服务效能。预算标准化的主要目的有以下几个方面。

——增加公共财政预算的信息对称。现有的公共财政预算中,特别是经常预算中,有公共文化预算,但是没有专门针对农民工等弱势群体的公共文化预算明细和标准。在传统意义上,预算编制过程是被动的,由财政部门根据财政资金总量的打量,再根据人大代表的呼吁、政府的年度预算决策等编制对公共文化的投入,文化预算的投入没有按照"法定"的标准进行增长。预算没有摆脱基数加增长的预算编制模式。预算缺乏完整、科学明确又有针对性的依据和标准。没有采取"零基预算"的方式调整预算支出结构,只是在传统"基数加增长"模式的基础上进行小规模的调整。预算增长无法定的依据,其随机性和不可预测性特征,增加了预算的不可控、不可信程度。

——增加预算执行信息的可控性。在执行过程中,有多少预算实际落实到公共文化服务上,无据可查。这对预算的考核、绩效评估等造成困难。在预算执行中,为应对预算考核、绩效评估,往往根据检查和考核需要,将一些原本不属于公共文化服务的预算挂靠在公共文化服务名下,但是这些预算对公共文化不会产生实际服务效果。而预算标准化,可以将预算总量和增幅纳入考核范围和执行范围,减少预算执行中的随机性和机会主义。

——预算的标准化在引导社会资源方面具有重要作用。公共财政预算的投向,是社会资源投资方向的重要信号。在投资时,逐利性是社会资源的本质特征。但收益的多少除了取决于投资回报率经济指标之外,还在于盈利的可能性即风险性。公共文化服务标准化建设,有利于增强公共财政投资的透明性,降低社会资源进入公共文化领域的风险程度。社会资源投资的回报率可预测,可以降低社会资金的投资风险,提高预期回报的实现程度,有利于引导社会资源投向公共文化服务领域。

8.2.3.3 农民工城市公共文化服务预算标准化建设举措

农民工城市公共文化服务预算过程,是从预算编制到执行、考核、修订、再预算这样一个完整的循环过程,其标准化建设是一个系统工程。同时,由于文化服务的特殊性、公共收益的外部性,公共文化服务的指标体系也需要反映文化自身的特色,不能简单地利用传统的指标体系,需要有硬性约束的量化指标,也需要软性的评价性指标项目。

——预算投入标准化。在预算机制中,应首先明确预算的来源结构和比例,如公共文化服务在财政收入中的比例,我国应以立法的形式予以确定。明确公共文化预算金额的增长幅度和增长依据。明确中央财政和地方财政对农民工城市公共文化的投入分配比例,以及农民工城市公共文化服务预算在公共文化中的比重。除了预算来源之外,我们还需明确预算分配比例,如投向文化设施、文化活动、职业培训、就业信息等方面的具体预算标准。

——服务内容标准化。明确农民工城市公共文化服务的内容和质量,规定各级文化设施结合设施功能,需向农民工提供的服务内容,实现服务供给与农民工需求的有效对接。公共文化机构具体提供就业技能培训、就业信息、图书借阅、电子阅览、演艺娱乐、文化培训等服务内容。社区公共文化设施需提供免费演出、免费电影、电视广播、图书借阅、电子阅览、文化活动等服务内容。

——服务流程标准化。农民工对文化需求不仅在内容上有特殊性,在文化消费过程上也有特殊性,如农民工基本上白天都在上班,如果文化设施也按照正常的朝九晚五模式,农民工则难以获取相关的文化服务。因此,在流程设计上,我们要针对农民工的需求特点,设计特殊的、标准的服务流程。如增加文化设施晚间、周末开放时间。在具体服务中,我们可以提供"一证通",减少登记、填表等繁琐的流程。针对不少农民工文化水平低的特点,流程设计要简单易懂,形象生动。

——明确硬件建设标准。城市各级公共文化服务设施,除了针对城市居民的文化服务功能之外,也应针对农民工的需求和实际情况,明确设施功能、设施项目、设施规模等建设标准。公共图书馆要具备面向农民工开放公共阅读、文艺展演、演出娱乐等基本功能,社区文化活动中心的公共文化设施要具备图书阅读、文化活动、技能培训、政策宣讲、就业信息、法律援助等基本功能。

——预算管理标准化。针对农民工城市公共文化服务的财政预算投入,在管理上建立指标体系,按照农民工参与文化活动人数,确定对文化服务设施的预算支持标准。建立农民工公共文化代金券制度,农民工可用代金券购买符合自身需求的公共文化服务。建立农民工意见反馈制度,为防止弄虚作假,建立农民工意见直接跟踪反馈渠道,加强对相关预算绩效的管理。

——建立标准调整机制。随着经济社会发展,农民工对文化的需求也会发生变化,要建立标准调整机制。如预算投入标准调整、文化设施功能运维和调整、预算管理流程调整等,让城市公共文化服务能够适时地满足农民工的需求。

——明确服务保障标准。组织保障,建立由相关部门组成的农民工城市公共文化服务协调小组,明确各部门具体职责,将农民工公共文化服务相关预算、管理、协调、评估等落实到具体部门,增强服务保障;人才保障,培育壮大针对农民工公共文化服务的文化人才队伍、专业技术人员队伍、技能培训师队伍、文化志愿者队伍、文化骨干队伍、业余文艺队伍,为保障农民工公共文化服务提供人才保障。

——明确服务评价标准。将农民工城市公共文化服务指标纳入地方政府绩效考核体系,作为年度考核内容。制定具有文化服务特色的预算绩效、文化设施运维效能等评价标准。组建由有关部门和群众代表参与的服务评估组织。实施由社会第三方组织开展的服务满意度测评。

8.2.4 健全农民工城市公共文化服务预算实施和协调机制

农民工城市公共文化服务涉及面广、涉及多个区域、多个部门,要切实提高农民工城市公共文化服务效能,还需要加强部门之间、地区之间、政府与市场之间、供给与消费之间的对接和协调。

——建立中央和地方协调机制。在目前的财政体制下,农民工城市公共文化服务事权应属于中央,而财权也集中在中央层面。但是从实施实际工作来看,事权主要由地方政府承担,事权和财权不统一,导致地方政府参与对农民工文化服务的积极性不高。因此,我国应建立中央政府和地方政府之间的协调机制,明确从上到下的专门部门、专门职能机构为农民工群体提供公共文化服务,形成明晰的权责关系,落实国家有关政策,协调财政资源落地。

——建立输入地和输出地协调机制。在现行户籍体制和行政体制下,农民工公共文化服务也涉及农民工输出地和输入地之间的协调配合,在财权事权不统一情况下,单纯地通过行政命令,会导致两地之间既相互争揽利又相互推责。同时,在服务内容上还可能出现重复服务和服务真空并存现象。因此,我国应加强两地之间的协调,合理配置公共财政资源,合理划分服务范围和服务内容,提升农民工城市公共文化服务的效果。

——建立文化部门与非文化部门协调机制。公共文化服务主要是由文化部门实施,但是又需要相关部门的财政、政策、设施、规划等资源。如教育、人力资源、财政、发改等部门,它们分别从教育培训、职业培训、财政资金、文化设施建设等方面,影响着公共文化服务。因此,我国应建立文化部门与非文化部门之间的组织协调机制,由文化部门承担主要责任和牵头责任,协调相关部门,合理规划配置公共文化资源。

——建立财政预算与非财政预算协调机制。农民工城市公共文化服务的财政投入,只能保证农民工基础的、基本的公共文化服务,而农民工公共文化需求具有多样性。因此,我国应通过农民工公共文化服务主责部门,制定相关政策,通过财政政策、特许经营等政策手段,吸引企业、社会机构向农民工提供公共文化服务。

——建立政府和市场关系协调机制。由于文化具有特殊性,文化领域主要依靠政府对资源进行配置。在文化领域市场虽不能像其他经济部门一样发挥决定性作用,但应发挥积极作用,通过市场,如特许经营、政府采购、授权经营、资产置换、鼓励捐赠等多种方式,调动社会资源的积极性,引导社会资源为农民工提供公共文化服务。

——建立供给与消费协调机制。按照供需对接原则,在政府和社会提供公共文化服务过程中,认真分析农民工公共文化服务需求的内容特色、消费时间特征、消费支付能力特点等,为农民工提供相应的特色服务。如在时间安排上,注重与农民工工作时间的错位,在地域上送文化进工地、进社区等,为农民工文化消费提供便利,符合农民工文化消费特点,提高服务效能。

8.3 服务运营机制

8.3.1 农民工城市公共文化服务运营机制的实质

在向农民工提供公共服务中,完善的运营机制是提高效能的组织保障。运营机制,是从决策到预算再到生产和提供服务的组织体系,是一系列委托代理关系的集合体。

8.3.1.1 从决策到执行的完整组织体系

组织是管理活动的基础,要保证农民工城市公共文化服务效率,建立健全的组织体系是前提,即公共文化的供给活动必须依托完整的组织体系作为保障。在农民工城市公共文化供给主体中,我们要明确中央政府是供给者,承担决策者和付费者的角色,需要建立从决策到执行的完整组织体系。

中央政府是决策者,是指中央权力机关,即全国人民代表大会通过民主方式对农民工城市公共文化供给与否作出决定。国务院和国务院的文化部门是属于执行机构体系中的最高机构,但是不承担文化生产和提供的直接组织工作,其职能是贯彻全国人民代表大会的决策,具体工作内容是目标管理和预算管理。目标管理是将全国人民代表大会的决策细化为可以实现的目标,并将这些目标下达到代理主体(地方政府)。最高执行机构还承担预算管理的职能,将决策和相应的预算,通过转移支付等方式,与目标任务相匹配落实到地方政府。

地方政府是执行组织的中间层,并不直接生产和提供公共文化产品和服务,而是将目标进一步细分和具体化,二次委托给下级政府、公共文化事业机构、企业、社区和个人等主体,并根据预算管理,为目标实现提供财力、物力支撑。

综上所述,完整的从决策到执行的组织体系,应是包括决策主体、最高执行主体、中间执行主体、具体生产者和提供者的组织体系。需要说明的是,地方政府作为执行组织的中间层,内部也可能进一步分层,如省级政府与县级政府、乡级政府之间的关系也是委托代理关系,以行政命令和配套财政资源使用权作为契约。生产者和提供者主要是公共文化事业单位(图书馆、博物馆)、文化部门(如举办文化活动)、文化企业单位(如培训机构)、社区、用工企业等,是执行组织体系的末端组织,也是距离农民工最近的或直接接触的执行组织。

8.3.1.2 各主体责任分工明确的组织体系

完整的从决策到执行组织体系,实际上是具有层级性的一系列委托代理关系结构。首先,决策主体,中央人大决策机构与中央人民政府及其文化部门之间是委托代理关系,人大决策机构将其目标管理和预算管理委托给政府部门实施。其次,中央政府及其文化部门,也通过相同的管理方式,将服务的责任委托给地方政府实施,依次直到基层政府、文化生产和提供机构,建立起了一系列的委托代理关系。组织体系行为有效的制度基础是相互之间产权关系十分清晰,从而降低管理成本。管理成本包括道德风险和逆向选择等违约行为。因此,我们只有明确各个主体在组织体系中的权利和义务,才能保证组织体系高效运转。权利主要是财政资源支配权、公共文化资源的使用权等。义务主要是生产、提供、监督等方面的。

8.3.1.3　以需求为导向的组织体系

虽然组织体系的权责清晰能保证供给行为的效率,但是难以保障行为的质量,即提供的服务难以满足农民工的需求。要提高城市公共文化服务质量,我们还需要坚持"以人民为中心",提供符合农民工实际需要的公共文化服务,或为农民工提供需求集中度较高的公共文化服务,在供给结构和需求结构之间形成一致性。因此,在组织体系中,让农民工作为"顾客"主体进入组织体系中,能够起到表达需求的作用,只有农民工参与的组织体系,才是真正的以需求为导向的组织体系,才是能够保证效率和质量的组织体系。

8.3.1.4　高效率的资源协调配置体系

由于行政机构在设置上是根据专业需要,设置条状的职能部门结构。但是在实际工作中,各个职能部门由于掌握的公共权力并不完全与其承担的职能一致。在政府机构中表现为强势部门和弱势部门之分、专业部门和综合部门之分。农民工城市公共文化服务在内容和方式上都表现出综合性特征,文化部门在政府序列中是相对弱势和资源较少的部门。因此,我国要提高公共文化服务效率,还需要加强协调能力。从实践经验来看,可以成立以更高级别领导(如省长、副省长等)为组长的综合协调机构、联席会议制度。只有依靠具有更大权威的组织者,对部门之间的关系进行协调,才能保证组织体系的效率。否则在部门利益驱使下,部门的本位主义将会影响城市公共文化服务中资源统筹运用的效率。

8.3.1.5 激发政府、社区、企业、个人参与公共文化服务积极性的组织体系

我国应针对不同主体建立不同诱导政策,如对社区应以财政拨款为主,因为社区不是经营性单位,主要靠举办文化活动和利用现有设施为农民工提供服务,所以重点针对社区文化设施的运营维护增加财政资金支持。对文化企业,通过政府采购、行业管控等形式,确保文化企业在提供文化产品和文化服务后获得高于机会成本的收益。对社会个人,我国可采取捐助免费的政策,鼓励社会个人向公共文化建设捐助,重点是完善相关的实施细则,使政策更具有操作性,如明确捐助的范围、主体资格、免税范围等,只有明确了权利义务范围,才能对社会形成吸引力。

8.3.2 农民工城市公共文化服务运营机制的几种模式

农民工城市公共文化服务是以城市公共文化设施为基础面向农民工提供服务的,但是要提高运营效率,需要根据公共服务内容和种类,以政府提供为主,鼓励社会各方积极参与。政府不能也不可能提供所有的农民工需要的公共文化服务,政府除了提供基本的公共文化服务之外,还需要企业、非营利组织、个人等共同参与,建立主体多元化、社会化的供给模式,以扩大公共服务种类。运营机制有如下种类。

8.3.2.1 公益性政府机构运营模式

一些基本的公共服务,应以政府付费、生产和提供公共文化服务为主要供给方式。这些基本公共服务包括农民工图书阅读、基本文化活动、政府政策宣讲、法律援助、农民工子女义务教育等。

——组织机构构成。公益性政府机构运用模式,是以政府机构或政府直属文化机构为主,生产业提供公共文化服务。从决策、预算、执行到监督的组织体系,相对应的是中央政府—地方政府—社区或文化事业单位—第三方监督评估机构。中央政府和地方政府是委托代理关系,即中央政府向地方政府付费,责成地方政府向农民工提供基本公共文化服务。而地方政府依托文化基础设施,委托社区或直属事业单位生产和提供公共文化服务。社区和文化

事业单位,受政府委托,组织文化资源生产文化产品和服务,直接提供给农民工。

——机构职能划分。在此运营模式中,中央政府主要担负着决策者和付费者的角色。由于农民工公共文化服务的正外部性、跨区域性,地方政府没有激励为外来农民工提供公共服务,这时就需要由中央政府决策,决定政府向农民工提供公共服务的内容。同时,中央政府向地方政府"采购",即中央政府向地方政府提供必要的财政资金支持。

在地方政府机构中,又分为省市级地方政府及其部门和县乡镇级地方政府及其部门。省市级地方政府及其部门如发改、财政等部门,负责辖区内基础设施投资建设的总体预算安排和总体规划、服务标准制定等。县乡级地方政府受上级政府和上级政府部门委托,负责基础设施具体建设、管理、运营维护。

文化事业单位如图书馆、博物馆、文化中心、文艺院团等,也可受省市政府委托,通过政府专项补贴形式,向农民工提供公共文化服务。

社区特别是社区文化活动中心,具体负责文化设施的运营维护,其财力来自县乡镇财政部门,社区文化中心处于体系的末梢,具体负责文化活动组织、文化设施开放等,直接向农民工提供文化产品和服务。

为提高运营效率,我们还需要有专业的第三方机构,全程地评估预算安排、投资建设、运营维护、民意调查、反馈决策。第三方机构主要受省市级政府委托,对政府部门的预算编制进行监督,确保其按规定数量和比例的财政预算资金能够投向农民工公共文化服务领域。县乡级政府在接收到上级政府财政预算后,第三方机构监督其将资金投向指定的文化设施和服务,防止资金挪用。第三方机构还会对文化事业单位和社区的具体文化活动进行监督指导、对效果进行专业评估、对农民工文化服务的满意度进行调查,设计指标体系评估城市公共文化服务绩效,将全程监督的结果信息及时反馈到委托部门即省市级政府,由其对预算安排进行调整,对县乡级政府、文化事业单位和社区进行问责,进一步提高公共文化服务效能。

——运营机构与决策和监督机构的关系。运营机构主要是预算编制、文化产品和服务生产组织者和提供者,在此体系中,决策者是付费者,主要指中央财政是该体系的总委托方,中央政府将有关服务职能委托地方省市级政府实施,是最终买单者。地方政府有时也承担决策者的角色,特别是在文化设施规划、服务标准制定过程中，地方省市级政府也是决策者。在需要地方财政配套的设施建设中，地方政府还承担着部分付费者的角色。

相对而言，监督机构是相对独立的专业机构，其行为应该不受委托方的影响，专业地、独立地开展监督和绩效评估。它可能是政府的某一部门，如审计、财政绩效评审中心等机构，也可以是社会专业机构如会计师事务所、专业研究机构等，其职责是做好监督和专业指导，为政府决策提供依据，当好参谋作用。

——提升公益机构运营模式效率的举措。一是建设符合农民工文化消费需求设施网络。农民工具有聚居、流动等特点，因此农民工公共文化设施也需要具有灵活的特点。如上海制定出台了《关于深入推进"文化进工地"活动丰富农民工精神文化生活的意见》，要求文化机构、文化互动要进入工地，为农民工提供更便捷的文化服务。有的地方如在农民工工地免费放映电影，开展流动文化服务车进工地等活动，有效提高了农民工文化服务效率。二是调整城市公共文化设施功能以满足农民工需求。根据农民工对文化设施的需求，除了现有文化设施的娱乐、阅读等功能之外，我们还应调整、增加符合农民工主要需求的服务内容，如开展针对农民工需求的技能培训、电脑知识培训、提供就业信息服务等。三是调整设施运营时间以满足农民工文化需求。农民工的休闲时间主要在周末和夜晚，因此公共文化在设施运营方面应增加符合农民工作息时间的开放时间，如周末开放、夜间开放等。当然，采取周末开放或夜间开放等措施可能会增加运营管理费用。除了需要中央政府以一定方式给予补贴之外，我们也可以采用文化志愿服务等方式，通过志愿者协助运营管理，增加公共设施开放时间，满足农民工文化服务需求。

8.3.2.2 市场运营模式

——市场机构适用范围。公共文化服务分为纯公共文化产品和准公共文化产品，一些文化产品特别是文化设施的消费具有一定程度的竞争性，无成本的消费会导致"拥堵成本"。因此，政府可以通过部分付费的形式提供公共产品。如职业培训，如果完全由政府免费提供可能会导致供给不足。因此，对一些准公共产品，政府制定相关政策，在确保企业获得市场平均利润的前提下，利用竞争机制引入社会资本参与运营。

——市场机构组织模式。竞争机制是市场机构组织模式的核心,农民工输入地城市政府可以通过引入竞争机制,放开市场准入门槛,引入社会机构参与公共文化的提供。竞争机制包括公开招标、竞争性谈判等方式,通过政府采购、贷款贴息、设立投资回报补偿金、后期奖励特许经营、公共部门与民营企业或民间组织开展合作等多种措施转变政府付费机制,由政府出钱采购向社会提供的公共文化服务,调动社会文化企业和文化机构参与农民工城市公共文化设施的建设和运营,补充现有公益性行政文化设施的不足。

市场机构组织模式流程主要包括以下环节:一是农民工城市公共文化服务主管部门制定城市公共文化服务招标文件,明确考核目标、付费方式、社会机构资质等要求,确定政府采购文化服务的标准和内容。二是通过向社会公开发布公告,招标选择可以进行合作的文化机构,由社会文化机构负责出资建设和运营文化设施,或受政府委托运营政府出资建设的文化机构,但是其收费标准应按照政府要求低于一般的市场价格,同时要保证运营机构的平均市场利润。三是由农民工城市公共文化服务主管部门委托专业文化机构如图书馆、职业学校、技术推广机构等,对社会机构的公共文化业务进行技术指导和技术标准监督。四是建立多元监督机制,由文化主管部门委托社会专业机构,对社会机构提供的公共文化服务进行第三方评估监督,将信息反馈给农民工城市公共文化服务主管部门,作为是否签署后续合同的依据。文化主管部门根据第三方评估反馈的信息、农民工反馈的信息,以及社区、基层政府、专业评估机构反馈的信息,重新修订合同标准。同时,引入竞争机制,优化选择新的社会文化机构或与原机构签订新标准的合同。

——市场机构运营模式的监管。城市政府将农民工公共文化服务和设施委托给市场机构建设和运营后,最核心的问题是如何进行有效的运营管理和监督。根据委托代理理论,市场机构在企业利润最大化与政府追求的公共服务利益最大化之间会存在一定矛盾,如何在两者之间寻求平衡,是提高市场机制运营模式效能的关键所在。对政府而言,需要在认真测算市场平均利润基础上,制定标准明确、产权界定清晰的合同文件,重点加强事中和事后管理。

一是制定条款清晰明确的法律文件,即委托合同。在合同文件中,政府要明确服务要求、标准、程序、双方权责等内容。同时,政府要明确违约后所采取的惩戒性措施,必要时应建立保证金制度,对社会机构形成硬约束。二是采取信息公开机制。信息公开透明,借助于社会力量或社会机构的竞争力量,对已进入者形成竞争约束,由社会机构、农民工、媒体等对市场机构形成监督。三是引入竞争机制。竞争是对市场机构最好的约束。农民工公共文化服务的提供效率,不论是公益还是私营,都需要清晰的产权安排和引入竞争机制。如果引入竞争机制,建立淘汰机制,政府与公共服务承包机构间的共谋行为就很难生效。四是充分发展社会中介机构和其他专门机构力量,如社会文化委员会、研究机构等,积极参与对社会机构的监督、评价,以发挥舆论监督的作用。

8.3.2.3 社会非营利组织运营模式

——社会非营利组织。在国外,社会非营利组织是文化服务供给的重要主体之一,由于文化需求的多样性、专业性等,政府和社会企业都难以提供所有的公共文化服务。引导社会非营利组织参与农民工城市公共文化服务,需要政府出台能够引导社会非营利机构参与的行政政策,如对非营利组织的认证机制、对其进行运作和监管的地方性法规、使用公共资金资助等办法。同时,政府也可以采取捐赠免税、抵扣税等措施,鼓励个人和企业向非营利机构进行捐赠,为其提供经费保障。引导非营利组织参与农民工城市公共文化服务,能够有效提高服务的效率和质量。

——非营利组织运用模式。在国内,虽然非营利机构相对较少,但也有像"农民工之家"这样专门针对农民工服务的社会机构,"农民工之家"是农民工的自组织形式,采取自我管理、自我约束、自我服务。非营利组织参与农民工城市公共文化服务,其经费应主要依靠政府财政资金,社会捐赠只是补充。在向非营利机构进行财政资金支持时,与对市场机构的管理类似,应重点对非营利机构运营能力进行评估,对资金使用效果进行评估。由于非营利机构对公共文化设施的运营成本与社会企业机构运营的成本不同,主要依靠政府拨款,政府应更加注重财政资金使用效果的评估和监督管理。政府对非营利机构的评估和选择,要关注非营利组织的运营行为是否符合公认的规范,包括其提供的服务内容是否符合农民工需求,其筹资工作是否符合国家法律法规有关规定,财务制度是否符合规定的标准等。这些都关系到非营利组织的公众形象,影响其筹款能力,也是保证非营利文化基础设施运营规范化所必需的。对非营利机构的监督主要依靠社会评估,这也是非营利组织自我管理的一种重要形式,它可以增加非营利组织之间的联系,协同社会资源向农民工提供文化服务的同时完成管理任务。对非营利机构提供农民工公共文化服务的绩效,也可以委托第三方专业评估机构进行评估,将评估信息反馈给政府作为拨款额度和拨款时间进度的依据。

8.4　提升效能的问责监督机制

8.4.1　建立绩效考核机制

8.4.1.1　建立专业考核制度

——建立长效机制。专业的考核制度要成为长效机制,必须作为正式的制度建立起来。考核作为工作内容,应以法律的形式规定为某一部门的职能,只有成为固定职能,才能确保考核成为日常工作。如财政的绩效评估职能、审计的预算审计职能等。农民工城市公共文化服务绩效也应建立长效机制,纳入审计部门等监督部门的职责范围,只有这样才能确保监督考核工作长期开展和形成约束。

——设定专业考核指标。制定绩效考核指标体系,必须符合公共文化服务的特征。在考核中,目前针对文化领域的绩效考核还缺少科学依据的支撑,特别是由于公共文化服务和文化管理强调社会效益,而社会效益难以量化,只有结合文化自身的特性建立符合文化绩效的指标体系,才能成为专业考核的依据。在社会效益指标中,重点增加来自农民工的评价指标,如满意度调查等。

——培育专业考核评估队伍(专家)。目前,绩效考核在我国各个领域都不太成熟,缺少专业的考核队伍也是原因之一。在文化领域,也同样缺少专业的绩效考核专家或研究机构。因此,我国应培育文化领域的绩效考核专业人才。

8.4.1.2　建立农民工参与考核机制

农民工是文化的直接消费者,对公共文化供给状况也最有发言权。因此,我国要建立有农民工参与的绩效考核机制。

——搭建互联网互动平台。移动互联网为农民工参与绩效考核创造了条件,我们可以通过建立互动信息平台,开设农民工评价栏目和板块,广泛宣传发动农民工参与公共文化绩效考核和评价。

——听取农民工的意见。在专业绩效考核中,农民工接受调查应占有相当的比例,无论是在问卷设计上还是在直接座谈中,我们都应充分、科学地选择农民工群体代表参与,积极听取农民工的意见。

——建立农民工满意度民意调查制度。定期对农民工公共服务的满意度进行调查,确保农民工的需求意愿能够及时反馈到决策机构,对无效行为及时修正。

8.4.2 建立信息公开机制

信息管理系统是一个完整的信息管理过程中,包括信息的采集、加工、存储、传递、使用和反馈等。在系统管理过程中,我们需要依托一定的介质或工具,介质工具是组织和制度的结合体。因此,信息管理系统也需要建立完整组织制度。

8.4.2.1 建设需求信息表达机制

——需求信息的采集。信息是对数据加工的产物,信息的采集在于前端对相关数据的收集过程。在信息采集中,需要有专业的组织完成信息采集工作。信息可能是通过与农民工直接访谈、问卷调查等获得的一手资料,也可能是来自对农民工文化消费的市场行为特征等这些间接数据的采集和分析,从而形成农民工文化需求信息。

——需求信息的分析。信息是相对原始的元素,要将其被决策机构所理解,并应用到实际工作中,还需要专业机构的分析,如农民工城市公共文化需求研究报告、政府对策建议、政策方案等,只有这些在原始信息分析基础上得到的结论和建议,才能为决策机构提供有价值的二次信息,即加工过的信息。

——需求信息的传递。从信息形成到决策支撑,还需要传递渠道。传递渠道主要有人大代表议案、政府参谋机构等,只有需求信息能够进入决策者或决策会议的议题,才能促使政府解决农民工公共文化相关问题。

——需求信息的利用。需求信息通过专业分析处理后,形成分析报告和建议方案,提供给决策机构,作为决策参考依据。需求报告或方案应包括农民工需求的数量、种类、质量要求等,以及如何利用现有资源满足这些需求的方案建议,供决策机构决策。

8.4.2.2 健全决策信息下达机制

——建立目标管理责任制。将农民工城市公共文化服务供给编制成政府工作折子工程或政府规划等目标任务形式,明确农民工公共文化服务的数量、结构、种类等,同时明确下级政府享受的权利,如中央财政补贴额度和方式等,即代理主体对某些资源的支配使用权和享用权,只有这些附带的产权信息明确,才能规范代理主体的行为。

——明确决策信息的传递渠道。要保证工作任务能够落到实处,我们还需明确文化部门作为公共文化服务的主要承担主体,要依托文化部门垂直体系,形成固定任务委托代理渠道,保证工作任务分配时责任主体明确,下传信息内容和任务信息,只有明晰各方权利义务关系,才能减少执行中的不确定性,从而保证委托代理任务能够得到有效执行。

8.4.2.3 建立监督信息反馈机制

——对文化生产者行为的监督。通过中介评估机构、第三方评估机构,对公共文化单位或基层文化产品和服务生产主体的行为效率进行检测和评价,形成行为效率数据,反馈到委托方上级政府,通过相关的奖惩机制,使生产者生产的产品和服务符合决策者提出的目标要求。

——对提供(运营)主体行为的监督和研究。公共文化设施主要由公共文化机构运营管理和提供服务的,建立提供(运营)主体行为的日常监督,如自评价制度,或专业机构受托评价制度,及时发现代理方的不作为或不符合目标的行为信息,为问责、行为纠偏等提供依据。

8.4.2.4 加强绩效考评信息应用

绩效考评信息属于信息回路环节的信息,是反馈机制的重要形式。绩效考评信息包括代理主体的行为是否符合契约规定等。绩效考评信息不是简

单地对行为主体的信息进行采集,而是基于专业评价分析后形成的信息。绩效考评信息的主要用途有以下几个方面:

——加强代理方行为绩效考核。加强下级政府作为代理主体的绩效考核,重点考察是否行使了职责,以及在行使职责中,资源使用是否有效率,以及投入产出比例是否在一个合理的区间等,形成绩效考核报告(如财政的绩效评估报告、审计局的审计调查报告),为新一轮的公共文化服务生产和提供行为进行修正提供依据。

——绩效评估信息在政府问责中的应用,是委托主体向代理主体追究责任的证据或依据。上级政府或委找主体依据绩效完成情况,对下级政府或代理主体采取奖惩措施。

——绩效评估信息对生产和提供主体行为的约束。绩效评估信息有时不一定能够对行为主体的行为进行惩戒,但是能够使代理主体对自己行为的结果产生预期,从而使得行为主体的行为符合契约要求,降低违约概率。

8.4.2.5　建立农民工公共文化服务信息平台

以上信息系统主要是供给端的管理信息系统,但是要保证供需有效对接,还需要将供给信息及时、准确、全面地传递到需求方。现代网络技术的出现,为搭建公共信息平台提供了技术条件。我国应建立农民工公共文化服务网络、门户网站等,为农民工提供公共文化服务信息。

建立符合农民工需求特点的信息平台。农民工群体整体文化素质较低,有许多农民工还不具备上网技能,公共信息平台还需要以传统的方式为主。如阅报栏、信息栏、电视公共栏目、手机短信等,技术相对传统的信息平台,更切合农民工对公共文化信息供给信息的需求。

8.4.3　建立问责监督机制

8.4.3.1　建立问责机制

一是明确问责主体和客体(明确谁问责,问责谁)。针对农民工城市公共文化服务,首先要建立完整的问责制度体系,明确公共文化服务的问责事项,如服务不达标、农民工满意度不高等。其次要确定问责者及其职责,在农民工城市公共文化服务中,问责者主要是政府,对生产者和提供者进行问责,同时明确问责者的权利和义务,规范问责者的权力,不能滥用权力。再次要明确被问责者,在农民工城市公共文化服务中,主要被问责者是代理人,包括生产者和提供者,生产者有没有按照规定的标准生产文化产品和服务,提供者的提供效率是否达到规定要求等,都需作出明确规定。复次要建立农民工对政府的问责制度,如通过农民工的满意度调查,对不满意的行为建立政府响应机制,如对有关政府部门的问责等。二是明确问责中的奖励和惩罚制度。问责制度必须与奖励和惩戒制度相配合,否则问责机制将难以发挥作用。对完成任务较好的主体,应按照一定的标准进行监督奖励,对达不到契约规定的行为要有相应的惩戒机制。如保证金制度、资格注销等,对违约行为进行一定的但标准严格的惩戒,规范公共文化服务行为。

8.4.3.2 建立舆论监督反应机制

一是建立预算公开制度。对公共财政中用于农民工公共文化服务的预算,应建立专门的科目管理,既便于专项管理,也便于社会监督。在此基础上,实现预算公开制度,让社会了解预算内容,便于社会监督。在目前预算管理中,由于没有设立专门的项目,导致许多不属于农民工服务的预算,或只有较少关联性的项目预算,都被列入农民工公共服务预算,导致事实上只有很少甚至根本没有用于农民工公共服务上。社会对过于专业的预算又分不清、看不懂,因此难以达到社会监督的目的。二是社会舆论监督反应机制。对有的问题社会舆论进行了热烈的议论,也引起了一定的重视,但是在信息时代,信息更新迅速。某一信息今天受到社会的关注,但明天就被新的更值得关注的信息取代。因此,只有舆论监督或社会监督还不够,我们必须得有落实机制,将舆论反映的问题及时解决,而不能成为"烂尾"信息,导致实际问题得不到解决。

第 9 章
农民工城市公共文化服务保障机制

9.1 构建保障机制的战略意义

本章认为构建农民工城市公共文化服务体系保障机制具有战略意义。农民工公共文化服务过程分为"决策、执行、控制"三个阶段,应科学设立决策保障机制体系、执行保障机制体系、控制保障机制体系。

9.1.1 有利于消除城市区域限制,弥合二元结构缺陷

目前我国城乡二元社会经济结构特征仍然突出,农民工作为城市与农村链接的重要纽带,但是他们进入城市后,主要从事城市居民不愿从事的工种,如建筑、餐饮服务、保洁等。同时,他们又在一定区域内聚居,形成了有别于农村居民和城市居民的第三类群体,农民工与城市居民在生活水平、消费方式、居住空间、交往范围和文化习惯等方面存在明显差异,在城市内部形成了新的二元经济社会结构,原有公共服务体制也从制度上固化了新的城市二元结构。构建农民工城市公共文化服务体系保障机制,保障城市公共文化服务对城市居民和农民工的服务平等、机会平等,有利于社会公平的实现、社会心

理的平衡和城乡环境的改善,加快消除二元结构的速度。

9.1.2 有利于保障农民工文化权益,助推农民工融入城市

农民工在进入城市后,由于经济、社会等因素与城市形成心理隔阂,表现为消极的心态和情绪,他们的心理适应和心理融入问题比较突出。如失落感、被剥夺感、不安全感和危机感、社会排斥感、焦虑心理、社会认同感低、社会信任感低。特别是生活的贫困和向上流动的机会缺乏,使他们产生强烈的挫折感和各种消极情绪,容易作出种种偏激的行为。在农村城镇化和农民市民化过程中,农民要真正融入城市,首先是文化认同和文化融入,使其价值观念、行为规则、生活方式实现"城市化"。构建农民工公共文化服务保障机制,保障农民工文化权益,增强农民工对城市文化、城市生活方式、行为规则的认识、理解和认同,有利于农民工以文化、心理融入促进社会融入。

9.1.3 有利于促进农村剩余劳动力转移,加快城镇化建设进程

中小城镇在吸纳农村剩余劳动力方面具有大中城市难以比拟的优势,它们既是第二产业的集中地,也是第三产业的发源地,能够产生对农村劳动力的巨大需求。当前我国正在积极实施城镇化战略,以城镇化促进工业现代化,而农民工是城镇发展未来的主要居民和产业工人。构建农民工公共文化服务体系保障机制,加快完善公共文化服务,有利于提升农民工文化素质,提高农民工就业技能,使他们在城市、城镇真正能够安居乐业,在城市、城镇稳定地工作和生活,有利于加快城镇化建设步伐。

9.1.4 有利于改善农民工人力资本结构,适应工业化发展升级需要

农民工大量进城填补了制造业、建筑业、餐饮服务业等劳动密集型产业的岗位空缺,他们已成为支撑中国工业化发展的重要力量。但是随着产业结构升级,产业对劳动力的知识和技能需求发生了结构性变化,这就要求农民工的人力资本结构要跟上工业化发展需要。构建农民工城市公共文化服务体系保障机制,为农民工提供相应的公共文化服务,加强农民工劳动培训和知识培训,有利于提高农民工的文化素质和劳动技能,使其能够跟上工业化

发展的需要。

9.1.5　有利于促进公共文化服务均衡发展,保障城市弱势群体文化权益

农民工已经成为新的城市弱势群体,他们被排除在经济发展进程之外不能享受到社会经济发展的成果,由于文化水平低下、劳动技能单一,他们在激烈的城市竞争中处于劣势,生活相对困难。构建农民工城市公共文化服务体系保障机制,有助于社会公正、有效地维护农民工等弱势群体的基本文化权益,满足农民工基本文化需求,使其能够共享社会发展权利。

9.1.6　有利于提升农民工文化文明程度,构建和谐稳定社会环境

社会分化首先表现为贫富差距、文化隔阂、社会阶层化等,这些都是社会冲突的重要根源,是影响社会和谐稳定的重要因素。由于历史的城乡二元结构和市场失灵等,社会保障机制缺失,城市反哺农村、工业反哺农业的机制未形成,城市居民和农民工在社会资源占有上的差距越来越大,从而形成一个恶性循环,引发社会的不和谐,严重的可能引起社会危机和动荡。因此,我国构建农民工城市公共文化服务保障机制,提升农民工的公共文化供给水平,有利于提升农民工的文化素养、增进文明程度、促进社会和谐稳定、维护整个社会的长治久安。

9.1.7　有利于促进公共文化均衡发展,保存和发展民族文化多样化

在文化领域,如果完全由市场机制发挥作用,价格机制会导致文化趋同、文化产品单一、大众文化肆虐,文化的多样化将会受到影响。构建农民工公共文化服务体系保障机制,为农民工参与文化创作和生产提供机会,加大对农村源文化的保护力度,发展内容丰富、形式多样的文化产品和服务,支持民族文化继承和发展,有利于我国多样化的民族传统文化得以传承。

9.2 保障机制的理论基础

从公共管理活动的流程来看,农民工城市公共文化服务是一个行政管理过程,其重点是"服务",即供给过程。但是,在这个行政管理过程,我们容易忽略公共文化服务的需求及其特性,忽略供给与需求的交互影响。一个完整的农民工城市公共文化服务过程,应包括供给、需求和供需交互作用这三个环节,每一个环节的缺失和低效率,都会影响公共文化服务的政策性效果。

9.2.1 农民工城市公共文化服务保障机制理论基础

9.2.1.1 新公共管理理论中保障机制相关理论

20世纪90年代初期,发达国家出现了新的公共管理模式,在各种文献中几乎一致地采用"新公共管理"这一名称。新公共管理模式起始于20世纪80年代英国的一系列行政管理体制改革,撒切尔政府时期开始实行公共企业民营化、精简公共部门等措施,行政部门逐渐从行政性的官僚组织转变为管理型的官僚制组织。1992年美国进步政策学院研究员戴维·奥斯本提出的"重塑政府"理念,得到后来当选总统克林顿的认可,并实施政府绩效评估策略,形成全国绩效评估报告,对官僚制问题进行诊断,并提出解决方案,通过四条主要原则试图改革政府:削减办事程序、顾客至上、授予下属取得结果的权力、产生一个花费少效果好的政府。20世纪90年代,世界经济合作与发展组织在一份报告中指出,只有对公共部门的文化进行根本性变革才能提高公共部门的效率与效能。1998年经济合作与发展组织进一步对此进行总结分析,指出旧的管理典范被一种新的管理典范所取代,新的典范把现代管理方法与经济学规范结合起来运用于政府公共管理。这种新的公共管理方法重点采取目标管理方法和绩效评估方法,应用市场机制取代中央集权型管制,引入竞争机制与淘汰机制,按照权利和义务相统一原则放权。

可以看出,新公共管理的理论基础是经济学和现代管理理论的结合,运用了经济学学科经济人假设前提,并主要采纳了公共选择理论、委托—代理理论、交易成本理论等。其中,公共选择理论强调,政府工作人员受经济动机的支配,政府管理应允许竞争与选择,政府将尽可能多的活动交由私营部门。委托—代理理论认为,公共部门中代理问题更为严重,应尽可能多地将公共事务签约外包出去,将公共部门的代理关系变为私营部门代理关系,因为私营部门的代理关系更为有效。交易成本理论指出,采取签约外包形式来降低行政经费,通过竞争机制有可能使交易成本进一步降低。

新公共管理理论从根本上将公共行政转变为公共管理,前者强调命令执行,令行禁止,执行指令是内部行政机构正常运行服务,是将程序和政策转化为行动及办公室管理。而公共管理则强调目标和绩效,以效率最大化的方式进行组织活动和实现目标,个人对结果真正负有责任。

新公共管理的核心宗旨是效率和效能,通过引入私营部门的现代管理方法改革公共部门管理,提高公共部门为社会服务的效率。新公共管理的主要方法:一是引入市场竞争机制,让私营部门参与提供公共服务,鼓励公共部门与私营部门、公共部门与公共部门之间竞争,通过竞争降低成本,提高服务水平和政府的工作效率。二是实施绩效管理,按照一定指标和程序,由第三方机构按照科学的方法,对公共部门或私人部门提供服务的效果效率进行评估。三是以公民需求为导向,政府只是公共服务供给方,其顾客是公民,要以顾客的需求为导向,提供公民所需的公共服务。同时,公民有接受和拒绝的自由和权利,可以自由表达对服务的满意程度。四是优化政府职能,政府只是公共服务提供者之一,也存在效率问题,可以通过非国有化、自由化,缩小政府规模,实施服务外包,转变政府职能,提高政府工作效率。五是专家参与政府管理。

在新公共管理语境下,政府提供公共服务需要以"效率和效益"为核心,新公共管理的理论基础同样是政府公共服务保障机制的理论基础。如公共选择理论允许竞争与选择,让私营部门参与公共服务,其前提是能够对私营部门行为进行激励(收益大于成本),保障私营部门的最低收益已成为公共政策的主要内容。委托—代理理论中有关代理人道德风险的控制理论,为预控公共部门或提供公共服务的私营部门行为、确保服务效率提供了理论基础,由此提出控制代理人违约的方案,包括绩效评估机制和惩戒机制等。交易成本理论认为,只有交在易双方信息对称、交易结果可预期情况下,交易行为才有效率。相关内容涉及权益关系是否确定和交易双方信息是否可测,前者要求明确各方面的契约关系,后者要求对交易过程的信息进行充分采集和反馈。因此,从交易成本角度考量,提高服务效率的重要保障是明确交易双方之间的法律契约关系、建立信息交流渠道,这也就是保障机制中的法律保障机制和信息对称保障机制。

同样,新公共管理中一些提高"效率和效益"的方案或方法,部分是供给方式本身,但多数是属于保障机制方案范畴,是围绕"供给效率和效益"提供保障的手段和方法。如在公共服务中的供给者角色与生产者和提供者角色的分离,让私营部门参与公共服务生产和提供,既是公共服务需要采取的方法,也是提高公共服务效率的保障手段,即保障机制的重要内容。私营部门参与公共服务,充分利用了私营部门之间、私营部门与公共部门之间的竞争机制,有利于提高公共服务的"效率"。再如绩效管理,作为一种管理方法或管理机制,是公共服务供给活动之外的控制性活动,完全是保障公共服务效率的手段。以顾客为导向的思想,即以满足公民需求为公共服务的根本前提,为提高公共服务效率提供了来自"需求"的约束,供给者在提供公共服务时,还要受制于需求信息渠道、需求表达机制、需求者自身的需求特性的制约。在公共文化服务需求中,由于需求主要取决于休闲时间、文化鉴赏能力和支付能力,相应地保障公共文化服务效率,还需要建立需求的正常表达机制和基础需求保障机制。

9.2.1.2 新公共服务理论中保障机制相关理论

新公共管理理论为多数西方国家的政府根本性变革提供了指导,市场化竞争机制、私营部门管理理念、管理技术和管理方法的应用,使政府变得更加灵活、有效,政府管理弹性更大。由于新公共管理理论的基础假设是"经济人"假设,追求工具理性的效率,忽略了政府行政管理的价值和伦理。新公共服务理论针对新公共管理中公共行政基本价值偏离进行修正,强调以公民为中心的治理理念。新公共服务理论在对新公共管理理论扬弃基础上,更加关注公共行政基本价值,关注民主价值和公共利益,是以人为本的政府管理理论。

新公共服务理论的基本观点包括以下几个方面:(1)服务而非掌舵。政府是通过提供服务的方式帮助公民实现他们的共同利益,而不是要主导和控制社会。(2)公共利益是行政服务的基本目标。政府官员要树立公共利益观,而不是受个人利益驱使,创造共享利益和共享责任。(3)战略性思考和民主行动。公共服务的供给需要在充分研究的基础上,特别是听取公民需求和民众参与表达基础上作出规划,并通过社会及民众参与的方式共同实现。(4)服务公民而不是顾客。政府在提供服务过程中,政府与民众之间不仅仅是简单的供给和需求关系,而是信任、平等、合作的关系。(5)责任不是单一的。政府绩效考核是综合型考核。(6)重视人而不是生产效率。要以满足人的全面发展为基础,提供所需的公共服务。(7)重视公民权和公共服务。

新公共服务理论为公共服务保障机制提供了新的理念和解决方案,为公共服务质量而不仅是效率提供了理论基础。在公共服务提供过程中,要注重公民的参与,公民不是受众而是用户,有权参与公共服务的决策和对公共服务进行评价。在公共服务决策中,民主首先体现为服务对象参与决策,为决策提供意见建议,决策过程有接受者的参与和互动,不是被动地接受。因此,民主决策是提高公共服务质量的重要保障。在政府的角色上,政府是资源的协调者,政府主要负责协调社会资源参与公共服务的生产和供给。为保证公共服务的效率和质量,政府可以是直接的提供者,但更多的是资源协调者,尊重社区、社会和志愿者个人参与公共服务,为非政府组织参与公共服务创造环境,环境的内容包括法制秩序、文化环境等。

9.2.1.3 服务型政府理论中保障机制有关理论

我国当前正在积极推进服务型政府建设,但无论是实践还是理论研究,都还处于探索之中。在经历了一系列不协调、不和谐之后,我们意识到必须比以往更加重视与民生、环境、公共服务等紧密联系的关键领域。国务院在《全面推进依法行政实施纲要》中首次提出我国建设服务型政府的目标和主要任务,要求各级政府要"强化公共服务职能和公共服务意识,简化公共服务程序,降低公共服务成本,逐步建立统一、公开、公平、公正的现代公共服务体系"。中共十七大报告要求各级政府要进一步"健全政府职责体系,完善公服务体系,强化社会管理和公共服务"①。中共十九大报告进一步明确,要"形成科学合理的管理体制","建设人民满意的服务型政府"②。各级地方政府为贯彻落实中央精神,积极开展建设服务型政府的伟大实践。

从服务型政府的理论来源来看,较多的研究归结于人民民主理论、新公共管理理论、新公共服务理论等。服务型政府理论的根本基础是公共性理论,核心思想是民主行政理论,直接思想来源是马克思主义代表制,实践的理论指导是新公共服务与治理理论。

从服务型政府建设实践来看,我国政府建设前后经历四次改革。改革从精简机构和提高效率,到转变政府管理职能,提高服务水平,注重民主、法制、公平、正义的服务型政府,逐步回归到公民本位和以人为本的核心服务理念。服务型政府是由"政府本位"到"公民本位"的政府治理理念与主导价值的深层次转换,以及在此基础上政府治理模式的战略转型。

在服务型政府建设保障机制方面,我们要处理好几个方面的关系,即服务型政府与有限政府的关系,服务型政府与公民社会的关系,服务与规制的关系,服务与法制的关系③。从内容上来看,前两个关系属于对服务型政府认识范畴,后两个关系属于保障机制范畴。服务型政府在供给公共服务的同时,规制不可缺少,规制中如信息规制(即信息披露规则),需求表达机制或绩效评价机制,将信息的生成与传递以规则的形式予以确定。再如经济规制工具,如用财政政策激励引导符合预期的公共服务行为等。在服务型政府服务与法治关系中,法治是服务的契约保障,明确各资源之间的契约关系或界定行为主体的行为边界。在培育公务员服务行政理念中要建立服务问责制,在法治建设中要进一步健全行政法制,从立法、执法到监督的全程来推进政府行政的法治化。在信息沟通渠道方面,政府应建立有效的公共服务绩效评价反馈机制,政府在做好自律的同时,自觉接受民众的评价和监督,如定期开展群众满意度调查,并将调查结果运用到下一轮公共服务决策中。

根据对基础理论的梳理可知,要实现保障机制的功能,即提高公共服务

---

① 胡锦涛. 高举中国特色社会主义伟大旗帜,为夺取全面建设小康社会新胜利而奋斗.
② 习近平. 决胜全面建成小康社会,夺取新时代中国特色社会主义伟大胜利.
③ 姜明安. 加强对服务型政府建设的理论研究[J]. 行政法论丛,2010(1):1~16.

效率和质量,保障机制需要充分结合公共文化服务的流程,而不能脱离公共服务流程来研究保障机制。一般公共服务理论将公共服务流程分为计划、组织、服务和控制等环节。该流程只包含了供给部分,仅仅是公共服务的供给流程,实际上,一个完整的公共服务流程还应有需求的参与。因此,本章将公共文化服务流程划分为供给、需求和供给需求交互作用三个环节或称三个模块,保障机制相应地划分为对供给的保障、对有效需求的保障和对供给需求交互作用的保障,即供给保障、需求保障、供需交互作用保障。

9.2.2 农民工城市公共文化服务供给保障的主体

9.2.2.1 供给保障主体

供给保障主体是供给保障行为的实施者,与供给主体既相区别又有联系。供给保障主体对供给主体生产和提供公共服务行为,提供辅助支持、约束和激励,使供给主体的行为符合管理活动设定的标准。

供给保障主体与供给主体之间的关系表现为施动与受动的关系,具体包括扶持与被扶持、管制与被管制、监督与被监督、协助与被协助、激励与被激励等关系,这些关系体现在供给活动的全过程,无处不在。

9.2.2.2 供给保障主体与政府

在公共文化服务中,最终供给者(或称付费者)是政府。为了提高供给活动的效率,作为供给者的政府可以直接对管理活动进行辅助、约束或激励,此时政府是供给保障主体的组成部分。在公共服务提供过程中,政府具有双重角色或多重角色,政府既可能是公共服务生产和提供者,也有可能供给保障者,如付费者、监督者、资源协调者等角色则是政府起到供给保障的作用。比如为提高服务效率,在公共服务供给方式中引入竞争机制,鼓励社会单位参与提供公共服务,此时政府是制度供给者,是资源协调者,是保障主体。政府也可以委托社会机构和个人对公共文化服务活动进行辅助、约束或激励,受委托的供给保障主体,无论是政府组织还是非政府组织,与作为供给者的政府之间,本质上是委托—代理关系,受供给者政府委托,对公共文化服务活动实施监督、进行绩效评价等。

9.2.3 农民工城市公共文化服务供给保障的机制体系

农民工公共文化服务过程大体分为"决策、执行、控制"三个阶段,为清晰地对农民工城市公共文化服务供给保障机制的相关研究进行梳理,供给保障相应地划分为决策保障机制体系、执行保障机制体系和控制保障机制体系。

9.2.3.1 决策保障机制体系

行政决策的标准要求是科学和民主。科学,在此是指合理和有效,属于行政管理技术标准,其目标是实现效率,使得政府行动能够合理地配置资源和达到行政目的。民主是方式问题,属于行政管理价值标准,也是决策的形式,其目标是实现公平公正,保证多数人的利益得到保障,使得行政行为能够符合多数人的利益。依据现代管理理论,决策的重要基础是清晰的产权关系和完整的决策信息系统。因此,决策保障机制的主要内容是契约和信息系统建设。按照现有的国情,公共文化供给过程应经由人民代表大会决策和政府执行两个方面,其中与人民代表大会决策有关的保障机制应包括以下几个方面。

——法律契约保障机制。法律契约保障对农民工城市公共文化服务的重要意义在于:首先,明确农民工享有基本文化权益,保护和实现农民工基本文化权益是政府承担的重要义务之一,这是农民工城市公共文化服务相关决策最重要的法理基础。挪威学者艾德根据《世界人权宣言》和《经济、社会和文化权利国际公约》把个人文化权利总结为四个方面内容:有权参与文化生活,有权分享科学和社会进步成果,有权享有其创作的任何科学、文学或艺术作品所产生的精神和物质利益,有权进行自由的科学研究和创作活动。保障农民工基本文化权益有大量的研究成果,但是农民工的基本文化权益具体包括什么,在政府实践和理论研究中,都没有作出明确的界定。政府要保护农民工基本文化权益,具体保护什么,实现什么,从标的上不具体,政府履行公共文化服务职能的目标不确定,政府应承担的义务边界不明确,信息不对称,导致农民工城市公共文化服务的低效率。而在我国,文化立法水平远远落后于现实需求,如张凤琦等人提出,我国"不仅缺乏文化事业的纲领性法律,而且在文化的许多重要领域,如对公民基本文化权益实现等方面还未根本解决无法可依的问题"①。由于相关法律法规的缺失,农民工的文化权益得不到保障甚至受到了侵害。

其次,法律契约保障机制应从法律的角度规定农民工基本文化权益保护是政府行政服务的重要内容。一是需要明确规定农民工公共文化服务在政府的行政事项范围内。在明确农民工基本文化权益之后,无疑已经规定了政府的义务,但是,法律契约保障的进一步作用在于,应明确该义务属于哪一级及哪一地区政府。如果界定不清楚,农民工的基本文化权益同样得不到保障。由于城乡二元体制,农民工成为城市居民和农村农民之外的第三类群体,是游离于城市与农村的"夹心层",既被城市政策排除,又被农村政策排除。事实上,问题的根源并不在于城乡二元结构,二元结构只是表象而不是体制根本。从法律契约根本上来讲,没有明确谁应该对农民工的基本文化权益保障承担责任,是出生地政府?是工作所在地政府?还是超越这两者的更高层次的政府?相关的研究和实践都没有作出清晰的回应。二是明确规定具体政府享有的权益。事权和财权的统一是政府行政的基础,在规定"具体"政府承担农民工城市公共文化服务后,对其享有的调配资源的范围也应作出明确规定,否则政府在承担义务时没有财力作为保障,难以履行义务。政府在提供服务的同时所需的资源从何而来,以及政府提供服务的方式是独自提供还是委托社会提供等,也都需要从法律上进行规定。因此,与农民工基本文化权益法律保障同样重要的是,城市政府为农民工提供公共文化服务的法律依据也严重缺失,政府缺乏依法行政的法律基础,农民工城市公共文化服务中政府的权力和责任未统一。正是由于对区域政府之间的权利和义务没有作出明确界定,导致农民工基本文化权益得不到保障。

许多研究指出,户籍制度是农民工基本文化权益保障的最重要障碍,对农民工融入城市产生了多个方面的影响。如刘启营的调查发现,户籍制度"加深了农民与城市居民在经济、政治、文化、心理等方面的隔阂"②。由于户籍制度的存在,他们既是农民又是市民,既区别于农民又区别于城市居民,

---

① 张凤琦,胡攀.人民群众文化权益保障现状与对策研究[J].重庆邮电大学学报(社会科学版),2008(5):16.

② 刘启营.农民工精神文化生活的特点及改善对策——基于山东省的调查[J].湖南农业大学学报(社会科学版),2009(10):49.

"'二元'户籍制度成为新生代农民工面临文化需求困境的根本原因"[1]。

事实上,不是户籍制度本身导致了农民工公共文化服务缺失,而是由于户籍制度捆绑的公共服务,户籍是享受公共服务的重要凭证,与户籍捆绑在一起的政府公共服务如医疗、社保、教育、就业等,从而表现为是户籍制度造成了公共服务缺位。因户籍制度承载了公共服务,它分割了地方政府之间在农民工基本文化权益保护中的法定权利和义务,权利和义务不统一,使得农民工基本文化权益保护成为城市政府的边缘义务,长期得不到重视。户籍制度之所以成为农民工享有基本文化权益的天然障碍,是因为谁是责任主体、谁应该对农民工的基本文化权益负责,失去了法律保障。

再次,法律契约同时要规定的还有产权关系,对农民工基本文化权益的实现方式作出界定,只有对各方主体的产权边界作出规定,才能降低交易成本和提高效率。提供公共文化服务还需要非政府公共文化组织参与,实现文化的多元化供给,从而提高公共文化服务效率。非政府公共文化组织提供服务的法律依据,目前也相对欠缺。文化立法应从文化生产、提供、服务等环节对社会机构参与公共文化服务的权利和义务进行界定。从产权经济学角度,对相关的产权关系进行界定,降低交易行为的不确定性,从而鼓励社会力量积极参与公共文化供给活动。

就农民工城市公共文化服务方式而言,要明确是由政府单独供给还是由社会供给,依据服务型政府理论,政府需要承担基本公共服务但不一定是唯一的提供者,特别是在市场经济条件下,可以引入竞争机制,政府只需提出相关的服务标准和给予资源支持。因此,在引入社会主体提供公共服务时,从法律契约角度,我国需要明确社会主体(企业、社区、个人)应享受的权利和承担的义务。在文化建设方面,我国已经出台了一些有关公共文化事业方面的法律法规,如1999年《公益事业捐赠法》等,为社会力量参与文化服务提供了法律依据,规定了相关的权利和义务,但实践情况来看,由于激励不足、边界不清晰,执行效果并不理想。总体而言,文化法律法规总体还比较零散,尚未形成一个较为成熟、完备、法律效力彰显的体系,未起到应有的法律保障

---

[1] 张璇. 新生代农民工文化需求的困境及其实现路径[J]. 科教导刊(中旬刊),2012(2):246.

作用。

依据服务型政府建设理念,农民工基本文化权益实现模式是以政府为主导、社会积极参与。在此过程中,参与的各方无论是政府、政府性机构、社会企业还是个人和设施运营机构等,都需要建立明确的法律契约关系,只有这样公共服务体系才能持续发挥效应。

——决策信息系统。科学决策是提高公共服务效率的关键,按照现代管理理论,公共文化服务决策主体要做到科学决策,需要依托健全的信息系统,掌握公共文化服务体系的需求和供给双方的信息。要掌握真实的需求,决策者需要了解公共文化需求者及其特征。决策信息系统重要的信息是来自农民工的文化需求信息。有的研究提出,建立需求表达系统也属于决策信息系统的组成部分。在信息系统中,直接对农民工的访问和调查还只是数据层面的信息,难以形成决策信息,还需要专业机构的研究分析,专业机构也是决策信息系统的重要组成部门。在实际工作中,中央有关部门对农民工公共文化需求的专项研究也是决策信息的重要来源,如国务院组织的农民工专题研究。其中,中宣部和当时的文化部都对农民工文化需求进行了全面的调查研究。此外,文化主管部门还专门组织对各地的农民工文化生活状况进行研究,为有关决策提供了依据。

除了为决策提供直接信息服务之外,提供辅助信息渠道如媒体的作用,也能将农民工文化需求信息传递到决策层,要发挥媒体的舆论监督作用,各级政府部门充分发挥电视、广播、报纸、网络等媒体的监督作用。

9.2.3.2 执行保障机制体系

在农民工城市公共文化服务供给的执行环节,要提高农民工城市公共文化服务供给质量和效率,需要明确提供主体是谁,资源从何而来,供给主体利益如何保护,是否必须由政府独立提供等问题。相关的保障机制研究主要集中在主体多元化、公共财政投入保障、市场竞争机制、组织保障机制、政策环境保障机制等方面。

——多元主体参与机制。"有限政府"强调公共服务多元化,在农民工城市公共文化服务中,政府是最主要的主体,但是多元化供给主体是服务型政府的重要特征,政府的角色是提供资源配置和相关规划、协调服务。如毛少莹研究指出,应让社会和公民共同参与公共文化建设[①]。农民工工作所在的企业,也应为农民工提供文化服务,如吴炜认为,"企业可以结合实际,加大对文化服务(或设施)的投入力度,因地制宜地建设好新生代农民工活动场所,如电子阅览室、篮球场、图书阅览室、乒乓球室、溜冰室等基本文化设施"[②]。作为农民工生活居住的社区,是距离农民工最近社会组织,社区是农民工服务最重要的主体,如中央有关文件中指出,依托社区为农民工提供公共文化服务。

在多元主体参与文化服务供给中,政府既是执行者,也是资源协调和配置者。在资源协调和配置过程中,政府角色是制度供给者,如孔进研究指出,"政府的角色主要是政策制定者、资金供应者和生产安排者"[③];惠鸣等在嘉兴的调研也表明,只有"形成以政府为主导、以政策为保障、以地方文化战略为主轴,提供主体多元化、资金投入方式多样化、文化资源网络化的公共文化服务格局,才能实现公共文化服务效益的最大化"[④]。庄飞能在对北京和武汉两地农民工公共文化服务模式调查后指出,"在新时期,为了更好地实现农民工的公共文化服务,需要形成政府主导、企业共建、社会参与的多元化主体参与"机制[⑤]。

——财政保障机制。财政是公共文化服务最重要的资源保障,也是相关研究关注度比较高的问题。公共财政应作为公共文化建设的支撑已经达成共识,但是哪一级财政应对农民工城市公共文化服务付费却没有明确,如在中央出台的《关于进一步加强农民工文化工作的意见》中,提出由农民工所在地政府负责,即流入地政府财政应负担农民工公共文化服务的支出。农民工公共文化的财政来源,在实际工作中却被忽略。政府建立公共文化事业投入绩效考核机制,落实工作责任制,把文化建设作为评价地区发展水平、衡量发

[①] 毛少莹."文化权利"与"治理"——公共文化的核心理念与关键制度安排[A].中国文化创新报告(2010)[R]北京:社会科学文献出版社,2019.

[②] 吴炜.新生代农民工文化福利支持机制[J].中国青年研究,2012(4):24.

[③] 孔进.公共文化服务供给:政府的作用[D].山东大学博士学位论文,2010.

[④] 惠鸣,孙伟平,刘悦笛.公共文化服务体系架构与方式创新:嘉兴个案[J].重庆社会科学,2011(11):117.

[⑤] 庄飞能.农民工公共文化服务模式的转型与重构——基于武汉市农民工及北京工友之家文化发展中心的调查[J].华中农业大学学报(社会科学版),2013(2):95.

展质量和领导干部工作实绩的重要内容。但是在文化建设中,特别是城市公共文化建设中,服务对象是否包括农民,却未作出相应的规定,相应的财政来源也不确定。对于外部效应明显的公共文化服务,世界上的普遍做法是由中央和地方共同出资,特别是中央投资很重要,有的国家中央的负担比例达到近一半,而我国,中央政府在公共文化的投入占整个公共文化投入的比例很小,只有10%左右,地方政府提供公共文化服务的压力较大,需要科学界定各级政府之间的支出责任,充分调动中央与地方的积极性。

在公共文化财政投入方式上,多数研究指出,我国应建立多种渠道的投入机制,建立以政府投资为主、社会参与为辅的多元投资模式。对确保基本公共文化服务供给的,应以政府投资为主;准公共性公共文化服务,社会可参与投资。而企业或个人只是资金来源的补充渠道,重要的财政资源还得依靠政府公共财政投入。在财政投入方式上,公共财政要改变以往的单向投入和购买方式,要通过制定资金配套标准、绩效指标和政府采购的质量标准,通过联合生产与供给来保证公共财政投入的效率。

——市场竞争机制。从效率角度考察,服务型政府在提供服务时应引入市场竞争机制。在建立竞争机制过程中,政府的主要作用是制定标准和付费,政府承担决策者功能,执行环节由社会承担,决策和执行分离,可以提高效率。为提高服务效率而引入竞争机制,与一般意义上的主体多元化有所区别,主体多元化强调文化参与主体本身既可能是付费者又可能是提供者,如文化志愿者、农民工所在企业等。而市场竞争机制是以分工为前提,以社会单位提供公共文化服务,社会单位之间是竞争的关系。在引入市场竞争机制时,政府主要通过确定目标和标准,规范调节社会的公共文化服务行为,并通过付费的形式激励企业和社区完成农民工的文化服务工作。政府制定目标和标准的方式,在实践中表现为规划设计和政策发布,如文化五年规划明确指出,未来一段时间一个地方政府对公共文化建设要达到的目标及采取的重要工作安排。规划是总体目标安排,更重要的是如何进行政策安排,确保参与者的经济利益得到保障。在具体机制方面,可通过招标采购、合约出租、特许经营、政府参股等形式,将原来由政府直接提供的部分公共服务交由市场主体生产、供给。

——组织保障机制。公共文化服务过程中,除了决策机构之外,发挥执行功能的组织机构也是关键环节。组织机构除了是公共文化的直接生产者和提供者之外,还是政府决策的组织实施者。在决策环节,组织机构主要是人民代表大会和相关的专业信息提供者。在执行环节,首要的组织机构便是职能部门组成的议事协调机构。

在农民工城市公共文化服务中,也需要强有力的职能部门领导一个组织机构,其功能主要是对政府农民工公共文化服务中相关的资源、制度和社会力量进行配置和协调。一是建立政府牵头、政府各相关职能部门参与的领导和协调组织。二是结合文化体制改革,明确将农民工文化权益纳入公益文化范畴,落实责任主体,分工负责"。不少地方建立了"公共文化服务体系建设领导小组",通常由地方行政一把手任组长,主要文化行政部门一把手任副组长,相关文化行政部门领导任成员,构成一个议事协调机制或称联席会议制度,其职责是对公共文化建设中的重要事项进行决策,重要事项如重大项目建设、规划、预算安排等。组织机构中,除了行政组织之外,还有提供者组织,如公共文化服务设施网络,也属于组织机构重要内容。为保证公共文化服务决策能够得到落实,农民工自身组织程度也有重要作用,农民工具有高度的流动性、分散性,文化诉求中处于弱势。如吴炜认为,"这个群体自身的高度异质性,其自身的团结就不可能紧密,再加上他们缺乏自己的维权组织,新生代农民工在维护文化福利权益之时,明显处于弱势地位"[①]。黄伟良等建议,"成立新生代农民工组织协会,通过协会传播先进文化,培育符合新生代农民工的群体文化,同时协会可根据新生代农民工的特点开展文化娱乐活动,改善和丰富新生代农民工的精神文化生活"[②]。刘启营在建立农民工协会组织方面建议,"在农民工集中地成立'农民工工会'、'协作者之友'、'打工者之家'等,使农民工的各种需求能够有一个表达的平台,让社会能够聆听到他们的声音与诉求"[③]。现有的多数研究指出,农民工的组织程度弱,建立农民工协会等组织,能够为农民工自身提供文化活动起到组织作用。诉求组织在执行系统中,主要是起到需求信息的上传作用。

---

① 吴炜.新生代农民工文化福利支持机制[J].中国青年研究,2012(4):24.
② 黄伟良,李文瑞.困境与出路:新生代农民工的文化权益保障[J].攀枝花学院学报,2013(1):20.
③ 刘启营.农民工文化需求与供给机制分析[J].高等农业教育,2011(7):91.

——政策保障机制。在执行环节,政策制度也是保障机制很重要的内容。除了政府内部文化行政部门规定了各部门在承担公共文化服务中的职能职责之外,重要的政策制度是对社会力量参与公共文化服务的制度安排。如收益补偿机制,对企业参与公共文化服务后的利益如何补偿,需要建立利益补偿机制,鼓励企业、社区和个人提供城市公共文化服务,或对面向农民工开放的社区文化设施运营维护费用进行必要补偿。为鼓励民间资本参与农村公共服务,建立收益补偿机制非常关键,相关收益保证机制如:(1)财政补贴。在一些投资回报率较低的领域或获利较少的领域,政府利用公共财政建立补偿基金,对企业进行补贴,保证企业的最低收益率。(2)政策调节。公共设施项目由于前期投资高、回收期长,可在土地、税收等方面实行更为优惠的政策倾斜,或以延长收费经营期的方式保证投资者得到利益。(3)承担部分投资风险。如政府以提供贷款担保、最低量购买协议等方式,保证公共设施的最基本运营维护。

9.2.3.3 控制保障机制体系

保障农民工城市公共文化服务提供效果,需要健全行政监督体系和问责制度。因此,从控制环节提高农民工城市公共文化服务的效率和质量,还需建立健全行政监督体系和问责制度,结合公共文化服务实际,建立绩效评估、监督和问责机制等保障机制。

——监督与绩效评估机制。绩效评估是服务型政府对新公共管理相关优秀理论的继承和发展,虽然针对农民工城市公共文化服务直接的绩效评价机制和问责机制研究较少,但与其更高层面的公共文化服务体系建设有关绩效评估和问责机制建设的研究却非常多。关于公共文化评估主体方面,多数研究强调多元参与,特别是强调服务受惠者农民工的参与。如张凤琦等人认为,"应该形成政府主导、社会组织(如行业协会、非政府组织等)参与、公民监督的监管、评估、考核体系"[①]。李少惠等人提出,政府绩效评估有三种模式"政府主持—政府评价"模式、"政府主持—公众参与"模式和"非政府机构

---

① 张凤琦,胡攀.人民群众文化权益保障现状与对策研究[J].重庆邮电大学学报(社会科学版),2008(3):17.

主持—公众参与"模式①。如在香港地区,"公共图书馆、博物馆、电台等每年都要接受审计署的审计。……每年康文署和艺术发展局都会公布其年报"②。

社会舆论特别是媒体在监督中发挥了重要的作用,吴炜研究强调要"营造关心新生代农民工、善待新生代农民工、保护新生代农民工文化福利的氛围和舆论环境"③。在具体监督考核的内容上,主要是对服务与目标是否一致、公众满意度等进行考核,如罗云川等人的研究表明,"评估监督体系主要是对公共文化服务体系运行的目标一致性、效率、公众满意度、公共文化服务单位的执行情况进行监督和评价,并根据反馈信息对相关环节进行调整、完善,以不断提高公共文化服务的质量和水平"④。

——绩效问责机制。问责制度主要包括质询、经济责任审计、引咎辞职、罢免等制度,在公共文化服务中,问责机制的问责对象,除了政府和政府公职人员之外,还有具体承担公共文化服务任务的机构,如公共文化事业单位,承诺提供公共文化服务的社区和企业及个人等。因此,在引入市场竞争机制提供公共文化服务时,政府制定的标准中需要对未达到服务效果的行为进行必要的惩处,对达到任务的行为进行奖励。

9.3 高效保障机制的构成系统

根据对相关研究基础的评价与分析,结合现代管理理论和经济学相关理论,笔者将提出构建农民工城市公共文化服务体系高效保障机制的系统框架,并对保障机制内容、功能和影响因素作出进一步的探讨。

---

① 李少惠,余君萍.公共治理视野下我国农村公共文化服务绩效评估研究[J].图书与情报,2009(6):53.
② 窦亚南.两岸三地公共文化服务绩效评估综述[J].科技信息(科学教研),2007(11):135.
③ 吴炜.新生代农民工文化福利支持机制[J].中国青年研究,2012(4):24.
④ 罗云川,张彦博,阮平南."十二五"时期我国公共文化服务体系建设研究[J].图书馆建设,2011(12):10.

9.3.1 农民工城市公共文化服务保障机制框架

公共文化服务保障机制建设,属于政府管理控制系统范畴,其理论基础本质上是现代管理理论中的政府管理控制理论,涉及系统论、信息论和控制论等相关内容,对各环节效率的分析和提高效率的机制设计还需依托公共选择理论、产权理论、交易成本理论等经济学理论和文化生成理论等文化社会学理论。

9.3.1.1 农民工城市公共文化服务保障机制主要原理

——公共文化服务生成流程是保障机制的现实基础和作用对象。从实践来看,公共文化的生成环节包含决策、生产和提供三个环节。其中,决策的作用在于决定资源配置和职责分工,从而决定向农民工提供公共文化产品的内容和提供方式。生产和提供是两个相对独立的环节,有的研究忽略了这两个环节的独立性,因此难以界定各方的产权边界。公共文化产品生产环节,是利用文化资源和技术手段,生产出文化产品和服务,属于"化学"过程,利用文化及其他要素生产出文化产品和服务,如文艺院团生产演出剧目、电影拍摄机构拍摄制作电影、图书出版机构生产图书等。公共文化产品的提供环节或称运营维护环节,是一个"物理"过程,是将已生产的产品和服务向文化消费对象提供,起到一个传播或传送作用,如社区采购一部演出剧目向农民工提供,在此过程中社区本身并不生产文化产品和服务,但承担了提供的职能。生产和提供这两个环节是相对独立的,有的时候生产和提供属于同一个主体,如社区组织民众参与文化活动,社区既是文化服务的生产者也是提供者。

——现代管理控制理论是构架保障机制系统的基本原理。"控制"的核心目标是系统效率。系统控制论是综合研究各类系统的控制、信息交换、反馈调节的科学。政府管理控制系统也包含决策、执行与控制、信息交换、信息反馈调节等有机系统,其控制过程是由控制系统把行动信息传输出去,作用于子系统,其作用结果以信息的形式反馈到决策控制模块。决策控制经过对反馈信息进行处理和纠偏,再将信息输出起到调节子系统功能的作用,以达到全系统的预设目的。政府管理系统是否有效,关键在于管理信息系统是否健全和完善,信息反馈是否及时、准确和有效。现代管理理论中的"反馈原理"通过信息传输与反馈形成闭合回路系统,减小信息不对称,从而提高交易效率。

——控制各环节交易成本是提升保障机制效率的关键举措。在农民工城市公共文化服务过程中,涉及资源配置、文化产品和服务生产、文化产品和服务供给、农民工消费等诸多环节,从经济学角度来看,每一个环节都是一个或多个交易行为,每一次交易都可能因为信息不对称、产权界定不清晰等导致系统能量耗散,降低系统运营效率,所以控制各环节的交易成本十分关键。如在文化产品和服务生成环节,公共文化产品最终付费主体(中央或省级政府)在决定提供文化产品和服务后,需委托文化生产主体进行生产所需的文化产品和服务,付费主体与生产主体之间建立了委托代理关系和问责关系。要提高文化产品生产环节效率,委托主体与代理主体之间必须确保产权边界明确,包括各方权利义务明确、法律责任清晰。同时,信息交换要充分,此中的信息包括产品标准信息、生产主体能力信息、生产主体偏好信息等。信息不充分可能会出现道德风险,生产主体为降低成本增加自身收益,可能会降低产品数量和质量。特别是由于文化产品和服务的特殊性,产品质量考核难度较大,生产主体降低产品和服务质量的成本很小,受到惩罚的风险也很小,从而有充分的动力降低文化产品和服务的数量和质量。为避免生产主体的行为偏差,需要信息反馈系统,或称绩效评价系统,对生产者的行为进行评价,确定其提供文化产品和服务是否符合预设标准。同时,还需建立有效的问责机制,对生产主体的行为进行检查、考核,收集主体行为信息并进行分析,对偏离契约规定的行为通过惩戒机制适时纠偏,只有这样才能逐步提高生产系统的效率。

9.3.1.2 农民工城市公共文化服务保障机制框架

根据上述原理,并结合政府公共文化管理过程,建立农民工城市公共文化服务体系保障机制框架图(见第8章图8-1)。框架图集信息流、物质流和主体行动集合于一体,其运营机理是,初始信息输入系统后,控制中枢接收并处理形成指令信息,传递和作用于行动主体的行为和系统资源配置结构,行动主体的动作反应结果信息通过反馈回路,反馈至控制中枢进行接收和处理,形成新的指令信息流再次进入系统,对各行动主体的行为和资源配置结构进行纠偏和优化,形成新的行动主体行为集合,从而使系统运营逐步达到预设目标。

笔者提出的机制框架图分为四个系统,即分别是决策控制及付费系统、公共文化产品和服务生产系统、公共文化产品和服务运营提供系统、农民工公共文化服务需求系统(前文已作详见介绍,此处不再详述)。

9.3.1.3 问责保障体系

在国内的公共事业管理中,很少有专门研究问责问题的。但是问责与委托代理关系是相辅相成的。如果只有委托代理关系,对代理者的违约行为没有实质性的责任追究机制,代理者在多次与委托人的博弈中了解到违约的有利的行为选择后,则会鼓励代理人实施违约策略。在农民工城市公共文化服务系列的委托代理关系中,要提高委托代理效率,即提高公共文化服务供给效率和质量,必须建立问责保障体系。

——谁是问责者。在系列的委托代理关系中,委托者无疑也是问责者。在公共文化服务体系中,政府既是被问责者,又是问责者。政府提供公共文化服务的总体情况、政策制定和执行情况等,要接受消费者农民工的质询,要对公共文化政策的不完善、财政资金管理不善、公共文化服务质量和数量等承担相应的责任。引入市场机制后,政府通过合约的形式,将公共文化的生产和提供委托给代理机构,代理机构包括市场部门企业、非营利机构、志愿服务机构、社区组织等。政府应就服务标准、服务质量、服务内容等,参照合约规定的标准,对代理机构进行问责,对不符合标准的产品和服务,应按照合约规定要求代理机构进行纠正,或实施淘汰机制选取新的机构,或按照合约规定收回财政资金、特许经营许可证、收回资质证书等,采取必要的惩戒机制,督促代理机构提供符合农民工需求的公共文化产品和服务。

——问责的主要作用。问责保障体系不一定要对代理主体采取实质性的行动,但是问责机制的建立,会明确代理者策略的收益预期,问责机制重要的作用是在于预防,预防代理人实施违背委托人利益的行为。问责的次要作用才是对已经发生的违约行为实施惩戒,对相关的损失积极挽回。如政府采购中,政府是委托主体,社会机构是代理人,代理人应该按照政府要求的标准提供公共文化服务,但是在实际中代理人降低了服务标准,政府只有通过事先约定的惩戒制度实施惩戒行为,才能防止代理人或其他代理人在新一轮供给行为中,降低生产提供标准。

——委托代理与问责保障系统的效率因素。产权制度结构是决定委托代理及问责保障系统效率的根本因素,产权制度结构的完整性表现为:(1)产权边界清晰。在系列的委托代理关系中,需要明确规定代理人的任务和具体内容,特别是在公共文化产品和服务生产和提供中,要明确界定提供数量、品质、提供的方式等,只有明确了责任边界和权益边界,才能降低违约行为,减少代理人违约行为空间。(2)权益责任对称。无论是委托者还是代理者,都需要权益和责任相匹配。如果将过多的事权下放,就会导致地方政府或代理人没有相应的财政收入作为保障,即使产权边界很清晰,也难以保证地方政府或下一级代理人不违约。权责对等原则,是对代理人承担责任的行为提供可行的资源保障,并形成一定的收益激励。权责不匹配,则会影响委托代理效率。(3)产权制度完整。保障委托代理关系有效运转,还需要制度体系本身要完整,如果只有权责对等的制度体系,对制度的执行情况没有监督和反馈,同样难以对低效的制度体系进行修正。因此,在产权制度结构中,我们要有明确清晰的权责划分,同时要建立有效的绩效考评和问责机制。

9.3.1.4 消费保障政策体系

对于农民工城市公共文化供给者而言,"市场"显得更为重要,这里所谓的市场,主要指农民工对公共文化服务的需求能力和支付能力,这也是农民工城市公共文化供给的基础,如果没有有效的市场需求,就难以吸引社会资源投资公共文化服务领域。保证市场有效需求在实践中有一些很好的做法。

——代金券制度。通过政府以财政资金支出为保证,向文化消费者发放具有一定货币功能的凭证,对消费者的实际消费行为进行部分代付。该制度的核心是财政为消费者购买服务,政府是付费者,但是付费行为只有在消费者实际消费后才能实现。如政府发放文化消费打折卡、免费文化消费券等,都属于代金券制度的具体形式。

——最低收入补贴。农民工由于绝大多数收入水平低,还苦苦挣扎在生存与生活之间,在基本生活没有得到很好保障的时候,很难将部分收入用于文化消费。因此,对农民工的最低收入进行补贴,提高农民工的收入水平,可以部分地促进文化消费。但是由于该制度的目标不具体,农民工在收入增加后,只将部分收入投入在文化消费上。

——文化消费时间补贴。时间对农民工而言,意味着劳动时间和相应的收入,文化消费也需要以时间为保障,没有闲暇时间也就没有文化消费。只有将农民工的部分劳动时间置换为文化消费时间,才能促进文化消费。因此,也需要政府对农民工文化消费时间进行一定的补贴。如有的地方为鼓励小孩上学,对小孩上学的家庭发放一定的补贴,将小孩从"劳动力"中置换出来,相当于对家庭进行收入补贴。同样,在农民工文化消费中,政府也需要对文化消费时间进行补贴,或进行强制性的文化消费,如强制性的岗前培训、职业培训等,只有这样才能保证农民工的有效文化需求。

9.4 健全保障机制的对策建议

随着城市化、工业化进程加快和社会结构转型,农民工群体日益庞大,农民工文化权益保障已关系到经济发展、社会转型和社会和谐等多个方面,保障农民工基本文化权益十分迫切。

9.4.1 构建农民工城市公共文化法律保障机制

——明确中央承担立法的责任。农民工城市公共文化服务法律保障属于全国性公益范畴,只有中央政府才能承担立法责任。只有从国家层面和立足全社会发展需要的角度,推进整体文化立法工作,才能保证农民工基本文化权利立法的水平和效力。

——加强立法调研和论证。文化立法涉及范围广泛,影响也很深远,文化立法超出了文化范畴或宣传文化体系范畴,涉及政治、经济和社会各方面领域。因此,我国必须加强立法的调查研究工作,应重点调查立法的法律依据、立法的范围和标的、立法对相关利益主体的影响、立法的构建体系等,从人、财、物等方面明确产权关系,确保公共文化服务立法工作顺利进行。

——清理歧视性法律法规。从计划经济向市场经济转变过程中,形成了一批临时性的、暂行性的政策规章。由于背景不同、出发点不同,早期的法律法规更多是从控制、管理的角度对农民工的行为进行规范。在当下服务型政府建设阶段,这些规章制度与"以人民为中心""以人为本"服务型政府理念相冲突,已经成为农民工融入城市工作中的重要障碍,如户籍制度、暂住证制度、治安管理等存在歧视性的内容。再如劳动法等也有待进一步完善,如休闲权、最低工资权等方面规定,如何得到执法和司法救助等还需进一步完善。因此,在农民工公共文化立法中,我国需要对相关的歧视性法律法规进行梳理和清理,对执行不到位、不合时宜的法律法规进行修订。

——优先推进关键性法律的建设。(1)文化发展法。文化发展法是公共文化发展的上位法,是公共文化服务法的立法依据和基础。因此,我国应优先推进全国文化发展法或文化振兴立法,为其他文化工作包括公共文化工作提供法律依据。(2)公共文化财政投入法。公共财政是公共服务的物质基础,因此在推进农民工基本文化权益保障立法中,我们要优先明确公共财政范畴,明确中央和地方在农民工公共文化服务中的事权划分,有的事权需要中央财政独自承担,如基础文化教育等。有的事权需要中央财政和地方财政共同分担且需要确定分担比例。在用法律明确公共财政范畴和分担机制的同时,要明确财政投入方式和绩效考核方式,提高财政资金的使用效率。在公共文化立法中,相关的财政保障要明确公共文化预算总量标准,要明确财政随着文化的发展需要逐步增长的机制,如不低于财政收入增长率等。(3)社会参与的权益保障立法。对城市公共文化服务的生产主体、提供主体、监督主体、志愿者等的权利和义务进行规定,特别是对社会资助公共文化服务的相关权益予以法律保障,如对捐助的税收优惠政策、冠名权等加以明确规定。(4)高度关注新生代农民工的发展权。新生代农民工是社会未来发展的重要力量,要前瞻性地用法律形式保护其文化权益,包括受义务教育权、享受技能培训的权利、文化活动参与权等,能使他们成为融入城市的未来主力军。(5)法律宣传教育与增强法律意识。法律的解释和宣传教育同样重要,立法活动需要以宣传教育为支撑,对农民工进行必要的文化权益保障法律的普及,提高其运用法律保护自己权益的水平。以农民工通俗易懂的方式对有关法律进行宣传,使农民工真正了解法律,也要使文化活动相关主体了解文化法律法规。

9.4.2 建立财政投入长效机制

——加大对农民工城市公共文化服务总量投入力度,并建立稳定增长机制。建立财政投入长交机制,我国应通过立法的形式,确定中央和地方公共文化财政占财政总量不低于1%的比例,以使我国公共文化投入与世界平均水平相当,加大财政对公共文化的总体投入力度。我国应以法律的形式规定,公共文化财政投入应逐年增加,增加速度不低于GDP增长速度或财政增长速度,确保公共文化财政来源的可持续性。

——明确中央和地方对农民工城市公共文化服务事权关系,并配套相应的财政资源。按照分类管理原则,明确中央和地方的事权关系,确定对应的财政负担责任。关系全社会的基本权益保障,应由中央财政承担主要投入责任,如农民工基础教育、基础技能培训、子女义务教育等。溢出效应的溢出范围易于界定,公共范围层次低、影响范围小、具有一定排他性的公共服务,应主要由地方政府承担,如社区文化活动、城市公共文化服务、农村公共文化服务、地方文艺院团发展等。

——建立公共文化多元投资体系。分类管理公共文化,在以政府对公共文化投入为主体的前提下,要充分利用市场竞争机制,引入社会资源参与公共文化服务活动,鼓励社会、企业和个人投资公共文化服务。财政、税收和政府投资等建立引导机制,主要是明确界定产权关系,如明确标准、程序、指标等,如我国有文化事业捐赠有关税收优惠政策,但是在实际操作过程中很难落实,如文化事业单位认定、个人认定等,应进一步细化相关税收优惠的措施。

——明确界定财政资金投入范围和投入方式。在农民工城市公共文化服务中,政府主要投资基础性、公共性强和保障性强的领域,如农民工基础文化教育、社区公共文化活动、社区基础文化设施、农民工子女义务教育等。对一些既具有外部性又具有排他性的服务如农民工专业(非基础)技能培训等,可采取政府和个人共同分担的形式,如培训补助、培训代金券等方式。对消费性的文化,可采取个人支出的方式,如文化娱乐活动等,但政府可以通过对商家进行补助鼓励打折让利,使居民得到实惠。加强公共文化基础设施的研究论证和合理化选择,重点选择关乎群众最大需求、喜闻乐见的项目,如图书馆、博物馆、文化馆的投入,加大社区文化设施建设力度。

——建立财政转移支付制度。由于西部地区、农村地区财政能力薄弱,提供公共文化服务比较困难,可加大中央公共文化财政向西部地区倾斜的力度,特别是在一些由中央和地方共同分担的公共文化基础设施、文化项目上,加大中央财政在西部地区和农村地区的分担比例,重点确保中西部地区和农村地区公共产品供给的必要经费。在东部地区支持西部地区中,应重点加大对文化设施、农民教育培训等方面的支持力度,减少城市行政办公等方面的投入。以基本公共文化服务标准化、均等化为目标,确定服务标准、投入标准、考核标准,加大对农村地区的财政投入力度,形成向农村、基层、困难群众倾斜的公共文化服务财政投入标准体系。

——建立公共文化投资基金制度。建立以财政为主的公共文化投资基金制度,整合来源于社会捐助、彩票基金、文化执法罚款收入、公共文化事业收费等方面的资金,采取基金的形式进行运作,提高资金使用效率。将筹集到的资金用于博物馆、剧场、文化馆、阅报栏等公共文化设施的建设,并免费向农民工开放。

——鼓励民间资本投资公共文化服务项目。鼓励民间资本投资公共文化服务项目可以采取特许经营、投资补贴等多种方式,对有一定投资回收能力的公益性文化事业和公共文化基础项目建设,应重点采取公开招投标方式吸引社会资本参与。鼓励民间资本投资农民工职业培训机构、农民工文化娱乐设施、心理适应性辅导、专业技能培训等领域。政府重点制定支持一般公益性项目和服务内容的收费标准、补贴标准和相关制度,要求民间机构降低收费标准,由财政对民间投资的最低收益进行保障。

9.4.3 健全组织体系保障机制

——建立从决策到执行的完整组织体系。组织是管理活动的基础,要保证农民工城市公共文化服务效率,建立健全的组织体系是前提,即公共文化的供给活动必须依托完整的组织体系作为保障。农民工城市公共文化供给主体中,在明确中央政府是供给者,承担决策者和付费者的角色的框架下,需要建立从决策到执行的完整组织体系。中央政府是决策者,是指中央权力机关,即决定农民工城市公共文化供给与否的人民代表大会通过民主方式作出决定。国务院和国务院的文化部门是属于执行机构体系中的最高机构。但是不承担文化生产和提供的直接组织工作，其职能是贯彻人大会议的决策，具体工作内容是目标管理和预算管理。目标管理是将人大的决策细化为可以实现的目标，并将这些目标下达到代理主体（地方政府）。最高执行机构还承担预算管理的职能，将人大决策和相应的预算，通过转移支付等方式把目标任务匹配落实到地方政府。地方政府是执行组织的中间层，并不直接生产和提供公共文化产品和服务，而是将目标进一步细分和具体化，二次委托给下级政府、公共文化事业机构、企业、社区和个人等主体。并用预算管理，为目标任务提供财力、物力支撑。因此，完整的从决策到执行的组织体系，应是包括决策主体、最高执行主体、中间执行主体到具体生产者和提供者构成的组织体系。地方政府作为执行组织的中间层，他们之间的关系也是委托代理关系，以行政命令和配套财政资源使用权作为契约。生产者和提供者主要是公共文化事业（图书馆、博物馆）、文化部门（如举办文化活动）、文化企业（如培训机构）、社区、用工企业等，是执行组织体系的终端组织，也是距离农民工最近的或直接接触的执行组织体系。

——明确各主体的责任分工。从决策到执行完整的组织体系，实际上是具有层级性的一系列委托代理关系结构。决策主体中央人大决策机构与中央人民政府及其文化部门之间是委托代理关系，人大决策机构将其目标管理和预算管理委托给政府部门由其实施。中央政府及其文化部门，也通过相同的管理方式，将服务的责任委托给地方政府实施，依次直到基层政府和文化生产和提供机构，建立起了一系列的委托代理关系。组织体系行为有效的制度基础是相互之间责权关系十分清晰，从而降低管理成本。只有明确各个主体在组织体系中的权利和义务，才能保证组织体系高效运转。

——强调农民工文化需求的主体地位，建立以需求为导向的组织体系。组织体系的权责清晰只能保证供给行为的效率，但是难以保障行为的质量，即提供的服务与农民工需求的匹配程度。提高城市公共文化服务质量，提供需求集中度比较高的公共文化服务，必须在供给结构和需求结构之间形成一致性。因此，在组织体系中，需要有农民工作为需求主体进入组织体系中，起到表达需求的作用，只有有农民工参与的组织体系才是真正的以需求为导向的组织体系，才是能够保证效率和质量的组织体系。

——增强组织的资源协调能力。由于行政机构在设置上表现为条状的职能部门结构。但是在实际工作中,各个职能部门由于掌握的公共权力与承担职能并不完全一致。在政府机构中表现为强势部门和弱势部门之分、专业部门和综合部门之分。农民工城市公共文化服务在内容和方式上都表现出综合性的特征,文化部门在政府序列中是相对弱势和资源较少的部门。因此,我国要提高公共文化服务效率,还需要加强协调能力。从实践经验来看,我国可以成立以更高级别领导(如省长、副省长等)为组长的综合协调机构,比如联席会议制度。只有具有更大权威的组织者对部门之间的关系进行协调,才能保证组织体系的效率。否则在部门利益驱使下,部门的本位主义将会影响城市公共文化服务中资源的统筹运用。

——增强社区、企业、个人参与公共文化投入的积极性。我国应实施激发不同投入主体的可操作性政策,如对社区应以财政拨款为主,因为社区不是经营性单位,主要靠举办文化活动和利用现有的设施为农民工提供服务,所以要对社区文化设施的运营维护增加财政资金支持。对文化企业,通过政府采购、行业管控等形式,确保文化企业文化生产和提供服务后获得高于机会成本的收益。对社会与个人,可采取捐助免税的政策,鼓励社会与个人向公共文化建设捐助,重点是完善相关的实施细则,使政策更具操作性,如明确捐助的范围、主体资格、免税范围等,只有明确了权利义务范围,才能对社会形成吸引力。

9.4.4 完善绩效考核保障机制

——建立公共文化服务绩效考核长效制度。专业的考核制度要成为长效机制,必须作为正式的制度建立起来。考核作为工作内容,应以法律的形式规定为某一部门的职能,只有成为固定职能,才能确保考核成为日常工作。如财政的绩效评估职能、审计的预算审计职能等。农民工城市公共文化服务绩效也应建立长效制度,纳入审计部门等监督部门的职责范围,只有这样才能确保考核监督工作长期开展并形成约束。

——设定公共文化服务绩效考核的专业指标,制定符合公共文化服务特征的绩效考核指标体系。在考核中,目前针对文化领域的绩效考核还缺少科学依据的支撑,特别是由于公共文化服务和文化管理强调社会效益,而社会效益难以量化,只有结合文化自身的特性建立更加符合文化绩效的指标体系,才能成为专业考核的依据。在社会效益指标中,重点增加来自农民工的评价指标,如满意度调查等。

——培育公共文化服务绩效考核专业评估队伍(专家)。当前绩效考核在我国各相关领域的体系化尚不完善,缺少专业的考核队伍(专家)也是原因之一。在公共文化服务领域同样缺少专业的绩效考核专家或研究机构。因此,我国应把培育公共文化领域的绩效考核专业人才摆上政府决策部门的议事日程。

9.4.5 健全培育公共文化专业人才的政策

——鼓励高校培育专门文化人才。目前社会整体文化人才缺乏,符合农民工综合性文化需求的文化人才更是稀缺。我国应鼓励职业学校或高等院校开设相关的公共文化专业,培育公共文化专业人才,提供符合当今新生代农民工需求的文化产品和服务,如技能培训、基础文化知识等。

——完善鼓励社会大众文化精英脱颖而出的制度。农民工城市公共文化服务所需的人才是多学科、多层次的,除了基础型、技能型公共文化服务人才之外,还需要鼓励社会大众文化精英的涌现,如为农民工文化生活提供产品创意的创作人才与宣教人才,创作出符合农民工消费特点的文化产品和服务。

——壮大社会志愿者队伍。社会志愿者队伍是公共服务重要的补充力量,在农民工城市公共文化服务领域也需要培育大量的文化志愿者队伍。在培育过程中,主要是对志愿者的权益提供保障。志愿服务制度虽然强调服务的志愿性,但是要有一定的激励机制。如收入保障机制,至少能满足志愿者基本的生活。志愿者权益保护的法律和法规等,发展"义工"活动等,将相关的志愿服务转化为社会行动。对参加志愿服务的志愿者,提供未来发展空间和机会等,如就业推荐等。

9.4.6 健全公共文化资源建设和运营保障机制

——建立符合农民工文化消费需求的设施网络建设。农民工具有聚居、流动等特点,农民工公共文化设施也需要具有灵活的特点。如上海制定出台了《关于深入推进"文化进工地"活动丰富农民工精神文化生活的意见》,要求文化机构为农民工提供更便捷的文化服务。有的地方如在农民工工地免费放映电影,开展流动文化服务车活动等,有效提高了农民工文化服务效率。

——调整城市公共文化设施功能满足农民工需求。农民工对文化设施的需求除了现有文化设施的娱乐、阅读等功能之外,还应调整增加符合农民工主要需求的服务内容,如开展针对农民工需求的技能培训、电脑知识培训、就业信息服务等。

——调整设施运营时间符合农民工文化需求特点。农民工的休闲时间主要在周末和夜晚,公共文化在设施运营方面应增加符合农民工作息时间的开放时间,如周末开放、夜间开放等。周末开放或夜间开放等措施可能会增加运营管理费用。除需要中央政府以一定方式进行补贴外,也可以采取文化志愿服务等方式,通过志愿者协助运营管理,增加公共设施开放时间为农民工提供文化服务。

第 10 章
农民工公共文化服务的高质量发展

本章认为在新发展阶段和文化强国目标的指引下应进一步丰富高质量发展的内涵，统筹好普惠性与针对性的关系，提高农民工公共文化服务效能，持续探索农民工公共文化服务高质量发展的创新路径，使之成为提高社会文明程度、坚定文化自信、建设文化强国的重要助推器。

10.1 高质量发展新内涵

10.1.1 高质量发展是公共文化服务的主基调

习近平总书记指出："高质量发展，就是能够很好满足人民日益增长的美好生活需要的发展，是体现新发展理念的发展。"2020 年 10 月 29 日，中国共产党第十九届五中全会通过的《中共中央关于制定国民经济和社会发展第十四个五年规划和二〇三五年远景目标的建议》提出，"我国已转向高质量发展阶段"，建议中 9 次用到"高质量发展"一词。2000 年我国人均国民总收入只有 940 美元，2019 年上升到 10410 美元，人均国民收入首次突破 1 万美元。随着经济社会发展水平提高，人民对美好生活的需要更加强烈，享有更优质丰富的精神文化生活的需求日益高涨,使得文化需求和供给之间的结构性矛盾更加突出。进一步思考人民群众对公共文化服务的需求变化和期待向往,是进入新发展阶段我国公共文化服务高质量发展的题中应有之义。在如何理解"高质量发展"这一问题上,金碚提出,高质量发展阶段必须有更具本真价值理性的新动力机制,即更自觉地主攻能够更直接体现人民向往目标和经济发展本真目的的发展战略目标①。李金昌等则从经济活力、创新效率、绿色发展、人民生活、社会和谐5个方面共27项指标建构了高质量发展评价指标体系②。张军扩等提出,高质量发展是经济建设、政治建设、文化建设、社会建设、生态文明建设五位一体的协调发展,并从资源配置、技术水平、均衡发展等方面提出高质量发展的特征③。总体来看,学界关于"高质量发展"的内涵研究主要从4个维度展开:一是从社会矛盾变化和新发展理念角度,二是从经济学的宏观微观角度,三是从产品及服务供求和投入产出角度,四是从社会发展面临的现实问题及如何破题的角度。公共文化服务的高质量发展主要包括4个方面:一是品质发展。就是要牢牢把握社会主义先进文化前进方向,强化政治引领,提升农民工文明素质。二是均衡发展。就是要加强城乡农民工公共文化服务体系一体化建设,促进区域协调发展,健全农民工文化权益保障制度,推动农民工基本公共文化服务均等化。三是开放发展。就是要深化公共文化体制机制改革,创新管理方式,扩大社会参与,形成开放多元、充满活力的公共文化服务供给体系。四是融合发展。就是要在把握各自特点和规律的基础上,促进农民工公共文化服务与科技、旅游相融合,文化事业与产业相融合,建立协同共进的文化发展格局。党的十九大确立的到2035年"农民工公共文化服务均等化基本实现",农民工公共文化服务面临着新环境、新挑战,农民工公共文化服务高质量发展必然需要树立新观念,探索新路径。本书从"社会矛盾变化和新发展理念"角度理解和阐释"高质量发展"的时代内涵。

---

① 金碚.关于"高质量发展"的经济学研究[J].中国工业经济,2018(4):5.
② 李金昌,史龙梅,徐蔼婷.高质量发展评价指标体系探讨[J].统计研究,2019,36(1):11.
③ 张军扩,侯永志,刘培林,等.高质量发展的目标要求和战略路径[J].管理世界,2019,35(7):1~3.

10.1.2 公共文化服务高质量发展的时代新内涵

自 2005 年公共文化服务的概念首次提出以来,我国公共文化服务体系建设方向逐渐明确,文化体制改革逐渐深入。近年来出台的相关举措更加体现了公共文化服务体系建设从理论到制度改革及具体实践的层层深入和逐步推进,农民工公共文化服务体系初步建成。同时,在农民工公共文化标准化、均等化的基础上,出现了农民工公共文化服务方式的新探索和新数字技术手段的应用。随着经济社会发展水平的稳步提高,农民工对美好生活的需要日益显现,对更高水准、更高品质的文化生活需求日趋凸显,这使得现有文化产品和服务供需之间的结构性矛盾更加突出,低端供给和无效供给的问题也日益暴露。进一步回应农民工对于精神文化需求的变化和期待,是进入新发展阶段我国公共文化服务高质量发展的必然要求。

政府、市场、社会力量共同参与,公共文化服务体系建设的格局更加健全。构建现代公共文化服务体系,实现公共文化服务创新,政府、市场、社会三者缺一不可。要把政府主导和社会参与有机结合起来,引入市场机制,推动文化事业与文化产业协调发展,在公共文化服务网络建设、数字化平台、体制机制、服务资源供给、人才队伍建设等领域形成政府、市场、社会共同参与公共文化服务体系建设的格局,全面增强公共文化服务活力和发展动力。农民工公共文化服务效能日趋提升,持续减少无效供给和低端供给。近年来,随着农民工文化需求多样化和个性化的趋势逐渐显现,传统粗放式农民工公共文化服务无效供给和低端供给的现象屡见不鲜,如公共文化服务场馆利用率低、公共文化活动参与率低。"点单式"公共文化服务的概念虽已提出,但如何提高公共文化服务的针对性问题尚未破题。如何建立完善的农民工公共文化服务供给与反馈机制,形成"需求有效促进供给－供给有效满足需求"的良性循环,成为公共文化服务高质量发展的重要内涵和要求。

公共文化服务进一步赋能农民工美好生活,提升社会文明程度,提高农民工审美水平。随着物质生活的改善,人民群众对文化艺术的需求越来越高,文化艺术对人民群众生活的影响越来越大。公共文化服务依托自身的普惠性、大众性、低门槛的特征,成为未来提高社会文明程度、建设文化强国的有力抓手。农民工公共文化服务成为引导和培育农民工文化消费习惯、拉动内需的重要抓手。在文化消费链条中,文化产品与相关服务只是现实载体,消费者更加关注产品和服务中凝聚的文化内涵、精神价值、审美体验等。鉴于文化产品与服务存在的特殊性,文化消费的增长无法一蹴而就。与物质消费相比,文化等精神消费需要培育和引导。普惠性和大众化的公共文化服务是培育和激活农民工文化消费的重要途径,尤其是在文化消费习惯养成和文化消费能力提升等方面具有明显优势。

10.2 高质量发展面临的新环境

10.2.1 后疫情时代农民工公共文化服务大变局

当今世界正经历百年未有之大变局,新冠肺炎疫情影响广泛深远,文化供给与消费领域打破既有的常态与非常态界限,造就文化供给与消费新常态。在疫情紧急防控期间,常态化的文化生活受到影响,农民工公共文化服务场馆暂时闭馆,线下文化体验按下暂停键。虽然,各地纷纷开启"云端"模式。通过门户网站、手机移动端、公众号等多种渠道,向农民工提供以"读书看报、文学鉴赏、展览展示、艺术普及"为主要内容的安全便捷的在线服务,将公共数字文化服务推送给农民工,有效满足了农民工的文化需求,让农民工对公共数字文化萌生了新认识、新体验、新需求。在后疫情时代继续强化。在恢复线下常态服务的同时,继续创新探索线上服务,进一步整合资源、创新形式,丰富文化产品与服务供给。通过大数据分析,摸清农民工实际文化需求,有针对性地提供他们所需要的"文化干货"。

10.2.2 高质量发展成为农民工公共文化服务的时代主题

高质量发展的核心命题就是解决发展不充分、不平衡的问题,在文化领域通过高质量发展消解社会文化供需矛盾,通过提供丰富的精神食粮,满足人民过上美好生活的新期待。对应这一国家需求,农民工公共文化服务必将在深化供给侧结构性改革、绩效评估体系、社会化深度参与、数字化服务创新、文旅融合公共服务等重点领域,全面推进高质量发展。

10.2.3 推动文化治理现代化成为新命题

党的十九大报告确认了我国发展的新历史方位——中国特色社会主义进入新时代。国家治理体系与治理能力的现代化为农民工公共文化服务高质量发展提供了重要的制度保障,而农民工公共文化服务高质量发展也是现代国家治理体系与治理能力现代化的重要内容。面对新时代国家对文化治理能力的要求和农民工日益增长的对高质量文化服务的需求,农民工公共文化服务必须转变发展方式,推动体制机制层面的改革,需要从文化治理层面开展政策法律体系的顶层设计与制度成果转化创新,依据《中华人民共和国公共文化服务保障法》这部公共文化领域综合性、全局性、基础性的重要法律,推进农民工公共文化管理由传统管理模式向现代管理模式转变,向文化治理和文化善治、文化法治转变,切实在组织结构、管理原则、管理手段、管理方式、管理主体及绩效评估等方面取得突破与进展。

10.3 高质量发展面临的新挑战

10.3.1 服务的"覆盖面、适用面、精准性"有待进一步提升

农民工城市公共文化服务建设的基本目标是保障农民工基本文化权益、满足农民工基本文化需求,实现同城共享。进入新时代,农民工公共文化服务面临着保障农民工的基本文化需求与适应文化需求多样化的有机协调,如何推动农民工公共文化服务向优质服务转变,实现标准化和个性化服务的有机统一。这既要补齐农民工公共文化服务短板,加强政府兜底保障,又要增强农民工公共文化服务弱项,以扩大农民工公共文化服务有效供给。如何实现农民工公共文化服务的社会教育功能,亟须在供给内容和供给方式方面,探索主流平台、主流内容对接农民工群体的需求,不断提升农民工公共文化服务覆盖面和精准性。

10.3.2　服务的"存在感、显现度、美誉度"有待进一步凸显

在传统的行政供给制模式下,公共文化产品一般由体制内的公共文化机构垄断提供。由于缺乏相应的需求征询反馈机制,公共文化产品针对性不强,政府的巨大投入并不能高效地赢得农民工的满意度与获得感。虽然近些年关注农民工公共文化服务的人群不断增多,但是农民工公共文化服务的存在感、显现度依然不高,农民工主动参与公共文化活动的积极性仍有待进一步激发。新时期需要探索如何排除体制机制障碍,将创新驱动形成的优质品牌纳入农民工公共文化服务体系,形成长效品牌的项目和内容,不断提高服务品质,引领风尚,提升农民工公共文化服务的美誉度。

10.3.3　农民工公共文化服务的"均衡性、统筹性、专业性"有待进一步增强

高质量发展要求采取针对性更强、覆盖面更广、作用更直接、效果更明显的举措,优先补齐农民工公共文化服务短板,促进农民工公共文化服务资源向由一线城市向二、三线城市延伸、向农村覆盖,推进农民工公共文化服务均等化、普惠化、便捷化。尤其是中西部城市的基础设施,包括人员配备、图书阅览、专业培训等方面仍存在较大短板。改善中西部城市的基础设施,有利于促进中西部地区的农民工的市民化。

10.3.4　服务的"社会化、参与度、多元化"有待进一步深化

农民工公共文化服务高质量发展要求政府在做好政策制定、规划引领、环境营造、监管服务的前提下,充分发挥市场和社会组织的作用,用足用好优势资源,做大做强优质品牌,进一步鼓励引导社会力量深度参与,扩大农民工公共文化服务有效供给,推动农民工公共文化服务社会化、多元化、优质化。如何有效引入企业和组织参与农民工公共文化服务,使它们变成农民工公共文化服务的原生力量,从而弥补公共文化供给的"结构性短缺",仍然是亟待解决的问题。

10.4 高质量发展的路径选择

10.4.1 推动农民工公共文化服务的理念创新

文化建设作为国家五位一体总体布局的一个方面,决定了文化治理在国家治理体系中的重要地位。发展社会主义先进文化、广泛凝聚人民精神力量是国家治理体系和治理能力现代化的深厚支撑。这需要继续坚持以人民为中心,以高质量发展为路径,以现代农民工公共文化服务治理体系与治理能力的现代化为目标。

——实施政策观念创新。高质量发展视角下的可持续更加关注农民工公共文化服务政府主导作用发挥的制度建设,做好顶层设计,实现科学发展。坚持"以农民工为中心",执政为民,公共文化政策制定要与人为善,切实满足与对接农民工美好生活需求;坚持"问题导向",科学把握现实问题,增强破解发展难题的政治智慧与治理能力。

——实施政策工具创新。综合应用多种公共文化政策工具,形成政策目标衔接匹配、政策路径合理设置的政策体系,提升精准施策的适用水平,增强高质量发展政策精细化管理的治理能力。在农民工公共文化服务基础制度方面,公共文化设施免费或优惠开放,文化志愿服务、捐赠财产用于农民工公共文化服务享受税收优惠,设立农民工公共文化服务基金等维系农民工公共文化服务可持续发展的长效机制。针对当前农民工公共文化服务体系建设的突出矛盾和问题,尤其要关注公共文化机构在深化供给侧结构性改革、激发服务潜能、规范服务、实现精准供给方面的优质效能。

——实施政策结构创新。进一步理顺农民工公共文化服务建设中政府、社会与市场的关系,搭建全社会广泛参与、共同治理的公共文化治理结构,形成共建、共享的合作局面,营造开放包容的合作氛围,增强社会动员的治理能力。在体制机制上,深入提升机构管理水平和服务效能,激发活力,创新农民工公共文化服务的内容和方式;在服务主体上,始终坚持发挥农民工的主体作用,提供自我服务平台,健全民意表达和监督机制,增强农民工公共文化服务的透明度,形成共建、共治、共享格局;在运行管理模式上,推动农民工公共文化服务社会化发展,建立政府主导、社会参与下的供给主体开放多元、供给内容丰富、供需有效对接的现代公共服务供给模式。

——推动实施政策功能创新。科学制定供给型、需求型、环境型合理构成的政策体系,充分发挥政策引导、政策激励、政策保障等多种功能,创新政策协同机制,增强公共文化政策运行管理协同与系统协同能力。要进一步完善政府监管制度,如农民工公共文化服务统筹协调、公众参与的公共文化设施使用效能评价、公众参与的农民工公共文化服务考核评价、反映公众需求的农民工公共文化服务征询反馈、农民工公共文化服务资金使用的监督和统计公告制度、农民工公共文化服务信息公开、政府购买农民工公共文化服务目录、农民工公共文化服务表彰和奖励等制度,通过建立统筹协调制度,解决多头管理、资源分散的问题。进一步完善公共文化机构管理制度,如农民工公共文化服务公示、公共文化机构管理和服务规范、公共文化机构安全管理、公共文化机构资产统计报告、公共文化机构服务开展情况年报制度等,以规范机构管理,提升服务效能。

——实施政策制度创新。摒弃治标不治本的政策思路,深化文化体制改革,加快形成较为完备的政策法规制度,增强农民工公共文化服务高质量发展长效机制的制度保障能力。

10.4.2 推动农民工公共文化服务的品质发展

公共文化服务是一项润物无声的文化事业,也是一个地方的文化名片。推进农民工公共文化服务的品质发展必须找准群众的文化需求,文化艺术不仅是装点,更是一种态度,激活城市与农民工的交流,唤起农民工对城市的情绪和记忆。在供给侧方面精准发力,提供特色化、个性化、多样化的公共文化服务。

——打造城市文化名片。各个城市应该找准城市的文化定位,打造城市文化名片。例如武汉市江津区依托丰富的历史文化资源,利用爱情文化、诗联文化、古镇文化、长寿文化、名人文化和抗战文化六大特色文化名片,先后新建或升级了科技馆、文化馆、博物馆、图书馆、青少年活动中心、妇女儿童活动中心等,与档案馆、群众信访中心共同构建起"五馆三中心"。

——创新公共文化服务空间营造。公共文化空间的公共性体现在公共参与的开放性,而社会参与更体现在新型公共文化空间的共建、空间和文化服务的共享上。良好的公共文化空间不仅可以吸引农民工参与公共文化活动,更可以形成独特的城市风格,提升城市软实力和文化魅力。近年城市文化记忆和老建筑改造的新型公共文化空间、多方共同参与共建的城市书房、社区中活跃的文化家等多种类型的公共文化空间逐渐涌现,新型公共文化空间的人文性和社会性提升了空间品质,也培育了公共精神。在都市商圈、文化园区等区域,引入社会力量,按照规模适当、布局科学、业态多元、特色鲜明的要求,打造一批融合图书阅读、艺术展览、文化沙龙、轻食餐饮等服务的"城市书房""文化驿站"等新型文化业态,营造出"小而美"的公共阅读空间和艺术空间。

——把满足民众文化需求和增强精神力量有机统一起来。农民工公共文化服务要以社会主义核心价值观为引领,注重文化活动内涵的保障和原则的把握。文化是凝聚精神力量的纽带,农民工公共文化服务关系农民工的全面发展,也是促进文化强国建设的重要支点。实现好、维护好、发展好农民工文化权益,适应农民工对文化生活品质的需求,是提升人民文化生活质量的重要落脚点。近几年各地呈现的博物馆热、书院热、国潮国风等传统文化热,以及不断涌现的知识付费、视频直播等新兴的文化消费热点,都显示了人民文化需求和审美水平的日益提升。高品质的公共文化服务可提升农民工的文化素养,增强农民工的精神力量,从而推动文化强国建设。

——根据农民工现实需求,完善公共文化服务精准补贴制度。随着农民工文化需求日趋提升,国家持续加大对公共文化的财政投入。但是,公共文化投入仍存在许多问题,具体表现为:投入总量不足、投入结构失衡、投入主体单一、投入管理不足、投入评价缺失。针对上述问题,我国需要进一步解决公共文化服务补贴精准化的问题。一是重点领域的精准补贴。重点领域主要是指处于萌芽期的新兴文化服务业态,如近年来兴起的沉浸式演艺,以及农民工参与的优秀传统文化的保护利用和创新传承等。二是农民工群体的精准补贴。农民工是有文化需求和意愿,但文化消费能力相对较弱的人群。如新生代农民工、农民工子女等重点群体。三是重点区域农民工的精准补贴。重点区域主要是二三线城市、城中村等文化市场薄弱的区域。同时,我国还应完善政府补贴保障机制、健全资金多元投入机制、优化政府补贴管理制度、规范资金使用评价及反馈制度等。

——提升城市公共文化服务对农民工的覆盖面,为农民工提供基本的、均等化的公共文化产品和服务,要求农民工公共文化服务不分性别、年龄人人都可以享有,这是社会公平正义的重要体现。《中华人民共和国公共文化服务保障法》规定,将城乡农民工公共文化服务纳入本地经济和社会发展总体规划及城乡规划,根据城镇化发展趋势和城乡常住人口变化,统筹城乡公共文化设施布局、服务提供、队伍建设、资金保障,均衡配置公共文化资源。一是补短板,重点增加农民工基层公共文化产品供给,扩大农村公共文化资源和服务总量。面向农民工提供的公共文化产品,如图书、报刊、戏曲、电影、广播电视节目、网络信息内容、节庆活动、体育健身活动等,要贴近农民工生产生活实际,根据时代特点和农民工群众的精神文化需求,不断更新产品内容,创新活动形式,增强针对性和实效性。二是补弱项,重点扩大对新生代群体的有效服务,农民工公共文化服务是传承弘扬社会主义核心价值观的重要载体,具有为农民工提供精神指引的重要作用。新生代农民工是我国经济社会建设的重要群体,深入了解他们的文化需求和文化利用方式,有针对性地提供优秀公共文化产品和资源,不断滋养其精神生活,保障其正确发展方向,在潜移默化中实现以文化人、以文育人的社会教育职能。

10.4.3 推动农民工公共文化服务的开放发展

让"艺术即生活"成为日常。推动公共文化服务高质量发展,开放发展是内生动力。开放发展,核心要义是深化公共文化体制机制改革,创新管理方式,扩大社会参与,形成开放多元、充满活力的公共文化服务供给体系。

——实施"专业化＋社会化"机制协同。农民工公共文化服务的社会化是指农民工公共文化服务从单一依托国家力量转向由全社会力量共同提供的过程。社会化政策支持是公共文化领域供给侧结构性改革中非常重要的问题,也是顶层设计层面极为迫切的一项工作。如何建立开放性、包容性的现代体系,实现公共文化机构跨行业、跨地域的融合发展,是实践层面的新问题。以"文化＋"理念推进农民工公共文化服务的多维创新,促进经济文化社会互促共融正在达成共识。数字文化服务平台的发展也加速推进文化馆、图书馆、博物馆、美术馆、非遗馆等各个场馆遵照"共享资源、共建平台、共创服务、共赢未来"的原则,广泛吸纳社会资源进入云上平台。基于此,在坚持政府主导的前提下,亟须建立社会参与,政府、市场、社会协同建设的现代农民工公共文化服务体系可持续发展格局,重点是建立公共文化机构与社会组织之间的关联机制,包括培育机制、创新机制、评估机制、保障机制。以在农民工公共文化服务社会化实践中最具代表性的政府购买农民工公共文化服务为例,基层文化场馆所依托的同级行政机构、地方政府应该在合理划分公共服务类型、确定政府购买公共服务判定标准的基础上,明确政府购买公共服务的范围,完善政府购买农民工公共文化服务的绩效评估与监督机制,完善竞争择优的程序与流程,扩大竞争性招投标的范围等;通过目标性政策、激励性政策、保障性政策等,发挥公共财政资金的"撬动效应",实现"专业化+社会化"的双向协同。

——实施"供给侧+服务侧"思维创新。深化文化领域供给侧结构性改革是新时代农民工公共文化服务高质量发展的必然要求,也是顺应人民消费新需求、推动文化健康可持续发展的必然选择。据调查,"上网"是新生代农民工最主要的文化生活,中铁某项目部一改过去传统工地网吧模式,打造Wi-Fi新型"工地网吧",实现了宿舍无线网络全覆盖,让广大农民工可以躺在床上看电影、读新闻、与家人聊天等。在网络硬件的基础上,一些部门和机构正在积极推进以农民工为主题的公共数字文化产品开发,通过APP、微信等移动服务方式,掌握舆情信息和文化需求,引导资源投放和服务侧重。农民工公共文化服务高质量发展的创新方向应更加注重应用互联网思维,推动文化和科技的深度融合,推动供给侧结构性改革深化与需求侧服务模式创新的双向对接。在深化供给侧结构性改革方面,充分发挥互联网均衡共享的平台优势,实现移动互联网端个体用户的最广覆盖,进而精准对接用户个性化的多元文化需求,解决粗放式平台供给和效能低下的问题,发展具有新颖性、科学性、引领性、示范性的农民工公共文化服务,扩大农民工公共文化服务的吸引力,形成更加良好的社会效益,发挥更大的辐射作用。在需求侧服务模式创新方面,用户思维造就产品思维。互联网平台的建设与产品的提供基本上都是交互的,包括平台与平台之间、平台与用户之间、用户与用户之间。因此,互联网的数字文化产品和服务应该具备跨平台传播的可能性。比如,云文化场馆提供的全民阅读、全民科普、全民艺术普及、优秀文化传承既要具备视听产品的跨平台迁移能力,也要具备适应不同圈层、阶层人群细分需求的垂直能力,也就是打造垂直化、立体化的产品格局。

——实施"文化+技术"价值赋能。通过技术赋能,搭设才艺展示分享新平台。在5G应用、大数据、人工智能等一系列技术驱动下,公众获取信息的方式经历跨越式变革:从传统媒介的单向性传播,到传统门户网站的中心化编辑推送,再到去中心化算法推送,以人性化的贴近用户喜好的方法来推送内容。新崛起的短视频根据相关性特征、环境特征、热点特征与协同特征,以成熟的算法推荐系统筛选有能力产出优质内容的人,助推优质艺术内容广泛传播。我们要充分利用这种技术赋能创造的艺术创作与表达空间,赋予农民工在技术与艺术层面进行"自我扮演"、艺术展演、互动竞演的趣味性与成就感,让农民工普通用户能够体验才艺文娱学习的艺术。

通过科技赋能,打造优秀传统文化传播的新风尚。在新媒体技术普及之前,文化艺术的传播多数会受到时间和空间的限制。而以短视频为代表的新媒体艺术传播,通过优秀传统文化艺术进行主动选择与积极适应,有效推动了泛娱乐社交内容向泛审美文化内容渗透。短视频平台纷纷发起并推送与中华优秀传统文化艺术相关的话题,邀约艺术家或者才艺达人亲身示范,通过更具网感的手段与方法,引导农民工在参与中领略艺术精粹、体验文化经典。诗书艺画、传统工艺、戏曲戏剧、武术功夫、古风民乐等热门艺术门类与样态,快速形成了令人瞩目的"传统文化潮",引发短视频艺术传播的创新潮流。这充分说明,积极利用这种简易化、通俗化、趣味化的传播形式,有利于探索传统文化艺术的创新性传承、创造性转化。

通过价值赋能,提升文化传播美好生活的新体验。美好生活是新时代中国人民共同的发展愿景,如何讲好美好生活的中国故事,不同媒体各有擅长。既要发挥影视类长视频宏阔的气度、深邃的挖掘力、专业化的精工细作优势,又要发挥短视频"见微知著"的敏锐观察特性,通过运动、亲子、旅行、美食、动物等主题的艺术样态与文化景观,呈现富有时代气息、多姿多彩的日常生活。

10.4.3　推进城乡农民工公共文化服务一体建设

推进城乡农民工公共文化服务体系一体建设,创新实施文化惠民工程,体现农民工公共文化服务高质量发展针对性更强、覆盖面更广、作用更直接、效果更明显的要求,意味着体系建设的重点在于加大农民工公共文化服务资源向基层延伸、向中小城市、农村覆盖的力度。

——推进城乡农民工公共文化服务体系一体建设。落实国家乡村振兴战略。解决农业、农村和农民问题是关系国计民生的根本性问题。我国经济社会发展不平衡、不充分问题在农村地区尤为突出。2017年10月党的十九大作出实施"乡村振兴"的重大战略部署,要求按照"产业兴旺、生态宜居、乡风文明、治理有效、生活富裕"的总要求,建立健全城乡融合发展体制机制和政策体系,加快推进农业农村现代化。加强农村文化建设是全面建成小康社会的内在要求,是满足广大农村居民多层次、多样化精神文化需求的有效途径,对于提高党的执政能力和巩固党的执政基础,促进农村经济发展和社会进步,实现农村物质文明、政治文明和精神文明协调发展,具有重大意义。乡村文化振兴,阵地建设是关键。我们要进一步发挥乡村文化礼堂、村综合文化服务中心的引领和辐射作用,切实解决乡镇(街道)综合文化站人员编制问题、经费问题,继续推进、深入实施县域文化馆、图书馆总分馆体系建设,建立馆员结对挂钩机制,打通文化服务基层的"最后一公里",进一步提升乡镇(街道)综合文化站服务水平,组织高品质文化活动,提高留守老人、留守儿童及留守妇女等农民工相关群体的满意度。

——立足区域差异,探寻中西部农民工公共文化服务的社会化路径。中西部地区既是农民工公共文化服务"保基本、保均等"的重要地区,也是社会化程度不高的薄弱地带。一方面,目前农民工公共文化服务还主要依托政府投入,一旦政府财政收入不足就面临预算硬约束,公共文化投入便得不到有效保障;另一方面,中西部分地区对社会化的理解还存在不同程度的观念阻隔。例如,许多地方政府虽然表面上鼓励和支持社会力量参与,但在实践中仍依靠公益性文化事业单位来实施文化服务,难以体现公共治理的内涵。解决这一问题,我们既需要充分利用东部地区的远程、远景扶持和介入方式,又要对目标性政策、激励性政策、保障性政策等勇于探索。

——发挥农民工弘扬优秀传统文化主力军作用。组织开展全民阅读、全民普法、全民健身、全民科普和艺术普及、优秀传统文化传承活动是农民工公共文化服务的基础工程,也是向基层延伸、向农村覆盖、向边远地区倾斜的重要服务。2017年1月,中共中央办公厅、国务院办公厅印发《关于实施中华优秀传统文化传承发展工程的意见》,强调把优秀传统文化贯穿国民教育始终、滋养文艺创作、融入生产生活,并提出了一系列重点任务和措施,要将这些要求与乡村振兴战略结合,发掘地域特色传统文化,通过村民喜闻乐见的戏曲等形式,将中华优秀传统文化内涵更好更多地融入生产生活各方面,推进城乡农民工公共文化服务体系一体化建设。大力支持乡村开展全民性群众文化活动,结合乡村生活特点,推动优秀传统文化与群众性文化活动的深度融合,培根铸魂,以节庆日为纽带,以常态化的乡村文艺生活为土壤,培育一批新时代乡村文艺骨干人才,打造一批全民性文化活动品牌。

——加强与卫生、教育、科普、民政等其他公共服务领域惠民项目的跨界融合发展。优化农民工公共文化资源配置、提高农民工公共文化资源的综合效益能够解决制约农民工公共文化服务实效性增强的瓶颈。跨界公共服务的协作性供给是当前农民工公共文化服务供给中进一步推动高质量发展的重要方式;避免了政府职能部门治理的碎片化,中心目标在于跨越组织和地域边界,整合各自独立的资源,实现政府的政策目标。针对文化和旅游系统内公共文化资源孤岛现象,不仅需要增强文化和旅游系统内公共文化服务场馆、活动的融合发展,也需要着力推动与卫生、教育、科普、民政等其他公共服务领域惠民项目的跨界融合发展,让农民工公共文化服务通过与其他渠道的融合,进一步走进农民工的日常生活,更便利有效地为农民工服务。

10.4.4 推进农民工公共文化服务网络化、智能化

随着数字时代的来临以及"数字中国"建设的推进,公共文化服务的数字平台和多种基础资源库、数据库逐步建成,数字文化馆、数字博物馆、数字图书馆等线上数字展馆建设逐渐完善,新型基础设施的网络服务不断提升,基础数字化硬件设施更加多样。当今社会,信息技术、数字网络技术、移动平台技术已经广泛深入经济社会各个领域,与农民工日常生活密切相关。农民工对数字网络中游戏、音乐、文学、视频等文化需求不断增长,公共文化服务建设和内容供给也应当考虑农民工数字文化需求逐渐增加的问题,发挥好数字设施的作用,丰富农民工数字文化产品的内容。在考虑农民工群体差异化需求基础上,回应农民工对美好文化生活追求,推动农民工公共文化服务高质

量发展,必须充分重视科技力量,拓展互联网环境下的农民工公共文化服务新阵地、新平台、新空间;应当充分利用科技赋能功用,创新农民工公共文化服务内容和方式,提升农民工公共文化服务的能力和品质;必须确立科技是农民工公共文化服务重要因素的创新理念,通过跨界合作深度融合,促进农民工公共文化服务均衡发展,巩固基层文化阵地;丰富公共文化产品供给,增强城乡文化活力;扩大服务覆盖面和实效性,全面提升农民工公共文化服务的整体效能。

——加强农民工公共文化服务的"互联网+"建设。互联网开启了人类信息传播、社会交往的新纪元。它从一种技术创新的手段迅速成长为深刻影响全球政治、经济、社会、文化、艺术多个领域的重要力量,极大地改变了人类文明发展的方向。互联创业,互通创新。从互联网到移动互联网,在快速奔跑、迭代更新的浪潮中,"互联网+"不断创造新的传媒样态、艺术表达、文化景观,也为农民工公共文化服务提供了新阵地、新平台、新空间。截至2020年6月,抖音平台上八大艺术门类——音乐、舞蹈、影视、建筑、书法、戏曲、雕塑、绘画的短视频已达2.8亿条,累计播放量1.5万亿次,累计点赞数490亿,累计评论26亿条。短视频已经成为大众艺术交流的重要工具,全民通过短视频分享艺术、欣赏艺术、接近艺术的趋势已形成。利用好互联网环境为农民工公共文化服务创造的新阵地、新平台、新空间,向公众提供基于日常生活的简便原创与艺术加工的可能性手段及可见性效果,促使传统文化、工艺门类成为显性内容,引导人们参与、探索丰富多元的艺术实践与艺术表达。

——加强农民工公共文化服务的"智能化"建设。"十一五"以来,财政部、原文化部共同组织实施全国文化信息资源共享工程、数字图书馆推广工程和公共电子阅览室建设计划,取得积极进展。在此基础上,2019年文化和旅游部统筹原有三大公共数字文化工程,力求构建标准统一、互联互通的公共数字文化服务网络。然而,与市场环境中的数字服务业态相比,公共文化的数字化建设在制度设计、资源整合、服务机制建设等方面仍有待加强,特别是科技对文化建设支撑作用的潜力还没有充分释放,公共文化与科技深度融合面临许多新的挑战。为此,我们必须进一步促进文化与科技的深度融合,推动公共文化数字化创新发展,加快促进农民工公共文化服务向数字化、智能化发展,尤其是强化线上、线下互动结合的数字智能化设备、云文化场馆与服务平台的建设,优化公共文化和旅游创意产品交易平台,加强文化基因智慧揭示等领域和环节的研发应用。

——加强农民工公共文化服务的融合建设。农民工公共文化服务体系的融合建设,是适应新时代文化和科技融合发展,应用现代理念、现代技术,提供智慧产品、智能服务的需要。随着加快推动文旅融合发展,文化、旅游产业并轨后迅速步入快车道。我国居民消费水平稳步提升,文化享受、智能体验成为消费者青睐的新型业态,"文化+旅游+科技"将迎来升级。以全息投影为代表的数字技术、以虚拟现实为代表的场景科技蓬勃发展,为文旅项目汇聚起强大的技术势能。5G时代到来,将会为农民工公共文化服务体系的融合建设提供更多可能性。顺应文化和科技融合发展的趋势,横向整合图书馆、文化馆、博物馆、专业院团等文化部门的数字资源,实现资源和服务"云融合",纵向打通国家文化云与县(市、区)地方云的"云共享",优化资源互通渠道,实现开放共享、互联互通,最大限度地发挥农民工公共文化服务效能。

参考文献

1. 中华人民共和国农民工公共文化服务保障法[EB/OL].2020-12-20. http//www.npc.gov.cn/zgrdw/npc/xinwen/2016-12-25/content_2004880.htm.

2. Eliakimk,Starko. Labor Migration and Risk Aversion in Less Developed Countries [J]. *Journal of Labor Economics*, 1986 (1).

3. Robertp,Ernestw,Roderickb,etal. *The City*:*Suggestions for the Study of Human Nature in the Urban Environment* [M]. Chicago :University of Chicago Press, 1984.

4. Paulam. Stepwise International Migration:Amulti Stage Migration Pattern for the Aspiring Migrant [J]. *American Journal of Sociology*, 2011(6).

5. 刘林平,张春泥,陈小娟.农民的效益观与农民工的行动逻辑——对农民工超时加班的意愿与目的分析[J].中国农村经济,2010(9).

6. 翟莹昕.论"80后"农民工的文化需求与公共图书馆的作为[J].长春理工大学学报(社会科学版),2011(2).

7. 卢明.基于农民工文化需求的农民工公共文化服务体系建设研究——以苏州市为例[D].苏州:苏州大学,2014.

8. 庄飞能.农民工公共文化服务模式的转型与重构——基于武汉市农民工及北京工友之家文化发展中心的调查[J].华中农业大学学报(社会科学

版),2013(2).

9.叶继红.农民工文化需求与农民工城市公共文化服务体系构建——来自江苏的调查思考[J].中州学刊,2015(6).

10.陆自荣,徐金燕.农民工社区融合与城市公共文化服务体系研究[M]北京:人民出版社,2017.

11.杜春娥.农民工数字文化资源需求与使用状况调查——以北京地区为例[J].中国广播电视学刊,2015(6).

12.肖希明,完颜邓邓.以数字化促进基本公共文化服务均等化的实践研究[J].图书馆工作与研究,2016(8).

13.姜海珊,李升.城市融入视角下的北京农民工公共文化服务状况[J].人口与社会,2016,32(2).

14.孙友然.中国新市民农民工公共文化服务体系研究[M].南京:南京大学出版社,2018.

15.徐增阳,崔学昭,姬生翔.基于结构方程的农民工公共服务满意度测评——以武汉市农民工调查为例[J].经济社会体制比较,2017(5).

16.黄寿海,胡小平.差异化需求视角下农民工对城市公共文化产品的评价[J].财经科学,2018(5).

17.郑迦文.文化下乡与精神进城——民族地区农民工公共文化服务的面向及策略[J].贵州社会科学,2016(5).

18.景小勇.国家文化治理体系的构成、特征及研究视角[J].中国行政管理,2015(12).

19.祁述裕.当前文化建设的几个重点难点问题[J].行政管理改革,2013(1).

20.胡惠林.国家文化治理:发展文化产业的新维度[J].学术月刊,2012,44(5).

21.毛少莹.全球化中的文化[J].特区实践与理论,2006(1).

22.祁述裕.提高国家文化软实力"三题"[J].人民公仆,2014(2).

23.赵军义,李少惠,朱侃.农民工公共文化服务研究的主要视角及重点关切[J].图书馆,2019(7).

24.傅才武.当代农民工公共文化服务体系建设与传统文化事业体系的

转型[J]. 江汉论坛,2012(1).

25. 周飞舟. 财政资金的专项化及其问题——兼论"项目治国"[J]. 社会,2012,32(1):

26. 陈世香,王余生. 基层治理现代化:社区农民工公共文化服务的社会化研究——基于三个社区文化活动中心的比较分析[J]. 辽宁大学学报(哲学社会科学版),2017,45(4).

27. 周晓丽,毛寿龙. 论我国农民工公共文化服务及其模式选择[J]. 江苏社会科学,2008(1).

28. 王列生. 警惕文化体制空转与工具去功能化[J]. 探索与争鸣,2014(5).

29. Henri Lefebvre, Donald Nicholson Smith. *The Production of Space*[M]. Oxford: Blackwell, 1991.

30. 陈亮,熊竞. 棘手问题治理的复合困境、可行路径与理论反思——基于网络化治理的视角[J]. 吉首大学学报(社会科学版),2018,39(1).

31. 沙垚. 乡村文化传播的内生性视角:"文化下乡"的困境与出路[J]. 现代传播(中国传媒大学学报),2016,38(6).

32. 李成彦. 组织文化对组织效能影响的实证研究[D]. 上海:华东师范大学,2005.

33. 李世敏. 农民工公共文化服务效能提升的三个维度及其定位图书馆理论和实践[J],2015(9).

34. 李山. 政府购买农民工公共文化服务的现实困境与改革路径[J]. 湘潭大学学报(哲学社会科学版),2014(3).

35. 何继良. 关于构建农民工公共文化服务体系,保障人民基本文化权益的若干问题思考[J]. 毛泽东邓小平理论研究,2007(12).

36. 吴漫. 论农民工公共文化服务需求反馈机制的构建[J]. 淮北师范大学学报(哲学社会科学版),2013(5).

37. 王列生. 论构建农民工公共文化服务体系的意识形态前置[J]. 文艺理论与批评,2007(2).

38. 吴理财. 农民工公共文化服务的运作逻辑及后果[J]. 江淮论坛,2011(4).

39. 郭妍琳. 农民工公共文化服务体系的社会效益与制度建设[J]. 艺术

百家,2008(3).

40.张桂琳.中国特色农民工公共文化服务体系的发展与完善[J].探索与争鸣,2013(2).

41.李海娟.试析农民工公共文化服务发展的整合战略[J].毛泽东邓小平理论研究,2011(11).

42.杨泽喜.构建农民工公共文化服务体系的逻辑原点与路径选择[J].江汉论坛,2012(5).

43.蒯大申,现代农民工公共文化服务体系的内涵与基本特征[N].文汇报,2014-2-25.

44.陈云良.服务型政府的公共服务义务[J].人民论坛,2020(10).

45.阎云翔.中国社会的个体化[M].陆洋等译.上海:上海译文出版社,2012.

46. Roy Rothwell, Walter Zegveld. *Rein Dustrialization and Technology*[M]. London: Long man group limited,1985.

47.夏建中.新城市社会学理论[J].社会学研究,1998(4).

48.薛澜,张帆,武沐瑶.国家治理体系与治理能力研究:回顾与前瞻[J].公共管理学报,2015(12).

49.顾锋,张涛.需求管理的新视角及其发展[J].社会科学家,2013(3).

50.陈水生.公共服务需求管理:服务型政府建设的新议程[J].江苏行政学院学报,2017(1).

51.杨柳.公共服务供给中的需求管理[J].中国党政干部论坛,2017(1).

52.刘黎红,徐伟.新生代农民工公共文化服务政策执行问题探讨:基于青岛市的实地调查[J].东方论坛(青岛大学学报),2013(1).

53.刘启营.农民工文化权益:困境与保障机制分析[J].理论与改革,2010(4).

54. C. Fornell, M. D. Johnson, E. W. Anderson, J. Cha and B. E. Bryant. The American Customer Satisfaction Index: Nature, Purpose and Findings[J]. *The Journal of Marketing*,1996(60).

55. J. J. Hans, K. Kai and O. Peder. Customer Satisfaction in European Food Retailing[J]. *Journal of Retailing and Consumer Services*,

2002(9).

56. G. A. Boyne. Concepts and Indicators of Local Authority Performance[J]. *Public Money&Management*,2002(22).

57. J. Downe,C. Grace,S. Martin and S. Nutley. The Ories of Public Service Improvement：a Comparative Analysis of Local Performance Assessment Frameworks[J]. *Public Management Review*,2011(12).

58. 刘淑妍,王欢明.国外公共服务绩效评价的研究发现及对我国的启示[J].国外社会科学,2013(2).

59. 向勇,喻文益.农民工公共文化服务绩效评估的模型研究与政策建议[J].现代经济探讨,2008(1).

60. 李少惠,余君萍.公共治理视野下我国农村农民工公共文化服务绩效评估研究[J].图书与情报,2009(6).

61. 王前,吴理财.农民工公共文化服务可及性评价研究——经验借鉴与框架建构[J].上海行政学院学报,2015(3).

62. 李宁.农村农民工公共文化服务绩效评估机制构建研究[J].宁夏大学学报,2009(6).

63. 李艳英.基于长效运行的基层农民工公共文化服务评价指标体系构建研究——以河北省为例[J].河北师范大学学报(哲学社会科学版),2015(4).

64. 郑满生,王慧,臧运平.基于综合指数法的区域农民工公共文化服务体系发展水平测评研究[J].中国农学通报,2015(2).

65. 胡税根,李幼芸.省级文化行政部门农民工公共文化服务绩效评估研究[J].中共浙江省委党校学报,2015(1).

66. 李少惠,尹丹.公共文化建设评估体系的建构及其应用研究[J].科学·经济·社会,2010(4).

67. 单薇.从多维视角综合评价我国农民工公共文化服务均等化水平[J].中国统计,2015(4).

68. 解学芳.公共文化产品供给绩效与文化消费生态研究——以上海为例[J].统计与信息论坛,2011(7).

69. 薛艳.农民工公共文化服务绩效评估研究——以沧浪区为例[J].中外企业家,2014(7).

70.谭秀阁,王峰虎.基于 DEA 的我国公共文化投入效率研究[J].发展研究,2011(2).

71.杨林,韩科技.基于 DEA 模型的地方公共文化财政支出绩效评价——以青岛市为例[J].经济与管理评论,2015(2).

72.刘淑妍,王欢明.国外公共服务绩效评价的研究发现及对我国的启示[J].国外社会科学,2013(2).

73.程晓婧.农民工公共文化服务质量评价研究——基于个体差异的视角[D].石家庄:河北经贸大学,2015.

74.孙中伟,刘林平.中国农民工问题与研究四十年:从"剩余劳动力"到"城市新移民"[J].学术月刊,2018,50(11).

75.林拓,虞阳.重塑地方感:农民工流动的空间转变及农民工公共文化服务[J].社会科学,2016(05).

76.吴理财.农民工公共文化服务机制的六个特性[J].人民论坛,2011(30).

77.[英]约翰·斯道雷.记忆与欲望的耦合——英国文化研究中的文化与权力[M].徐德林译,桂林:广西师范学出版社,2007.

78.刘奇.大力推进农民工以家庭为流动单元[J].中国发展观察,2012(2).

79.李强.关于农民工的情绪倾向及社会冲突问题[J].社会学研究,1995(4).

80.李培林.流动民工的社会网络和社会地位[J].社会学研究 1996(4).

81.俞可平.治理与善治:一种新的政治分析框架[J].南京社会科学,2001(9).

82.郑功成.对农民工问题的基本判断[J].中国劳动,2006(8).

83.章建刚.中国农民工公共文化服务发展报告[M].北京:社科文献出版社,2008.

84.田丰.城市工人与农民工的收入差距研究[J].社会学研究,2010(2).

85.唐亚林,朱春.当代中国农民工公共文化服务均等化的恶发展之道[J].学术界,2012(5).

86.张华.农民工家庭城市融入的制约因素与对策分析[J].经济体制改革,2013(3).

87.刘林平,王茁.新生代农民工的特征及其形成机制——80 后农民工与 80 前农民工之比较[J].中山大学学报(社会科学版),2013(5).

88. 李军鹏.政府购买公共服务的学理因由、典型模式与推荐策略[J].改革,2013(12).

89. 李国新.强化农民工公共文化服务政府责任的思考[J].图书馆杂志,2016(4).

90. 杨宜勇,邢伟.公共服务的供给侧改革研究[J].学术前沿,2016(3).

91. 韩长赋.中国农民工的发展与终结[M].北京:中国人民大学出版社,2007.

92. 曹爱军,杨平.农民工公共文化服务的理论与实践[M].北京:科学出版社,2011.

93. 共青团中央维护青少年权益部编.新生代农民工社会融入问题优秀调研成果汇编[G].2011.

94. 黄梅芳,章昌平.基于文献计量分析的新生代农民工研究综述[J],学理论,2016(5).

95. 陆学艺主编.当代中国社会阶层研究报告[M].北京:社会科学文献出版社,2002.

96. 陆学艺主编.当代中国社会流动[M].北京:社会科学文献出版社,2004.

97. [美]亚伯拉罕·马斯洛.动机与人格[M].许金声等,译.北京:中国人民大学出版社,2007.

98. 李景源,陈威.中国农民工公共文化服务发展报告(2007)[M].北京:社会科学文献出版社,2007.

99. 陈共.财政学[M].北京:中国人民大学出版社,2010.

100. 国家统计局.2018年中国农民工调查监测报告,2019-4-29.

101. 王列生.文化建设警惕"体制空转"[N].人民日报,2014-8-1.

102. 李培林,田丰.中国新生代农民工:社会态度和行为选择[J].社会,2011(3).

103. 邢军.城镇化背景下农民工参与城市文化生态构建的路径选择[J].贵州社会科学,2015(11).

104. 赵驹.社会公平视域下构建农民工公共文化权益保障机制[J].华东理工大学学报(社会科学版),2013(3).

105. 刘忱.关注打工者的文化力量[J].人民论坛,2017(7).

106. 杨玉珍."第三空间"视域下农民工公共文化服务的完善——基于W市调研的调查[J].华中农业大学学报,2013(2).

107. 杨红花."真空"群体:清除农民工公共文化服务建设的"盲点"——基于武汉市农民工文化生活的调查[J].华中农业大学学报(社会科学版),2013(2).

108. 陈波,李好.新时代下财政支持公共文化建设的思路与路径选择[J].湖北社会科学,2018(10).

109. 李慧.文化产业:如何与社会资本"共舞"[N].光明日报,2015-11-12.

110. 颜玉凡.城市社区农民工公共文化服务的多元主体互动机制:制度理想与现实图景——基于对N市JY区的考察[J].南京社会科学,2017(10).

111. 陈霞.公共图书馆应履行好为农民工服务的职责[J].求实,2011(1).

112. 肖容梅.公共图书馆法人治理结构初探[J].公共图书馆,2008(2).

113. 周笑梅,高景.公共文化视阈下的国家文化治理转型]J].社会科学占线,2015(5).

114. 兰剑.政府主导下的农民工农民工公共文化服务供给困境及基路径重构——"社会化供给与多元主体参与"模式的一种设想[J].吉首大学学报(社会科学版),2015(9).

115. 胡守勇.农民工公共文化服务效能评价指标体系初探[J].中共福建省委党校学报,2014(2).

116. 周全华,刘燕.公共服务对象满意度测评指标体系研究——基于上海市X区的实证分析[J].社科纵横,2012(9).

117. 胡志强.中国国际人权公约集[M].北京:中国对外翻译出版公司,2004.

118. [英]安东尼·吉登斯.现代性的后果[M].田禾译.南京:凤凰出版传媒集团,2011.

119. [美]曼纽尔·卡斯特.网络社会的崛起[M].夏铸九,等译.北京:科学文献出版社,2001.

120. 黎熙元,陈福平.社区论辩:转型期中国城市社区的形态转变[J].社会学研究,2008(2).

121. 陈立旭. 以全新理念建设农民工公共文化服务体系[J]. 浙江社会科学,2008(9).

122. 朱文文,朱彬彬. 我国第三部门在公共产品供给中的阻力与对策分析[J]. 理论与改革,2006(3).

123. 吴佩芬. 群体性事件与制度化利益表达机制的构建[J]. 思想战线,2010,36(4).

124. 刘先春,刘文玉. 农民工公共文化服务问题初探[J]. 城市建设,2010(16).

125. 姜明安. 加强对服务型政府建设的理论研究[J]. 行政法论丛,2010(1).

126. 张凤琦,胡攀. 农民工文化权益保障现状与对策研究[J]. 重庆邮电大学学报(社会科学版),2008(5).

127. 刘启营. 农民工精神文化生活的特点及改善对策——基于山东省的调查[J]. 湖南农业大学学报(社科版),2009(10).

128. 张璇. 新生代农民工文化需求的困境及其实现路径[J]. 科教导刊(中旬刊),2012(2).

129. 吴炜. 新生代农民工文化福利支持机制[J]. 中国青年研究,2012(4).

130. 孔进. 农民工公共文化服务供给—政府的作用[D]. 山东大学,2010.

131. 惠鸣,孙伟平,刘悦笛. 农民工公共文化服务体系架构与方式创新:嘉兴个案[J]. 重庆社会科学,2011(11).

132. 黄伟良,李文瑞. 困境与出路:新生代农民工的文化权益保障[J]. 攀枝花学院学报,2013(2).

133. 窦亚南. 两岸三地农民工公共文化服务绩效评估综述[J]. 科技信息,2007(11).

134. 罗云川,张彦博,阮平南. "十二五"时期我国农民工公共文化服务体系建设研究[J]. 图书馆建设,2011(12).

135. 金碚. 关于"高质量发展"的经济学研究[J]. 中国工业经济,2018(4).

136. 李金昌,史龙梅,徐蔼婷. 高质量发展评价指标体系探讨[J]. 统计研究,2019,36(1).

附录一
实地调研材料

北京、上海、深圳、成都四市部分农民工访谈个案

1. 北京（2012年10月14—16日）

访谈人：（沈梅、李双全、周燕、王磊、范丽娟、邢军）

——访谈地点：北京市朝阳区皮村农民工文化活动中心

［皮村隶属于北京市朝阳区金盏乡，因位于机场航道下方，不被允许建高层建筑，迟迟未能拆建。周边村落的拆迁导致越来越多的打工者涌向这里。据不完全统计，目前，皮村本地人口有1500多人，外来人口近万人，占全村常住人口的九成以上。2005年，非营利性社会公共服务机构——"北京工友之家文化发展中心"建立，创办者孙恒租下了村里的一座废弃工厂，建立起"同心实验学校"，服务打工子弟。随后，他又租下村里的一个废旧院落，陆续建起了一座图书馆、一个电影院、一个"新工人剧院"，以及一个命名为"同心互惠公益商店"的二手货超市。2008年5月1日，"打工文化艺术博物馆"正式在此成立。该博物馆收藏了包括工友日记、工资条、暂住证、劳动工具等2000余件展品，日常向社会公众免费开放。目前，皮村逐渐发展成全国打工者

文化交流及社群建设的重要平台,中央电视台、《人民日报》、香港凤凰卫视、《工人日报》等众多媒体都以皮村为案例,向社会公众宣传对新工人群体及其劳动价值的尊重。2012年1月8日,主持人崔永元甚至没有参加当天众星云集的中国慈善年会,而专程跑到皮村,为外来打工者主持他们的春节联欢晚会。]

个案1:

男,58岁,初中毕业,丧偶,黑龙江人,与儿子媳妇一起租住一间门面(儿子跑运输,有自己的生意,育有一子),早年在黑龙江第一运输公司(国营)工作。他内退后,自1990年代起就与儿子一块来北京打工,儿子生意稳定后一直在皮村租房,几乎没再回老家。孙子已上幼儿园大班。自己在附近尚未开业的高尔夫球场当保安,月薪1300元,工作时间为每天早晨6点到下午2点,中午不回家,单位提供午饭,早饭要自己解决。工作单位没有给他交各种保险。他说工作环境简单,工作没什么强度,有人来给开门,然后关门,前后不过10分钟。每月工资基本存不了,除个人开支外,他还要给孙子零花钱。他喜欢晚上出来打乒乓球、看书、下棋,喜欢看历史方面的书籍,没有买过书,就是看皮村这个活动中心捐的书;负责在院子里播放音乐,跳集体操。在文化消费上,他基本没有个人支出。不太愿意接触周围素质较低的打工者,也不和北京本地的居民交往,和房东就是租赁关系,每年要交2.5万元房租(包括门面)。工余除了在这个活动中心之外,基本没有其他文化活动场所,和当地社区没有任何来往,他认为社区的文化设施和服务及所有优惠政策都是为北京本地市民服务的,打工者享受不到,对当地社区及基层政府提供的文化服务和设施很不满意,对企业更没有要求,"国庆"假期也是正常上班,加班工资都不能兑现。

小结:被访者感觉打工十多年以后既回不去家乡,又不能在北京扎根;感觉自己文化水平较高("虽然是初中毕业,但几十年的学习,不比大专生的文化水平低"),不愿与素质较低的打工者为伍,又不愿与北京本地人交往,也没有交往机会。被访者认为社会贫富差距太大,对儿孙辈的未来也比较忧虑,认为他们即使有自己的生意,也还是打工者,没有北京户口,更买不起北京的房子。在访谈过程中,他显得比较匆忙,虽有些悲观,但还是比较热衷文化活动,不时去房间播放音乐。直至访谈和问卷填写结束回程(晚上10点左右),他还在院子里跳操。

个案2:

男,38岁,河南驻马店人,初中毕业,已婚,1993年开始在北京打工,与妻儿一起,月收入3500元左右,每年春节回老家。儿子在附近打工子弟学校就读,每学期学费800元。他现从事机械加工行业,在一家有10多个工人的小厂上班,每天工作9个小时以上,没有交各种保险,也没有签劳动合同。劳动强度虽然较大,但他认为"比起建筑工人还是很轻松的"。他在这家工厂工作已有5年,从打工开始一直从事这一行业,"从学徒开始到现在将近20年了,熟练掌握了这个行业的技术"。一家人租住在皮村10平方米左右的房子里,每月租金200多元。每月全家的生活开支大概2000多元,文化消费主要是用在孩子的教育上。工厂距离住所较远,他每周能回来两到三次,工厂管吃住,但是没有任何文化设施和服务。平时,他住在10多人一间的集体宿舍,没有电视看。回到家以后很累,他也没有心情玩,很少看电视。如果有时间和精力,他比较喜欢看娱乐节目和新闻节目。他感觉北京本地人不好交往,也很少交往,主要是和老乡、同事交往,交往限于聊天和打牌。工余除了来打工者活动中心逛逛之外,没有其他地方可去。他认为工厂规模很小,是作坊式的,老板不可能为员工提供什么文化设施和服务,只要工资能涨些就好了,"文化"就是"玩玩",自己有钱就解决了。

小结:被访者对扎根北京没有奢望,认为制约的最大因素是小孩上学。准备小孩大了以后送到老家上学,但是担心北京的教育和家乡差异太大,孩子上学跟不上,"就毁了他的前程了"。长远规划是自己在北京再干10来年,看看有没有机会。实在不行,还有个手艺,可以回老家自己创业,开个机械加工的作坊。对于"老家有没有这个市场,能不能挣到钱"的疑问,他虽然没有正面回答,但"觉得手里有技术,总能混口饭吃"。访谈过程中感觉被访者较敦厚老实,对文化消费没有太高期望,对所在社区和工厂也没有具体的建议和愿望,只希望能多赚些钱,不让孩子受苦。

个案 3：

女，28 岁，高中文化程度，已婚，河北人，家有五口人，分别是丈夫、儿子、公公、婆婆。今年 3 月份才从老家出来打工，在皮村一个幼儿园当老师。现在的收入每个月 1000 多块钱。一家五口人一起出来打工，每年至少回去 5 次。因为老家还有自己的父母和爷爷奶奶。儿子在自己上班的幼儿园上学，刚上小班。

现在她是幼儿园的一名幼师，每天工作 9 个小时左右，没有和幼儿园签劳动合同，也没有任何保险，所在的幼儿园是一家私人幼儿园，工作环境还行，对工作的满意度也尚可。她以前在老家做过电脑设计，到北京之后就到皮村幼儿园工作，幼儿园里基本上都是外来打工者的小孩。

现在一家五口人在外租房子住，自己一家三口住一间，公婆住一间。一家三口每月的生活费在 2000 元，如果加上公婆一起的就要 3000～4000 元。每月文化消费方面没有什么花费，一个月电脑上网费用 50 元，手机上网也要 20 元左右。她平时上网看看新闻和电视。还有就是小孩上网学习，在网上学识字、拼音，还有数学（悟空识字）。她平时闲的时间就在免费图书馆看看书，还喜欢听音乐、看电影。她认为这个社区还不错，有电影院，过节的时候还有节目表演。但因为她平时带孩子，所以很少看。她说这里的图书也很全，不过平时上班也没有时间看书。当地也不认识几个人，平时也没什么来往，闲的时候她大多数就在家里待着。她说这边没有孩子上的兴趣班，很想让孩子上兴趣班多学点东西。

幼儿园就是一个大院，里面都是给孩子玩的娱乐设施，"六一"的时候就组织孩子搞一些文艺活动。老师也没有什么娱乐活动，自己也不太喜欢凑热闹，也不希望幼儿园有什么活动。她认为幼儿园提供的文化活动一般。平时幼儿园的老师也有幼师培训，有一次乡政府组织的幼师培训她当时很想去，因为没有时间，所以没有去成。她希望多一些相关的培训，一个礼拜一次最好。

小结：被访者是一名年轻的女性，出来打工的时间不长，而且是全家一起出来打工，生活态度比较乐观，比较重视孩子的教育和自身技能和素质的提升。

个案4：

女，41岁，小学文化，河北人，家里五口人（夫妻和3个孩子），和丈夫一起在北京打工9年，以前从事建筑行业，丈夫是瓦工，自己在建筑工地做饭，现在和丈夫一起在皮村开了一家煤球店，每月收入3000多元，租房2间，房租一年3600元，大孩子20岁，在北京一家饭店打工，工资够自己花；二孩子才3岁，在北京私立学校上学，夫妻边工作边带孩子。每天工作4~5个小时，有时7~8个小时，他们在老家有医疗保险。平常只有晚上常带孩子到皮村文化中心玩，她喜欢跳舞，对文化生活比较满意，最希望孩子能在异地升学。

小结：被访者性格开朗，对生活很满足，很健谈，内容可信。

——**访谈地点：北京朝阳区全峰快递**

[全峰快递集团成立于2010年11月18日，是一家主要经营国际、国内快递及相关业务的服务型企业。全峰自成立以来，一直致力成为"行业发展的时代先锋"，并以整合国内快递资源打造民族快递新品牌，塑造承载快递文化为奋斗目标。全峰快递集团通过多年探索沉淀，取精用宏、扬长避短，总结了以往民营快递企业的利弊，以全新的理念和发展思路，秉承"高目标、高起点、高标准"原则，立足华北、华东、华南三大局域网，斥巨资打造面向全国发展的快递品牌。在2011年中国国际物流节上，全峰快递集团荣获"2011中国物流品牌价值百强企业"大奖。2012年全峰快递集团荣获中国电商物流大奖"最具成长性企业"殊荣。在2012年9月21日第五届中国快运发展大会上，全峰快递集团被评为"中国快运50强"。]

个案5：

女，22岁，大专学历，物流专业，河北石家庄人，未婚已恋爱，家里四口人（父母、姐姐），到公司快1年，月工资2000元，自己一人在北京，一年回家2~3次。她每天工作8个小时，只有意外伤亡保险，在办公室上班，环境尚可。

她住集体宿舍，8人间住5人，三餐由企业提供。每月消费未细分，手机上网费每月 5 元,企业曾组织过 1 次周边旅游、采摘活动。她希望送免费电影和演出活动,除同事外交往少。

企业有篮球场,无表演团队,她对企业文化服务不满意,希望增加一些文化设施,组织一些文化活动。

小结:被访者认为企业正在发展中,已意识到文化服务匮乏问题,正在想办法解决,谈话内容真实可信。

个案 6:

女,24 岁,大学本科学历,毕业于哈尔滨商业大学,未婚,户口在哈尔滨黑河。家里有五口人,分别是父母、姐姐、爷爷,爷爷今年 78 岁了。出来工作有两年时间,之前她还在北京一家收藏品的销售公司实习过。她在学校学的是物流管理专业,9 月份到全峰快递的,月收入 2500 元左右。自己一个人出来的,一年回家一次,都是过年的时候回老家。回家路上要 20 多个小时,来回的路费要 700 多元。

现在在全峰快递市场部工作,她主要负责项目操作,包括发货、配货的全过程。每天的工作时间是从早上 8 点半到下午 5 点半。和企业签订了劳动合同,社保也都缴了,没有公积金,她觉得工作单位挺好的,工作环境也挺好。一个部门的同事关系都很好,现在部门有 9 个人,工作也不太累,除了忙的时候之外。在办公室用电脑办公,她来这里工作后,没有换过工作。收入期望值在 5000 元以上,她觉得两年之内就可以实现这个目标。她准备挣些钱在哈尔滨买房,那里的房价是 3000～5000 元,准备三年之内买房。公司刚成立,前景挺好的,她相信自己的能力。

现在她在公司单位宿舍里住,八人一间,洗澡的什么都有,电器只是个别宿舍有,也是自己带的,但是宿舍里公司都配了空调,电费也都是公司包的。她平时在食堂吃饭,公司包吃,不用自己掏钱,每月的生活费在 500 元左右。每月文化消费 100 元左右,一般就是公司同事之间聚餐、唱歌等,一个月一次。一周上六天班,刚开始她觉得比较累,现在熟悉了感觉好多了。她平时不上班就看看书,和北京的同学聚一聚。她看书主要是为了考一些证,之前考了个计算机证,现在想考个会计证,平时买书比较多,每月有一两百块钱的消费,主要是考试用书,还有就是文学方面的小说等。公司也有征文活动,她比较喜欢这种形式。跟公司也出去郊游过几次,她觉得在工作技能培训方面应该加强组织。她平时和当地居民交往很少,同学、同事都不是当地人,与当地人交往不多。

企业里没有专门的文化活动场所,有专门的人组织文化活动,没有单独的表演队。企业主要开展一些文艺活动,组织联欢会、郊游、征文比赛,每月一次。企业有专门的报刊,主要关于一些行业动态、公司动态、征文获奖等。员工也比较积极参加,征文投稿的人很多,个人觉得比较满意,希望企业搞活动的次数多些。部门之间也有组织过一些活动,主要是玩扑克牌游戏,她觉得也很有意思,打输了的惩罚就是打扫卫生,觉得这些活动在员工沟通方面很有作用,认为建图书室的作用不大,因为大部分人都没有时间,而且很少有人愿意看,希望多组织一些常规的技能培训和文化培训。

小结:被访者年轻且文化程度较高,对自己及企业的前景非常有信心,在文化需求方面侧重技能和文化培训,对企业开展的活动也比较满意。

个案7:

男,23岁,大专毕业,未婚,老家在河北秦皇岛。家里有五口人,有父母和两个姐姐。出来打工有7个月的时间了,以前在邢台学院上学,学的是物流管理专业,之前没有换过工作。现在在北京全峰快递工作,月收入为2200元。当时是和同学一起过来的,通过校园招聘到这个企业来的,他半年回家一次,一般在家待三天左右,路上坐车要5个小时左右,单趟车费是100元左右。

现在他在快递公司仲裁部,每天工作7个半小时,从早上8点半到下午5点半,中午有一个小时休息时间,与公司签了劳动合同。社保都有,每月缴的费用不是太清楚,没有住房公积金。他认为工作环境还可以,企业比较好的地方是按国家规定时间正常上下班、放假,但是工资发得比较晚,押一个月的工资。对职业前景信心不太大,他有可能会换工作,主要是因为工作内容比较烦躁、乏味,事多又杂。他的工作是每天处理北京地区的投诉,每天每个员工要受理四五十个投诉,协调中有很多矛盾很难协调。觉得其他市场部、客服部要好点儿,他对薪资也不满意,希望稍微涨点,期望值为2500元,一般普通员工的工资都是2200元,为指导工资,刚开始来的时候是1440元,后来涨到1800元,现在是2200元。他期望涨到2500元,但年底可能达不到。

现在他住在单位宿舍,8个人一间,现在有4个人住,房间里有空调,电视是自己买的,每月的生活费是1000元左右,吃住单位包的,但是早上在外买早餐,中午在食堂吃,晚上有时在外吃。他觉得公司强制统一制服不太合理,45元一件,外套145元,不过每月公司会返还19元,一年返还完。平时娱乐,他喜欢到KTV去,每周一休息就去看电影,唱歌。下班后,在企业附近看电影,他最喜欢玩游戏,平时上网吧玩游戏,每月在上网方面花费几十元钱。在单位下面有个篮球场,他每天下班都去打一会儿。文化活动每月投入300元左右,他下班后回宿舍看一会电视,再玩一会手机,看看小说。他平时与当地居民没有什么来往。

现在企业没有什么文化活动场所,有一个篮球场地。周末有时单位也会组织到公园玩等外出活动,自愿参加,自己没有去,因为刚来不久,很多人不认识,下次单位再组织会参加。但是挑选的时间不太合适,都是选择公休时,这有可能会扰乱自己的休息计划,因为是到公园玩,去的人不太多,所以员工不很积极,玩的内容可能不太吸引人。他希望多组织爬山等户外活动。他平时也没有什么文体活动,整体满意程度中下等。他希望公司职能部门职能要分清,如果公司组织活动就组织一些大型活动,比如爬山,也可以每周组织一些体育活动、唱歌活动等。有些部门的活动,都是员工自发组织的,而且也不是部门全体员工都参加的,他对部门活动参与积极性较高。他希望组织活动时要安排合理时间,多投入点资金,内容更丰富些。

小结:被访者工余文化活动相对比较丰富,但多是部门或小群体内容。对于企业安排的文化活动希望不占用公休时间,因为公休时间自己平时都有安排。

个案8:

女,24岁,大专毕业,物流管理专业,未婚,老家在河北保定。现在家里有五口人,分别是父母、一个妹妹、一个弟弟。出来打工有两三年的时间,一直在北京,在全峰快递工作一年多,之前在北京通州亚马逊上班,月收入2000多元。到全峰快递是自己一个人过来的,但当时来北京是和同学一起来的,现在她们差不多都离开北京了。她平时一年回家一次,主要是因为要值班,有时也不想回家。

在快递公司工作,开始是客服,现在她是做统计数据工作,就是统计公司投递签收比例情况。她每天都工作,前一段时间每天工作四五个小时,现在忙点,每天工作六七个小时,有的时候工作时间更长。她认为现在使用 excel 表格,和之前的工作性质不太一样。工作变更是公司的安排,当时统计数据这边有人辞职了,公司就调她到这边来。和公司已经签了劳动合同,但是社保还没有缴,因为当时一些复印资料没有及时弄好,所以现在一直都没有缴,是否要缴,自己还在考虑,但是对社保还是不太了解,不知道有什么作用。她认为工作环境还行,当时在亚马逊上班是学校安排的实习,现在的工作是通过网上招聘找到的。

她住在企业宿舍,宿舍是八人间,现在住了七个人。宿舍里有空调,是公司包电费的,没有电视。她每月的生活费五六百元,或者更多一点,主要花费是吃饭,大部分去食堂吃。每月基本没有什么文化消费,唱歌偶尔会去一次,频率很低。下班之后没什么事,这里地理位置也不是太好,没有公园,有时候去市场逛逛,也用不了多长时间。平时和当地人没什么交往,她主要是和同事在一起。

企业每到夏天就组织外出旅游,年初去过一次公园,还到河北一个农庄去过一次。她认为公司组织的活动还行,不喜欢一个人出去,但是喜欢和一群人一起出去。平时多是一个人待着,单位组织的活动她也是积极参加的。过年的时候她值班。职工晚会,她也参加了一些活动,感觉办的活动一般。公司企划部有两个人专门组织活动,但次数太少了。她希望一个月,有一两次组织员工吃饭、爬山之类的活动。

小结:被访者期望积极参与企业的文化活动,但认为企业的活动质量和数量都应该有所提升。

个案 9:

男,30 岁,大专,已婚,河南固始人,家有四口人(父母、夫妻),之前在北京当职业兵 10 多年,打工 1 年,月入 4000~5000 元,一人外出,一年回家两次。在快递公司做中层管理工作,每天工作 8 个小时,有保险,他对工作环境很满意,目前不打算更换工作。他吃住在公司,每月 900 元生活费。其中,

100元左右用于文化消费——工作之余偶尔K歌,逛公园,打篮球。工作时,他会和其他站点的同事交往,业余主要与本单位同事交往。

企业在组织文化服务方面有场所(打篮球)、有组织——踏青、跳绳比赛、采摘活动,公司组织大型晚会(会请专业演员助兴)、职工生日晚会,对企业提供的文化服务很满意,他希望有健身设施、场所和文艺表演。但他希望建立属于自己企业的特色文化——要有暖心工程,快递行业人才流动快,不仅要有硬性管理,还应该有令人喜爱的文化氛围。

小结:被访谈者有一定的文化素质和组织管理能力,对个人文化消费及企业文化建设有自己的观点、主张,不被动、盲从,他认为企业不仅要有企业文化,而且企业文化要有特色,访谈真实可信。

个案10:

女,25岁,湖北荆州人,独生女,未婚,大专学历,在东莞工作一年多后来到北京,父母在老家经商,卖农资,"以前也是农民,现在主要是和农民打交道"。她先在北京全峰旗下公司工作一年多,后升入总部,现任总经理助理,主要负责加盟站点管理,月薪4000多元,每天从早上8点半工作到下午5点半,有时加班,工资需扣除五险300元左右。工作环境较好。最近一年工作岗位换了4次,她先后做过客服主管、质量控制和大客户维护,从基层网络管理员升至主管,"感觉什么都要学,只有在工作中学习,才能胜任新的工作岗位"。现在她住5人一间的集体宿舍,业余喜欢在网上买书看,现在文化支出主要是用在继续教育上,在尚德研修会计。业余娱乐文化消费上,她不刻意追求,盲目跟风,主要是看电影(附近有国贸影院),还有爬山、逛公园等免费项目。公司经常组织郊游,最远一次是到邻省河北。她与本地人接触不多,但相处融洽,没有感觉隔阂,感觉自己"挺能融入北京的"。她最大的愿望是父母能在北京生活。公司有会议室可供员工做活动场所,可以和同事在一起聊天、做游戏,还有篮球场和羽毛球场和小型健身器材。公司设有企划部专门组织员工活动,还没有设立团委、工会等组织,公司的集体活动她很乐意参加,但不会像刚工作时那样喜欢组织员工开展各种自组织活动。对于公司提供的有限设施和服务,她表示理解和体谅,"受场地限制确实没办法开展",但未来期望公司能考虑建阅览室、图书室等场所,能多组织员工开展一些有利于凝聚团队、让员工有归属感的诸如素质拓展训练、集体远游等文化活动。

小结:被访者工作较勤奋,喜欢充实自己、提升自己素质的文化活动和有利于工作的继续教育。她希望通过各种文化活动提升团队凝聚力,已具备中型公司中层干部的文化素养和自觉意识。

个案 11:

男,22 岁,未婚,安徽滁州人,独生子,大专学历,毕业于安徽电子信息职业技术学院物流管理专业,家中还有爷爷、奶奶和父母双亲,今年 7 月入职,月薪 2000 元以上,今年回家两次了。现在做投诉仲裁,曾在公司实习、做质量控制,他认为来到公司算是专业对口,学以致用。工作不需加班,公司给缴纳社保。他住公司集体宿舍,6 人一间,没想过能长期扎根北京,只想出来磨练一下,希望能在离家近一些的城市找一份工作,向往上海。平时的生活用品基本在网上购买,他下班后喜欢打桌球,和同事聊天、吃饭、打牌、玩桌游等。他认为没有必要和北京当地人接触,交集太少,没有现实利益瓜葛。他认为公司提供的文化服务只能打 60 分,但能理解公司处境,公司处在发展阶段,许多问题要在发展中解决。他希望公司能组织一些团队活动,例如周末组织看电影,只需要在会议室闲置的时候放投影就可以了,不需要去影院,关键是能和同事在一起交流。他希望能把周末无所事事的时间转化为同事之间达成某种共识的交流时间。

小结:被访者较为拘束,在被问及对公司有关方面的评价时,恰好相关主管在旁边,于是欲言又止,显然不愿意因为自己的回答而影响工作。但该公司主管走了以后对公司发表了真实评价。虽然刚毕业,但也算懂得在职场保护自己,又敢于发表自己的独立意见。从其意见可以看出,他并不是发牢骚,而是向公司提出了建设性意见,说明初入职的毕业生对公司文化建设及自己的文化追求有明确的意识。

——**访谈地点:北京义利食品公司**

[北京义利食品公司始建于 1906 年,是优秀的老字号食品企业。改革开放以来,义利先后从德国、瑞士、意大利、荷兰等国引进多条巧克力、面包生产线,使其在技术、设备和产品质量上居国内同行业先进水平。2001 年,义利与美国、新加坡等国投资人合资设立北京义利面包食品有限公司,义利面

包获得迅猛发展。义利食品以其悠久的历史、知名的品牌、精湛的技艺、优良的品质,受到国内外广大消费者的钟爱,其产品畅销于全国26个省、自治区、直辖市,远销东南亚。公司现已形成以巧克力、糖果、面包、糕点等为主导产品的食品体系。"义利"商标连续四届荣获北京市著名商标称号;"义利"牌巧克力、糖果、面包多次被评为北京市名牌产品。]

个案 12:

男,24岁,大专,湖北人,未婚有女朋友,家里三口人,父母在老家务农,去年5月份毕业,计算机专业,曾在南昌实习2个月,年初到北京,每月工资2500元,主要从事网络管理,工作是自己网上应聘的。每天工作8个小时,有保险,住公司集体宿舍(每月收100元),管吃,每月生活费四五百元,每月文化消费较少,没有计算过。下班后喜欢打球,与城市居民无交往,主要交往对象是老乡。

单位有篮球场,大礼堂可以放电影,希望工会组织一些文化活动,丰富业余生活,生活太单调。

小结:访谈内容可信。

个案 13:

女性,25岁,大专毕业(大专在河北秦皇岛读的),未婚,河北人,家中四口人(父母及弟弟)。北京义利食品公司的品控及化验员。大专毕业后就独自来北京工作了,到目前为止已经来北京一年半了,现在每个月收入差不多2500元。老家离北京比较近,她一年回家差不多10多次。

目前在单位她主要负责产品的品质控制及化验等工作,每天工作8个小时,偶尔加班,已经和单位签订了劳动合同,有五险但是没有住房公积金。这份工作是来北京的第一份工作,她总体感觉还可以。

单位提供食宿,她住在单位的集体宿舍,每个月有五六百元左右的花费,业余活动在宿舍上上网、看看书,偶尔出去唱KTV或看电影。每个月文化方面的消费差不多有300元,主要用于无线网卡费用和其他一些开支,现在单位宿舍没有开通网线,只能自己买个无线网卡上网。她平时主要和单位同事和同学交流比较多,和本地人来往不是很多。

公司组织过运动会、文艺晚会、唱歌比赛类的活动,一年组织一次大型的文艺活动,她对单位文化活动还是比较满意的。尽管单位现在有一个篮球场地,但是去玩的人不是很多,很多人还是去公园里打篮球,因为那边人气比较旺。她希望单位能够增加一些小球活动中心和一些阅读场地,给一些女孩子提供可以休闲娱乐的场所。

小结:因为单位只有篮球场地,女孩子对篮球又不是很感兴趣,所以被访者希望单位或地方政府能够提供一些适合女员工玩的场地。这是访谈者大专毕业后第一份工作,总体感觉谈话可信。

个案 14:

男性,23 岁,大专毕业,未婚,江苏人,家里四口人,一个妹妹和爸妈。北京义利食品公司的订单处理员。在北京上的大学,毕业后就在北京找的工作,老家在江苏,现在一个人在北京工作,每个月工资 2000 元左右。差不多每年回家两次,因为不好买票所以他回家尽量避开节假日。

现在单位主要生产饮料,是国有控股企业,他在单位主要负责订货单的录入工作,每天工作 8 个小时,每个月会有轮流值班。五险齐全,但是住房公积金没有办理,公司也没说理由。这份工作是毕业后的第二份工作,整体上他还是比较满意的。他说反正现在还年轻,工作主要是锻炼锻炼,以后还是要回老家自己做生意的。

单位包吃包住,他住在集体宿舍,但是每个月需要交纳一定的费用,差不多每个月 100 元,4~6 个人一间房,上下铺。每个月生活开销差不多 1000 元。平时他喜欢打打篮球,尽管公司有一个篮球场,但是打球的人不多,还是去附近公园的篮球场打球比较多。文化方面消费每个月 300 元左右,主要就是用于买书,或者和朋友、同学聚会时唱 KTV 等。个人比较喜欢看点经典传统的书籍,比如《论语》之类的,反正对传统文化比较感兴趣。生活交际,他主要就是和同事交往,同事当中有部分是北京本地人,没有觉得有什么交往隔阂。

公司组织过相关文化活动,但是自己没有参加,因为才来单位没几个月,但是看过他们活动的照片,有拔河、唱歌等活动。现在单位文化活动场所就一个篮球场,还有一个大会议室可以作为文艺活动场地。他希望单位能够在宿舍安装网线,丰富工人业余活动。他们车间操作工工作压力非常大,流动性也较大,丰富的业余文化生活可以缓解下他们的压力。

小结:被访者是江苏籍小伙,2011年大学毕业,大学是在北京念的,刚进单位不久,对单位的相关文化活动了解不是非常清楚,也没想过在北京安家。

个案15:

男,30岁,中专毕业,学习的专业是超市管理,已婚。家就在北京市房山区农村,家里有六口人,分别是父母、妹妹、媳妇和女儿。出来打工有10年左右了,一直在北京,他现在月收入是3000多元。每周回家两三次,女儿刚两岁。

现在他在义利食品公司当厨师。每天工作9个小时,从早上8点到下午5点。他与单位签了劳动合同,有五险,没有住房公积金。工作环境一般,他觉得工作太累,卫生状况很好。他一直都是做厨师,换了四五家企业,都是在食堂里,有学校食堂,也有餐馆,还有化工厂的食堂。换工作的主要原因就是收入不高,以前还没有保险,现在离家远了点。但是他对现在的收入还是不太满意,期望收入是4000元左右,认为收入主要与技术相关。

现在自己在外面租个单间的平房住,每月租金260元,企业食堂包吃,交通费每月是200元。平时到星光影视基地去玩玩,其他的就是看看电视节目,偶尔上网聊聊天,查个东西,用手机上网看新闻,每月上网费100元多一点。他看电视比较喜欢娱乐节目,但租住的房子里只有一张床。

企业正在建专门的活动场所,以前也有专门的人组织各项活动。比如在企业的报告厅里组织过看电影。新来的员工还有培训,也是在报告厅里。但没有表演队。没有体育设施,过年的时候有联欢会。企业开过运动会,有时一年一次。他感觉组织的活动效果一般,比较喜欢运动会,参加了拔河比赛,奖励了两把伞,全厂职工都参加了。企业去年组织过旅游,去逛颐和园,也组织过体育类比赛等。

小结:被访者是北京当地人,虽然户口在农村,但与一般背井离乡的打工人有着明显的差别。另外,由于他在企业待得时间较长,对企业的各项活动都比较熟悉。

个案 16：

女,46 岁,只上了小学一年级,已婚。老家在四川大州,家里有四口人,有丈夫和两个儿子。2006 年她就出来打工,之前在北京儿童医院做保洁,做了半年,后来她生病了,动了胃手术,就回家待了半年。后来又经老乡介绍就到义利食品做保洁,在这里月收入是 1800 元。她是和爱人一起出来打工的,平时也不回家,就是那年生病的时候回家休养了半年。两个儿子,一个 24 岁,一个 22 岁,儿子都在上海打工,以前是在老家上学的。爱人是做瓦工的,平时打打散工。

现在她在义利食品公司上班,从事保洁工作。她每天工作 9 个小时,包括中饭时间,从早上 8 点到下午 5 点,有时从早上 7 点到下午 4 点。和单位签了劳动合同,她以前是在义利糖果公司,现在义利糖果合并到义利面包公司了,合同 3 月份到期,还没有考虑是否继续在这里做。7 月份到这里,扣了两个月保险,医疗保险每个月扣 59 元。现在申请不扣保险,因为她在老家已经买过了。她觉得工作环境还可以,工作不固定,一个月换一次打扫的地方。住的地方距离单位比较远,她希望上 8 点的班,坐车比较方便,路上要一个半小时,有时还要等车,比较慢。

现在她在外面租住一间平房,每月租金是三四千元,家里有电视。每月的生活费四五十元,早餐和中餐是在公司食堂里吃,晚餐自己吃。她平时看看电视,和别人聊聊天,逛逛超市,有时也会到村里看看老年人跳舞。小区里没有体育器材。

公司里没有专门的活动场所。公司组织过拔河比赛、踢毽子比赛,一年组织两三次。自己参加过拔河比赛,和同事一起参加的。她也不清楚公司是否有表演队。过年的时候有唱歌比赛和联欢会,她觉得办得挺好。比赛也有奖励,过年还有抽奖。自己抽到过一个三件套。企业里办的文化活动都挺好的,她平时上班都很忙,也没有休息时间搞活动,有时就是和自己的老乡一起打牌。

小结:被访者年龄较大,文化水平较低,平时交往的主要群体就是老乡。她平时的主要活动就是和老乡一起玩,对单位组织的一些比赛很感兴趣,对其他文化活动没有过多的要求。

个案 17：

女，18岁，高中毕业，河南许昌人，未婚，家里有六口人，奶奶、爸妈和弟弟妹妹。9月份刚到公司，是姑姑（长期在北京打工）介绍的工作。头三个月是试用期，现第一个月工资她还没有拿到，签合同时说试用期工资每月1700～2200元。目前的工作是在瓶箱部验瓶，即检查回收的二手汽水瓶有无破损。工作时间从七点半到下午四点半，目前还没谈到是否给交社保。她认为工作环境比较舒服，"不累，很轻松"。现在她住单位集体宿舍，十人一间，计划拿到第一笔工资后在首都转一圈。因为高中成绩不太好，她不愿意再上学，"耽误工作，再说现在也可以学习，上大学不过如此"。业余喜欢看书，她喜欢看励志书和《看天下》等时政类杂志，认为这既是娱乐也是学习。但她不太买书，喜欢借书。不太上网，因为没有条件上网，她偶尔用手机上网，但费用比较贵。认为打工就是想体验一下，看自己到底能不能行。家里主要收入依靠父亲下矿井挖煤，生活还算不错，与弟弟妹妹是同父异母，继母对自己很好，经常打电话嘘寒问暖，感觉目前很满足，以前只是学习，现在有学习、有生活、有工作，很充实。和室友关系很好，他们多是山东、河南、河北等地人，都是外地来这里打工的年轻人，有共同话语。她希望公司能多组织外地员工开展一些活动。每天都是一样的简单工作很无聊，她希望业余文化生活能够丰富多彩，最好一周能组织一次集体活动。对于以后工作有期待，她认为现在还不想这么累。看到同寝室同事在车间干活，劳动强度很大且经常加班，每月收入有2700多元，尽管比自己工资高，但是感觉他们太累了。

小结：被访者年龄很小，刚出门打工，还算适应打工生活，但有自己的想法和主张，认为打工不是为了赚很多钱，而是为了体验生活。被访者不认为没有接受高等教育是一种遗憾。

——**访谈地点：北京保全保安公司**

［保全世纪（北京）保安服务有限公司，是国内首家推出"保全式"保安服务的安保企业，是经北京市工商行政管理局登记注册，由北京市公安局批准特许经营保安服务业务的企业。公司是中国保安协会会员、中国物业管理协会会员单位。公司先后拓展了北京保全物业管理有限公司、北京科安停车场有限公司、保全世奥（北京）劳务派遣服务有限公司、北京保全物业管理培训

学校、宿州保全中等职业学校等9家下属企业和学校,目前已在国内各省、直辖市、自治区70余个城市设立了分公司。公司高层管理者均来自军队、武警复转团级以上干部和离退公安高级警官,大专以上学历的占98%。员工主要来自专业学校、退伍军人、公安院校等,为2100余家客户提供保安人防、技防、物业管理、停车场管理等多种服务。中央电视台、北京电视台、北京城市广播电台、《人民日报》《京华时报》《竞报》《北京青年报》等多家媒体多次予以采访报道。公司先后被国家有关机构评为"中国知名企业""双优企业""全国保安服务公司服务质量无投诉客户满意单位""中国保安服务业十大影响力品牌企业""北京市保安服务总公司特许加盟A级企业"等,董事长孙风雨荣获"中国品牌建设十大杰出企业家"荣誉称号。]

个案18:

女,23岁,成人大专在读,未婚,安徽宿州人,家里有四口人,妈妈、哥哥、嫂子。工作已有三年,曾在广东做文员两年。她的工资是2500元一个月,哥哥嫂嫂也在这家公司上班。她一年回家两次,和老乡一起拼车回家。她是会计,负责公司财务,每天工作8个小时,有险无金,住在单位宿舍,宿舍里有空调、床、洗衣机,两人一间,单位包吃,每周休息两天。周六自己上课,平时不看电视,在网上看电影、综艺节目。每月消费500元左右,主要是书本费(200元)、上网费。她平时和老乡一起玩,和城市市民交往较少。周边公园里有健身器材,周边有电影院,公司有图书馆、乒乓球室、篮球室,春节有文艺演出,自己没有太多需求,主要是学习一些自己感兴趣的东西。喜欢化妆、摄影,她希望有这方面的免费培训。不知道有免费的文化设施,这里距离市区较远,交通不便利,去周边的文化设施需要40~50分钟。公司每年组织一次旅游,主要是在北京周边地区,自己每次都参加,感觉很多人在一起热闹。

小结:被访者与家里人在一起,自己在自修大专,对文化娱乐需求不太高。

个案19:

男,23岁,大专毕业,学习的专业是人力资源管理,未婚,老家是山东省东营市。家里有三口人,除了自己还有父母。他2011年开始工作,2012年三四月份来到保全保安,位置是在北京市大兴区,现在月收入是2300~2400元。因为一直在北京上学,所以他毕业后就直接到这里来工作。他一年回家两三次,坐大巴路上要五六个小时,单趟路费100元左右。

现在他在保全保安工作,主要负责人力资源招聘工作。他已经与单位签了劳动合同,劳动合同是一年一签,可以续签。缴了五险,每个月扣除300元左右,没有住房公积金。他感觉工作环境还行,办公室里有7个人,有电脑等办公设备,办公设备比较齐全,同事关系也挺好的。一个星期,他休息两天,有时会轮流值班,一个月轮一天值班。关于职业前景,他对自己有信心,两三年之内不会更换工作。在来这里工作之前,他还在一家生产食品的企业里实习过,也是做人力资源,2012年3月份就到保全保安来了,觉得工资还可以。

现在他住在单位宿舍,三个人一间,住的是楼房,房间里有三张床,还有衣柜、桌子、电脑,电脑是自己带的笔记本电脑。公司提供网线,空调也是公司提供的,宿舍免费住,电费也是全免的,吃住都不用花钱。他觉得住得还可以,挺舒服的。每月生活费500元左右,主要用于买衣服、和朋友吃饭、电话费,还有购买生活用品等。每月还买点书,他有时到体育场馆去进行体育锻炼,比如打羽毛球、乒乓球等。平时很少去看电影,他主要是在网上看电影,唱歌也不常去,一个月去一次。每月的文化消费在500元左右,他主要是到场馆打球,办了卡,到体育馆坐公交车路上要半个小时。每周六、周日去,一个小时20元,每次去两三个小时。里面的环境很好,他通常是和同学、同事还有朋友一起去,最喜欢在里面打羽毛球,去体育馆的外地人居多。每月有200多元用于体育场锻炼。因为同学和同事有一部分是当地人,所以他和他们交往比较多,认为他们也不歧视外地人。有的时候他还喜欢看一些历史题材的书和人物传记等。他一般会去新华书店买书,从大兴坐公交车只有10分钟左右的路程,一般一个月去一次,每个月买书的费用有50元。

公司里没有专门的文化活动场所,也没有专门的人员去组织,没有表演队。现在公司准备建一个图书馆,他觉得建图书馆挺好,既可以省钱看书,也可以多看一些书。公司有一个篮球场地,下班之后可以打一会儿篮球,他有时会打一下,因为不太擅长,所以不常打篮球。公司也有组织员工进行职场、技能方面的培训,以内部人员主讲为主,有时也会请外面的人来。自己参加过新员工培训,有个外企的管理人员来这里讲过管理经验,公司会组织员工参加,感觉有些收获。如果是自愿参加,自己也是会参加的,因为可以提升自己,也希望举办更多的培训。希望公司能建一个健身会所,也希望定期举办运动会、文艺晚会,自己都比较愿意参加,对丰富业余生活都很有帮助。

小结:被访者比较有活力,热爱体育运动,因为常到体育场馆打球,所以在文化消费方面投入较多。被访者的文化需求也比较强烈。

个案20:

女性,25岁,大专毕业,未婚,北京本地人(农村户口),家里五口人,有父母、姐姐、姐夫。保安公司市场部经理助理。2008年她专科毕业后工作,来现在这个单位已经有2年半的时间,之前在其他的单位工作,后来家里人觉得离家近点好照顾就来了这个单位,现在和父母住在一起。

现在她是公司市场部经理助理,每天工作8个小时,和单位签订了劳动合同,五险齐全,但是住房公积金没有,因为这个不是强制性要求。到目前为止,这是毕业之后第二份比较正式的工作,她之前是在旅行社工作,负责国际签证的事情。她对目前这份工作还是比较满意的。

因为自己就在附近居住,是本地人,所以现在和父母一起居住。属于月光族,工资主要给父母、姐姐买点东西,自己也买一些。文化方面消费每月三四百元左右。工作之余在家上网看看电影,她平时喜欢跟朋友一起出去玩,偶尔K歌。她比较爱好体育运动,各种球类运动都比较喜欢,尤其是足球,不过最近运动比较少,以前经常出去运动。平时和朋友、家人交往比较多,主要交际对象是朋友和大学同学,以北京人居多。

公司每年会组织两次外出旅游,节假日也会组织一些员工聚会活动,春节也会开联欢晚会。公司有一个篮球场和一个小球馆,不过玩的人不是很多。总体上,她对公司的文化活动还是比较满意的。

小结:被访者是北京女孩子,爱好比较多,尤其喜欢足球。

个案21:

女性,22岁,大专毕业1年(目前正在准备专升本),未婚,山西人。家里有四口人,爸爸、妈妈和一个哥哥。大学刚毕业的时候在山西太原工作,后来因为哥哥在北京,所以今年4月份自己也来北京工作了。现在每个月工资差不多2000元,一年回家两三次,她主要是长假期间或者重大节日时回家。

目前在公司她负责人事方面的工作,每天工作8个小时,周六、周日会有轮流值班,但是有加班工资。她已经和公司签订了劳动合同,五险齐全,没有住房公积金。工作环境个人感觉还行,就是工资稍微低了点,希望能够多学一点东西。到目前为止,这是毕业后第二份正式的工作,她读书的时候做过很多兼职。

单位提供宿舍,但是单位宿舍住宿不是很方便,后来一个同事在外面租房邀请自己一起合租,大家就一起在外面租房住。每个月生活费差不多1000多元。其中,房租需要400元。下班之后,她喜欢去附近公园散散步、打打羽毛球或在宿舍上网听听音乐、看看电子书。文化活动主要是去一些免费开放的场所,偶尔她也会去KTV唱歌,每个月文化消费50元左右,主要是网费的开支。她希望能有一些活动来缓解大家的工作压力,如果是单位组织活动会更好,也更方便。因为今年4月份刚来,所以她和大家不是很熟悉,对北京也不是很熟悉,平时主要和哥哥联系比较多,和本地人交往不多,跟他们交往有一点心理落差。

单位组织过大家外出旅游,单位也有一个篮球场和一个小球馆给大家玩,但是去玩的人不是很多。个人对单位提供的文化活动不是很满意,单位没有什么凝聚力,希望单位能够定期组织一些活动,比如每个月或每个季度开展一些唱歌、体育等活动,从而缓解大家工作及生活压力。

小结:被访者是山西女孩,大专毕业刚一年多,因为哥哥在北京,所以今年4月份来到北京打工。从言谈交流当中发现她对单位组织的文化活动不是很满意,与同事之间相处似乎存在一些不愉快,日常和自己的哥哥交往比较多,而和同事交流比较少。

个案22:

男,25岁,初中文化,已婚。湖北孝感人,家有四口人,父母、妻子,目前妻子在山东日照老家(怀孕7个月)。打工10年,在部队两年,做过厨师,一般一年回家一次,一周给父母打一次电话,每天都给妻子打电话。

目前,他在公司做纠查,主要是负责巡逻,每天工作8个小时(加班较少,有时临时缺人时会加班),有保险,每月工资2400元。近期因妻子生产,所以计划请假(如不批,打算辞职)。

目前吃住在公司(三个人一间房,有公共卫生间、浴室),自己每月花销两三百元,文化消费主要是手机上网(每月60元包月,有200分钟通话费,流量主要用于聊天、百度、飞信),主要交往对象是自己在北京的弟弟和其他务工者。

他没有参加过公司组织的文化活动。附近村里有公园,他常去散步,夏天会到附近河里游泳。他感觉欠缺文化生活——硬件跟不上,也没有组织。喜欢唱歌、下象棋,如果有人组织,他乐于参加。

小结:被访者有文化需求,希望多参加一些放松身心的文化活动,但囿于条件,享受的文化服务相当匮乏,除了有限的手机上网之外,基本没有文化生活,访谈真实可信。

——**访谈地点:丰台区秦唐食府**

[餐饮业,以经营西北风味菜系为主要特色,装修风格上突出西安等地的历史文化风俗。]

个案23:

女性,20岁,初中毕业,未婚,陕西宝鸡人,家里十口人,父母、两个哥哥、两个嫂子、一个侄子、一个侄女。因为哥哥嫂子都在外打工,所以现在家里是大家住一个大院子里,没有分家。2010年,她就外出打工了,之前在广东那边工厂里打工,今年刚来北京。之前是一个人在广东打工,后来家里人不放心,她跟着哥哥和嫂子一起来北京打工,相互有个照应,哥哥和嫂子也在这个餐馆打工。现在每个月工资差不多1800元,她每年回家一次,主要是过春节的时候回老家。

她主要负责餐厅的服务工作,每天工作八九个小时(上午9:30—14:30,下午17:30—21:30),和餐厅签了劳动合同,因为是今年5月份才来的,所以暂时还没有办理社会保险,自己在老家办理的农村合作医疗,也不是很在意这些。个人不是很喜欢餐饮行业,比较喜欢在工厂上班的感觉,之前就是在广东那边车间工作的,要不是哥哥和嫂子在这边有个照应,自己肯定不会来这里工作的。

目前,她住饭店租的集体宿舍,是小区里面的房子,8个人住一间,上下铺。饭店包吃住,每个月生活花费也就四五百元。其中,与文化消费相关的大概有七八十元,主要是手机上网的费用。她偶尔也会去网吧上网听听音乐、看看电影。因为晚上下班都九点半了,所以下班之后她也没什么活动,主要就是在宿舍看看电视或和同事出去逛逛。每个月也就3天休息时间,而且是轮休的,她大部分轮休时间就在宿舍里休息。个人比较希望老板能买点报纸、杂志给员工看,之前老板也说过这事,不过后来也不知道什么原因没落实。平时她主要是和老乡、同事交流,跟本地人基本没有什么交往。

饭店的包厢里面有KTV,平时下班没有生意的时候,大家可以在里面唱歌。老板在中秋节的时候组织过文艺晚会,还组织过其他的活动,她对单位组织的相关文化活动还是比较满意的。

小结:被访者之前一个人在广东工厂打工,后来因为哥哥和嫂子在北京打工,相互有个照应,所以也来到北京打工。但是她不是很喜欢餐饮行业,想学一门技术或手艺以后回到家乡县城做个小生意,也没有留在北京长期居住的想法。

个案24:

男性,35岁,初中毕业,陕西宝鸡人,已婚,家里有五口人,父母、妻子和一个孩子。来北京之前是在陕西宝鸡一家酒店工作,他今年刚来北京打工,现在每个月工资2500~2600元。这次来北京是一个人来的,是朋友介绍过来的。每年回家1~2次,因为小孩在老家上学,所以由爱人在家负责照顾。

他现在负责饭店的后厨配菜工作,每天工作八九个小时,已经和饭店签了劳动合同。合同规定了相关社会保险,但是老板有没有帮着办理还不是很清楚,反正在老家买过农村合作医疗和养老保险。他对工作环境比较满意,一直以来都是在餐饮后厨工作,除了从宝鸡换到了北京之外,没有其他的变动。

饭店包吃、包住,自己每个月花费五六百元,主要就是用来买衣服和逛街等,文化方面的花费每个月差不多50元,主要是用于手机上网。业余时间,他比较喜欢出去走走和看电影,饭店有时候也组织一些联欢会或聚餐活动,不过工作时间比较紧张,也没时间参加文化活动。当然如果有免费的演出活动,自己也是比较乐意参与的。平时社会交往对象主要就是同事和同行业的朋友，他与北京本地人交往不多，和他们也不是很熟悉，总体感觉他们看不起外地打工的人。

饭店包厢有KTV，可以让大家过节的时候排练一些节目，组织一些活动。他对饭店提供的文化活动比较满意，希望以后能够经常组织一些活动，让大家放松放松。他平时也喜欢去租住小区里面的体育设施锻炼身体。

小结：被访者一直以来都是在餐饮行业打工，之前是在宝鸡本地酒店打工，今年年初经朋友介绍来的北京。在交谈中谈到与北京人交往的问题时，被访者认为与本地居民有一种隔阂，但是以前在宝鸡酒店打工的时候，没有这种感觉。总体感觉，访谈内容真实可信。

个案25：

女，22岁，初中，未婚，陕西人，家里六口人，爸妈和姊妹四人，在这里已有4年，每月工资2300元，和妹妹一起在这里，一年回家一两次，自己是前厅主管，每天工作12个小时，没有保险。她对现在的生活很满意，希望以后在北京发展，现在不喜欢回家，希望自己以后能开一家饭店。她在单位住宿舍，每月消费三四百元，主要是买衣服、看电影（休息日），每个月休息3天，喜欢唱歌、跳舞、看书。她善于人际交往，与北京人有交往，主要是客人。宿舍周边有文化设施，小区里有健身器材、文化活动中心，但是自己没有去过，主要是没有人邀请。单位中秋节、春节有联欢会，主要是晚上下班后组织的，希望以后多组织一些。感觉生活单调，她希望参加政府组织的文化活动。

小结：被访者性格活泼，对工作充满热情，想在城市继续发展，希望有自己的事业。

2. 上海　（2013年4月26—27日）

访谈人：（范丽娟、陶武、沈梅、殷民娥、李双全）

——访谈地点：上海青浦区上海五天实业有限公司

［上海五天实业有限公司于2002年6月成立，现注册资金18400万元，职工500余人，固定资产2.5亿元。五天实业以建立的上海五天分销中心为基础，以此来整合和提升全分销商的经营能力和竞争能力，并将此作为家用品的研发中心、产品展示中心、职工培训中心、物流配送中心、全国五天分销管理中心、彩印中心，通过研发和网络，面对国内、国际两个大市场，用OEM

或兼并、控股、代理等各种方式来获取上游家用品制造商的产品资源,重新打造家用品的各种分销渠道。]

个案 26:

男,49岁,初中文化,四川江油人,家里有四口人,爱人在老家务农,大女儿在绵阳上班,儿子读高一。他2003年来上海,之前在松江一家模具厂工作,2007年开始从事配送货业务,每年春节回家一次。月收入2100元,底薪1420元,每月扣179元保险,每日工作至少8个小时,工作超过3年的员工每月多加100元,超5年的员工每月多加200元。对工作环境基本满意,认为自己年龄偏大,工作不好找,近期不打算更换工作。每月4天轮休,法定假一般只休息1天。他住集体宿舍(10人一间,人员流动大,近期只住5人,有卫生间和公共浴池,有热水供应,费用统一扣除)。生活费300~500元(有电饭煲,一般自己煮食物),业余喜欢钓鱼,时间多时他会和别人下象棋,如果有集体活动愿意参加,喜欢看电影。交往对象主要是亲戚、老乡、同事。公司有篮球、乒乓球场所,也有部门组织文化活动,但他对文化活动不太注意,只希望涨工资。

小结:过低的收入和年龄层次、文化层次等因素决定了被访者对文化消费无暇顾及,主要关注的是收入,对家庭很有感情,但坦言家里农事繁忙,妻子也无法抽身来上海,自己为了养家,已经习惯了独身在外的生活,强调最希望的是涨工资,但不难发现语气中的无奈。

个案 27:

女,24岁,福建泉州人,大专学历,计算机专业,单身,来公司2年多了,家有五口人,父母和弟弟妹妹。她每年回家一两次,月收入2800元(每年加薪15%~20%)。目前,她在公司的人力资源部从事薪酬福利工作,公司按照员工薪酬分级为员工购买保险,外地员工购买三险(工伤、医疗、养老)。工作时间为8:30—17:30,6人一间办公室,午休1个小时左右,享受法定假日,认为工作环境很好,她近期不打算更换工作。她住在宿舍单间(根据公司规定,其级别可享受15平方米宿舍),有无线网,有卫生间、浴室。而公司为普通员工提供的8人间则没有浴室,需使用公司提供的公共浴池。每月生活费

700元左右,她业余喜欢逛街、参加集体活动、打游戏,除工作上与上海人有交往外,工余的交往对象主要是同乡、同事。

公司有篮球、乒乓球活动场所,每年组织不同部门到上海周边景点旅游(费用由各部门向公司申请),年终有新年联欢会(表演队伍由外请人员和公司员工组成),2013年的春节联欢会是青浦区政府组织的。

小结:被访者有较高的文化素质,自己感觉目前生活与大学时代跨度不大,希望公司可以提供文化培训,以便提高个人技能。被访者坦言对上海感觉良好,如果发展得好,就考虑将来一直在上海发展。

个案28:

女,1988年出生,高中文化,已婚,安徽颍上人。家有四口人,公婆和丈夫,来上海打工已有七八年,月收入4000元左右,自己父母和爱人都在上海打工,爱人从事电子行业,平时很少回老家,两三年回家一次。

目前自己在公司做行政工作,主要负责住宿管理、办公用品管理,每天工作8个小时,有险无金。社保按上海市统一标准个人缴纳175元/月,外地人没有住房公积金,本地人有,她感觉不公平。对目前工作环境较满意,她暂时没有换工作的打算。

她和爱人在外面租房住,每月房租1500元。每月家用消费四五千元,工作之余她喜欢逛街、吃东西、看电影。租房周围无文化设施,离租房步行需要20分钟的公园里有健身器材。所在的镇上有组织文艺活动,但大多都是本地中老年人参与,外地人参与不多。平时,她与公司的同事和老家的同学有交往,与上海本地人交往不多。

公司有网吧、篮球场,有时会发电影票,逢年过节会组织晚会,演员有外请的,也有少量公司职工参与,以前有报纸阅览室,公司也会组织一些业务培训,现在不知什么原因没有了,上班在公司能上网。天天坐在办公室,她希望能有一些健身放松的活动,比如游泳等,可以锻炼、减压。

小结:被访者与父母、爱人同在上海,生活比较安逸,文化需求的层次和城市同龄上班族比较接近。访谈真实可靠。

个案29：

女,1975年出生,小学文化,已婚,安徽凤台人。家里有一男孩,小学在上海私立学校上的,由于中考不能在上海考,初中转回老家,目前由爷爷奶奶照顾。每年节假日回家两次,寒暑假孩子到上海与他们团聚。丈夫在上海做家电修理。自己在公司做保洁,因为想多挣点钱,所以一个人做一份半工,每月工资为1850＋720(半份工资)元。每天工作时间是早上7点到下午5点,公司有保险,个人愿意买就买,不愿意买多发200元工资,自己买了保险,但无住房公积金。她对目前的工作不满意,等孩子大一些,想自己创业。

目前她和丈夫在外租房子,每月房租1250元。租的是民房,有卫生间,厨房是自己在院子里简易搭盖的。每月生活费5000元左右,周围没有图书馆、文化馆等文化设施。她平时会打打牌或是到镇上走走,交往的对象主要是同事,公司有时发电影票,自己喜欢唱歌、跳舞,公司办公室有音响,还有篮球场、乒乓球室,重大节日有晚会,认为自己年龄大了,没参与。

小结:被访者比较朴实,关注最多的是收入和孩子教育。自己对文化没太多要求,主要从事体力劳动,工作很累,休息时间还要做家务。访谈真实可信。

个案30：

女,1993年出生,中专毕业,财务专业,未婚,江苏盐城人。独生子女,爸妈都在上海,爸爸是做建筑工程的,家里在上海买了房子。她毕业不到一年,月收入2160元,每年回老家两三次,主要是节假日或家里有事时回去。现在她在公司做出纳,每天工作8个小时,有险无金。认为目前工作环境还可以,但自己不太喜欢做财务,准备到南京亲戚的公司做行政管理。她在公司时住宿舍,周末回家,宿舍现在住3人,有床、风扇、卫生间、电视、网络、衣橱。平时的娱乐活动是和同学聚会、上网、唱歌、到上海周边旅游,她不喜欢看书,每月用于社交文化的费用1000元左右。

公司有网吧、篮球场,有时会发电影票,逢年过节会组织晚会,演员大多是外请的,也有少量公司职工参与。公司内没有文化社团,有时会和其他公司组织一些联谊活动,但大多是吃吃饭之类,她感觉工作有点单调。

小结:被访者是90后,独生子女,家里条件好,文化消费习惯和城里孩子相同,主要是上网、唱KTV、旅游等,不太喜欢看书、看报等传统阅读。

个案31:

女性,46岁,小学文化,江苏人,已婚,有一个儿子,儿子现在已经成家,并育有一个孩子。目前全家五口人(老公、儿子、儿媳和孙子)都在上海,外出打工三四年,一直都是在上海打工,也一直在五天实业,期间儿子结婚回家耽搁了一年没出来打工,现在每月收入2000多元。现在因为全家人都在上海,所以基本一年到头都不回家。

目前她负责园区物流部的货梯看护工作,每天工作8个小时左右,已经和单位签过劳动合同了,单位帮个人缴纳了三险(养老、医疗和工伤),上海这边对外地打工的基本都是缴纳三险,本地人会缴纳五险。因为她对目前工作比较满意,觉得工作压力不大,劳动强度也不是很大,所以一直都在这边工作,没换过工作。

目前住单位提供的宿舍,她和老公一起带着小孙子住一个小单间,儿子和儿媳共住一间,园区根据级别高低享受的住房面积不同,如果超出规定需要自己支付超出部分的费用。平时每月生活费1000多元,和老公、孙子开支算在一起,自己目前住的宿舍没有额外的费用,就是数字电视每月要20元左右,平时单位也提供班车到周边地区。业余生活没什么爱好,年纪也大了,不像年轻人喜欢文体活动,她最大的爱好就是带着孙子散散步,文化方面的消费也就数字电视这块的支出,没什么特别要求。平时,她和园区工作的同事交往比较多,下班之后主要是和家人在一起,和本地上海人交流不多。

单位组织过相关的文化活动,园区也有篮球场供大家休息娱乐,重大节假日也会组织一些文艺活动,园区周边的社区也会和园区联合组织一些文艺活动。对企业的一些文体活动还是比较满意的,不过她希望国家能够为农民工提供一些实际的文化服务项目。

小结:被访者全家都在园区工作,对目前的工作、生活状态整体比较满意,具有较高的幸福感,工作之余就是带孙子,没有什么特别的文化消费项目,文化活动需求不是很高。对未来期望就是能够工作到不能工作之后再回老家,她最大的希望就是儿子、儿媳能够在城市稳定下来。

——访谈地点：上海徐汇区上海天天渔港集团

[上海天天渔港集团是一家经营正宗粤菜，以高档海鲜和早茶为主，兼营少许川菜、江浙菜、上海本帮菜的餐饮连锁集团。公司成立于1991年，现有6家餐饮分店，总营业面积18000平方米，总餐位4500个。]

个案32：

男，19岁，高中毕业，有女友，家住海南，家有四口人，父母和姐姐，2012年来天天渔港实习，毕业后再次返回，至今没有回家。在公司做楼面部长，月收入2400~2500元，对保险等情况不清楚。每天工作时间10:50—2:30，17:00—21:30，他认为工作环境尚可，但收入不高，近期打算更换工作。住宿舍（10人一间，目前住7人），有洗手间、有线电视，自己拉网线（半年960元），每月工资都花完——买衣服、K歌（和朋友、同事一起），有时会去徐家汇公园打篮球、乒乓球，交往对象主要是同事、同学、老乡。

公司每年有员工年会、技能比赛、外出参观，他希望公司进行技能培训（餐饮管理）。对公司的文化服务不太满意，他认为公司对员工的管理过于严苛，考虑跳槽，但对上海的感觉挺好。

小结：被访者年轻单纯，朝气蓬勃，对文化娱乐活动需求明确。

个案33：

女，44岁，小学文化，河南商丘人，2006年就来了，老公、儿子都在天天渔港工作（家里还有一个小儿子在上武校），家里老人都健在，不怎么回去，回去开销太大。

在公司从事后勤保洁工作，她每天工作8个小时（早班7:30－15:30；晚班15:00－客人走），月收入2000元，有三险，认为工作环境尚可，一家人在一起有个照应，很满意。自己工余在一户人家做保洁，隔天上班，工资400元。儿子住公司宿舍，夫妻俩租房住（10平方米，每月房租800元，水电费自交），每月生活费2000元，业余做饭，偶尔看看电视，不怎么外出，觉得生活很好，对其他的文化生活关注不多。店里有时会组织员工联欢，对能力强的楼长、部门经理会奖励外出到巴厘岛等地旅游，但自己作为普通员工，年龄又偏大，对文化生活不是太关注。

小结:被访者性格开朗,认为自己年龄大,追不上时代,对文化生活的兴趣不大,生活重心在家庭。

个案34:

女,32岁,初中毕业,已婚,湖南攸县人,农村户口。家里有五口人,夫妻俩、公婆和一个孩子,目前在上海住是老公家的房子。在外打工已经有十一二年了,一直在这家酒店工作,现在所有的收入加在一起大概有五六千元。自己一个人出来打工,一年回家一次,春节后回去过半个月。家里有个3岁的男孩。她从事服务行业,是楼面经理,每天工作8个小时,工作环境挺好。有失业、工伤、医疗和养老保险,没有生育保险和住房公积金。上海家里现在住房有六七十平方米。一家人每月消费在三四千元,一个月看一两次电影,每天都上网半个小时左右,看报纸,以前看娱乐杂志,现在在网上看。她平时下班后就上网、看电视、聊天、玩手机。她想去看演唱会,就是票太贵,也想去旅游和健身。在酒店里工作的城市人少,只有几个上司是城市人,跟他们也就是聊聊工作。她感觉跟城市人没多大区别,但是城市人有优越感,有点看不起外地人。几家店在一起比赛乒乓球、羽毛球,是租的场地,几家店还搞服务型比赛,在店里搞,每年一次,轮流承担,楼面经理是组织人,自己参加过公司的服务型比赛。公司搞春节晚会,各店都抽人参加。对公司的文化设施、文化活动和文化服务挺满意的,最后她希望能有旅游的机会。

小结:感觉访谈者很亲切,对工作和生活都很满足,谈话可信度高。

个案35:

女,34岁,初中毕业,已婚,四川巴中人,农村户口。家里有夫妻俩、公婆和一个孩子五口人。她在外打工已经18年了,福建、成都都去过,上海待了15年,开始在上海玉石厂,在这家店干了4年,每月工资3500元。一年多或两年才回家一次,夏天回家陪孩子一个月。家里有一个6岁的女孩,上小学,由公婆照顾。她从事服务行业,是楼面服务主管,每天工作8个小时,有失业、工伤、医疗和养老保险,没有生育保险和住房公积金,感觉很辛苦,工资低,自己打算回家不干了。

她跟老公一起租房住,四家合租一室一厅,五六十平方米,每月交650元房租,个人每月消费在六七百元。平时在手机上下载电影和电视剧看,她喜欢看新闻。平时除了做家务之外,她喜欢逛街,想去旅游,可是没时间。她跟上海市民交往不多,感觉是有差距的,在出行、住房、子女教育上都有差距,有的上海人还好。自己就十几岁时去过外滩玩过,后来公司组织去过世博园,其他就没去玩过了。

几家店在一起搞比赛,自己参加过铺台比赛,每年一次,由楼面部长负责。几家店在一起搞晚会,就在酒店大厅里。感觉公司提供的文化设施、文化活动和文化服务一般,她希望公司能给在外租房的员工给予补贴。

小结:被访者说话很可信,感觉对生活和工作有些无奈。

——**访谈地点:上海松江区雅泰实业集团**

[公司简介:雅泰实业集团创建于1999年12月,是一家以建筑装饰材料生产销售为主,集房地产、矿产资源开发经营于一体的多元化无区域集团公司。集团总部位于上海市松江工业园区,占地面积280亩,注册资金1.9亿元人民币,是国内规模最大的铝塑复合板、铝单板、铝蜂窝板研、产、销龙头企业。]

个案35:

女,31岁,初中文化,已婚,安徽人,爱人也在雅泰从事焊接工作,家里有六口人,公婆、两个孩子,大孩子8岁,小儿子4岁,都在老家,一年回家一次,一个星期打一次电话,之前在深圳工作,在雅泰工作3年。

她是一线工人,从事铝塑板生产,月收入3000元,扣200元保险,每天工作时间7:30—19:30,没有双休日,节假日不全休,只可请一次假(1天),再请假一次扣100元,工作环境比较嘈杂,但目前不打算更换。夫妻在外租房住,有线电视费、水电费另付,每月房租300元,每月生活费2000元左右,吃饭主要在公司食堂(补助200元,自己够吃,但男同志一般不够),工余主要是看电视、绣十字绣,喜欢逛街,交往对象主要是老乡、亲戚。

公司有阅览室、篮球场,自己没有去过,春节不回去的员工一起吃年夜饭、开联欢会,但自己没有参加过;没有考虑让孩子来上海读书,打算等孩子上初中她回老家带孩子上学。

小结:被访者的生活相对封闭,除了节假日偶尔逛街之外,基本就是两点一线,认为工作时间过长,下班以后非常疲劳,只想休息,无暇顾及文化娱乐。

个案36：

男,28岁,初中,已婚,安徽寿县人,家有四口人,打工8年,月收入3500元(工资+计件),全家人都在松江,每年回家1次,孩子在松江上学。

他从事建材生产,每天工作12个小时(月休息两三天,请假只能拿底薪,不拿计件),享受三险(工伤、医疗和养老;个人缴纳提高到每月240元),工作环境还好,已在本厂工作4年,没有跳槽打算。厂里提供免费宿舍(每间6人,有卫生间和洗澡间),生活费每月500元,文化消费每月100元,工作之外打麻将、看电视,文化消费主要是购买碟片和图书,他和城里人接触不多,偶尔接触相处也较融洽。

厂里有篮球场、羽毛球场,单位会组织春节联欢会,自己只是当观众,对文化活动比较满意。由于工作时间较长,没有多少时间参加文化活动,他对文化服务没有多少建议。

小结:被访者对现有工作比较满意,但工作时间较长,休息时间不足,偶尔参与文化活动,对文化消费意愿不强。

个案36：

女,47岁,没文化,已婚,安徽石台县人,农村户口。家里还有公婆和两个孩子,在这个公司已经工作4年了,自从出来打工到现在一直在这个公司上班,是家里侄子介绍来的,侄子在这里是管理层,每年春节回家一次。老公和自己在一个车间,每月工资大概3000元,两个孩子一个是大学生,一个是高中生,现在都在合肥上班。她在雅泰外包装车间工作,有工伤、医疗、养老保险,没有失业、生育保险和住房公积金,每月个人要缴纳175元的保险费。一天工作12个小时,从早晨7点半到下午7点半。她感觉工作环境还可以,就是有点累。她与老公一起在外面租房子住,每月房租280元,公司没有住房补贴,下班后回到家就是做家务、看电视,家里没有电脑,无法上网,放假的时候可以到松江的车墩去玩,公司每月头两天放假。公司有体育类活动场所,有篮球场、乒乓球场和网球场,还有阅览室,每年春节公司人事部门都组织春节晚会,请外面的人来演出,公司也组织员工参加,自己没有参加过,感觉公司在文化设施、文化活动和文化服务方面还可以,就是希望在养老保险上能少交点,年限也短些。

小结:被访者很乐观,对生活和工作看起来很满足,谈话的可信度高。

——访谈地点:上海松江区龙工机械

[龙工(上海)路面机械制造有限公司是中国龙工控股有限公司下属子公司,专业生产路面机械产品。公司位于上海市松江工业开发区,注册资金10000万港元,公司具有压路机、小型装载机、滑移装载机等系列产品的自主产品及生产能力,年生产各类机械上万台。]

个案37:

男性,29岁,已婚有一子,福建龙岩人,中专毕业就分配到龙工机械工作,学校和龙工是校企合作建设。至今外出工作已经11年了,他一直都在上海这边的龙工机械工作,目前税后收入4000多元,一个人在这边工作,老婆、孩子都在老家那边,小孩在老家上学,每年公司高温假和春节时回家,高温假半个月左右,放假的时候公司会包车送职工回家。

目前,他在结构件车间工作,正常的时候8个小时工作时间,但高峰期会经常加班,但是有加班工资。公司帮工人缴纳三险,工作环境整体比以前好多了,公司经常会发放一些劳保用品,但是还是会有一些噪音和粉尘污染。

目前,他住单位提供的宿舍,自己住一室一厅,单位帮忙装修,安装一些基本生活用的电器,不过自己每月要掏350~400元。每月生活开支2000多元,主要就是买一些生活用品和基本生活开支,宿舍网络费用每月80元(三网合一)。单位为员工提供了时代光华网络学习平台,平时没事时上网看电影、浏览新闻等。平时,他和老乡、亲戚交流比较多,而和本地人交流很少。

厂区这边没有什么休闲娱乐设施,宿舍区有免费的乒乓球桌和图书室,公司每年组织一次篮球比赛,文艺方面的活动比较少,总体感觉比较满意。

小结:被访者是车间管理人员,业余时间爱好打球、上网,由于一个人在上海工作,平时娱乐活动也比较多。

个案38:

男,26岁,大专毕业,江西上饶人,未婚,家里五口人,爸爸、妈妈、姐姐、妹妹。2010年4月来上海工作的,所在学校和龙工是校企合作,毕业后就分配过来工作,每月收入差不多4000元,如果家里没急事的话,每年就高温假和春节时各回家一次,高温假期间公司就给基本工资。

目前,在车间是总配工种,每天工作8个小时,高峰期加班多一些,公司帮个人缴纳三险,每月工资扣200多元。与其他车间相比,总配车间工作环境相对来说好一些,主要是噪音污染比较大,不过总的来说比以前环境好多了,他毕业之后一直都在这个公司工作。

现在他住单位提供的集体宿舍,单间需要个人申请也需要缴纳一定的费用。属于月光族,工资主要花在吃饭、喝酒、唱歌,平时没事他就喜欢和老乡、同事一起出去玩。文化方面的消费每月500~800元,主要就是唱歌费用和网络费用。他平时还喜欢打篮球,厂区男同事比较多,下班之后大家一起打篮球,然后回家休息。平时他主要是同事和老乡交往,因为厂子里上海本地人不多,所以平时接触交流的机会也不多。

公司组织过投篮比赛,经常组织大家搞一些体育比赛,文艺活动很少,不过自己也不是很感兴趣,参加也不多,基本不关注。自己下班之后经常打篮球。

小结:被访者业余爱好是打篮球,因为厂区男性员工比较多,所以大家工作之余都会打篮球,对文艺方面的文化活动不是很感兴趣。

个案39:

女性,25岁,中专毕业,未婚,湖北武汉人,家里五口人,奶奶、父母和姐姐。中专毕业之后她就进入社会工作,之前是在江苏昆山实习,在那边待了一年后来上海工作,目前每月收入差不多2000元。目前她是和父母一起来上海打工,如果有长假的话她就回家看看爷爷、奶奶,如果她没时间的话父母就回老家看看。

目前的职位是办公室文员,她负责办公室一些日常杂事,处理一些公司文件,每天工作8个小时,偶尔也会加班,生产旺季的时候加班比较多。公司帮个人缴纳三险,每月从个人工资扣140多元,2009年之前她是在公司的质保部工作,后来到质量管理办公室工作,在龙工已经工作6年,没换过其他单位。

现在她住在单位宿舍,一般的都是 4 人一间,后期的宿舍都是两人一间,主要这边女员工比较少,每间面积为 20 多平方米。公司有制度,管理干部都是单间,后勤管理是两人每间,一线职工都是 4 人一间。每月开销 2000 多元,主要负责一家人吃饭问题,她平时吃饭和爸爸妈妈一起。工作之余偶尔会去松江图书馆看看书,旁边也有公园,她偶尔也会去逛逛。每月文化方面消费差不多几十元,主要是宿舍的网络费用,是公司统一安装的三网合一网线。比较喜欢看书、听音乐,平时和姐姐交流比较多,她和同事交往也还好,与上海本地人交往不多。

公司有篮球场,宿舍有棋牌室和阅览室。公司也会组织一些体育活动,但是自己不感兴趣,基本不会参加,男同事参加得比较多。前几年区文化局还会组织送电影活动。感觉公司提供的文化服务总体还行,就是适合男性员工的较多,自己对这些没啥想法。

小结:被访者是女孩子,对体育活动不怎么爱好,喜欢读书、听音乐。

3. 深圳(2012 年 12 月 27—29 日)
访谈人员:(范丽娟、沈梅、李应振、邢军)
——**访谈地点:深圳福田区深圳特发物业管理有限公司**

[深圳市特发物业管理有限公司是特发集团直属的全资国有企业,成立于 1993 年,注册资本 1000 万元,具有国家一级物业管理企业资质,是中国和深圳市物业管理协会会员单位,获评"深圳知名品牌"。公司目前在管项目辐射环渤海经济圈、长三角经济圈、珠三角经济圈、大西南经济圈、湖北省城市经济圈等。公司管理高新科技园区物业 300 万平方米,管理政府物业及土地项目 410 万平方米。管理项目涵盖高新科技园区、甲级高档写字楼、大型住宅小区等多种类型,并荣获国家、省、市优秀示范大厦(小区)荣誉称号。公司拥有一支高素质的物业管理队伍,为客户、业主提供全方位的优质物业管理,包括 24 小时保安护卫及录像监控和应急事件处理、全天候的设备设施维护及装修管理服务、按照星级酒店标准的清洁与绿化管理服务、安全顺畅的停车场管理服务,以及高端企业客户特需的多维度后勤管理服务。]

个案 40:

女,32 岁,湖北宜昌人,高中毕业,已婚,孩子在附近的景田小学上三年级,学杂费全免,爱人在特发物业公司办公室上班,父母也从老家过来,一般春节回家一次。她在特发物业做前台接待,有五险,单休,法定节日正常休息(否则给3倍工资),月收入2000多元,每年5~9月,每月另给150元降温费,春节、国庆时另有50~100元的过节费。一家三口租住公司福利房,30多平方米,每月500元房租,生活费1000多元,平常在家她喜欢看电视连续剧,周末会带孩子看儿童电影、逛荔枝公园、爬山,附近有博物馆、图书馆(不超过30分钟车程),有时也会带孩子去。自己参加了小区里的体操队、合唱团,觉得生活很开心。公司每年会组织职工唱歌、郊游,公司管理处有博物馆,有企业文化培训、员工培训等。

小结:被访者对企业提供的文化设施、文化活动及提供的文化服务满意。

个案41:

男,35岁,初中文化,已婚,广西南宁人,家有五口人,父母、爱人、儿子,他2002年来深圳,曾在会所、酒吧(调酒)工作过,2007年来特发,孩子8岁,上小学二年级,一年回家一两次,一般一个月打一两次电话。目前他在公司做保安,工作三班倒,每月休息4天,月收入2500元,有五险,年终奖为做满一年及以上给1500元,每年5~9月,每月另给150元降温费,春节、国庆时另有50~100元的过节费。暂时没有更换工作意向,他住在公司宿舍,吃在食堂:每餐7元,早餐自己买。每月生活费700元,业余在小区做运动,不怎么外出,他希望有时间多上上网,打打游戏。参加过公司组织的特发小区爬山活动,业余在小区跑跑步,因时间紧,很少外出,目前最大的困扰是父母年纪大,自己与家人不在一起。

小结:被访者沉默寡言,自尊心很强,对目前的人生状态不太满意,关注的主要是收入和家庭团圆,对文化生活方面的关注不是很多。

个案42:

男,41岁,广西南宁人,初中文化,已婚。爱人在福田区的一家幼儿园做厨师,两个女儿在广西老家读高中(都在读高三)。2011年来深圳,他一直在特发物业做保安,一般一年回家一次,每月差不多给女儿打5次电话,平时也会与女儿短信交流,关心女儿的身体和学习情况。公司交五险,月收入2400

元(包括加班费),年终奖(工作满一年)1200元,每年5~9月,每月另给150元降温费,春节、国庆时另有50~100元的过节费。每月休息4天,对工作环境基本满意,他暂时没有更换工作意向。夫妻都住各自的宿舍,每月生活费1000元左右,他喜欢出门逛逛和用手机听音乐、看杂志,所工作小区7号楼有图书室,可以去借阅。以前公司有大比武活动(将公司在其他小区的保安召集起来,一起比武练兵),现在不知何故取消了,他感觉很可惜。业余喜欢打篮球,对文化需求不是非常强烈。

小结:被访者家庭责任感较强,对女儿的生活、学习很关心,在工余也有一定的文化消费倾向,属于有文化生活追求的群体。

——**访谈地点:盐田区珍兴鞋业**

[珍兴鞋业有限公司于1979年11月18日在台湾成立,以生产男女真皮皮鞋为主。公司目前在不少国家和地区设立分公司,位于深圳市盐田区盐田四村工业区的公司成立于1989年,现拥有厂房面积32000多平方米,12条生产流水线,员工7000余人,年产高级男女名牌真皮皮鞋达400余万双,多次荣获全国外商投资"双优"企业称号、广东省外商投资表彰奖、沙头角海关授予的"信得过企业"及"纳税大户"殊荣,是深圳市实力雄厚的模范企业之一。]

个案43:

女,河北人,1985年出生,中专学历,计算机专业,已婚。家有四口人,两个孩子、夫妻,已在深圳打工五六年,丈夫也在深圳,在码头做运输,自己在公司做验货员,每天工作8个小时,有社保,没有住房公积金,认为工作环境还可以,但对工资不满意。一家人在外租房住,婆婆过来帮带孩子,大孩子在深圳公办小学读书,小的孩子在上幼儿园。全家月消费5000元左右,包括每月房租1500元,孩子太小,下班之后就是忙家务,有空闲时一家人有时开车去周边玩一下,周边社区可以借书报阅读,工厂里没有文体活动,也没有文体设施,她希望厂里以后能有一些这方面的活动来丰富生活。

小结:被访者性格开朗,对生活有一定的满足感,访谈内容真实可信。

个案44:

女,1968年出生,高中文化,已婚,四川人,家里有三口人,夫妻和一个孩子,在深圳打工13年,每月工资2400元,一家三口都在深圳,孩子一直在深圳私立学校上到初中毕业,现在在老家学开车,丈夫在盐田码头上班,每月四五千元。两年回老家一次,自己的父母在上海和两个姐姐一起住。老家有公公。每天工作10个小时(8小时+晚上2小时加班),每月有时候有休息天,但大部分没有。她和丈夫一起租房住,每月房租500元。业余时间有时会上上网和在社区广场跳广场舞。平常交往的对象主要是单位同事,她和当地人交往不多,主要是感觉沟通起来困难。厂里有乒乓球室、图书馆,以前有时会放电影,厂里没有组织过文艺活动,听说社区节假日有表演,自己没有参加过。希望参与当地的文化活动,她对公司没有过多的要求。在老家县城买了房子,她想过几年回老家。

小结:被访者朴实自然,生活压力较小,生活满足感强。

个案45:

女,1995年出生,初中毕业,江西人,家里有五口人,刚来深圳一年,她是和伯伯一起过来的,姑姑、婶婶和堂妹都在这个厂里工作。爸爸在江西老家开车,妈妈在家带孩子。过年时,回老家一次,刚来一个多月,她本来是辞工回家不准备再来,想再上学,认为工作环境还不错。

她在这里是在办公室工作,每天上班8个小时,有休息日和社保,每月工资2200元。在厂里住宿舍,3个人住一间,她和姑姑一个宿舍。她在厂里吃食堂的饭菜,宿舍很近,认为食堂饭菜很差,没有荤菜,只有节假日偶尔会有荤菜,宿舍里有电视、空调、热水器、衣橱、卫生间,每月花费1500元左右,主要用于手机上网、购物。听说附近社区有时有演出,但她没有去过,主要是没兴趣。

厂里没有文体活动,平常她和同事结伴出去郊游、爬山。现在她想打工存钱,然后回老家开店。

小结:被访者年龄小,刚离开家,挺想家,认为这里生活单调,对文化活动等没有其他想法。

个案46:

女,20岁,未婚,中专学历,电商会计专业,广东河源人,家有五口人,爷爷、奶奶、爸爸、妈妈、哥哥、姐姐,打工5个月,一人在外,做办公室文秘(协助厂长做一些外发工作),每天工作8个小时,晚上要加班两三个小时,没有加班费,保险每月扣除134元(含福利费5元),办公室大房间有6个同事,偶尔休息,她感觉领导比较照顾自己,对现状相对满意。她住宿舍(8人一间,有卫生间,没有电源,热水要到食堂打),每月200元生活费(50元手机费,用手机浏览新闻、聊天),工余与室友、工友交往较多,有时会去文化广场跳舞,她主要是在宿舍看书、玩手机。企业没有文化设施,对有无人组织不知情,她希望有郊游、培训、联欢等活动,很想考会计证(已考过初级,但目前培训地点太远)。

小结:被访者性格单纯开朗,有文化追求,觉得以前上学时和同学在一起比较开心,现在工作时间长、生活单调,时常想家。访谈内容真实可信。

个案47:

女,24岁,高中文化,广东湛江人,已婚,老公、孩子都在盐田(大女儿4岁多,小的孩子才3个多月,由婆婆照看,中午回去哺乳),老公开叉车,每月收入3000多元。她2009年来深圳打工,每年回家三四次。这边幼儿园每学期学费4000多元,她感觉太贵,考虑一家人回老家工作,让孩子在老家上幼儿园。做办公室文员,她主要负责材料确认、报表、物性测试等工作,每天工作8个小时(7:30—5:15),中午休息1个半小时,每日工资70元,没有节假日,社保每月扣除134元(含福利费5元),感觉环境尚可,但工资太低,孩子上学时得更换工作。和人住合租房,两室一厅,她中午回家吃饭,一家人一个月的开销4000元,房间有电视,但不是有线电视,用手机上网、查资料。工厂没有什么文化生活,她希望有图书室(附近社区有图书室,但书不是很多)。

小结:被访者年轻美丽,已经是两个孩子的母亲,性格温婉可爱,生活的重心在两个孩子身上,虽然有文化需求,但最主要的困扰是收入问题。

——访谈地点:深圳市盐田区中显微电子

[深圳市中显微电子有限公司是一家集液晶显示屏(LCD)、液晶显示模块(LCM)、TFT彩屏及电容式触摸屏(TP)研发、设计、生产、销售和服务于一体的民营国家高新技术企业,为中国液晶行业协会常务理事单位和国家2项"863"项目重点实施单位。]

个案48：

男,22岁,未婚,中专学历,重庆人,访谈时正要请假(家中有事,需2个月左右,估计公司不会批,准备辞职),在公司工作已经5年,一般一年回家一次(回家太远,时间不允许)。他打算明年再来该公司应聘。在公司做仓管,每天工作8个小时,月底加班两三天,每月3200元左右,有保险和加班费。目前在外和人合租,房租900元(自己付300~400元),每月开销1500~2000元,偶尔去KTV唱歌,工余喜欢上网、和同事打牌或去景点逛逛。

他对公司文化活动比较满意,常参加其他公司员工的篮球比赛(由人力资源部组织)。公司每年有卡拉OK比赛,全体员工也会每年外出一次,如果不辞职,就会参加元旦晚会,但以前在生产线时他感觉不满意,因为时间紧,工作量太大,很压抑,所以换到办公室工作。

小结:被访者性格开朗活泼,有自己的文化生活和文化需求,对目前的生活总体比较满意,访谈内容真实可信。

个案49：

男,25岁,高中,已婚,湖南人。家有四口人,父母和妻子,2007年外出务工,2011年来深圳之前在浙江一些机械厂工作,因为感觉深圳收入较高,气候宜人,所以他转来这里,爱人在深圳龙济医院做医师,坐车去要2个小时,一般放假时见面,爱人在那边租房住。目前他在公司负责品质管理,月薪4200元左右,公司规定每天工作7个小时,但经常加班,每周工作6天,周日加班可以调,病假有补贴,工作满一年及以上有5天年假,车间员工中午休息1个半小时,文员休息2个小时,有保险(社保105元,住房公积金每月扣75元,医保扣几元)。对工作环境基本满意,他平时住宿舍(10人一间,有卫生间和热水器),生活费每月1500元左右,工余喜欢看电视、上网,主要是看体育节目、聊QQ,上网费一年1500元(与舍友平分)。他喜欢打篮球(一周一次),村里有篮球场,主要感觉健身设施、场地较少。

公司有杂志、图书,可借回宿舍看,今年组织到东莞旅游(去年也有外出旅游),有专业培训(有外请,也有公司内部培训),有元旦联欢会(公司组织,需要调度协调时公司也会出面安排)。他认为公司年轻人多,精力旺盛,如果没有发泄的出口,就容易寻衅滋事,对生活、工作都不好。

小结:被访谈者青春、富有朝气,感觉生存压力较大——在深圳买房落户太难,但积极乐观,坦言愿意拼搏一番,对现代文化生活有自己的追求,访谈内容真实可信。

个案50:

女,50岁,初中文化,湖北黄冈人,公婆、老公及儿女都在深圳,老公和儿子跑货运,女儿在龙华的一家公司上班。她在公司员工宿舍做宿管,每天7:30—4:00工作,月收入2500元左右,有保险,对工作很满意,认为宿舍的年轻人和自己儿女同龄,和他们交往很开心。目前,她和老公、儿子租住两室两厅的房子(七八十平方米),房租和水电费每月1500元左右,业余喜欢看电视——新闻和电视剧,小区里有图书室和健身器材,觉得小区的人很友好。

小结:被访者淳朴、热情,喜欢看电视、聊天,对目前的生活状态十分满意。

个案51:

女,18岁,高中毕业,广东梅州人,家有五口人,爸、妈、哥、姐,工作刚一年,因家里建房子经济不宽裕,所以她和朋友一起外出打工,想等经济宽裕了再回去读书。她在公司负责数字核对方面的工作,每天工作10个半小时(晚班10个小时),每月工资3000元,有社保,想换工作,多学点技术。她住宿舍,8个人一间,每月生活费1000元,手机上网费10元,休息时喜欢找朋友一起逛街、看电视、听音乐。她喜欢联欢会和其他的文艺生活,但目前最大的困扰是工作时间太长、生活太忙碌了。她希望能多一点的休息时间和家人在一起。

小结:被访者腼腆文静,对文化生活有追求,但囿于时间问题,很难真正得到身心放松。

个案52:

男,1994年出生,中专毕业,计算机专业,毕业两年,未婚,广西人,家里有八口人,爷爷、奶奶、爸妈、三个姐姐,三个姐姐都在广东东莞打工,去年和她们在一个厂,今年2月他过来这个厂,一年回家两次。他是物料员,每天工作11个半小时(7+4.5加班费),工资3200元每月(1500元基本工资+1700元加班),有社保,没有公积金,工作上有一些矛盾,比较头痛。这两年没有换工作的打算,再做两年,想学开车,奶奶很疼自己,有心事他会打电话和奶奶说。奶奶已90多岁了,他很想她。他住在宿舍,7个人一间,宿舍的网络是大家凑钱开通的,平常没有时间玩,也没地方玩,如果周围有篮球场,就会去打球,一个月休息两天,喜欢逛街,请假扣基本工资。厂里没有组织过文艺活动,听说每年元旦会组织晚会,有一些跳舞、唱歌一类的节目,他没有参加过。他希望厂里能有乒乓球、台球、篮球之类的活动场地,希望能够提高工资收入。

小结:被访者很腼腆,访谈真实。

4. 成都(2012年9月11—14日)
访谈人(邢军、范丽娟、刘勇)
——**访谈地点:富士康成都科技园**

[富士康成都科技园是富士康科技集团是专业从事电脑、通讯、消费电子、数位内容、汽车零组件、通路等6C产业的高新科技企业。凭借前瞻决策、扎根科技和专业制造,自1974年在台湾肇基,1988年投资中国大陆以来,富士康迅速发展壮大,拥有百余万员工及全球顶尖客户群,是全球最大的电子产业科技制造服务商。2011年公司进出口总额达2147亿美元,占大陆地区进出口总额的5.9%,2011年旗下19家公司入围中国出口200强,综合排名第一;2012年跃居《财富》全球500强第43位。截至2012年12月11日,成都富士康科技园共建成厂房及附房84栋,共1872万平方米,员工16.5万人。]

个案53:

男,23岁,中专文化,未婚。四川达州人,家里有四口人。出来打工两年,现在月收入1700元左右。自己独自一人出来打工,一年回家4次。他现在从事电子行业,主要是电子加工制造。他每天工作8个小时,社会保险有工伤保险、医疗保险、生育保险等,五险一金都有。他一直在这个企业工作,感觉工作环境较好。现在他住在企业集体宿舍,每日生活费在25元左右,文化消费每月100元左右。平时他喜欢看书,也喜欢上网,主要的消费也是上网。在文化需求方面也没有什么要求,他觉得和城市居民相处得比较好。

企业里制定了一些农民工文化建设的政策,但是他不知道具体的政策内容。每年企业都会举办一些体育文化活动,企业里面有专人组织企业文化活动,也有专门的活动场所。但是自己从来没有参加过相关的活动,因为没有自己喜欢的活动。但是总体上他对企业的文化活动比较满意,也没有别的愿望和建议。

小结:被访者在接受访谈过程中,态度比较积极而且对很多问题有自己独特的见解,访谈内容比较真实。

个案54:

男,30岁,高中文化程度,已婚,四川人。现在家里四口人,夫妻两人,还有一对子女,两个孩子已经在老家上中学。出来打工已经有10年了,目前月收入是2300元。自己一个人出来打工,每年回家的次数相对较多。现在从事电子行业,他是一名技术工人,每天工作8个小时,现在有五险一金,工伤、医疗、养老和生育保险都有。出来工作一直在这个企业,没有更换过工作,他感觉这里工作环境挺好,和同事相处较好,工资不太高,但是只要自己努力有上升的空间,工作还比较满意。现在他住在企业的集体宿舍里,和几个同事一起住,同事关系相处较好。现在每日的生活消费在20元左右,因为他在单位吃住,所以花费不大。平时也没有什么文化活动,下班以后他就在宿舍里,有的时候看看书、上上网,也没有在文化活动方面花费多少钱。自己在文化和情感需求方面也没有什么需求。平时和当地城市里的人相处比较和谐,他觉得城市里的人也很好。

现在的企业里有一些农民工文化政策,自己也不太了解。企业里有时也会组织一些文化体育活动,有专门的人组织,也有专门的活动场地,企业的文化活动组织得挺好。但是自己从来没有参加过这些活动,偶尔去当个观众,有时比赛的时候去当啦啦队。他觉得自己没有文化体育方面的特长,参加不了这些活动。觉得企业的工余活动组织得很好,自己比较满意,但没想去参加,因为自己是个比较安静的人。对企业的工余活动,他还没想到什么好的建议和想法。

小结:被访者的沟通能力较差,话语不多,有时不能回答问题,需要多次引导。

个案55:

女,25岁,初中文化程度,已婚,老家在成都的农村。出来打工已经有4年时间,当时也是自己一个人出来找工作的。现在一个月的收入大概是1900元。一年回家的次数很多,她几乎每个月都会回去。现在家里还没有孩子,和丈夫两个人一起在这里工作,两个人不在一个企业里上班。现在从事的是电子行业,她主要做一些电子的加工制造。每天工作8个小时。企业里有五险一金,主要有工伤、医疗、生育保险等。她感觉工作环境一般,电子加工制造有一些空气污染,里面的空气不是太好,应该会对身体有伤害,不能长期干下去。因为她只有初中文化,文化程度比较低,所以没什么好的工作机会。出来打工几年里,她已经换了两三次工作,也没找到特别合适和满意的工作。希望过一段时间可以找到自己喜欢的工作,而且收入也会增加一些。现在的收入不是太高,不到2000元。

现在她住在集体宿舍里,感觉宿舍有些拥挤。每日的生活消费在20元左右。每月的文化消费70元左右,主要是手机上网,或者到外面网吧去玩玩。觉得自己也没有什么心理或情感需求。她觉得周围的当地城市人也比较好,和他们相处得很好。

企业有制定农民工文化建设的政策,但是自己来这个企业不是太长时间,并不是很清楚具体的内容。企业也有专门组织活动的人,有文化体育活动的场所,主要是一些体育活动场所,还有一些体育健身设施。节日会组织一些活动,但是自己对这些活动都不感兴趣,所以都没有参加,只是听说过。因为没有参加过企业里的活动,所以也不知道他们组织得怎么样。自己也没什么好的建议。

小结:被访者在接受访谈过程中,表现得不太积极,回答问题也不够详细,访谈内容不够深入。

个案 56：

男，31岁，高中文化程度，已婚。老家在四川遂宁，现在家里有四口人，分别是母亲、妻子和儿子。出来打工7年了，他和妻子一起出来，每月收入3000元，一年回老家4次左右，现在儿子在老家上小学。每天工作8个小时，公司给买了一些社会保险，包括失业、养老和工伤保险，每个月自己缴200元。感觉这里的工作环境一般，他认为车间里都差不多，就是比较吵、比较乱，每天的工作也单调，就是流水线，只做一件事情，每天都重复。觉得收入一般，他希望能提高一点。出来几年他换过两次工作，工作都差不多，就是这边的收入稍微多一点，而且公司也给买保险，觉得更有保障，以前的两份工作也是在车间，但是都没有保险。如果有收入更高的工作，自己就可能会考虑换，出来工作就是为了多挣钱。

现在他住在公司宿舍，宿舍离公司比较近，比较方便，而且由公司免费提供，能降低生活成本。宿舍条件很一般，就是一个睡觉休息的地方，卫生状况也不好，能住就行。每天的生活费需要30元左右，每月的文化消费大概80元。主要的文化活动就是看书，他比较喜欢看书，比较安静，而且能多掌握信息。有的时候他也会去和同事一起去唱唱歌，年轻人在一起也没有别的文化项目。在需求方面，他就是希望企业和政府能多关心外出打工的人，多提供一些条件。同时，他希望有更多的时间让自己和家人待在一起。企业里也有专门的人来组织一些文化体育活动，但是参加的人不多，自己也不太参加这些活动。他觉得这些活动不适合自己，而且平时工作很累，根本没有精力参加。政府也有些政策，企业都没有落实，他认为有的政策到企业就不会落实。对企业提供的文化服务不满意，他希望企业在这方面能更加人性化，让员工有更多的休息时间，组织一些更适合的文化活动。

小结：被访者的文化需求相对比较明确，看待问题有自己的观点。

——**访谈地点：四川联华电器有限公司**

[四川联华电器有限公司于2009年12月16日在成都市郫县工商局登记成立。法定代表人鲁晓燕，公司经营范围包括生产、加工、销售电器机械零部件、高低压电器成套设备等。]

个案 57：

男，31 岁，高中，已婚。老家在四川武胜。现在家里有五口人，分别是父母、妻子和一个孩子。出来打工 10 年了，现在月收入 2500 元。他是一个人出来找工作的。每年过年的时候回家一次，他平时没有时间，而且家也比较远。孩子还小，还没有上学。

现在从事的行业是电器加工，每天工作 11 个小时，自己主要做电器加工，没有任何社会保险。他感觉工作环境差，工作时间长，工资待遇低。以前他也在别的企业里做过类似的工作，大概换了五六次工作。但是这些工作收入都比较低，因为缺少技术含量，自己的文化水平又不高，所以就只能找工作累、收入低的工作。对现在的工作也很不满意，他希望能换一个轻松一点、收入稍微高一点的工作。因为平时工作时间长，回去以后就睡觉，所以很少和同事出去玩，交往也比较少。他觉得这份工作很累。

现在他住在公司租的宿舍里，是三室一厅的小区民房，离公司不远，下班回来就睡觉。宿舍里也没有什么设备，比较简单，有一台电视放在客厅里。平时每天的生活费大概是 40 元，每月的文化消费是 20 元，主要是读报纸、看新闻，也没有别的花费。自己比较喜欢的文化活动就是看电视，主要是一些娱乐节目，工作回来休息放松一下。他希望当地社区或企业能把文化活动搞得丰富一点，觉得现在周围的文化设施都比较单一，就是一些体育设施。他希望增加一些读报、读书的地方，既安静，又能让人有收获。

据自己了解，当地政府和企业没有制定专门的农民工文化建设政策，至少自己没有感受到。企业里也没组织过什么文化活动，不知道是否有专门的人来组织这些活动，没看见有文化活动的场所。企业的文化活动搞得不好，他觉得非常不满意。

小结：被访者对企业的文化活动很满意，说明他有需求，但是满足程度较低。

个案 58：

男，32 岁，高中文化程度，已婚。老家在四川自贡。现在家里有三口人，妻子和孩子。他出来打工 11 年了，月收入 3000 元，和家人一起过来的，孩子在当地上学。他说,把孩子带在身边比较放心。妻子平时工作不是太忙,可以照顾孩子。现在从事的行业是电器加工,他是一名技术工人,每天工作8个小时,企业里买了失业、养老和工伤保险。感觉这里的工作环境还可以,没什么要求,自己就是出来打工的。感觉收入也还好,他以前也做过别的工作,最近几年都没有换过工作,感觉这份工作还好。目前他没有更换工作的打算,比较喜欢稳定。现在他住在出租房里。每日的生活消费是25元,每月的文化消费是100元。主要的文化活动就是下象棋和看书,有的时候他还会上网或者和同事打打篮球。他最喜欢下象棋,主要是和租房附近的老乡一起下棋,下棋的人也比较固定。没事的时候,他会看一些书,主要是休闲的书。主要的消费项目就是看书和上网。他和当地居民的关系很好,相处得很不错。

企业应该有农民工文化建设的政策,也有专门的人组织这类活动。对公司提供的文化服务很满意,但是他希望公司能够提供一些技术培训的机会,能不断地提高技术。

小结:被访者的回答具有较高的可信度,是农民工的代表。

个案59:

男,40岁,初中文化程度,已婚。老家在四川内江,现在家里有六口人,父母、妻子和两个孩子。出来打工3年,现在月收入4000元。他是和老乡一起出来的,妻子和孩子都在老家。一年回家3次,看看父母和孩子。老家离这里有些距离,来回既要时间,又要花钱,平时回去少,过年过节时他会回去看看。孩子都在老家上学,一个上初中,一个上高中。

现在他在电器公司做品管,每天要工作10个小时左右,工作时间比较长。公司有各类社会保险。他感觉工作环境还好,工作内容也比较单一,但是工作时间有些长。打工3年他都在这个公司工作,但是刚来的时候做过制造工人,做品管没有多长时间。刚开始时,他每月只有2000元收入,现在收入增加了一些,目前还没有更换工作的打算。

现在他住在企业的宿舍里,宿舍条件一般,没有什么电器设备,只有床,自己买的电风扇。宿舍离车间不远,平时来回十几分钟,比较方便。每日的生活消费30元,主要是用于吃饭。每月的文化消费50元,他偶尔去KTV唱歌,主要是和同事或老乡一起。没事的时候就在宿舍看看电视,偶尔他也会去网吧,但次数比较少,和当地居民相处良好。

企业有制定农民工文化建设的政策,具体内容自己不太清楚。他没有参加过企业组织的活动,对企业提供的文化服务比较满意。文化服务方面没有什么要求和期望,他希望工资待遇方面能有所提高,认为现在的工资收入不太理想。

小结:被访者是位40岁的农民工,对政府或企业提供的文化服务不太关心,主要关心收入水平的提升。

——**访谈地点:成都市郫县温德姆酒店**

[全球最大酒店管理集团之一——温德姆国际酒店集团持续拓展在华业务,已有上海、杭州、长沙、重庆、佛山等多地加盟了200多家酒店。温德姆至尊豪廷系列的成都天之府温德姆至尊豪廷大酒店位于成都市西部现代工业港及高科技产业园西区,特设5层行政楼层和1个行政酒廊,为客人提供豪华的住宿享受和细致入微的服务。有17个不同面积的会议室、最大可容纳800人举行会议的大型宴会厅、配备齐全的商务中心、标准尺寸的室内恒温游泳池、水疗中心、健身中心、美发沙龙、KTV会所、茗园茶坊、室内乒乓球室、桌球室及可容纳100多人举办户外烧烤、私人酒会及花园婚礼的庭院式后花园。该酒店是成都西部唯一的挂牌五星级酒店。]

个案60:

女,21岁,中专文化程度,未婚。老家在四川农村,现在家里有六口人,父母、哥哥、嫂子和一个小侄子。出来打工两年,现在月收入1800元,是和同学一起到这边来找的工作,父母在农村老家,哥哥和嫂子也在外地打工。平均两个月回去一次,她一年大概要回去6次。

现在从事的行业是酒店服务业,她是一名酒店服务员。每天工作8个小时,实习之后就和酒店签了劳动合同,酒店也有各种社会保险,主要有养老、失业、工作、医疗和生育保险等。她感觉这里的工作环境很好,非常干净,而且很舒适。自己是餐厅服务员,酒店还有客房部,每天的工作有点辛苦,但工作时间不长。工作的时候不能休息,不过她觉得自己的工作很充实,每天可以跟不同的人接触,也能学到很多东西,工作能力会在每天的工作中得到提高。她说,其实在酒店工作,服务方面有很多的技巧的,比如对待客人的礼节,因为酒店经常接待不同地区和不同国家的人。酒店对与人沟通能力的要求也很高,餐厅服务员只有很好地与客人沟通,才能提高服务质量。暂时还没有更换工作的想法,她希望能在这里学到更多的东西。

现在她住在集体宿舍里,居住条件一般,好几个人一间房,房间里有电视和空调,吃住都是酒店包了,自己平时的消费都是个人消费。每天的生活费30元左右,一个月要600元左右。平时主要的活动就是上网和逛街,她特别喜欢逛街,还比较喜欢吃零食和在网上买东西。主要的消费就是网购,衣服、食品她都从网上买。平时的消费主要就是买零食。主要的文化需求就是希望自己能够提高英语口语的水平,因为在酒店工作经常和国外的客人接触,英语口语不好,交流就有困难,现在自己的英语口语水平不是太好,希望企业能有机会经常培训员工的英语口语。

对于当地政府、企业和社区的公共文化服务,她都不是太清楚,但是酒店有专门的人组织文化活动,比如说出去游玩,还组织大家一起去唱歌。有的时候是自己小组和部门组织本部门的员工一起出去活动,费用是由公司统一支付的。酒店应该没有专门的文艺表演队,不过年终的时候,酒店会有年会和一些文艺表演活动。自己没有参加过企业的文化活动,都是每个部门自己选节目,自己没有这方面的特长。她对企业提供的文化服务比较满意,暂时没有什么需求。另外,她希望酒店能多组织一些英语口语培训。

小结:被访者年龄较小,属于新生代农民工,喜欢网络,主要的文化需求是职业培训。

——**访谈地点:成都市农科村**

[农科村隶属于四川省成都市郫都区友爱镇,是全国农业旅游示范点,是"农家乐"的发源地,全村花卉面积数百亩,农家旅游接待户百余户,形成了以农科村为中心的花木盆景生产、销售和农家旅游基地。]

个案61:

女,18岁,中专文化程度,未婚。老家在四川眉山。家里有四口人,父母和一个弟弟,弟弟还在老家上学。她当时是和村里的几个姐妹一起出来打工,不是和家人一起出来的。出来打工有一年时间了,现在每个月的收入是1800元左右。她一年回了三次老家,很想家。现在从事的行业是餐饮业,她在饭店里做服务员。每天工作八九个小时,具体工作在包间部,主要负责包间的客人。饭店里给她买了工作保险,主要是意外伤害,其他的保险都没有。这里的人员流动比较大,服务员也经常换,但是自己来这里还没有换过工作。她感觉工作环境一般,每天比较辛苦,上班的时候一直站着,还要不停地走,就怕客人不好伺候。不过自己干得还不错,没有遇到过特别难对付的客人。

现在她住在员工宿舍,一个宿舍有十来个人,人比较多。宿舍是饭店租的,里面有电视可以看,但是床比较拥挤。每月生活费五六百元,吃住费用饭店都承担了。但是员工的伙食不是太好,伙食应该要改善。文化消费需要80元。平时没事不上班就看看报纸或看看电视,新闻节目不太关注,看一些娱乐节目或看看电视剧。不过平时她喜欢在宿舍里睡觉,因为上班站得比较累。有的时候,她会和同事一起出去逛逛,买点小东西。她还报名参加了简单英语口语技能培训,其他就没有什么消费了。

平时企业里工作比较忙,但有的时候会举办一些和餐饮有关的文化活动,饭店里举办过一些餐饮节的活动,自己也参加了海棠节餐饮文化比赛,获得了鼓励奖,感觉很好。她觉得企业应该多举办类似的活动,让员工工闲的时候可以在一起娱乐。她觉得饭店举办的文化活动相对比较少,应该多举办、多鼓励员工参与,比如举办员工唱歌比赛,自己也很愿意参加,别的同事应该也会喜欢。

小结:被访者年龄较小,对一些问题和概念不太清楚,比如住房公积金等。

个案 62:

男,48 岁,小学文化程度,老家在四川成都郫县农科村。现在他家里有五口人,母亲、妻子和两个儿子。出来打工已经有 20 年,现在月收入 3100 元。以前一个人在外地打过工,去过广东,在建筑工地当工人,一年回家两次。现在两个儿子都已经在家里上了高中。现在他从事的行业也是建筑行业,主要是做小工,体力活。每天工作八九个小时,没有任何社会保险,就只有工钱。他觉得工作环境比较差,噪音、灰尘特别大,而且工作还有一定的危险性。工地上也偶尔会出事,有些工地事故比较严重,有人死亡或者重伤。他说建筑工不能长期做下去。

他在外务工时是和工友住工棚,卫生状况也不好。他平时生活上省吃俭用,主要就是在工地上吃饭,生活其他方面很少花钱,更没有什么文化消费,平时干活很累,没时间出去消费。因此,平时也极少和当地城市人接触,也不知道他们怎么样,他觉得和城里人是两个世界的人。

务工的时候,他主要是跟着建筑队在各个建筑工地干活,建筑公司没组织过什么文化活动,当地政府也不知道有没有制定农民工文化建设的政策,不太了解。为了养家糊口,他整天都在工地上奔波,偶尔和几个工友一起在附近喝点酒,对于政府有什么农民工的政策,从来不问,也不关心。

小结:被访者介绍了自己的打工经历,感觉自己很卑微,有的时候不愿意吐露自己的真实感受。

——**访谈地点:成都市现代工业港**

[成都现代工业港建立于2004年11月,2018年2月获批省级开发区,规划总面积14.1平方公里,包括A区、B区、C区,已建成10.26平方公里工业新城。功能区围绕"集成电路、新型显示、5G通讯、氢能装备和电子信息配套装备"等主导产业,加快聚合产业链、提升创新链、完善服务链,着力打造具有全球竞争力的"数字经济创新发展试验区""产业型公园城市示范区"。]

个案63:

女,22岁,中专文化程度,未婚,老家在四川广云,家里有四口人,父母和弟弟。出来打工1年,月收入1500元。她是和父母一起出来打工的,一年回家次数很多,一两个月就会回去一次。现在从事的行业是电子加工制造,自己是一名车间装配工。每天工作8个小时。和公司签订了劳动合同,企业也给缴了各类社会保险。感觉这里的工作环境一般,车间人很多,环境比较嘈杂,感觉到处乱糟糟的。出来工作时间不长,她还没有换过工作,但是希望能找一个安静一点的工作。她住在企业的集体宿舍里,一个宿舍里有6个人,每天的生活消费20元,每月的文化消费150元左右。她平时没事的时候就喜欢上网,主要的消费也是上网,主要是在网吧上网,每天都会去,一天大概有两个小时上网时间。她平时很少和当地居民接触,对当地居民不太了解。

当地政府和企业有一些关于农民工文化建设的政策,企业里有工会,有专门的人组织这些活动,也有活动的场地。但是企业里组织的节日文艺表演和比赛,自己都没有参加过。主要是来的时间比较短,自己也没什么特长。她对企业组织的活动不太满意,认为应该组织一些大家都可以参加的活动,比如出去旅游等。

小结:被访回答问题比较简单,不愿意深入分析。

个案64:

女,26岁,高中文化,已婚。老家在四川成都。现在家里有三口人,丈夫和孩子。她出来打工4年,现在月收入2500元。老家就是市郊,她平时住在家里,和家人在一起。孩子2岁,还没有上学。她现在从事电器加工工作,每天工作8个小时,和单位签订了劳动合同,企业有社会保险,主要有工伤、医疗、养老和生育保险。她感觉工作环境还好,每天的工作时间不长,也不太辛苦,而且企业离家不远,每天都可以回家,所以还比较满意。和同事相处比较好,来这里一直没有换过工作,也没有想要去换工作,对收入也比较满意。她现在住在家里,家里住得比较宽敞。每天的生活费大概60元,每月的文化消费有30元,主要用于上网、看书,还有看电影。最喜欢看电影,她主要的花费就是看电影和上网。她希望社区都多搞些活动,增加一些文化体育设施,设置免费的图书室或阅览室。

她不知道政府和企业有没有农民工文化建设政策,但是希望政府和企业能够多制定一些这方面的政策,多一些投入和关注。企业里有搞一些文化活动,比如运动会、联谊会,自己也有参加,感觉活动组织得挺好的,应该多组织这些活动,就是活动的次数太少。她感觉社区里的文化服务一般。

小结:被访者的回答真实性较高。

农民工与城市公共文化服务体系调查问卷

您好,我是国家社科基金重大课题《农民工与城市公共文化服务体系研究》课题组委托的调查员,正在进行一项关于农民工城市公共文化服务体系研究的调查。此次调查对于党和国家关于制定农民工城市公共文化服务体系的相关政策具有重要作用。依据随机抽样的方法,选中了您作为调查对象。您的回答只要符合您的真实情况就可以了,答题无所谓对错。我们将严格按照相关法律规定对您的个人和家庭信息保密,请您放心。调查会占用您的一些时间,希望得到您的支持,谢谢!

农民工与城市公共文化服务体系研究课题组
2012 年 6 月 12 日

注:问卷如无特别说明,均为单项选择。

A-基本情况

A1.您的性别:
    1.男性 2.女性

A2.您的年龄:
    1.16~22 岁 2.23~32 岁 3.33 岁~42 岁 4.43 岁及以上

A3.您的政治面貌:
    1.中共党员 2.共青团员 3.民主党派 4.未参加任何党派

A4.您目前的教育程度:
    1.小学及以下 2.初中 3.高中及中专 4.大专 5.大学本科及以上

A5.您目前的婚姻状况:
    1.已婚有配偶 2.丧偶 3.离异 4.未婚

A6.您目前职业所属的行业:
    1.制造业 2.建筑业 3.批发和零售业 4.住宿及餐饮业

5.交通运输业　6.农业相关　7.居民服务和其他服务业

A7. 您目前每月的收入水平是(包括所有收入)：

1.1000 元以下　2.1000～2000 元　3.2000～3000 元　4.3000～4000 元

5.4000～5000 元　6.5000 元以上

A8. 您外出务工多长时间了：

1.1 年及以下　2.1～2 年　3.2～3 年　4.3～4 年　5.4 年以上

A9. 您外出打工以下这些人是否与您同行：

	是	否	(不读)不适用
1.配偶/情侣	0	1	7
2.父母	0	1	7
3.子女	0	1	7
4.兄弟姐妹	0	1	7

B－公共文化需求和参与

B1. 您每月日常生活消费支出大约多少钱(含各种消费及支出)？_____元

B2. 您每月生活消费中用于文化娱乐消费是：

1.0 元　2.20 元及以下　3.20～50 元　4.50～100 元　5.100 元以上

B3. 您闲暇时主要的活动是：

	几乎没	很少	较多	很多
睡觉	1	2	3	4
逛街	1	2	3	4
打牌	1	2	3	4
上网	1	2	3	4
看书	1	2	3	4
看电影或电视	1	2	3	4
参加文体活动	1	2	3	4
去公园、广场	1	2	3	4

B4.您文化娱乐消费的主要项目是：

	几乎没	很少	较多	很多
观看电影	1	2	3	4
报纸、杂志、书籍等	1	2	3	4
上网	1	2	3	4
KTV等娱乐场所	1	2	3	4
各种文娱演出	1	2	3	4
参观博物馆、科技馆、文化馆等	1	2	3	4

B5.您所在单位提供的文化娱乐活动情况是：

1.内容丰富,完全能够满足需求　　2.提供一些,基本能满足需求

3.内容单一,不能够满足需求　　4.没有提供任何文化娱乐活动

B6.您参加工作或生活所在社区所组织的文化娱乐活动情况是：

1.经常参加　2.偶尔参加　3.知道社区组织的文化娱乐活动,但没人邀请　4.不知道社区所组织的文化娱乐活动

B7.您希望参加哪些城市文化娱乐活动(任选三项)：

1.看电影及演出　2.参加文体比赛或文娱活动　3.参加知识技能培训

4.科技馆、博物馆等城市公共文化场所免费开放　5.社会公益活动

6.爬山或户外活动　7.其他

C－公共文化服务资源利用

C1.您所在的城市是否有针对农民工免费开放的公共文化设施(比如:图书馆、博物馆、科技馆等)：

1.有　2.无　3.不清楚

C2.您认为公共文化设施对农民工的免费开放,是否应该成为一项制度？

1.是　2.否　3.不清楚

C3.您认为在城市公共文化服务体系建设中发挥作用最大的是：

1.地方政府　2.民间组织　3.居民群众　4.企业

C4.您希望如何得到并使用城市公共文化设施？

1.政府免费提供　2.单位组织建设　3.社会捐建　4.其他

C5.您认为影响农民工享有城市公共文化服务体系的关键因素是什么（最多选三项）：

1.户籍限制　2.收入限制　3.时间限制　4.资源限制　5.观念限制　6.其他

C6.以下方面涉及政府关于农民工城市公共文化服务体系建设的重要方面，您觉得哪些内容是重点？

	不重要	一般重要	较重要	很重要
公共文化设施建设	1	2	3	4
组织相关文化活动	1	2	3	4
免费开放公共文化场所	1	2	3	4
改善公共文化场所服务	1	2	3	4
加强文化服务团队建设	1	2	3	4

D－公共文化服务评价

D1.您对您所在城市为农民工提供的公共文化服务体系的评价：

	很不满意	较不满意	比较满意	非常满意
公共文化基础设施提供	1	2	3	4
公共文化活动的组织	1	2	3	4
公共文化服务质量	1	2	3	4
公共文化服务的政策	1	2	3	4
公共文化服务队伍	1	2	3	4

D2.与城市居民相比，您认为农民工在享受城市公共文化服务方面是否有差距？

1.很大差距　2.较大差距　3.有一点差距　4.没什么差距

D3.与前几年相比，您认为政府在农民工城市公共文化服务建设方面有无进步？

1.没进步　2.有一点进步　3.较大进步　4.很大进步

《农民工与城市公共文化服务体系研究》实地调研提纲

一、各地政府在农民工文化工作方面所采取的具体措施

1. 出台的关于加强农民工文化工作的政策文件及制订的农民工文化服务指导规范,推动"政府主导、企业共建、社会参与"农民工文化工作机制建设落实情况。

2. 推动农民工纳入公共文化服务体系及农民工文化工作规划、资源配置和经费保障等方面采取的具体措施。

3. "两看一上""职工书屋""全国文化信息资源共享工程"等国家大型文化惠民工程建设情况,加强对农民工群体覆盖程度工作落实情况。

4. 由本地政府主导实施的农民工文化惠民工程实施情况。

5. 引导社会力量参与农民工文化工作相关情况。

二、公益性文化单位农民工文化工作开展情况

1. 图书馆、文化馆(站)、博物馆、美术馆及工人文化宫(俱乐部)等公益性文化单位农民工文化工作开展总体情况。其中,包括农民工文化需求调研工作开展情况、服务标准制订及完善情况、相关具体活动开展情况以及文化馆(站)农民工文艺作品创作推广情况、农民工文艺人才培养、农民工文艺团队扶持和建设情况等。

2. 推荐当地公益性文化单位加强农民工文化工作典型案例。

三、城市社区农民工文化工作开展情况

1. 城市社区文化设施建设及资源配置,面向社区内农民工开放及利用情况,社区组织的面向农民工的文化活动开展情况及农民工参与情况等。

2. 推荐当地社区关于加强农民工文化工作典型案例。

四、企业农民工文化工作开展情况

1. 企业内文化设施建设、资源配置及开放、利用情况,企业内文化活动开展情况,农民工文艺团队建设情况等。

2. 推荐当地企业关于加强农民工文化工作典型案例。

五、当前农民工文化工作中存在的问题及建议

附录二
已发表的部分课题阶段性成果

大力推进农民工以家庭为流动单元

打破城乡樊篱,允许农民进城务工经商,这是改革开放以来最重大的社会进步。但是,2亿多农民从土地上走出来从事二、三产业,大都远离故土,抛家别妻,长达数月甚至经年不归。他们的家庭实际上处于解体或半解体状态。家庭是社会的基础细胞,细胞功能退化或发生病变坏死,社会的肌体必然大受影响。就中国的情势来看,农民工的存在不是三代、五代人的问题,很可能是更长时间的延续。因此,只有以家庭为流动单元,才能修复家庭这个社会基础细胞,从而促进社会肌体的健康发育,使构建和谐社会成为可能。从长远来看,不以家庭为单元的流动不是合理的流动;不以家庭为单元的迁徙不是稳定的迁徙;不以家庭为单元的城市化不是真正的城市化。

一、一个改变中国、影响世界的人口大流动

发端于20世纪80年代的中国"民工潮",与人类历史上的任何一次人口迁徙都有所不同。无论是规模、深度、广度还是影响等方面都是史无前例的,具有显著的时代特征。

一是流动群体大、影响力大。波澜壮阔的"民工潮"可以用六个"最"来概

括：一个人类历史上规模最大的人群，在最短的时间内，涌入最没有准备的城市，承托起规模最大的制造业，生产出数量最多的廉价商品，以最低廉的成本改写了世界经济版图。20世纪80代中期开始，短短的20多年时间，2.5亿农民走出土地务工经商，其中1亿多在水泥丛林之间辛苦劳动，拿着比城里人低得多的工资，从事着城里人不愿干的工作，弥补了城镇劳动力供给的结构性不足，促进了城市二、三产业发展，为中国城市化和工业化的快速崛起作出了巨大贡献，使中国在全球经济普遍下滑的背景下，一路上扬，高歌猛进，一举摘下世界第二大经济体的桂冠，成就了"中国制造"的世界品牌，从而改变着中国，影响着世界。

二是流动方式以个体流动为常态。农民工无论是外出务工还是经商，绝大多数都是一个人"单枪匹马闯天下"，举家迁徙的很少。据有关调查显示，农民工举家外出的仅占四分之一。在欧美等发达国家，人口流动更为频繁，但大都是以家庭流动为常态。我国农民工采取个体流动方式，有其内在原因。首先，农民被城乡二元制度阻隔了几十年，一旦打开城门，他们便迫不及待地甩开一切挤入城市，寻求致富门路。其次，他们不自断后路、背水一战，在独自闯天下的同时，为自己留有来去自由的回旋余地，即使在城里待不下去了，也还有"后方大本营"的最终保障。再次，农民工是从条件较差的农村流向条件较好的城市，但快速发展的城市不仅在制度和文化上拒绝、排挤外来人员融入，而且在物质基础、管理体制、资源条件等多方面存在着诸多现实问题和困难，来不及接纳过多的外来人员，他们只能一个人先千方百计挤进城市再说，无法拖家带口。

三是流动时间长。农民工在外以务工或经商为主业，基本上是常年不归，时间较短的也长达几个月，有的甚至是"少小离家老大回"，十几年都不回家，家庭成员之间很难见上一面，有的孩子长期见不到父母，骨肉分离，互难相认。据媒体报道，重庆人熊良山1989年到上海务工，开始是每年春节乘轮船回家过年。从1998年轮船停开到2010年的12年时间内，熊良山夫妇仅在2002年回家一趟，2008年儿子来上海看望父母时，他们竟然认错了儿子。农民工长期不回家的原因，既有"不能"也有"不愿"：一是担心失去工作岗位。在人生地不熟的陌生城市，农民工找到一份工作很不容易，如果回家暂时离开工作岗位，就很可能失去工作机会，只有苦苦煎熬，死看硬守一份来之不易的工作。二是城市与农村之间路途遥远,回家一次费尽周折。一位在浙江打工的西南某省女农民工,想念儿子心切,骑摩托车六天六夜长途奔袭才得见儿子一面。加上票难买、路费贵,农民工不堪重负,不愿轻易花费千辛万苦挣来的"血汗钱",只有不回家才能"一举两得",既不用排队买票,又省了路费。

四是流动空间广。在20多年发展的过程中,数以亿计的农民工无处不在,只要有用工需求的地方,就有农民工的身影,其足迹遍布全中国,甚至走出国门,走向世界。只要能挣钱,他们可以奔波到任何一个地方,干任何一种能干的工作。同时,农民工在开始初闯天下阶段,以个体流动为主,天马行空,独往独来,少了家庭的束缚和羁绊,有充分的自由空间和更多的选择余地。

五是期待父辈成为"末代农民"。农民工经过多年的打拼,生活条件改善了,素质提升了,在与城市文明的接近与融合中,视野拓宽了,眼界变高了,不满足于往返城乡之间的两栖生活,越来越多的人希望在城市落地生根,特别是作为当前农民工主流的80后、90后新生代农民工,这种意愿更加强烈。据有关调查显示,在这个有着上亿人的群体里,只有7%的人有以后回家的意愿。与父辈相比,新生代农民工在文化程度、人格特征、务工目的、城市认同感、生活方式、工作期望、与农村家庭的经济联系等方面迥然不同,他们受教育程度高、职业期望值高、物质和精神享受要求高,大多数正在从事现代工商业活动,有一定的现代产业技能,能够接受现代社会理念并且按照现代产业规律从事生产和生活。虽然在现行户籍制度和社会管理方式下,他们还不能平等地享受城市的公共服务和福利,但由于没有在农村的"苦难过去",其参照系只有眼前的城里人,因而期望值更高,从一开始便义无反顾地追求融入城市化、工业化、现代化进程之中。他们最大的愿望就是摆脱"农民"身份,让自己的父辈成为"末代农民",最不济也要让自己成为"末代农民",让自己的后代成为市民。他们的梦想就是自己和父辈谁当"末代农民"问题。

二、农民工以个体为流动单元带来"三难"

农民工常年孤身在外闯荡,给个人、家庭、社会带来了一系列问题:家庭成员长期分离,相互间缺乏关怀与照应,个人生活难;传统的家庭经营模式被打破,固有的家庭关系日渐疏远,家庭稳定难;个人问题与家庭纠纷,通过不同途径影射到社会,引发一系列社会冲突和矛盾,社会和谐难。"三难"不解决,将成为影响中国经济社会发展与和谐的最严峻问题。

一是个人生活难。首先,日常生活没有避风港。农民工在城里干的是最脏最累、最险的工作,住的是工棚、地下室或城中村,吃的是粗茶淡饭,过的是"大集体式"生活,在日复一日的辛苦劳累之余,不能享受家人之间互相帮助、体贴入微的关怀和呵护,就是想吃一顿可口的饭菜都是难上加难。即使"头疼脑热拉肚子",没有家人的照顾,也只能自己忍着。其次,工余时间白白浪费。如果在农村,闲暇之余可以和家人相守在一起,教子、养老、夫妻沟通,履行一份为人父、为人子、为人夫的责任;或是在自家的庭前院后,种瓜养菜,搞一些家庭副业,补贴家用。但在城市,工作之余只能举首望天、独守工棚,再无其他事可干。再次,精神找不到栖息地。"偶闲也作登楼望,万户千灯不是家",农民工在城里是"孤家寡人",没有家庭的温情,也没有倾诉的对象,经常遭受的是歧视和不公平待遇,几乎没有文化娱乐生活,思家、思乡之情难以排遣。每逢空闲或节假日,对别人意味着团聚和快乐,对农民工而言,恨不得"若为化得身千亿,散向峰头望故乡",更多的则是无尽的思念和苦涩。生活和精神的重压,加上职业病高发,医疗跟不上,他们的生命周期无疑将缩短,据有关资料显示,大城市人均寿命比农村人高 12 年。

二是家庭稳定难。长期以来,我国农村家庭是以熟人社会为背景的,其稳定性恐怕在世界各国也是名列前茅的,这也是乡村社会稳定的基础。随着"民工潮"的兴起,农村家庭遭受前所未有的冲击,生产功能日益减弱,成员关系急剧变化,血缘亲情渐渐淡化,家庭失去了凝聚力,在"形"和"神"上逐步趋于瓦解,导致"五荒":一是家庭经营荒。外出农民工多数是青壮年,留在农村的是老、弱、妇、幼,农村家庭丧失了主要劳动力,以家庭为单元的经营格局被打破,承包地粗放经营,猪、鸭、鹅等难以养殖,菜、瓜、果等无法种植,经营性收入和家庭副业几乎为零。由此导致维系家庭关系的内部紧密协作劳动不复存在,配合默契的成员关系日渐疏离。二是家庭责任荒。个体成员的长期流动使家庭处于分散状态,各种类型的"空巢型"家庭大量涌现,"无子"赡养老人、"无父"抚养孩子、"无夫"挑起重担、"无妻"照顾生活的现象十分普遍。远在天边的游夫、游妇们除了寄一点钱回家之外,该尽的家庭责任鞭长莫及或经过长期消磨而意识淡漠。三是外部关系荒。长期离家在外的农民工打破了传统人际关系网络,日常交际对象主要是工友,与基于血缘、姻缘、地缘而形成的亲属和乡邻之间的联系越来越少,传统乡土关系逐渐减弱、淡化,乡土气息的人情性质和互动内容改变了,取而代之是原来没有的雇佣、租赁等工具性关系,"远亲不如近邻"变为"比邻若天涯",家庭的整体社会关系逐渐分崩离析。四是家庭成员感情荒。空间上的距离带来了感情上的疏离,父母、子女、夫妻、兄弟姐妹之间缺乏沟通交流与相互关爱,儿童缺少父母关爱和家庭教育,精神创伤大,难以健康成长;老人没有亲情交流和慰藉,寂寞无聊等精神压力难以排解;相隔两地的夫妻在生理及心理上长期处于压抑状态,感情危机随之产生,农村离婚率持续攀升。紧密而温馨的家庭情感越来越疏远淡薄。五是伦理道德荒。在市场经济和城市陌生人社会规则的冲击下,许多农民工的传统观念和思维方式开始蜕变,金钱、物质至上替代了传统美德,诚实沦丧,守信失守,伦理秩序出现混乱,道德底线开始崩塌,该尊敬的不尊敬,该爱护的不爱护,"暖风熏得游人醉,直把他乡作故乡",传统的伦理道德正在沉沦。

家庭是人类社会结构的基石、社会制度的原型、社会秩序的要素、国家形态的基础,大量的农村家庭分化和结构解体,将逐步导致家庭关系及其功能的退化,影响养老、育子、医疗、失业等家庭保障的深层基础,在社会保障体系尚不健全的背景下,甚至会动摇社会制度和国家形态的基石,这是一个十分危险的信号。

三是社会和谐难。因农民工及其家庭而引发的社会纠纷和矛盾越来越多,影响越来越广泛,如果任由这种态势发展,产生的破坏力将是巨大的。一是社会治安隐患多。一方面,农民工家庭的离婚、财产纠纷、赡养父母、抚养子女等民事案件增多,甚至出现杀人、抢劫等暴力犯罪,而这种现象正在进行着代际传递,缺乏家庭教育的农民工子女的违法犯罪现象不断增多就是明证;另一方面,满怀希望和梦想的农民工,进城后却承受着生存境遇艰难、生活环境恶劣的残酷现实,产生了巨大的心理落差,在公权力不能保障其合法权益时,最终选择以违法犯罪行为来显示自身存在,或借以获取生存资源;农民工在缺乏家庭温暖和亲人慰藉的同时,又受到城市文明的拒绝和排斥,生活和精神的双重压力,使他们经常采取一些不健康的休闲娱乐方式,甚至走上违法犯罪道路。二是群体性事件频发。农民工的个体流动式生存和"大集体式"的工作、生活和居住环境,家庭负担和顾虑减弱,更容易抱成一团、联合在一起,各种自发组织不断涌现。据有关调查数据显示,深圳市农民工仅各地同乡会就达200多个。农民工由于在城市的社会地位低下,合法权益屡遭侵犯,诉求渠道不畅,维权之路艰难,对社会的不满经过长期的积累和传递,逐渐滋长并演化为一种社会离心力,甚至是反社会的倾向,在遇到劳资纠纷、劳动安全事故等诱因时,这种不满情绪就会大面积爆发,并通过围堵政府机关、集体罢工、聚众闹事、围堵交通,甚至是打砸破坏、暴力冲突等行为进行宣泄,进而演变为群体性事件。近年来,农民工群体性事件逐年增多,其规模、参与人数、严重程度和社会影响越来越大。这种现象必须引起高度重视,我国历史上无数次的"流民作乱"是前车之鉴,现实中的英、法等国骚乱是活生生的实例。三是社会管理压力大。对农民工而言,长期流动使其自身的社会管理参与权名存实亡,人不在农村不能有效行使村民权利,身在城市却无法参与社区管理。对农村而言,基层政府的社会管理成本增加,即使是从形式上走过场,也要付出更多的人力、物力和财力。仅计划生育一项,农村基层政府就倍感头疼,每年必须组织工作队多次进城,一住就是十天半月,在人海茫茫的城市,与农民工玩"猫捉老鼠"的游戏。对城市而言,外来人员增多使人口急剧膨胀,在运营管理体制、整体吸纳能力、公用设施建设、资源消耗、市容市貌、社区管理等方面的压力越来越大,对农民工的"社会性排斥"管制政策又引发了社会治安等多方面的矛盾与问题,需要花费更多的时间和精力来解决。四是礼义道德缺失。从"盲流"到"农民工",农民始终被视为城市的"外来人",是地域意义上的边缘人,也是城市礼义道德的边缘人。城里人的价值观念成为城里人的专利,农民工的价值观念不被认同,享受不到城里人最起码的尊重、信任与帮助。学校招生,会弹钢琴是特长,但如果说会养猪是特长,就会遭人耻笑。一些企业道德底线崩塌,随意克扣、拖欠农民工工资,甚至拳打脚踢棍棒加身,逼得他们跳楼、上吊。在农民工的眼中,城市的道路越来越宽广,人心却越来越狭隘;人住得越来越拥挤,关系却越来越疏远。他们在物质生活与道德情感上无法融入城市,没有主人翁的责任感,缺乏维系和践行诚信道德的动力和热情,甚至无意或有意地表现出各种破坏公共秩序、践踏社会公德的言行。

民主法治、公平正义、诚信友爱、安定有序,是构建和谐社会的应有之义。

如果农民工的家庭问题得不到根本解决,这个数量庞大的群体就始终会像无根的浮萍,在城市与乡村之间游荡,影响社会安宁与团结,冲击社会秩序与文明,甚至引起社会混乱与动荡,阻碍社会进步与发展,构建和谐社会也就无从谈起。

三、大力推进以家庭为单元的人口流动

五四以来,中国家庭经历了三次大的冲击。第一次是五四时期,发生在极少数知识分子家庭,影响面极小;第二次是"文化大革命",派性斗争使父子、夫妻、兄弟姐妹反目成仇,随着政治狂热的消退,家庭关系很快恢复正常;第三次是农民工进城,这是经济理性的冲击,其影响之大、之深、之广是前所未有的。建设美好家庭、实现社会和谐始终是人们孜孜以求并为之努力的理想和目标。家庭对个人的生产生活至关重要,对社会生活的影响也是直接的、深层次的。家庭稳定和睦,直接关系每个人的幸福与发展,深刻影响社会的安宁与和谐。大力推进以家庭为单元的人口流动,促进农民工举家进城、安居乐业,使个人回归本质,使家庭得以修复,是解决农民工问题的长远之计、治本之策,也是构建和谐社会的基础工程和必由之路。

近些年,农民工问题引起了全社会的高度重视,各级政府相继出台了一些有针对性的政策措施,着力解决与农民工切身利益相关的突出问题,但这些政策措施只限于改善农民工的个体生存与发展条件。现阶段,随着我国财力逐年增长、整体实力极大提高和农民工举家进城的诉求不断增强,推进农民工以家庭为单元的整体迁徙的条件和能力已经具备,时机已经成熟。首先,应将推进以家庭为流动单元作为首要目标,切实加强制度创新,着力打破二元结构的束缚和制约,加大户籍制度改革和相关政策调整力度,消除歧视农民工的制度根源,给他们以同等的国民待遇,实现从"产业工人的重要组成部分"向真正意义上的产业工人转变。其次,各级政府特别是城市政府应切实转变观念,从管制型转向服务型,把农民工作为生产要素、生活主体与消费主体来对待,将其纳入城市公共服务体系,在编制城市发展规划、制定公共政策、建设公用设施等方面,统筹考虑农民工的需求,增加面向农民工的公共服务开支。再次,充分发挥政策的杠杆功能和舆论的导向作用,鼓励和引导各类社会组织关注、支持农民工的生存与发展,营造全社会关心、关怀农民工的

浓厚氛围。同时,积极引导农民工特别是新生代农民工转变思想观念,强化家庭归属感与责任感,从"潇洒走一回"进城转向"拖家带口"进城。当前,应着力从住房、就业、教育、社会保障等方面,为农民工以家庭为流动单元创造条件。

——住房。首先要实现住有所居,只有安居才能乐业。当前应下功夫改变农民工的居住条件"破、窄、挤",居住环境"脏、乱、差"的现实,为以家庭为流动单元创造必备的前提条件。虽然国家出台了相关政策措施,一些地方政府也进行了初步探索,但仍然没有得到较大的改善。农民工的住房问题,应采取"政府引导和推动、企业主导和建设、社会参与和支持"三结合的方式,系统性地加以解决。一是把农民工纳入国家住房保障政策体系,将在城市稳定就业、居住一定年限的农民工纳入政府廉租房、经济适用房、限价商品房政策享受范围,或出台农民工公寓建设支持政策。二是完善农民工住房租赁市场,鼓励社区街道、工业园区、用工企业建设社会化公寓,培育小户型房屋租赁市场;探索在城乡接合部,由集体经济组织利用闲置建设用地建立农民工公寓。三是建立完善农民工住房公积金制度,将这一制度面向所有农民工,使有条件的农民工都能申请住房公积金贷款购房,或用于支付房租。四是完善农民工住房配套制度,把农民工住房纳入城镇建设规划和土地利用规划,统筹考虑农民工住房位置和基础设施建设,避免出现城市"贫民窟"。

——就业。有业就才能有收入,有收入才能养家糊口。当前,一方面,应着眼长远,逐步建立保障农民工就业的长效机制。世界各国解决农民工就业问题的共同做法,是建立健全相关法律法规。这方面,英国堪称典范,从17世纪开始,先后制定"斯宾汉姆兰德制""伊丽莎白法""新济贫法""失业工人法"等,为农民工创造就业机会。我国应借鉴国际成功经验,把农民工就业上升到法律层次,出台相关法律法规,制定长期稳定的政策,为建立农民工就业和再就业提供可靠保障;另一方面,应着眼当前,在提高农民工的就业能力、增强就业稳定性上下功夫:一是改进职业技能培训,加大对农村人力资本存量的调整和投资力度,探索由政府部门、用工企业、公共培训机构和私营培训机构等多主体对农民工培训的有效合作,建立多渠道、多层次、多形式的农民工培训网络,完善农民工职业技能培训补贴办法。二是进一步健全就业信息服务,加强输出地与输入地劳务对接,健全城乡公共就业服务体系,输出地为农民免费提供政策咨询和务工信息,输入地完善用工信息发布机制,所有职业介绍机构向农民工免费开放。三是完善劳动合约管理,严格工资政策,建立农民工最低工资保障制度、工资发放保障制度和工资正常增长机制,积极推行企业工资集体协商制度,严厉打击恶意拖欠和克扣工资的不法行为,并切实做好农民工劳动保护工作。四是进一步强化用工企业的社会责任感,转变企业用工思维方式,采取设置一些夫妻同时就业的"双职工"岗位、建设集体宿舍时设计部分夫妻公寓等措施,为农民工家庭提供一个稳定的住房和就业条件,增强职工对企业的认同感和归属感,提高工作效率,避免出现"用工荒",实现企业与农民工共同发展的双赢目标。

——教育。实现学有所教,是推进农民工以家庭为流动单元的重要基础条件,也是阻断农民工代际传递的最好途径。子女教育是农民工最关心的问题,有些农民工进城打工的第一目的是带孩子进城读书,挣钱则是次要的。古有孟母三迁,今天的城市里满街都是"孟子妈",古代孟母是为了选择邻居而迁,今天的"孟子妈"们是为了给孩子找个读书的地方而迁。农民工子女教育问题已成为现阶段我国义务教育新的难点和薄弱环节。城市应统筹公办教育资源和民办教育资源,大力提高教学质量和水平,逐步实现教育公平。一是落实"两为主"政策,把农民工子女教育纳入教育发展规划和经费预算,加大对公办教学资源不足的农民工集聚地区的投入力度,兴建公办学校,改善教学条件。二是提高民办教学资源水平,支持和规范农民工子弟学校的发展,将受政府委托承担义务教育任务的农民工子弟学校,纳入统一的师资培训和教学管理,提高安全水平和师资水平,逐步享受与公办学校同等的财政扶持政策;对在读的农民工子女,按照公办学校的标准,免除学杂费,享受相关补助。三是探索发放教育券的助学方式,农民工子女只要凭借政府统一发放的教育券,就可以自主选择适合自己的学校,任何学校不得拒收。四是探索建立学籍与户籍分离制度,农民工子女可以在父母就业地享有参加中考、高考的权利。

——社会保障。社会保障是推进农民工以家庭为流动单元的"救生艇"。缺乏基本的社会保障,农民工一旦失业,家庭将在居住地"风雨飘摇"。虽然农民工已被纳入工伤保险范畴,高危行业农民工参保问题得到基本解决,养老保险和医疗保险的转移接续问题也取得重大突破,但农民工社会保障覆盖面仍然较窄,保障水平还很低。进一步完善农民工社会保障制度,应坚持低标准、广覆盖、可接续原则,不断扩大农民工的社会保障覆盖面。一是全面落实农民工工伤保险政策。以商贸、餐饮、住宿、家庭服务等劳动密集型行业的农民工为重点人群,加快实现工伤保险对农民工群体的全覆盖;简化农民工工伤认定、鉴定和纠纷处置程序。提高工伤待遇水平特别是一次性补助标准,确保遭受工伤或患职业病的农民工获得与城镇职工相同的医疗救助和经济补偿。二是健全农民工医疗保障制度。与企业签订劳动合同、建立稳定劳动关系的农民工都应被纳入城镇职工基本医疗保险制度;鼓励其他农民工参加城镇居民基本医疗保险或农村新型合作医疗保险,进一步完善基本医疗保障关系转移接续办法;建立医疗保险尤其是大病保障机制,探索包括遭遇天灾人祸时的紧急救济、贫困救助和法律援助等社会救助制度。三是加快健全农民工养老保险制度。引导和鼓励农民工参加城镇企业职工基本养老保险和新型农村社会养老保险;有序、规范地开展农民工养老保险关系转移接续工作;探索建立城镇企业职工基本养老保险与新型农村社会养老保险的衔接政策,保障回乡农民工的合法权益。

农民工,一个为中国经济高增长和发达国家低通胀贡献了人口红利的群体,一个举世关注的沉重话题,一个还将持续几代人的历史现象;构建和谐社会,一个福泽全民的政治纲领,一个跨越历史的时代强音。只有一种制度注入了和谐的元素和内涵,推动农民工家庭自由、稳定地迈入城市,实现全体人民共享改革发展成果,这种制度才是文明的、进步的;如果一个社会通过制度的指引和实施,消除了城乡差别和身份歧视,保障了每个家庭安居乐业,那么这个社会就能安宁和谐。

刘奇(原文刊《中国发展观察》2012 年第 2 期)

二元文化：城乡一体化的"暗礁"

纵观半个多世纪以来的中国社会历史进程，中国"三农"作出了巨大贡献：战争年代，农村包围城市；建设年代，农业支援工业；改革年代，农民服务市民。尤其自1958年城乡二元户籍管理的颁行，更将这种贡献制度化。自此，"三农"贡献便有了制度约束。值得警醒的是，二元制度很快演绎出二元社会，二元社会又孕育出二元文化。二元文化的生成，使"三农"贡献社会成了天经地义的事情，得到全社会普遍认同，而且，逐步上升到社会意识形态层面，反作用于二元制度。这种社会潜意识更凝结成思维定式，当社会发生危机时，人们便自然而然地想到让农民担当，一个中国最庞大的弱势群体就这样每每成为吸纳危机的海绵体。今天，城乡统筹，时有触礁，革除旧制，屡遭搁浅，其源盖出于此。解剖二元文化的生成机理，分析二元文化的基本特征，弄清二元文化的深层危害，找出二元文化的消解路径，对于推进城乡一体化，构建和谐社会，规正社会价值，意义重大。

一、二元文化：总让农民救危机

城乡二元结构一经制度化，便成了二元文化滋生的温床。在二元制度与二元文化的相互作用下，城乡的二元性愈演愈烈。一遇重大难题，便从农民身上打主意，即便在中央提出城乡统筹的大背景下，农民仍然难逃拯救危机的厄运。

——交光粮食，用生命拯救城里人吃饭问题。"大跃进"年代，为了实现跑步进入共产主义的乌托邦梦想，各级"诱导"农民虚报产量，然后按照比实际产量夸大十几倍甚至几十倍的标准向农民征收粮食，农民把收获的粮食一颗不剩地全交了上去。三年困难时期，不种粮食的城里人坐享供应粮，虽然供应不足，但有稳定保障，顶多是"多和少"与"质和量"的问题。但是，种粮的农民反倒吃不上粮食，普遍面临的是"有和无"与"存和亡"的问题。红旗出版社1994年出版的《中华人民共和国历史纪实》称这三年"中国人口减少四千万，这可能是本世纪内世界最大的饥荒"，海内外学者估计非正常死亡人数在3000万～4500万。也就是说，有近十分之一的农民以生命的代价挽救了危机,拯救了城里人。

——衣食难保,却要无条件接纳市民。20世纪60年代后期直到"文革"结束,中国面临的一是吃饭问题,二是就业问题。1957—1977年的10年间,中国可耕地减少了11%,而人口却激增47%,尤其是城市人口的暴涨成为严重的社会问题。为了解决吃饭和就业问题,全国发起了一场浩浩荡荡的上山下乡运动。虽然以"我们也有两只手,不在城里吃闲饭"和让年轻人"接受贫下中农再教育"为口号,几千万城市知青和企业职工及市民被分流到了农村,但其出发点显然是把吃饭危机和就业危机转嫁给农民。虽然以"农村是一个广阔天地,知识青年在那里可以大有作为"为号召,下放知青也能为农村作出一定的贡献,但是这种贡献是有限的,更多的是给农民带来了沉重的负担。

——收入减少,甚至失业,却要承受"家电下乡"的诱惑。2008年从美国华尔街开始的金融危机,迅速席卷全球,中国特别是沿海地区的工厂濒临倒闭。一时间,大量企业作出了一项最容易作出的决定——全员减薪,部分裁员。农民工收入普遍减少,许多农民工更遭遇失业,2000多万人被迫返乡。"轻轻地走了,正如轻轻地来,不带走一片云彩",农民再次以被牺牲的方式拯救危机。

世界金融危机,中国出口受阻,产品卖难立现。有关方面又自然想到了农民这一吸纳危机的最大海绵体,于是又作出了一项看上去是"为了农民"实际上是"伤了农民"的决定,这就是"家电下乡"。表面上13%的优惠,实际上城市里商家推出的促销政策,打折的幅度往往超过13%,财政补贴的好处全都落入企业的腰包,农民不仅没有得到,变相吃了亏,还枉担了一个享受补贴的空名。农民最需要的并非冰箱、彩电、洗衣机,刚刚解决温饱的农民,有太多的后顾之忧,他们最渴盼的不是电器下乡,而是资金下乡、公共服务下乡、社会保障下乡、权利下乡。在中国企业的道德诚信建设还十分欠缺的前提下(连"三鹿集团"那么有名的企业都疯狂造假,企业的道德和责任实在令人怀疑,在下乡的家电中,我们已经看到"三聚氰胺"的背影),为腐败的滋生和权力的寻租提供了合适的土壤,为劣质家电甚至是家电垃圾涌入农村创造了便利的环境,再加上售后服务不到位和基础设施不配套的现实,农民节衣缩食买下的家电可能成为仅供炫耀的摆设。经济学常识告诉我们,从生活必需品阶段过渡到耐用消费品阶段,必须符合五个条件:一是城市化必须达到一定程度,二是基础设施必须具备起码的配套(比如洗衣机不能没有自来水),三是必须建立一套完善的金融制度,四是必须具备相当完善的社会保障制度,五是贫富差距不能太大。显然,在中国农村,要达到这五个条件,还有很长的路要走。可见,"家电下乡"表面上是拉动内需的重要举措,但真正的动机还是让农民拯救出口受阻、濒临倒闭的家电行业危机。

——面对城市快速扩张的土地危机,无偿或低偿支付让地代价。近年来,随着城市的急剧膨胀,农民的土地逐渐被城市低偿甚至无偿征用,越来越多的失地农民成为种田无地、就业无岗、创业无钱、社保无份、告状无门的"五无游民",成为城市化的牺牲品。这种"把利益带到城市,把负担留给农村"的征地制度实质上就是中国特色的圈地运动。如果我们将中国的圈地运动与世界历史上最有名的英国圈地运动进行比较,就会发现,中国的征地制度带来的后果更令人担忧。一是时间不同。英国从13世纪开始到1876年禁止圈地历时400多年,中国从土地承包至今才30多年。二是规模不同。英国400多年圈占土地700万英亩,中国1996—2005年10年就圈占耕地1.2亿亩。英国最高潮时失地农民总共77.2万人,占当时总人口的3%,中国失地农民5000万人,约占农民总人口的6%。三是性质不同。英国圈的大多是公地和荒地,中国圈的大多是良田。四是目的不同。英国完全是经济目的,由养羊后改为发展粮食生产;中国的经济、政治目的都有,除工业化、城市化需要外,还有政绩工程、形象工程等政治目的。到2006年底,全国有6866个开发区,80%为非法设立,总面积3.86万平方公里,比现有666个城市还大;全国60个大学城,比赛以中国最大自居,郑州、湖北大学城都在50平方公里以上。五是圈地手段不同。英国早期用暴力,后以协商方式依法推进;我国始终以行政推动,且无序推进,基本不用协商。六是后果不同。英国促进了农业发展,由牧而农,形成农业革命,单产提高三分之一,人均粮食增产率达73%,出口量飞增,被称为"欧洲的粮仓";中国使农业严重受挫,耕地锐减,少产千亿斤粮食。英国对农民的影响是极少数,大多数农民都被工业吸收,提高了生活质量;中国约有60%的失地农民生活困难。英国圈地摧毁了封建土地所有制和小农经济,推进了工业化和城市化;中国没有改变小农经济性质,农民社会福利水平没有提高。七是政府态度不同。英国圈地由民间进行,政府不参与圈地,不但未获益,相反还要帮助失地农民济贫;中国不但直接参与,而且直接"分肥"获利。

行为的个案只能称为事件,但事件普遍化就集结成一种现象,现象映照并积淀在人的大脑中,就自然而然产生一种审美参照和价值取向,进而形成一种思维、观念和意识形态,这种意识形态一经定式和固化,就成为一种文化。

二、二元文化的特征

文化是一个十分宽泛的概念。仅欧美对文化的定义就达160多种,我国学者梁漱溟说,"所谓文化,不过是人们生活的样法罢了",这是比较贴切的表述。"总让农民救危机"这种农民生活的社会"样法"正是畸形的二元文化所产的"畸形胎儿",也是二元文化的重要表征。根据文化通常的归类方法,二元文化包括物态的二元性、心态的二元性、制度的二元性和行为的二元性。

——物态的二元性。从物态上看,城市是"这样的",农村是"那样的"。2006年11月,湖南卫视《洞穴之光》向人们展示了一所山区的农村学校,一个洞穴就是一间教室,一块木板就是一张书桌,墙角的蜘蛛网就是孩子们感知的"网络世界"。而那些来"洞穴"戒"网瘾"的城里孩子,他们的学校早已现代化,教学楼、实验楼、教师楼一应俱全。"洞穴"与"大楼"的差距不是简单的"物态"差别,而是二元文化的"物态性"反映。当然,这是一个极端性的个案,但看得见、摸得着的物态二元性在现实生活中随处可见,有些方面的差距也的确大得惊人。目前,中国城乡居民收入差距高达3倍多,位居世界第一,而位居第二的非洲小国莫桑比克的差距也只有3倍,全世界平均差距只有1.5倍,超过2倍的国家仅有十几个。至于基础设施等城乡硬件建设的差距更是云泥之别,无法比对。

——心态的二元性。在社会心理层面,普遍认为城里人就应该"这样生活",农村人就应该"那样生活",这是二元文化的核心。"你真农民",已经成为城里人嘲讽人的流行语。"农民"一词在二元文化的"催化"下,已由当初的名词演化为形容词。形容词语境中的农民特征大致有四个方面:一是外表"寒酸"。在城里人看来,农民的外在形象要么是罗中立油画《父亲》的样子,"皮肤黝黑、满脸皱纹、神情木讷",要么是电视上、小说里的标志形象,"头戴民兵帽,身穿破棉袄,一只裤管低,一只裤管高"。2007年,西安推出"农民兄弟逛西安活动",可当几名农民兄弟带着身份证来到一动物园时,管理人员却对他们的身份表示怀疑,理由是,"穿着打扮不像农民",足见这种"以貌取农民"的思维十分流行。二是内瓤"傻帽"。在北方城市,曾经流传着这么一个段子:"民工进城,腰缠麻绳,进门不按门铃,看球不知谁赢,买水果先问啥名。"2009年,湖南卫视《快乐女声》比赛中,一评委在点评一位来自农村的选手时居高临下地说"农村八辈子都走不出个人才",她哪里知道农村是城市人才的播种机,城市是农村人才的收割机。网上曾疯传一段恶搞视频,说的是一个农民看到出售桑塔纳2000的广告,误以为桑塔纳只售2000块钱,售车小姐于是叫他到隔壁去买奔驰600,说是那样2000块钱可以买三辆奔驰,农民信以为真。在城里人眼中,农民就是现代的阿Q。三是品德"低下"。某房产公司为了吸引客户,打出大幅广告"小区安静,没有民工骚扰"。在北京、上海等特大城市的一些现代化居住小区里,"春节将至,民工回乡,希望广大居民提高警惕,加强防盗意识"的标语随处可见。憨厚朴实的农民在一些城里人的眼里简直就是"拉登",是恐怖分子。四是地位"卑贱"。"起得比鸡还早,睡得比猫还晚,干得比驴还累,吃得比猪还差",从这个民工自嘲的经典比喻中,农民的地位可见一斑。有人通过对《北京青年报》1992－2004年关于农民工的报道分析发现,70%以上都是表现农民工不健康的、愚昧的、令人讨厌的、给人以不安全感的。这是社会畸形的二元心态最直接的折射。

——制度的二元性。1958年1月,全国人大常委会第91次会议讨论通过《中华人民共和国户口登记条例》。该条例第10条第2款对农村人口进入城市作出了带有约束性的规定:"公民由农村迁往城市,必须持有城市劳动部门的录用证明、学校的录取证明或城市户口登记机关的准予迁入的证明,向常住地户口登记机关申请办理迁出手续。"这一规定标志着中国以严格限制农村人口向城市流动为核心的户口迁移制度的形成。这一制度设计使城乡二元结构像水泥板块式的固化。随后便衍生出附着在户籍制度上的住宅、粮食供给、教育、医疗、就业、社会保障、婚姻、征兵等各种二元制度。浙江大学一位教授研究发现,隐藏在城市户籍背后有47种权利。也就是说,农民与市民相比仅在一个户籍问题上就缺失了47种权利。由此,各级运用行政手段采取两种不同的资源配置制度。城市中的教育卫生和基础设施,几乎完全是由国家财政投入,而农村中的教育卫生和基础设施则主要用征收"三提五统"

等办法由农民自己负担。改革开放后的20世纪八九十年代,资源配置的城乡差异不仅没有好转,而且进一步恶化。农村公共设施、公益事业主要靠从农民头上摊派、集资、收费甚至罚款来解决,农民不堪重负。进入21世纪,中央作出城乡统筹的重大战略部署,这种矛盾大大缓解,但根深蒂固的二元制度已渗透到经济、政治、社会、文化等各个领域,并且盘根错节,互为依存,剪不断理还乱,使城乡统筹的步伐大大减缓,力度大大降低。例如,目前国家征地补偿,征收城市房屋以平方米为计价单位,而征收农民土地则以亩为计价单位,而且城市房屋拆迁基本按市场化补偿,而农民宅基地征收则基本由各地自定标准。

——行为的二元性。集中表现为既得利益者对农民的轻视、漠视和歧视。一是对农民的轻视。在传统社会,农民与政治处于分离状态,但在"以工农联盟为基础的、人民民主专政"的今天,农民仍然是"沉默的大多数",既缺乏纵向的政治参与,又缺乏横向的自我组织,他们的诉求往往难达决策层。按照修改前的选举法规定,4个农村人只抵得上1个城里人的选举权。农产品过剩或滞销,农民卖难,收入大减,不能马上引起相关部门重视,而一旦价格上涨波及城市市场,政府就会立即采用行政手段调控。正如坊间所言:"价格高了有呼声,价格低了有哭声。呼声在城市,集中响亮,很快传上去;哭声在农村,低沉分散,没人能听到。"二是对农民的漠视。2003年10月在陕西看望灾民后,温家宝总理曾引用白居易"心中为念农桑苦,耳里如闻饥冻声"的诗句来表达党和政府对人民群众的关爱之情。但现实社会上漠视农民的现象普遍存在,有的到了令人发指的地步。开胸验肺的"张海超事件"告诉我们,农民被漠视到什么程度,他们的抗争是多么无奈!三是对农民的歧视。这种歧视更多的表现为侮辱性的语言,以居高临下的口吻挖苦、嘲讽,甚至谩骂农民。前些年,一名自称"北京政治老师"的人公然在网上抛出《嫉农民如仇》的帖子,以"身份劣等就要挨骂"的所谓逻辑惯性,"表白心中暗藏已久的歧视感——我讨厌农民";广东省东莞市厚街镇东溪村公园的门口曾悬挂这么一个告示长达一年之久,上面写着"禁止外来工入园,违者将罚款一百元"字样。种种对农民的歧视行为,正如电影《人生》中,克南妈对高加林刺耳的谩骂:"一个乡巴佬凭什么到城市来,这种地方是你们来的吗?"

三、二元文化的危害

"观乎天文,以察时变;观乎人文,以化成天下"。从古至今,人们都习惯于通过对文化的洞察和分析,来明了世界、解读世界和把握世界。王沪宁在他著名的《比较政治分析》一书中明确指出,"政治文化的研究可以使我们能够更为有效地解释和说明社会成员的理性选择、他们的价值观念和情感"。任何社会形态的文化,作为上层建筑的重要组成部分,不仅包含着这个社会"是什么"的价值支撑,而且蕴涵着这个社会"应如何"的价值判断。健康的、积极的、向上的文化能够启迪灵魂,催人奋进;相反,畸形的、萎靡的、堕落的文化则会产生错误导向,对人们形成消极的负面影响。二元文化很显然是一种畸形的、消极的、负面的文化。

——二元文化是封建等级制度的"衍生物"。中国封建社会是一个等级森严的社会。先秦时期,人以血缘分,社会分为贵族、平民和奴隶贱民三个阶层,三个阶层又细分为若干等级,《左传》有"天有十日,人有十等"之说。魏晋南北朝时期,实行九品中正制,按门第出身,把社会分为士族和庶族两个泾渭分明的阶层,结果形成晋初刘毅在《请罢中正除九品疏》中所说的"上品无寒门,下品无势族"的社会治理结构。元代则根据民族的不同,将社会分为蒙古人、色目人、汉人和南人四个等级。清袭元制,满人为贵。不管是哪一种等级制度,核心都是不平等,高级者总是占据更高的地位,拥有更多的权利,所谓"刑不上大夫,礼不下庶人"。中华人民共和国成立以后,社会不再以血缘、门阀、民族等来划分等级。然而,随着户籍制度的建立和二元文化的形成,城市和农村被划定为界限分明的两个世界,市民和农民被划分为截然不同的两个等级,"城市像欧洲,农村像非洲"一度成为世界看中国的流行语。这些现象表明,中国的二元制度本质上就是封建等级制度在新的历史条件下的现实反映,只不过表现形式不同罢了。二元文化正是封建等级制度的"衍生物"。在"以人为本"成为政治意识形态的社会主义国家,如果让带有"封建等级"基因的"二元文化"作为一种社会主流性价值文化大行其道,社会将很难"和谐",发展将很难"科学"。

——二元文化是社会心态发生集体偏斜的"转轨器"。二元文化蔓延泛滥的直接后果就是导致社会在价值判断上出现集体偏斜。现实中,几乎所有人都认为城里人就应该"这样生活",农村人就应该"那样生活",在制度设计上,城里人就应该比农村人高一等,方方面面享受的待遇就应该优于农村,就连农民自己也形成了这样一种观念:"我是农民,我生在农村,我过得不如城里人,我本该如此。"根据黑格尔"存在即合理的"理论,既然中国城乡制度性差别已成"地球人都知道"的"存在",那么社会对此也就见怪不怪了,这是谬论重复一千遍即成真理的印证。宣扬"文化决定论"的德国社会学家韦伯强调,透过文化理念创造出来的"世界图像",如路轨上的"转轨器"一般,规定了轨道方向。按这种逻辑,如果"转轨器"出了问题,火车就会偏离轨道。二元文化正是社会心态发生集体偏斜的"转轨器",在这种"转轨器"的引导下,不管"火车"的引擎多么先进,不管"车厢"多么舒适,都逃不过"车祸"的命运。

——二元文化是旧的二元制度的"守护神"。每一个社会群体在任何一种生存与发展的竞争中都倾向于为自己争夺更多的利益,以二元文化武装起来的既得利益者,一旦涉及利益配置,必定争着挑拣那个"最大的梨",他们认为自己得大头,农民得小头,是必须的;如果让农民共享改革发展成果,他们就会觉得是农民"动了他们的奶酪",有伤尊严,心里别扭,于是,想尽一切办法维护原先的二元格局。一个不容回避的事实是,各级政策的设计、制定和推行者都是二元制度的既得利益者,二元文化一旦浸透到他们的细胞,要么把改革的步子迈得更慢一点,要么把改革千方百计地引向有利于自己的方向,把"他用"的政府资源为己所用,使党的政治理念成为空洞的政治口号,使国家的大政方针变为寻租的依据。皮之不存,毛将焉附?二元文化天生以守护二元制度为己任。近几年,中央虽然采取了许多办法解决城乡统筹问题,但大多数地方总是重"统"轻"筹",大"统"小"筹",甚至只"统"不"筹",基尼系数越来越大,城乡差距渐行渐远,"马太效应"愈演愈烈。因为"统"的是农民的土地,以利城市扩张降低成本,"筹"的却是农民的社保、公共服务、基础设施,要花大代价。"只盯住脚下的地,而不顾地上的人"已经成为一种普遍现象。近年来,二元文化已经浸透到草根阶层,形成了维护二元制度的社会堡垒。2002年,一位青岛市民给当地报纸写信,竟提议在公共汽车上设立"民工专区"。付同样的钱乘同一辆车却被当成异类,这与"同命不同价"是异曲同工。二元制度竟被普通市民发挥到类似"人与动物"的程度。

——二元文化是新的二元制度的"催生剂"。文化与制度总是相伴而生,什么样的文化背景就会产生什么样的制度。二元文化一旦侵入制度设计者的脑海中,他们的价值观念无疑会深深烙上偏爱城市的二元印迹,设计的制度注定带有明显的二元色彩。这样的制度反过来会进一步加剧二元文化,形成"二元制度——二元社会——二元文化——二元制度"的恶性循环。原来最高人民法院《关于审理人身损害赔偿案件适用法律若干问题的解释》,第25条规定"残疾赔偿金、死亡赔偿金应根据受诉法院所在地上一年度城镇居民人均可支配收入或者农村居民人均纯收入标准计算",在这样的法律规定下,自然形成了"同命不同价"的逻辑命题。深圳市这一差别为城镇居民102万元,而农民为18万元,相差84万。对此,法律制定者的解释是:只有这样,才能体现公平、公正,要不,对城里人不就有失公平吗?二元文化已经打翻了法律的天平,这是多么可怕的事情!好在这一法律条款现在已经得到更改。一些受到二元文化影响的学者,经常抛出一些"二元观点",比如有人教条地根据一些西方经济学理论得出"二元经济是一种常态,是市场机制作用的必然产物"的结论,他们认为发展能自动解决非均衡发展问题,二元现象能够自动消除,对农民无需特别关照。还有一些经济学家认为,经济学不是伦理学,是不用讲道德的。因此,认为解决火车春运问题的根本方法是"按照经济规律涨一点票价",而没有想到涨价对于农民意味着什么的有之,建议城市廉租房不设私人卫生间,从骨子里歧视穷人只配那样的有之。凡此种种,都是二元文化催生的怪胎。

——二元文化是构建和谐社会的"绊脚石"。和谐社会的构建有四大风险源:一是经济风险源,二是社会风险源,三是政治风险源,四是文化风险源。在这四大风险源中,文化风险源是最难排除的。因为文化的形成不是一蹴而就,而是以"润物细无声"的方式,在不知不觉中进入人的大脑,又在不知不觉中左右人们的价值观、人生观和世界观。受二元文化左右的价值观、人生观和世界观必定是二元的、畸形的,如果不及早防备,就会出现"温水煮青蛙"的后果。在二元文化作用下的中国农民,从摇篮到坟墓、从乡村到城市都被二元现象重重包围,绕不开,挥不去,挣不脱,别无选择地把种种不公看成自己的宿命,"既然无法改变这个世界,就改变自己来迎接它"。于是,心不甘情不愿地接受了既得利益者对自己命运的安排,城里需要他们时,他们把家里的房子让给老鼠住,自己到城里住老鼠住的房子;城里不需要他们时,他们回到家里,住老鼠住过的房子。第一代农民工与城里人比,感觉很无奈、很失落,但是与自己的过去比、与留守的农民比,感觉很优越、很幸福,因为至少他们感受到了"外面的世界很精彩"。但是,对于新生代农民工而言,他们没有过去,没有"脸朝黄土背朝天"的体验,他们的唯一参照物就是城市的繁华和城里同龄人的优越。在心理上,一方面感觉很无奈、很羡慕;另一方面却很不满、很仇视。试想,在一个赤日炎炎的夏天,农民工在室外近40度的高温下,吊着绳子在离地面几百米的高空擦洗墙壁,透过窗户,空调间的城里人架着二郎腿,悠闲地喝着高档洋酒,那一瓶酒的消费就相当于那位农民工1个月的工钱,他会作何感想?近年来,因城乡之间的不平等或贫富之间的不和谐导致的极端事件不胜枚举:巴东县一镇政府招商办主任在当地一娱乐场所,用一沓钱抽打女修脚工头部,后被女修脚工刀刺身亡。一城里女青年辱骂乡下的修车师傅,修车人不堪其辱,连杀三人。一农民工讨薪不成怒杀四人……"总让农民救危机"的既得利益者,习惯于把农民(农村)当成他们规避危机的"蓄水池",但是,水蓄多了,随时都会形成有决堤危险的"堰塞湖"。中国当下最大的不和谐就是城乡的不和谐,社会的不公一旦超出极限,一个个矛盾和问题就会成为一个个悬在我们头上的"堰塞湖"。贵州瓮安事件、云南孟连事件、湖南湘西事件、甘肃陇南事件等每一次群体性事件无不给二元文化敲响警钟。

四、二元文化的消解

二元文化作为一种畸形的社会意识形态,已经成为中国经济社会发展中最大的"暗礁",严重阻碍着中国的改革、发展与稳定,必须坚决清除,回避不得,忽视不得,徘徊不得,等待不得。

——先立后破,以"公平、正义"为价值取向的"普适文化"取代城乡二元文化。精神王国的建立不是先"打破一个旧世界",然后再"建立一个新世界",必须是先找到"一个新世界",然后再取代"一个旧世界",否则,正如索尔·贝娄警告的那样"当胆怯的智慧还在犹豫时,勇敢的无知已经行动了"。中世纪欧洲的文艺复兴,找到了"日心说""进化论",才打破了"神学"的枷锁;中国北魏孝文帝改革,找到了中原的先进文化,才加速了民族的融合;改革开放找到了"实践是检验真理的唯一标准",才冲开了"两个凡是"的束缚。要打破

"二元文化"的桎梏,必须先找到一种能取而代之的"先进文化"。这个"先进文化"就是以"公平、正义"为价值取向的"普适文化"。首先,它与"以人为本"的政治意识形态相契合。国家意识形态包括两个方面:一是政治意识形态,二是社会的主流性价值文化。前者好比"领航的舵手",后者好比"划桨开大船的众人",只有两者并进,才能和谐前行。我们今天的政治意识形态就是科学发展观。科学发展观的核心是"以人为本",以人为本的关键就是要体现"公平、正义";其次,它让世界更易明白中国的意识形态。我国市场经济搞了这么多年,为什么欧美一些国家还迟迟不愿承认中国的市场地位,其中原因很多,但最根本的是他们担心二元文化会给市场造成不公平。而"公平、正义"是一种全球都听得懂的"世界语",是放之四海而皆准的"普适"真理。

事实上,先进文化无需创造,它一定是人类集体智慧的结晶。先进文化的寻找根本不需要"摸着石头过河","同一个世界,同一个梦想",我们需要做的,只是把这种"公平、正义"的"普适文化""拿来",旗帜鲜明地作为我国社会的主流价值文化,而不是将其视为"资本主义价值观"否定之、反对之、躲避之。早在2003年,胡锦涛主席访问澳大利亚时就指出,"民主是全人类共同的东西";在2007年的"两会"期间,温家宝总理也强调,"民主、法制、自由、人权、平等、博爱等等,这不是资本主义所特有的,这是全世界在漫长的历史过程中共同形成的文明成果,也是人类共同追求的价值观";党的十七大报告则把"民主、公正"这些普适文化统统纳入我国的社会主义价值体系。河上有船,岸边有桥,我们是否该换个思路过河了?

——针对二元文化的生成机理,以新制度规正二元制度。二元结构并不是当代中国的"特产",早在1000多年前就已发育生成;也不只是中国的"特产",只不过是欠发达国家在现代化进程中普遍存在的一种社会现象。但存在于古代或国外的社会二元结构都起源于"外生性",属单纯的经济学范畴,这种结构随着经济社会的发展逐渐被打破,二元现象也会随之消失。而中国当今的二元社会结构之所以会形成独特的二元文化,是因为中国的二元结构与其他国家有着不同的生成机理,是一种行政主导结构,这种行政主导结构集中体现在独特的二元制度设计上。因此,我国要消除二元文化,必须废除一切二元制度,从根本上铲除二元文化滋生的土壤。

首先,要废止二元户籍制度,保证农民享有自由迁徙的权利。人类对迁徙自由的追求、奋斗和对该项权利的普遍认同,有着悠久的历史。1791年的《法国宪法》就以成文宪法形式规定公民有迁徙自由的权利;19世纪以后,世界各国宪法普遍对迁徙自由作了直接或间接的规定;第二次世界大战后,迁徙自由不仅成为各国国内法所普遍确认和保障的基本权利,也成为国际人权宪章和人权公约所确认的国际人权之一。我国1949年9月29日通过的《中国人民政治协商会议共同纲领》第5条就把自由迁徙作为人民的11项自由权之一,1954年9月20日实施的《中华人民共和国宪法》第90条第2款明确规定,"中华人民共和国公民有居住和迁徙的自由"。因此,我国要消除二元文化,必须首先彻底废止1958年公布的《中华人民共和国户口登记条例》,重新回归到宪法的规定。

其次,要废除附着在户籍制度背后隐形的二元权利。从某种意义上说,中国的户籍制度并非中国"肌体"上的一块"伤疤",而是1958年植入的带有病毒的"肌体细胞",虽然当时对中国的疗伤起到了一定的作用,但是,"病毒"也进入体内血液,流遍全身。想要根治必须"换血",必须把带有二元色彩的一切制度全部根除,建立起科学、合理、有效的城乡一体制度。并从统筹城乡建设规划、产业发展、基础设施、公共服务、劳动就业、社会管理和扩大县域发展自主权等方面,对加快形成城乡经济社会发展一体化新格局作出制度安排,真正实现"同票同权、同命同价、同工同酬、同城同保"。

二元户籍制度是其他诸多二元制度的主根,诸多二元制度是二元文化的滋生地,二元制度不除,作为"寄生物"的二元文化就无法根治。

——必须以拨乱反正的勇气,强力矫正全社会的观念意识。一要从制度层面廓清农民是职业而不是身份的定位。《春秋谷梁传》中说,"古者有四民:有士民、有商民、有农民、有工民",可以看出,在没有城乡二元户籍制度的古代中国,"农民"仅仅是职业涵义,这才是"农民"的应有之义。但随着二元文化的形成,无论是在精英话语的体系中还是在日常生活的语境中,人们谈到"农民"时想到的却并不仅仅是一种职业,而是一种社会等级,一种身份,一种生存状态,一种文化模式乃至心理结构。只要生在农村,户口在农村,即便你走到天涯海角,即便你腰缠万贯,即便你常居城市,你依然被认定为农民,而且这顶"农民帽"世代相传,就像孙悟空的紧箍咒一样,想甩掉它决非易事。因此,要让"农民"的定位皈依到职业,不再贴上身份的标签,并将这一定位以法律的形式确立下来,还农民以"公民"的完整权利。

二要充分正视传统乡土文化的现代性。当今社会对农村、对农民的鄙弃源于对城市化的崇拜和迷信。孰不知城市是高度文明的现代社会的代表,而支撑现代社会存在的两大要件在传统的乡村文化中早已根深蒂固:一是产权关系和与之配套的法律体系,二是诚信体系。从产权关系来看,在农村,阳光、空气、水这些取之不尽用之不竭的自然之物,农民的产权意识都十分清楚。建房子不能比后面的邻居高,高了会遮挡人家的阳光。粪池不能建在村子的上风头,那样会污染全村人的空气。溪水从村中流过,上游人家必须在特定的时间洗涤肮物,为下游人家留出取水饮用的时间。这些虽然没有法律规定但受乡规民约的约束;再从诚信体系来看,中国农村世世代代聚族而居,是一个熟人社会,农民在这个熟人环境里,一旦失去诚信,就会被整个熟人社区抛弃,而且要殃及数代。这样的代价比普通的经济惩罚要大得多,这样的威慑力,比行政手段和法律约束也要大得多。因此,在熟人社区,农民是不敢轻易用诚信作为抵押物的。可见,中国传统的乡土文化中饱含着现代文明的基因。遗憾的是,在二元文化的引导下,人们的价值正向度发生偏斜,严重低估了中国传统乡土文化的现代性,错误地认为一切来自农村的、农民的东西都是落后的,都应该抛弃。这种心态已经膨胀到"谈农色变"的地步。河北省省会石家庄因为有个"庄"字便觉土气,改名之声响彻中华,后因改名要付出数十亿的代价才不得不收场。炎黄子孙过去宣传自己的家乡是"鱼米之乡"十分骄傲自豪,今天,"鱼米之乡"已在大众文化里成为落后、闭塞、愚昧的代名词,任何地方宣传自己都把说是"鱼米之乡"当成很丢人的事。当今时代,要消除二元文化,必须充分正视乡土文化的现代性,充分挖掘传统乡土文化的精华,让传统的乡土文化重放异彩,在城乡统筹中发挥应有的作用。

三要充分发挥社会公器的作用,以正确的舆论引导社会。当今中国,农民是最大的社会群体,而目前全国有期刊9000余种,"三农"期刊仅180多种;有报纸2000余家,以农民为主要读者对象的报纸仅几十家;全国已注册的各类电视台有上千家,开办"三农"栏目的却少得可怜。媒体必须改变那种"媚城""媚富""媚精英"的行为,让资源向"三农"倾斜,向弱势群体倾斜,更多地关注弱势群体的生存状态和生活状况,反映他们的呼声、愿望和要求,使他们充分享有与其他社会成员一样的媒介接近权、参与权和话语权。

四要从娃娃抓起。如何处理好"贫二代""富二代"和"权二代"三者之间的关系,打通他们角色互换的通道,将是未来中国必须面对的严峻课题。近两年,"富二代"炫富的报道屡见不鲜,一名80后的"富二代"动员30辆奔驰车去机场接他的一只价值400万元的藏獒。为参加一项活动,23位"富二代"开着23辆法拉利齐刷刷地停放在重庆广场。试想,他们与那群"步履匆匆汗满肩,风吹背篓正冬天,高楼白领曾知否,十块砖头一角钱"靠背砖挣钱的农民工孩子该怎样形成共同的价值取向和人生目标?这是一个大大的天问!网上曾刊登这样一条消息,四川省委党校副校长郭伟到美国考察,在一所学校见到一道考题:美国是一个什么大国?备选答案有科技、军事、旅游、农业、航天。正确答案是农业。美国是农业大国的答案恐怕会令绝大多数人不可思议。但为了强化农业的基础地位,美国人从小学就开始"灌输"这样的思想。心理学研究表明,一般情况下,在13岁以前,人们的审美观、价值观就已基本形成。因此,要消解二元文化必须抓住年龄黄金期,把"消除二元文化"纳入国民教育体系,纳入学校活动之中,让"消除二元文化"进教材、进课堂、进学生头脑。日本中小学都明文禁止学生穿戴名牌进学校,并有部分学校规定小学男生一律剃光头,这样就难以分辨孩子家庭出身的贫富。美国绝大多数中小学一直坚持"校服制",尽管有争议,但成功避免了贫富孩子在服装上的差别,使穷孩子自尊心不致受伤。

五要充分发挥文学艺术的感染力量。文艺作品的力量是不可估量的,直接影响受众的人生观、世界观和价值观。一部《史记》,自诞生之日即成为中华民族褒美贬丑、扬善弃恶的不朽教材;一首《义勇军进行曲》,激励无数热血青年投身革命,浴血杀敌;一篇"锄禾日当午,汗滴禾下土。谁知盘中餐,粒粒皆辛苦"的诗作,让农民的辛劳永远镌刻在每一位读者心中。当前,应广泛动员文艺界深入社会生活,写出鞭挞二元文化、讴歌当代农村、重塑当代农民的力作,并利用各种媒体大力宣传,以矫正二元文化主导下的社会心态,规正社会行为。

城乡二元制度是写在纸上的看得见的障碍,二元文化则是刻在心上的看不见的制约。制度如山,文化若水,移山易而断水难。更何况,二元文化还会促使二元制度不断滋生出"子制度""孙制度"。统筹城乡的根本阻力,二元制度是表象,二元文化是本质。制度和文化有着不同的特性:制度像明堡,文化如暗礁;制度属他律范畴,文化是自律范畴;制度只能让人不敢做,文化则可以让人不愿做;制度可以靠外力宣布废止,文化则难以靠外力解除;制度废止可以立马见效,文化清除则要假以时日。因此,统筹城乡,实现城乡一体化必须把铲除二元文化作为一项基础性、战略性、长期性的系统工程,常抓不懈,直到消解。

刘奇(原文刊《中国发展观察》2012 年第 11 期)

"乡愁"九脉

中央城镇化工作会议提出,要"让城市融入大自然,让居民望得见山,看得见水,记得住乡愁"。乡愁是什么?乡愁是游子对故乡记忆的眷恋和思念,愁之所生者多元,有"独在异乡为异客,每逢佳节倍思亲"的游子之愁;有"偶闲也作登楼望,万户千灯不是家"的民工之愁;有"日暮乡关何处是,烟波江上使人愁"的文人之愁,有"若为化得身千亿,散向峰头望故乡"的士大夫之愁,不论哪种愁,其源盖出于异乡的孤独、思乡的愁苦和归乡的尴尬。"乡愁"其实是"城愁",是从乡间走到城市里的那个群体在"愁乡",他们不光"愁乡",且因找不到融入感也"愁城","乡愁"因"城愁"而生,"愁城"因"愁乡"而起,"乡愁"的完整意义应当是"城乡之愁",概而言之,"愁"出九脉,陷入"回不去的乡村、进不去的城"困境。

一愁被城市一元文化包裹。身居水泥森林之中,拥挤的空间、阻塞的交通、污浊的空气、充耳的噪音,不胜其烦,不胜其扰,不胜其愁。城市人口集聚,人们来自天南海北,每个人都承载着自己家乡各具特色的文化走到这里,而这个陌生人社会需要的却是用一元文化模式来"化人",让所有在这个环境中生活的人必须去掉家乡味,用这个被格式化的标准改造自身,只有适者才能生存。这种单一的文化对于从熟人社会走来的群体而言,是呆板的、单调的、生硬的、冰冷的,失去了乡村文化的多元、自由、和睦、温情的特性。"家家包铁栏,户户装猫眼。电话聊千户,不与邻家言",是城市人现实生活的写照。这种由乡而城的两种文化冲撞,自然产生"暝色入高楼,有人楼上愁"的滋味。

二愁"小桥流水人家"的故乡风貌何以得见。"谁不说俺家乡好""月是故乡明,人是故乡亲",这是中华民族融化在血液中的传统文化。故乡不论贫穷或富有,落后或发达,是自己可以骂一千遍也不许别人骂一句的地方,家乡的颜色、家乡的声音、家乡的味道、家乡的情调、家乡的一草一木和一山一水都镌刻在每个人大脑的"硬盘"上,不管身居何处,常会触景生情,常于梦中浮现,这是有着几千年农耕文化的中国人有别于其他民族的一种特殊情感,下至黎民百姓,上到达官贵人,不论官多大、多富有,大体如是。刘邦虽然贵为天子,但也未能免俗,在当了12年皇帝之后的公元前195年10月,回到故乡沛县住了 20 多天,天天大宴乡邻,并意气风发地唱出了"大风起兮云飞扬,威加海内兮归故乡"的千古名句。每个从故乡走出去的炎黄子孙,尤其是身居闹市者,思乡念家自是情理之中,他们思念"绿树村边合,青山郭外斜"的美景,思念"明月松间照,清泉石上流"的宁静,思念"倚杖柴门外,临风听暮蝉"的闲适,思念"采菊东篱下,悠然见南山"的淡然,那些住胶囊公寓、蜗居如蚁族的大学毕业生和农民工尤其愁肠百结,乡情倍增。电视里和各种媒体报道中"灭村运动"如火如荼,赶农民上楼的呼声一浪高过一浪,"农村脱农"的谋划一地比一地现代,似乎农村无农才算过瘾了,那些人哪里知道农业文明是与工业文明、城市文明并行不悖的文明形态,是人类文明的三大基本载体之一,农村一旦脱农,任何文明都将灭亡。"灭村运动"喊声震天,异乡游子心惊肉跳当属自然。

三愁承载几千年文明的物质文化遗产的消逝。在意大利、希腊等欧盟诸国,几千年的历史遗存、文物古迹,保存完好者屡见不鲜,而在中国找到明清时代的这类完整建筑已属凤毛麟角,更不要说宋元、唐汉、先秦了。据第三次全国文物普查称,近 30 年来有 4 万多处不可移动文物消失,其中半数以上是毁于拆迁。中国的村庄 2000 年时约有 360 万个,到 2010 年,减少到 270 万个,平均每天差不多要减少 300 个,全国 31 个省、自治区、直辖市上报传统村落 11567 个,首批入选的 648 个,其余不能入选的如靠地方保护,其命运难测。传统古村落的保护尚且如此,那些零星分布于数以百万计村落中的古旧建筑、石雕、木雕、文物古迹,乃至衣着服饰更是可想而知,它们正遭受建设性的破坏、开发性的毁灭、商业旅游性的改造。有着几千年文化艺术积累的民族传统建筑得不到保护,却不惜斥巨资建造"求高、求大、求怪、求奢华气派"的荒诞建筑。2013 年 11 月 22 日,"中国当代建筑设计发展战略"高端论坛在南京召开,中国建筑界的高层官员、学者、设计者几乎悉数到场,工程院院士沈祖炎以详尽的数据"炮轰"国家大剧院、鸟巢、水立方和央视大楼铺张浪费惊人,应一票否决。据有关媒体报道称,在会议执行主席程泰宁的词典里,它们是"反建筑"的建筑,这情景世界罕见且极易传染。此风近几年正由城而乡劲吹,全国 8000 多个超亿元的村,有些建大高楼、大广场、大雕塑的投资花费惊人。某名村的大楼与北京城的最高建筑一般高,都是 328 米,建造者不无幽默地称与党中央保持高度一致,不然会再盖高些。祖先为我们留下的极其珍贵的物质文化遗产,本该很好地继承保护,这才是有价值的文明产物。但在一些人的头脑里,一切都该推倒重来建新的,只有这样才能展示自己的才华和业绩。我们有些干部如果到英国牛津、剑桥去看看,可能会认为那里没有现代气息,那么多古旧建筑太丢脸,该拆掉重建。在这种荒谬逻辑指导下的中国物质文化遗产的命运,怎不令人发愁!

四愁非物质文化遗产的承继断了香火。全世界都十分重视保护非物质文化遗产,而中国对物质文化遗产保护尚且如此,对非物质文化遗产的保护更是乏力。但却舍得花巨资大建没有多少文化含量的"非文化物质遗产"。中华文化的历久不衰、薪火相传,大多仰仗于流布乡村的非物质文化。大到世界上独一无二、放之四海而皆准的农业哲学思想"天时地利人和";中到农业税收制度、土地制度、农户管理的村社制度,农业生产中的稻鱼共生、猪沼鱼、草灌乔、立体、循环、生态等经济模式,动物的杂交、鲤鱼通过转基因分离出金鱼等技术;小到民风、民俗、方言、礼仪、节日、节令、时序、民族、杂技、地方戏、中医药、传统乐曲、传统手工艺等,乡村中蕴藏着的非物质文化遗产是一个巨大的科学技术和文学艺术宝库,如今在"快文化""洋生活""超时空"的现代生活方式引导下,这个宝库不要说开发利用,大多无人延续,其消失的速度十分惊人。日本之所以在不长的时间里能以科技立国,赶上发达国家的技术水平,是因为日本十分重视非物质文化遗产传承。当今世界,美国以高新技术胜,中国以数量居首胜,日本则以历代传承的精巧工匠胜。一项技艺只要社会需要,哪怕不赚钱,几十代人一脉传承,百年老店,甚至千年老店遍布全国,这是非物质文化遗产传承最具体的体现。13亿人的中国历史上流传至今的百年老店已是屈指可数,而且不少还在迅速消亡,这是民族的悲哀。2亿多农民工涌入城镇寻找生计,剩下的38、61、99部队自顾不暇,谁来承接祖先几千年来留给我们的非物质文化香火?纵观人类历史,城市只是晃动在人类眼前的诱惑,乡村才是连接人类心灵的脐带。如果只知道从乡村索取食物,索取肉体的营养,不知道从乡村汲取传统,汲取精神的营养,人们所追求的现代文明将只是空中楼阁。

五愁"近乡情更怯,不敢问来人"的窘迫。怕"物是人非事事休",会"欲语泪先流"。作为"少小离家老大回"的游子,面对急剧变化的时代大潮,不知故乡近况如何。"朱雀桥边野草花,乌衣巷口夕阳斜"。沧海桑田,物换星移,那儿时玩伴还在吗？他们生活得怎样？过去那种勤劳不勤奋、勤俭不节约、艰苦不奋斗的状况有多大改观，他们中还有木讷呆滞的新时代的"闰土"形象吗？有走遍天涯海角，带"半身"城里人的洋气，说着地方普通话的当代"阿Q"吗？有被改造成"杀马特"的流行青年吗？有会经营、善管理、懂技术的新型职业化农民吗？有富压一方的"新土豪"吗？那村头的老槐树还在吗？那是全村人集会的场所。那村中的祠堂还在吗？那是村里人祭拜祖先的去处。那婚丧嫁娶的复杂礼仪、热闹场景还像当年吗？太多的回味，太多的问号，太多的牵挂。这也许是一个为了追求天堂般美好理想而颠沛流离半生的游子之愁。对于人类而言，最容易创造的神话就是天堂，不知道该怎样度过一生的普通人往往禁不住发明者的诱惑跟着追梦，结果丢下了有毛病的故乡，也没能住进没毛病的天堂。人间的许多悲剧往往就发生在为了建造一个完美天堂而抛弃了自己的故乡。不爱故乡的人寻找天堂，热爱故乡的人建设故乡，人人都爱故乡，国家就是天堂。

六愁亲善和睦的乡邻关系是否依旧。"开轩面场圃，把酒话桑麻"的相见，亲情依依；"待到重阳日，还来就菊花"的邀约，温情脉脉。问题在于那张旧船票还能否登上今天的客船？传统兼业化的小农家庭与多样化的村社功能有机组合，在乡村自治权力结构下产生一种"自治红利"，使乡村成为邻里相望的伦理共同体，这是一种巨大的"家园红利"，是中华民族一笔独具特色的取之不尽、用之不竭的无形资产。"家园红利"的向心力、归属感，使人们不致因外部的福利更优厚而轻易选择离开。目前这种任由城市去"化"农村的城市化，打破了根深蒂固的农户理性和村社理性，打破了沿袭几千年的道德纲常。亲睦和谐的诚信体系和熟人社会的道德纲常是维系基层社会治理的基石，义为人纲，生为物纲，民为政纲是基本原则。处于转型中的中国正面临重建新纲常的艰难挑战。人口大流动、物欲大泛滥、文化大冲撞，导致乡村礼法失范，敬畏感缺失，羞耻感淡薄，价值观混乱，潜规则盛行。报载，广西玉林市大平山镇南村女童小雨被多名中老年人性侵，其父得知真相报警，10人被判刑，其后女童及其家人遭到全村人的敌视，认为是她及家人把那么多人送进牢里。中国传统农村社会是一个"礼治"的社会，这里已看不到合乎礼治的行为规范，长辈性侵晚辈，即使在封建社会也是罪大恶极，一定会受到族规家法的严惩，而在今天的这个村庄里，竟然出现了这套荒唐无耻的价值标准。

令人不安的是,有这样荒诞不经的价值观,岂止这一个村庄!岂止这一个方面!我们不禁要向960万平方公里土地上尚存的270万个村庄发问,那种"相见无杂言,但道桑麻长"的诚挚无邪,那种"能与邻翁相对饮,隔篱呼取尽余杯"的邻里亲情,不知还存在多少?

七愁谁在误读城镇化。城镇化的本意应是不论你在哪里生活,都能享受到与城市一样的公共设施和公共服务。城镇化不是赶农民上楼。农民的生产生活方式与城里人不同,他们远离集市,不像城里人下楼即可买到想买的东西。他们需要在房前屋后利用空闲时间种瓜、种菜,养点家禽、家畜,以供自用,他们需要有存放农具的场所、晾晒农产品的场地,不像城里人夹个皮包下楼坐车上班,生产工具充其量只需一台电脑。赶他们上楼,生活条件是改善了,可生活成本却大大提高了,本来就不富裕的农民承受不起猛增的巨大生活成本,用他们的说话,早晨起来一泡尿,马桶一按,一角钱就没了。本来可以用于解决自给自足的大量空闲时间也白白流失,上楼的农民闲暇时找不到用武之地,无所事事,倍感空虚。他们热切盼望在改善生活条件的同时,尽快改善生产条件,尤其粮食主产区的农田水利等基础设施和公共服务,是关涉国家粮食安全的根本问题。城镇化不是消灭村庄。乡村既是食物资源的供给者,也是几亿人生活和精神的家园;乡村既是城镇化廉价土地的供给者,也是生态环境的保育者;乡村既是内需市场的提供者,也是新兴产业的发展地;乡村既是传统文明的载体和源头,也是现代文明的根基和依托。乡村与城镇的关系就像一对夫妻,各自承担着不同的功能,谁也不能取代谁,如果把乡村全部改造为城镇,那就变成了"同性恋",人类将无法繁衍。城镇化不是把农民都迁到大中城市。发展小城镇是解决农民就地、就近城镇化的最佳途径,中国13多亿人如果都涌到大中城市,其后果将难以想象。即使在发达国家,小城镇也是主体,美国3万人以下的小城镇多达3.4万个,10万人以下的小城镇占城市总数的99%,10万~20万人的城市131个,3万~10万人的城市有878个。德国10万人以下的小城镇承载着60%以上的人口。由于城市病的泛滥,在欧洲及南美洲逆城市化的人口回流农村已成趋势。德国有40%多的人口居住在农村和城市近郊,据欧盟的最新数据统计,居住在农村的人口高达58%,只有42%的人口居住在城市。中国的城镇化何去何从,需要有一个清醒的认识。

八愁"田园组团"和"建筑组团"交叉展开的现代城市理念何日在中国落地生根。这是解决"乡愁"的一剂良药。"逆城市化"现象的发生为未来城市建设提出了一个崭新的课题,城市建设中如何把农业作为城市生态的有机组成部分,以有效提升城市环境生态质量是发达国家正在探索实践的新思路。巴黎市提出,要通过城市文明与农耕文明的交替叠现,满足市民越来越浓的回归自然的田园兴趣,其方法就是把"建筑组团"和"田园组团"错杂排列。伦敦的城市农场和社区果园遍布学校公园,农作物一直种到市民的院落和阳台。日本的市民农园已超过3000家,仅东京就有几百家。新加坡在城市发展中保留一半的面积作为农业用地,这些农业用地与城市建成区绿地相互渗透,形成了极富特色的城市优美风光。"都市中的田园"和"田园中的都市"相映成趣,人们在现代文明中体验着传统文明,在传统文明中享受着现代文明,让两个文明不仅没有"割裂",而且在互相交融、相互依存中共生共荣,同步发展。这种两个组团交叉展开的城市发展新理念,不仅可以稀释久居城市的游子的乡愁,还可具有科普教化功能,让城里长大的孩子和广大市民有机会参观、体验、参与农业生产,使他们知道动植物的生长过程,了解生命的来之不易,从而懂得珍惜生命,不做或少做那些违背规律的荒唐事。

九愁谁来建构草—灌—乔的城市文化生态。这是缓释"乡愁"的添加剂。一个良性的城市文化生态应该是精英文化、大众文化和草根文化"草—灌—乔"结合的多元体系。现在各大中城市都在投巨资建造豪华甚至超豪华的歌剧院,在发展"精英文化"上费尽苦心,而大众文化、平民文化、草根文化的发展却摆不上议程,投资甚少。在一些人头脑里,似乎只有高档次的、世界一流的歌剧院才是主流文化,才是自己政绩和才能的代表。在这种变态理念的指导下,本来就投入不足的城市文化建设更加向精英层偏斜,而适合大众口味、平民口味、草根口味的文化建设很少有人关注。坊间戏言,城市成了领导的城市、富豪的城市。而那些背井离乡进城打工的农民,高档歌剧院看不起,也不愿看,适合自己的大众文化又极其贫乏,工余时间,无所寄托。无事则生非,打牌、赌博、酗酒、混迹色情场所者屡见不鲜。矫正理念,少一些只供富豪达官享受的"阳春白雪"文化,多一些适合底层社会自娱自乐的"下里巴人"文化,如图书阅览、书法绘画、乡村歌舞、杂技戏曲等,让大众文化、草根文化成为城市文化的主体、主导、主流,是一个城市活力和城市精气神的体现,也是城市文化丰富多彩的象征,它可以让占人口绝大多数的中下层社会阶层找到精神栖居之所。

故乡是每个中国人都急于挣脱,挣脱后又天天怀念的地方。这就是人生旅途中对家乡的情感纠结。乡情和爱情一样,是中国人永恒的主题。这里有一个宏大的哲学命题摆在我们面前,今天的乡村是前线还是后方,农民进城是攻入了城市还是撤退到了城市,值得我们思考。今天中国的乡村是时代的前线,是灵魂的后方。之所以说他是前线,是因为"三农"是全社会聚焦的焦点;之所以说他是后方,是因为每个从那里走出来的人都会时时泛起挥之不去的怀念。今天,社会生态在退化,城市建得越来越漂亮,乡村变得越来越凋敝,但人们在城里想找口饭吃却越来越难了,尤其是穷人,他们的乡愁自然会更浓。

城镇化是文明社会化的基本特征。当下中国,城镇化水平还远远不够,还需要不断向前推进。但是,推进城镇化不是建立在"一刀切"地消灭村庄的基础上。只要人类还需要粮食,就必须有一定的村庄保有量。应充分认识乡村的价值,如果没有乡村,就没有城市,城市的存在是以乡村为基础的,乡村是城市的源头活水。上海世博会以城市为主题,但在世博会上却开设了一个乡村馆,它以宁波滕头村的生动实践告诉人们:城市让生活更美好,乡村让城市更向往。"浮云游子意,落日故园情",一个人的一生其实就是对故乡的两个"真好"的感叹:年轻时,终于离开家了,真好!到老年,终于又回到家乡了,真好!"乡愁"贯穿于人生这段从"离"到"归"的全过程,但如"归"后已找不到往日的记忆,"乡愁"将变成无尽的延续。"乡愁"是中华文化的根源,中央提出发展城镇化,要让居民"记得住乡愁",这是顺应世情人心的卓见,这是对承继传统文化的呼唤,这是对中华民族须保根护源的告诫。不能阻挡乡村的变化,但是我们必须留住乡村的文化。

刘奇(原文刊《中国发展观察》2014年第2期)

城镇化背景下农民工参与城市文化生态构建的路径选择[①]

农民工是中国改革开放、社会变迁过程中出现的特殊庞大群体,据有关部门统计,目前我国农民工总量达到2.73亿。对农民工群体而言,他们有强烈的文化需求和享受城市公共文化服务体系的愿望。传统的城镇化是以政治管控、经济建设为中心的,广大农民工被排斥在城镇之外,城镇文化发展畸形,文化生态十分脆弱,难以支撑城镇经济社会持续发展。未来的新型城镇化将以文化建设为中心,走文化型城镇化道路,注重城市原住民和进城农民工文化权益保护,发挥好农民工作为城市文化生态构建主体作用,构建起"草—灌—乔"共生共荣的文化生态。

一、文化型城镇化是未来城镇化发展方向

城镇化是一个经济、政治、社会、文化、生态等"五位一体"变迁过程,是人类生活方式、生产方式、消费方式、娱乐方式和休闲方式不断演进的过程。由于人口众多,生产力水平低下,城市管理能力不足,中国城市化进程十分缓慢,而且土地城镇化快于人口城镇化,导致城市的户籍人口和常住人口数据相差较大。据国家统计局统计,到2014年年末,按常住人口计算,我国城镇化率为54.77%,城镇常住人口74916万人,农村常住人口61866万人。按户籍人口计算,城镇化率仅有36.7%,两者之间相差18个百分点,造成差距的主要原因就是从农村转移出来的农民工的社会身份认同,农民工成为在城市和乡村之间不断迁徙的"候鸟",难以享受城市公共文化服务。

中华人民共和国成立以来,我国的城镇大体上经历了政治型、经济型与文化型等三种城镇化形态或模式。从中华人民共和国成立初期到改革开放前,城镇基本上是政治型城镇,本质就是一种以政治理念、控制理论和意识形态为中心,城镇建设与发展盲从于国家政治目的与政治利益。城市管理完全

[①] 本文是2012年度国家社会科学基金重大项目《农民工城市公共文化服务体系研究》(项目批准号:12&ZD022)的阶段性成果。

实行计划经济,包括人口流动和转移,城市实行的是社会控制,严格控制农业人口和非农业人口之间的转换,尽可能减少农民外出和流动,农民被严重束缚在农村的土地上,城镇发展不仅未能带来城乡的同步繁荣,还利用城乡之间的"剪刀差"导致农村逐步衰落,城乡之间鸿沟拉大,政治型城镇化带有突出的"逆城镇化"特点,导致城乡的分化与割裂。

从改革开放到党的十八大,城镇主要是经济型城镇,城镇发展凸显生产性功能,强调以 GDP 为中心,城镇成为最大的生产加工基地,城镇建设强调唯生产力至上、经济效益优先、商业发展为要,城镇建设追求的是规模和速度,城镇无序扩张,产城分离,公共服务缺失,管理水平低下,表现在城镇化过程仅仅是劳动力的非农化和空间转移,农民工作为城镇的过客和看客,没有享受到城镇基本公共服务,也没有让农民工参与、分享城市文化改革发展成果,在造成了城镇新的"二元结构"同时,经济型城镇化破坏了城镇文化生态,造成了城市文化的空虚和断裂,影响了城镇原住民和进城农民工的生活质量和文化需求满足。

党的十八大以来,中央提出推进新型城镇化建设,未来城镇化将是以人的城镇化为核心,城市文化生态建设自然成为重要议题。刘易斯·芒福德认为,"城市是文化的容器。城市根本功能在于文化积累,文化创新,在于留传文化,教育人民。仅解决吃喝拉撒的需求,那不能叫城市","人类进化要依靠文化积累,而文化手段则首推文字和城市"[①]新型城镇化秉持创建历史文明的责任,将以文化发展为主题,以提高城镇化质量为关键,有序推进农业转移人口市民化,逐步实现包括公共文化服务在内的城乡公共服务均等化。未来的城镇建设将注重公共文化基础设施建设,更加彰显文化特色和文化品位,城镇将建设成文明人类、优良文明的孕育场所,城镇公共文化服务体系不仅包括城镇原住民,也将覆盖所有进城务工和创业的农民工群体,以农民工进企业工作、孩子进学校学习、家庭进社区生活为建设目标,保障城市原住民与新市民衣食无忧,而且精神愉悦。文化型城镇化将在经济发展、社会和谐的进程中抑制泛滥的物欲,提升城市居民素质,锻造居民优良品质,修复人们破

---

① [美]刘易斯·芒福德著.城市文化[M].宋俊岭等译,北京:中国建筑工业出版社,2013:ⅩⅥ~ⅩⅧ.

碎的道德感,为社会发展提供正能量,为城市科学发展提供持久动力。

二、城市文化生态的概念与特点

文化是一个城市的思想和灵魂,展示着城市的灵气和风韵,蕴涵着城市的特质和品格。文化生态是体现着文化在自然及社会环境中的生存状态。城市是一种以人为主体的复杂多变的生态系统,文化要素是城市生态的重要组成部分。刘易斯·芒福德指出:"最初城市是神灵的家园,而最后城市本身变成了改造人类的主要场所,人性在这里得以充分发挥。进入城市的是一连串的神灵,经过一段长期间隔后,从城市中走出来的是面目一新的男男女女,他们能超越神灵的局限。"[1]

借用生态学的理念,学者们提出了"城市文化生态"的概念。美国人类学家朱利安·斯图尔德首先提出的"文化生态学"概念。他认为城市文化在发展过程中必须正视文化个体的差异性和文化元素的多样性,通过有意识地协调与平衡,使之达到和谐统一[2]。从生态学的视角来界定,所谓的城市文化生态就是指由构成城市文化系统的内部、外部各种要素及其相互联系、相互影响、相互作用而形成的生态关系。

"城市文化生态系统基于人类生态文明的觉醒和对传统工业化、城市化的反思,已不是纯自然的生态和单纯的城市文化意识形态,而是自然、社会、经济、人文复合共生的城市形态"[3]。在现代科技条件下,城市不仅仅是建筑、交通、生产等系统在空间上的构成形式,而且更主要的是人的社会关系和文化元素构成。人们之所以向往城市,是因为进入城市能更好地满足人们的生存需求和发展需要,城市更能激发人的创造潜能,能够体现人的存在价值,实现人生梦想。刘易斯·芒福德强调,"对于地球和城市两者而言,区域规划的任务是使区域可以维持人类最丰富的文化类型,最充分地扩展人类生活,

---

[1] 许光中.城市文化生态与现代城市文化建设[J].青海师范大学学报(哲学社会科学版),2010(1):51~53.

[2] 方乐,周介民.城市文化生态:文化差异性与文化多样性的统一[J].湖南城市学院学报,2010(9):32.

[3] 王凤云,李育霞.对天津城市文化生态系统建构的思考[J].山西大学学报(哲学社会科学版),2006(3):102.

为各种类型的特征、分布和人类情感提供一个家园,创造并保护客观环境以呼应人类更深层次的主观需求"①。

城市生态系统的核心是文化。城市文化生态系统是城市的根基和命脉,体现着城市的生命力、创造力和向心力。这些力量本身能充分代表经济、社会、自然环境协调发展的人类聚居地发展趋势。城市文化生态具有稳定性、复杂多样性、不可再生性以及功能协调性,它直接影响和制约经济社会的持续、科学发展。城市文化生态稳定性表现在城市文化生态是多元、多样文化在一定区域上和条件下长期交流、交锋和融合的结果,一旦形成保持相对稳定性,不会轻易改变和转型。城市文化生态复杂多样性主要是指世界上每个城市的"文化生态"结构都不同,区域性特色文化明显。"城市文化的多样性是在不同自然和社会环境的基础上创造与发展起来的,世界各地城市的自然和社会环境各不相同,不同的环境形成不同的文化体系。正如物种的多样性是自然的美丽所在,城市的多样性同样是人类城市文明的魂魄所在"②。德国历史哲学家斯宾格勒认为,每一种文化都植根于它自己的土壤,各有自己的家乡和故土的观念,有自己的"风景"和"图像"③。城市文化不可再生性是指城市建筑风格一旦变异,历史文化遗产一旦毁损,人文发展环境一旦破坏,将无法恢复和再生。"从历史上来看,一个民族的毁灭往往始于文化的消亡。历史上的入侵者在征服一个国家、一个民族的时候往往先毁灭其文化,破坏其生存的文化生态,最终使其融化于强势文化中消失了自我"④。城市文化的功能协调性要求城市功能的多元共生,避免功能的单一和失调。但是目前我国多数城市规划中过度关注城市经济功能,而忽略城市的文化、生活、休闲功能,城市本身严重失调,出现一系列城市病。

良好的城市文化生态,是城市文化与自然、社会能够和谐共生、协调发展的文化生存状态。城市文化生态和自然生态一样需要一个自我修复的平衡

---

① [美]刘易斯·芒福德著.城市文化[M].宋俊岭等译,北京:中国建筑工业出版社,2013:347.
② 杨雪梅.城市文化也讲生态平衡[N].人民日报海外版,2011-2-9.
③ 傅守祥.城市文化生态不容忽视[N].中国社会科学报,2012-2-10.
④ 许光中.城市文化生态与现代城市文化建设[J].青海师范大学学报(哲学社会科学版),2010(1):51~53.

系统。但是文化生态与自然生态差异又较大,生态环境自然规律是优胜劣汰,而城市文化生态追求的是"和而不同"。目前,我国城市文化生态的失衡主要表现在各种文化关系不和谐、文化多样性正在消失、垃圾文化大量出现和城市中民族文化生存的底层空间日益消失等方面[①]。人类不仅面临自然生态失衡的危机,也面临着文化生态失衡的危机,而且后者同前者一样威胁着人类社会的生存和发展。

"一个没有自己的思想和理论的城市是不可能高瞻远瞩的。……但市民更需要的是体现我们自己的民族性和独创性的文化艺术作品"[②]。城市生态文化构建主体是人,城市文化建设在关注城市文化精英、城市原住民的同时,必须高度重视城市困难群体、边缘人群的文化诉求,必须高度重视农民工文化权益的保障,否则会阻滞和异化城市文明进程。

三、农民工是城市文化生态的构建主体

"多样共生"是城市文化生态的显著特征,文化之间的"多样共生"给我们带来的是城市文化新鲜的元素、持久的活力和永恒的魅力。现代城市文化体现着文化个体的差异性和文化元素的多样性,通过文化建设主体的沟通合作、文化内容交流融合,达到整体的协调与平衡,形成功能完善的城市文化生态。

农民工城市融入首先是文化认同。调查发现,文化已成为农民工突破城乡二元结构形成的心理障碍的关键要素。文化融入是农民工真正融入城市的重要切入点和根本标志。农民工"城市融入更为复杂和根本的是文化认同和文化融入。因为只有实现了文化认同和融入,才能实现价值观念、行为规则、生活方式的转化"[③]。农民工作为城市建设主力军,长期在城市生活和工作,对城市文化生态建设贡献很大,因为他们是城市文化的生产者、传播者和消费者。农民工群体在参与城市文化生态过程中,能够主动介入城市文化活

---

① 许光中.城市文化生态与现代城市文化建设[J].青海师范大学学报(哲学社会科学版),2010(1):52～53.
② 俞吾金.城市文化要走内涵发展的道路[J].探索与争鸣,2003(6):34.
③ 沈蓓绯,纪玲妹,孙苏贵.新生代农民工城市文化融入现状及路径研究[J].学术论坛,2012(6):74.

动,接受城市公共文化服务,同时能够将乡村文化中的优秀文化元素带到城市,不断创新城市文化内容和形式,为城市原住民提供日益丰富的文化产品和服务。而且在推进乡村文化与都市文化的融合、变革和创新过程,起到先锋作用。

农民工是城市文化创造主体。与老一辈农民工相比,新生代农民工群体有更多的精神文化诉求,渴望享受与城镇居民同等的公共文化服务,更加渴望得到城市原住民的认可、信任、包容和接纳。农民工在城市文化中的地位,不是被动的接受者,而是城市现代文化的创造者。农民工自创的打工文化,是农民工群体自我展示、自我欣赏、自我创新的文化形态,是城市文化生态的重要组成部分。中国优秀传统文化的基因在广袤的农村,乡村优秀传统文化通过农民工这一文化使者,为城市文化的不断输入新的原料和信息,能有效改造城市中落后、劣等、低俗的文化基因,增强城市文化的开放性、包容性和民族性,能为城市文化创新提供动力。

农民工文化是城市文化生态的重要组成部分。根据城市文化生态的内容和层次,城市文化主要包括城市精英文化、社区大众文化和农民工草根文化,"精英文化""大众文化"和"草根文化"构成了三位一体的"草—灌—乔"多元文化体系。借用林业生态术语,我们把"精英文化"比作直插云天的"乔木",把"大众文化"比作不高不矮的"灌木",把"草根文化"比作绿遍山野的"草木"①。农民工创造的打工者文化属于"草根文化",这种草根文化具有"野花烧不尽,春风吹又生"的属性,这种文化由于扎根基层、面向群众,具有极强的生命力和感染力。农民工通过参与企业文化活动、社区广场舞蹈和社会文化展演,或者通过农民工文化艺术中心、农民工影院剧场、农民工晚会,创办杂志报纸和网站、微博、微信和客户端等平台,为城市文化提供优秀文化基因和文化营养,达到文化乐民、传播文化的目标。社区大众文化属于"灌木文化",精英文化属于"乔木文化","草根文化"和"灌木文化"属于公共文化需求,需要政府承担主体责任,而"乔木文化"属于市场化文化需求,是为了满足高端人群的文化消费需求,主要依靠文化市场体系的完善。共生的"草—

---

① 刘奇.当下城市文化中荒唐的"高大上"——论构建多层次城市文化生态的必要性[N].人民日报,2014-8-19.

灌—乔"文化反映了城市文化生态的多样性和差异性,体现出三者之间的"同质异表"关系。

四、农民工参与城市文化生态构建的障碍分析

研究发现,农民工参与城市文化生态的积极性和主动性很高。农民工的文化精神文化需求已经成为显性需求,包括商品性需求、非商品性需求和情感表达需求。农民工的文化需求具有多层次和多样化,农民工的文化需求层次结构正从传统的温饱生存型向小康发展型转变,从关注物质生活向精神满足层面拓展,并开始关注自己的文化权利意识。但是,目前农民工在城市社会结构中,却仍处于明显弱势地位,文化权利无法充分实现,文化生活极度贫乏[①]。

农民工参与城市文化生态建设面临诸多障碍,存在诸多问题。一是城市管理者理念落后。从公共财政理论的视角来看,纳税人无论税收贡献多少,享受城市公共文化服务的消费权是平等的,农民工也理应成为在所城市公共文化服务的对象。调研发现,许多城市管理者缺乏文化自觉,过度关注农民工对城市经济的贡献,过度关注农民工的经济权益和社会权益,忽视了农民工对城市文化的影响,忽视了对农民工文化权益的维护,将广大农民工群体排斥在城市公共文化服务体系之外,出现大量城市文化边缘群体。二是制度设计缺陷。表面看,农民工常住地政府不断创新政策,力争将农民工纳入农民工流入地公共服务体系范围,但是由于政策层次较低,缺乏刚性要求和考核指标,农民工所在企业和社区又经常推卸责任,同时缺乏落实政策有效措施、具体细节和长效机制,农民工很难与城市原住民享有同等的公共文化产品和服务,造成新的城市文化"二元结构"。三是参与渠道不畅。鉴于农民工群体流动性大、交往封闭性强、可支配休闲时间少等原因,加上城市社区和城市原住民的阻挠和排斥,农民工参与城市文化活动频度小、范围小,在城市公共文化产品供给中常常处于缺场状态,形成新的"文化堕距"。四自身能力不足。与城市原住民的家庭环境、教育程度、文化水平和行为方式相比,进城农民工相对处于较低层次,参与意识不强,农民工群体难于直接或间接表达他

---

① 任珺,王为理.农民工城市公共文化产品供给探析[J].江汉学术,2014(5):70.

们对公共文化产品需求选择的意见及服务质量的要求。城市管理者、社区工作者和文化工作者在为农民工提供公共文化服务、吸收农民工参与城市文化活动时,多数农民工有自卑心理,不愿、不敢、不会参与城市政府、社区和企业组织开展的各种文化活动。

五、农民工参与城市文化生态构建的路径选择

国家在公共文化服务范畴中应向公民提供的公共文化产品与服务共有三类:重要的公共文化服务基础设施、对弱势群体进行的文化救助,以及对文化原创予以支持、资助[①]。城市文化生态环境是城市原住民、农民工在城市存在和发展的社会基础,其基本特征是公共性和外部性。政府作为提供公共产品的职能机构,理应为居民提供良好的文化生态环境,并解决农民工参与城市文化生态构建的突出问题。

优化农民工参与城市文化生态构建环境。要实施积极的文化政策工具,从提高城市文化治理能力和治理体系现代化的高度,加强农民工参与城市文化生态建设的顶层制度设计,营造农民工参与城市文化创造的优良社会环境。要从城市文化治理理念转变,将农民工文化权益维护作为城市政府文化建设的重要内容和职责,做好利用城市现有直接文化资源整合、间接文化资源利用和潜在文化资源开发的三道"加法",建立农民工文化建设靶向性供给制度,把农民工参与城市文化生态建设纳入政府重要工作议程、纳入领导干部考核范围、纳入城市科学发展评价体系。

完善农民工参与城市文化生态构建机制。针对农民工参与参与城市文化生态构建经费不足、投入过少、宣传不到位问题,城市管理者要改进农民工文化建设的财政支出制度,不断加大农民工文化建设公共财政投入力度,完善农民工公共文化基础设施网络。要建立农民工文化建设的参与决策机制,增加农民工参与城市公共文化决策机会,让农民工自己代表自己,能够真正表达自己的精神文化需求、文化权益诉求。要探索建立第三方评价制度,采用政府购买公共文化服务的方式,委托社会中介组织对农民工文化权益实现

---

① 李景源,陈威.中国公共文化服务发展报告(2007)[R].北京:社会科学文献出版社,2007:9~10.

及政府文化政策绩效进行动态评估,确保农民工参与城市文化生态建设公正性、合理性和时效性。创新农民工参与城市公共文化生态建设宣传形式,利用媒体融合新技术,将传统媒体与新媒体有机融合,为农民工提供专门频道、网站、微博、微信和客户端等信息载体,及时、迅速、客观宣传农民工对城市文化建设的贡献,消弭城市原住民对农民工的误解和排斥,促进农民工城市居民之间的真诚交流、相互理解、谅解包容,共同参与城市文化生态健身,共同分享城市文化发展成果。

搭建农民工参与城市文化生态建设平台。城市文化生态建设需要大量资金、人力的投入。城市政府在加大财政投入力度的同时,必须探索建立多元化的投入和运作机制,通过建立农民工文化专项资金或基金,动员和引导社会资本进入城市文化生态建设,支持农民工建设独具特色、独立管理的剧场、影院、广场等,提供农民工参与文化创作表演人员基本生活费用,以及编纂剧本、表演道具、交通工具、技能培训、图书出版、刊物发行、通信器材等文化活动经费。要加快整合文化服务资源,支持建设农民工博物馆、纪念馆、文化馆、活动中心、农民工之家等公共文化服务专门机构,推动城市公共文化设施、企事业单位文化场馆向农民工免费开放。要经常性组织开展农民工歌舞表演、戏剧展演、技能大赛、阅读竞赛、农民工文化节、农民工艺术节、名农民工书画展等符合农民工文化特点和需求的文化活动。城市社区要以更加平等、包容的心态吸引农民工参与社区文化活动,增强他们的身份认同和城市归属感,增加他们城市社会资本。将城市广场、露天空地和废弃的老厂房、老仓库、老码头改造成适合农民工表演场所,建立农民工文化驿站,为农民工提供文化展演、才能展示的平台。加大扶持农民工自建文艺组织的力度,完成从"授之以鱼"向"授之以渔"转变。

实施农民工参与城市文化生态构建工程。坚持依法治理农民工文化建设,实施农民工文化立法工程,完善农民工参与城市文化生态建设的制度性设计,使农民工文化工作法治化轨道,通过宪政赋权、外地赋权、行政赋权、市场赋权、社会赋权和自力赋权,确保农民工取得平等文化权[①]。建立农民工文化建设项目工程,对农民工文化创作、节目编排、图书出版、网站建设、场馆

---

① 邢军.积极搭建农民工融入城市的文化平台[J].江淮论坛,2014(1):19.

建设等重大工程给予立项,在各地重大文化工程项目中规定农民工文化项目占有一定比例,明确经费投入主体。建立针对农民工的文化民生工程,实施"文化低保",以农民工文化权益保护和基本文化需求为导向,强力推进"两看一上"工程,在农民工集中居住区域建立农民工"亲情网吧",为农民工发放公共文化消费券,提供低费或免费公共文化服务,提供农民工能消费得起的文化产品和服务,有效消除农民工与城市原住民之间的文化差距和文化塌陷。

农民工是城市建设主体,也是城市文化生态建设主体,只要我们坚持文化自觉,不断创新体制机制,就一定会建立起一个包括精英文化、大众文化和农民工文化在内的"草—灌—乔"共生共荣的城市文化生态,为新型城镇化发展提供持久的文化支撑和动力。

邢军(原文刊《贵州社会科学》2015 年第 11 期)

新生代农民工：作为群体的文化研究及其公共文化服务立体供给系统

一、边缘生存：新生代农民工群体的人类学研究

随着时间的推移，农民工群体已经开始了代际的更替，作为农村外出务工队伍的主力军，1980年以后出生、年龄在16～30周岁、1990年前后接受基本教育、90年代中后期外出务工的农村青年普遍被称为"新生代农民工"。这一群体与上一代农民工的代际划分并不严格地局限于具体的年份及年龄，更大的代际差异则体现在成长背景、流动趋势、权益维护、就业状况、价值观念、社会认识、未来愿景等方面上。与上一代农民工相比，新生代农民工的经济取向、城市取向和家庭取向都在弱化，取而代之的是发展取向和个人取向的增强。

（一）个人的主体意识和上升愿景

与上一代农民工更为注重收入、稳定、基本社会保险等物质客观条件不同，新生代农民工则把在工作中所能实现的个人价值、人格尊严和上升通道放在更为重要的位置。同时，工作目的也更为多元，由于他们的经济压力变小，对工作发展层次、社会地位、人文环境要求增大，有强烈的自我肯定意识与梦想。除了社会遗传下为家人赢取更好的生活这一主流工作意识之外，证明自己的能力、换种活法等个性化主体意识渐显的目标取向也逐渐增多。与之相对应的是，新生代农民工更加相信自己的能力，对自我价值的肯定和重视更加强烈，他们相信能力通过自己的拼搏和一定的机遇就一定可以获得事业的成功。因此，新生代农民工更强烈地体现着"中国梦"在个人自我奋斗上的体现意义。

上一代农民工肩负养育家庭的责任，大多不计劳苦，愿意选择收入较高的工作，而相比之下，新生代农民工更年轻、文化程度更高、见识也更广，其目标也绝不仅仅是打工挣钱这么简单。调查发现，新生代农民工更倾向选择技术含量较高的工作，哪怕暂时收入会略少，但对未来发展有好处，能提供上升

空间的高品质就业岗位更加受到新生代农民工的青睐。根据来自中国青少年研究中心的数据显示，97%的新生代农民工表达了愿意继续学习的愿望，而且继续学习和再发展的愿望也比较强烈，专业技能的培养、法律知识的补充、文化知识的丰富都成为新生代农民工所渴望得到的文化助力。

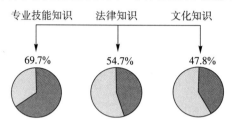

新生代农民工最迫切需要了解的知识占比

从低级岗位到技术等级、专业等级、管理等级较高职业位置的晋升流动，是新生代农民工普遍的职业需求。他们希望通过自己的努力，特别是企业和政府的帮助，打开向上流动的通道，不断实现充分向上流动的目标。

（二）闲暇文化的时尚化与多元化

由于农村生产力低下、农业收入微薄，以及社会组织方式的缺陷，上一代农民工的经济取向、城市取向的核心是生存追求，亟待解决的是生存问题而不是进一步的发展，是迫切解决温饱而不是获得享受。而身处新的社会环境和社会条件的新生代农民工，在打工目的中则增添了浓厚的"生活"与"享受"的气息。因此，新生代农民工的"闲暇时光"尤其可以反映出这种目标与意识的转变。较多的新生代农民工在工作之余更加看重闲暇时光充分反映出的城市文明的效用及价值，更加着眼于衡量工作劳动与闲暇的边际收益比率。同时，与上一代农民工传统的消遣方式，例如看电视、读报纸、打牌下棋、聊天、睡觉等有所区别的是，新生代农民工更倾向于一种生活体验型的文化休闲方式，上网、看电影、听音乐、唱KTV等新潮的娱乐成为新生代农民工的理想休闲文化。在这一点上，新生代农民工凸显出靠近城市青年的文化需求倾向，尽管在实际文化消费中，这种消费取向往往由于收入、时间、文化壁垒的约束而无法或较少实际发生，但新生代农民工渴望融入城市文化生活，实现个人身份和地位的上升流动，全方位被城市公共文化服务覆盖的愿望却不容忽视。因此，在条件许可的情况下，新生代农民工的基本生活费用往往开支较少，他们将更多的资金放在业务技术学习、交际、提高着装及用品水平上。

(三)两代农民工层级流动的区别

一是两代农民工的职业选择有一定差异，与上一代农民工相比，新生代农民工从事自谋职业、非技术工人和服务行业的发生比都显著要低。二是人力资本是农民工获得高端职业的重要条件。虽然农民工的文化程度普遍不高，但要成为办公室文员、技术精英和管理精英都需要更高的文化程度。无论是层次较低的技术工人还是层次较高的工程师和技术员，技术水平都是重要的条件。因此，拥有较高人力资本的农民工从事低端工作的发生比也大幅降低。三是进城工作年限对不同职业的影响较为复杂，自谋职业、熟练工人、管理精英和私营企业主都需要更多的工作经验，这表明进城工作年限的增加并不是简单地会有助于农民工获得更好职业，而是出现了低端和高端职业的分化。四是社会资本只对农民工获得低端职业有显著影响，而对获得各类中高端职业则没有明显作用。

(四)社会结构特征区别

"新"生代和与之对应的"老"一代农民工之间，"代"的最明显区别，是以社会政策和社会制度为核心内容的社会结构变迁的集中反映。新生代农民工的本质属性，在类的规定性和群体规定性上，体现着社会群体的社会结构属性。较之"老"一代社会结构的变迁，突出表现在对城乡二元结构否定式发展的城乡统筹发展战略，科教兴国理念下的素质提升，以及社会主义市场经济体制完善下的自由发展。

在社会空间结构中，上一代农民工一般是青年时代流入城市务工，进入中年后返乡务农，形成"农村——城市——农村"的社会空间循环。作为新生代农民工，他们切断了上一代农民工在社会空间的发展路径是"农村——城市"，追求的是单向度的社会空间挪移。人口普查结果与我们的调查结果同时显示，新生代农民工的职业种类逐渐增多，职业地位和职业声望皆有所提升。由于更加宽松的流动政策，新生代农民工的职业流动实现了社会空间同步的新突破。大部分农村青年已经从农村转移到非农产业,作为80后和90后的新生代农民工,大部分实现了产业工人化,对自身的职业发展空间有了更高期待。外来务工人员和本地农村人口进城增加了本地城镇人口,提高了城镇化水平,提升幅度较大的省、直辖市有浙、京、沪、津、粤。如2007年,这些省、直辖市农民工的贡献率分别为30.68、27.86、24.72、24.44、18.55个百分点。正是新生代农民工与快速城镇化之间的积极互动,使城镇化和新生代农民工的关系更加紧密,也为其提供了更好的社会地位和发展空间。

二、新生代农民工的文化认同和适应研究

(一)文化处境的夹心层表达

在过去的二三十年里,社会已经发生了巨大的变化。今天我们提到这些出生于20世纪八九十年代,于90年代末或21世纪初进入城市的流动人口时,他们也正在社会转型期实现着农民工代际结构的历史性嬗变。农村生活的经历背景与较高的文化素质与愿景,使新生代农民工的生存境遇处在城市与农村、现代与传统之间的夹心层,成为城市文化与农村文化的"双栖人"。一方面,新生代农民工具有积极主动融入城市文化的强烈渴望和美好想象;另一方面,现实实践又将其置于一个被农村和城市双重边缘化的尴尬状态,由于文化的冲突,正经历着强烈的文化认同危机。社会学研究者曾将这种文化认同危机细化为客观世界和宏观层次范畴的乡土世界和城市世界,与作为微观层次的农民工想象世界和实践世界之间的相互关联和相互作用。

乡土世界作为新生代农民工的"根"文化的来源地,既在意识经验上提供着与城市世界的社会文化参照,更在磨合阶段形成无法归属的"无根"意识。这也是新生代农民工对城市社区无意识,对城市社会活动不参与,对城市公共设施不爱护的主观自身原因。在比较中,新生代农民工一方面,对于城市的交通、购物等的方便快捷确实形成了认同;另一方面也在高昂消费、人际关系等问题形成了与"根文化"的强烈对照。

当代社会的新生代农民工,大多是在初中或高中毕业以后就到城市打工,几乎没有参加农业生产劳动的经验。而在传媒信息业高度发达的今天,在他们还未到城市打工前,就业已形成了一个对城市生活世界的轮廓和憧

憬,即他们试图通过进城而超越父辈的社会地位和生活方式的梦想。这实际已经形成了消费、行为效仿的"城市人"与经验层面的"农村人"的社会角色的错位。在与城市互动的过程中,他们惯习的意义结构被新的场域不断地改变、形塑和重新建构,这体现在即时行动与传统行动的传承性和超越性结合的特性上。

有研究者表明,在新生代农民工的真实生活世界里,其意识和经验来源,既不是纯粹的乡土世界,也并非积极融入的城市世界,而是带有更大现实性的"实践世界"与生活体验。因此,其在实践世界里获得的惯习和文化取向不是用简单的乡土性或者现代性就可以解释的,而是蕴涵着二者的痕迹、源泉甚至冲突。并且因为实践的场域为客观的群体所共享,是他们参加社会生活、交际、学习和娱乐等活动的基础和前提,从而实践世界完全可以超越个体经验层次而拥有相对自主性和逻辑性,成为约束群体行动的结构性因素。

对于文化,第一个经典的定义来自"文化人类学之父"泰勒(E. Tylor),他认为文化或文明,就其广泛的民族志意义而言,是包括了知识、信仰、艺术、道德、法律、习俗,以及人们作为一个社会成员所习得的能力和习惯在内的复合整体。而更为重要的文化概念则是广义化的"生活方式"。林顿(R. Linton)的文化定义继承了泰勒和博厄斯的思想,并将两者的文化概念扩展到人类的整个活动:文化指的是任何社会的全部生活方式,而不仅仅是被社会公认为更高雅、更有价值的那部分生活方式。对社会科学家来说,这些行为只是我们整个文化中的若干简单因素。整个文化包含着各种平凡的行为,这也是文化有强弱之分而无高下之别的重要阐释。从个人参与不同的文化来看,每个人类存在都是文化的存在[①]。在实践世界的层面,新生代农民工的文化认同危机最为强烈。作为关系本位的传统中国社会,人际关系在中国社会生活中具有特别的重要性。家庭的功能是强大的,除了传统的经济、政治功能之外,还有文化传播、教育、娱乐等功能。新生代农民工通过家庭这个媒介接受着带有政治色彩的城乡二元结构体制下的农村社会遗传,身份意识、乡土文化被强化认同。然而在中国由传统社会向现代社会转变的过程

---

① [美]C.恩伯,M.恩伯.文化的变异——现代文化人类学通论[M].杜杉杉译.沈阳:辽宁人民出版社,1988:29.

中,家庭的经济功能被社会化大生产所代替,家庭的教育功能也由于教育的社会化而仅保留部分功能。于是,在进入城市环境后,新生代农民工对乡土文化的文化认同呈现出矛盾、怀疑、彷徨的特点。

众多学者研究发现,尽管与同龄的农村青年相比,新生代农民工无疑具有更大的生活圈子和更多的现代性特征。但农民工在城市的交往对象依然是具有很高同质性的群体,社会网络主要集中在以亲缘、地缘和血缘这种三缘关系网络为纽带的社会关系网络中,呈现出封闭性和同质性特征。农民工虽然生活在城市中,但当他们一旦发现参与、进入这个社会很困难的时候,相当程度上都是退守或回避,依然在原有的关系网络中交换信息与资源,寻求支持与庇护,而与城市人的联系是极为有限的。他们通过学习普通话、建立民间社团、聚居地和认同关系网络重建来建构自己的身份适应,尤其是利用乡民社会的地缘性同乡资源,改写并重建了关系网络,从而获得了在城市生存和发展的社会资本。法国社会学家威菲奥卡认为,"现代社会的社区意识和身份认同已日益成为试图建构自身生活意义的个体们的主观决定"[①]。实际上,当今的社区意识和身份认同已经越来越经由其成员来选择、采取,而不再或者说很少是再生产的自然结果和历史的延续。歧视、排斥、孤立,在一定程度上又是他们自身合作的结果。

调查也发现,尽管农民工融入城市是社会发展的必然要求,更是农民梦想的向上流动,但现实中,一部分农民工的梦想就是多挣钱,或者在农民工范围内频繁地变动职业,进行平行流动,相当一部分的农民工则重新回归了农业劳动者阶层。在新生代农民工群体中,回归农业劳动者的倾向有所减弱,但社会所提供的向上通道却并不如新生代农民工们所愿。社会阶层固化,尤其是新底层社会呈扩大化趋势,向上流动的机会越来越少。与之相关的是,户籍制度这一身份标签的表象背后,所依托的住房制度、保险制度、社会福利制度、教育制度等对农民工走入城市,完成阶层向上流动,并最终实现中国社会发展工业化、城市化和现代化的强大拒斥。

---

① Wieviorka, Michel. The Making of Differences[M]. *International Sociology*, 2004:19.

(二)结构约束下的经济及文化行为特征

新生代农民工本应受到更多城市社会因素的影响,但在新生代农民工市民化的过程中,现实情况往往更为复杂。他们虽然有较强的文化需求,但却不能把有效的需求转化为实际行动,文化生活"被参与"情况较为严重。从文化消费的维度来看,农民工文化消费多以简朴型或无偿消费为主,整体文化消费质量明显偏低,文化消费结构不够合理,有偿消费支出所占比例较少,用于智力性消费或发展性消费的更少。这表明,农民工整体群体文化消费意愿偏弱,用于文化消费的比例偏低,这与先天文化素质不足、普遍科学文化素质不高、缺乏技术支持是有密切关系的。一方面他们对城市的繁荣和先进文化有着无限的向往;而另一方面,他们却由于自身及外在原因被隔绝在城市的繁荣与文化之外,娱乐生活单调、文化资源匮乏,不能充分利用网络、图书馆等先进手段在信息传递、文化提升、人际交往等方面的重要功能。新生代农民工的文化素质、学历水平较之上一代农民工已有一定的变化,文化消费意愿也更趋向普通城市青年,但仍受到经济及文化的双重制约。新生代农民工从乡村跨入城市,不仅要突破结构约束,包括显见的正式制度、规则和程序,还要形成一种群体的文化意义框架,包括共享的价值观、态度、惯例、符号,以及认知的网络。其中,城乡结构差异与文化意义框架的区别互为关联,左右着农民工在城市场域中的经济及文化表现。

对于大多数农民工而言,多年的城市生活所获得的实践性足以应付城市的一般生活和工作,并不一定需要获得完全的现代性来适应、融入城市。而现代性和全球化的宏大叙事也并没有完全排斥、颠覆或替代农民群体以实践调试出的独立现实生存方式。调查也发现,进城青年农民工的实践性及其流动性、无根性的实践世界,在未来有可能在城市、县城和集镇的地域上新造出一个新兴生存空间。

三、新生代农民工文化供给机制的构建

(一)打破结构约束的公共文化服务

2011年,文化部、人力资源和社会保障部、中华全国总工会三部门联合下发《关于进一步加强农民工文化工作的意见》,提出到2015年我国将形成相对完善的"政府主导、企业共建、社会参与"的农民工文化工作机制,建立相对稳定的农民工文化经费保障机制,农民工文化服务将纳入公共文化服务体系。这是我国第一次对农民工文化建设进行全面的部署。据统计,2010年全国农民工总量达2.42亿,农民工日益成为城市人口的重要组成部分。近年来,农民工文化工作受到政府的高度重视,各级政府相继制定和实施了一系列保障农民工文化权益的政策措施,取得了明显成效。但是,在维护农民工经济权益、社会权益、政治权益的同时,农民工文化权益还没有得到应有的重视,农民工文化工作还存在体制不顺、责任不清、保障不力、针对性不强、服务水平不高等问题,尚未形成可持续发展的长效机制,农民工文化权益仍然缺乏制度性保障。

一般而言,获取文化产品的主要途径不外乎两种:一是通过市场购买,譬如去电影院、剧院消费,二是通过政府提供的公共服务,譬如公共图书馆、社区文化中心。但在调研中,新生代农民工既表达了对电影、图书等文化消费市场的向往和自身低收入经济能力的不适应,也表现出了由于缺乏户籍身份等原因,而对城市公共文化服务的隔膜。可以说,由于处于二者夹缝之中,新生代农民工成为城市主流文化的局外人。

例如经济条件不允许、居住条件简陋、文化设施供给不足、工作时间太长、缺失适合的文化产品、户籍制度的制约、社会保障制度的缺失等,成为农民工文化需求供给不足的多种原因。总体来说,主要存在内外两种因素:(1)于内需要打破农民工文化交往的封闭性。从普遍的文化交往心理规律来说,群体在社会和文化交往中具有"趋熟"的心理倾向。同时,农民工也要尽快融入新的生活环境,与市民进行文化交往,从而获得他们的认可,也把自己认同为"城里人"。实际上,文化交往是打破心理上的城乡壁垒的最好途径,"文化是农民工融入城市的桥梁"。农民工融入城市,关键在于开展丰富多彩和生

动活泼的文化活动,吸引更多的新生代农民工走出过去的"老乡"圈子,真正融入他所工作与生活的城市。(2)于外解决新生代农民工文化生活问题的核心是落实农民工的国民待遇。新生代农民工文化生活问题不是单一的问题,解决农民工文化生活问题是一个系统工程。如果他们的户籍问题得不到解决,他们就没有相对稳定的收入、相对安定的生活,以及政治与社区事务的参与。只有让农民工以一个纳税人的身份,以一个真正平等的国民身份生活与工作在城市,他们才能够消除自己的自卑感和怨恨情绪,以平和的心态参与社区的各种文化活动。

——多方推进。虽然新生代农民工的生活方式已经和城市居民差异不大,但精神上却较为固守,倾向于营造独立群体的结构效应。因此,满足新生代农民工的文化需求,提供合适且具有实际意义的公共文化服务,使他们尽快融入城市文化,被城市公共文化服务所覆盖。这需要政府、社会、企业和农民工自身共同努力。

政府起丰富农民工文化生活的主导作用,要把丰富农民工文化生活纳入公共服务范畴,加强公共文化基础设施建设,丰富公共文化服务内容,科学统筹规划城市文化设施,不断增强公共服务的职能。在资金投入方面,根据农民工群居的文化生活习惯,对农民工聚集区要有一定程度的倾斜,加强文化广场、体育公园、图书馆、文化活动中心等免费公益型公共文化设施建设。通过制度创新和资源投入,逐步实现文化类公共服务的均等化,使新生代农民工享受与城市居民同等的公共文化资源。

企业需要充分发挥农民工的主体作用,要根据农民工的需求层次,增加文化活动设施,激发文化活动的参与热情。通过法律和制度规范,强化企业社会责任,通过企业文化建设使新生代农民工认同企业,提升自身的文化素养,完成其向产业工人及城市新市民的顺利转换。

人民团体尤其是城市社区要有针对性地举办各种文化活动,激发农民工的兴趣和参与热情,改变农民工文化交往的封闭性,促进农民工逐步融入城市社区生活,从而构建出以社区文化设施为依托的农民工文化服务平台。

——途径多元。一是对新生代农民工而言,自身素质的高低直接关系着获取资源能力的高低,进而影响他们的社会认同状况和社会融入能力。新生代农民工融入城市,接受城市社会遗传,需要政府、社会和企业为其提供获得科学文化知识培训的机会和提供免费受教育的便捷途径。利用公益性教育弥补新生代农民工由于教育资源短缺而造成的弱势地位,通过多层次教育体系来引导和组织新生代农民工接受就业和创业培训,不断提高农民工的整体素质。二是加强新生代农民工与其他群体尤其是城市居民互动交流的方式研究及途径开拓。以城市社区为平台和载体,充分考虑辖区内农民工的规模、特点和文化需求,规划建设和优化配置社区文化设施和服务,构建以社区文化设施为依托的农民工文化服务平台,进一步提高城市社区面向农民工的公共文化服务能力,促进农民工融入城市社区生活。

(二)媒介技术+服务平台:公共文化服务产品创新型立体化供应系统的建立

媒介话语权是国家公民利用媒体对其关系的各种社会事务发表建议和看法的权利。尽管新生代农民工表现出了比上一代农民工更加鲜明的政治关注热情和社会权利参与度,但在现有的传媒领域里,新生代农民工几乎没有自己的话语权,主要体现在媒介信息空间狭小,没有专门为农民工设立的媒体空间或平台。新生代农民工即使在阅读报纸或者收看电视的时候,能获得的满足自身信息需求的内容也相当有限,新生代农民工需要的就业、生活、知识,以及与他们的切身利益密切相关的法律政策方面的信息少之又少。

而国家新闻出版广电总局发展研究中心最新发布的《中国视听新媒体发展报告(2013)》,量化了新媒体对传统广电的冲击:调查数据显示,受个人电脑、平板电脑、智能手机的冲击,北京地区电视机开机率从三年前的70%下降至30%,传统广播电视收听收视群体向老年人集中,40岁以上的消费者成为收看电视的主流人群,电视观看人群的年龄结构呈现"老龄化"趋势,对于同时收看网络视频和电视的"双屏"用户,网络已经成为收看热播电视剧的主要渠道。而人手一部手机,似乎也成为新生代农民工的鲜明标识。城市流行技术对农民工生活的渗入,不仅在手机这一传播客户端,在新生代农民工的娱乐活动中,上网也排名靠前。新生代农民工将新媒体的用途主要界定为娱乐工具盒信息提供平台。在城市现代化进程中,新生代农民工比他们的父辈迈得更远。网络面前人人平等,现代技术正在为农民工打开文化表达的出口。

计算机和网络技术促成了一个与物质空间对应的数字化虚拟空间的诞生,在网络中组织了人与人的新型关系,从而开创了一种全新的网络人际关系。在这个空间中,信息的交换和相互作用变得有形和可感知。因特网和虚拟现实打开了这种新型互动的可能,网络使虚拟社群与现实社群以一种交叉并置的方式相互映照也相互独立,模糊了传统社群形式单一的历史构筑方式。在网络中,由于没有性别、年龄、种族、社会地位等方面的可视特征,交互行为变得没有任何社会包袱,更减低了压抑感。和此前的媒介相比,这种交互的独特之处在于,它促进了网络人际关系的发展。由于网络交往的"匿名性",传统人际交往所遮蔽的巨大活力被释放出来。

曼纽·卡斯特是20世纪90年代后期对都市经验及空间研究予以关注的西方学者。当他在20世纪末在《网络社会的崛起》[①]中提出网络社会这一概念时,不仅是想强调信息技术范式下社会结构的转型与再建,更预言了网络与自我(Net/Self)之间将出现深刻的分裂,这也意味着在网络社会自我认同将呈现更加复杂、更具抗争性的特征。

迅速发展的互联网业已引发一场深刻的社会变革,变革领域涵盖了生产方式、生活方式,甚至人类的思维方式。这种社会变革带来的新的风向气息即使在农民工中也无法避免。事实上,随着互联网成为新生代农民工获取知识和各种信息的重要渠道、交流的新平台,互联网也促进了其观念意识的更新,在效率、参与及平等观念上,互联网都起到了巨大的正面影响。同时,互联网隐蔽性的特性在为新生代农民工提供平等、尊重等正面肯定外,也推出了大量亟待删选的虚假、有害信息。尤其是在虚拟的网络空间中,一些新生代农民工可以以任何一种虚拟的身份在网络空间中游荡,因此感受到了现实生活中缺少的平等、被尊重的感觉,从而沉迷网络,不愿在现实中扩大人际交往。更有一些新生代农民工将网络视为虚假的娱乐游戏,任意散播有害信息、偷窥、发布虚假消息,甚至,面对从"熟人乡村社会"进入"陌生人城镇社会"的巨大心理落差,利用网络的虚拟掩盖进行侥幸的犯罪活动。但毋庸置疑的是,新媒体发展的现代科技途径除了考验着政府及社会对新生代农民工

---

① [美]曼纽尔·卡斯特.网络社会的崛起[M].夏铸九,等译.北京:科学文献出版社,2001.

的教育引导工作和管理体制之外,更为其提供了公共文化服务产品创新型立体化供应系统建立的可能。相对于传统媒体来说,互联网等新媒体为新生代农民工提供了打破固有的以精英文化为主的传统媒体封闭平台。但同时我们看到,新生代农民工对新媒体的应用依然较为生疏,许多功能尚未深度开发。因此,公共文化服务作为公共财政支持的事业,如何启动科技的动力,调动市场的作用,依靠新媒体的服务平台来拉近城市现代化社会与农村乡土社会之间的文化服务距离,依然是项大力推进且亟待发展的课题。

——将农民工公共文化服务作为新媒体传播平台的服务重点予以资金、技术及政策倾斜。深圳广信网络传媒有限公司是为了解决深圳市180万农民工看电视难的问题而专门成立的,于2010年9月完成IPTV集成播控平台的建设,又与中国电信于2011年5月17日正式签署战略合作框架协议,展开示范小区的建设和IPTV试验,在2011年底开通了第一个工业区IPTV服务,2012年2月23日开始面向深圳市3000户进行试运营。IPTV集控平台可解决以往电视网络收视点在工厂区、住宅小区过于集中,而不利于农民工随时随地看电视和上网的难题,使视频手机成为农民工利用碎片化时间,满足个人文化需求,自由享受文化服务的载体。深圳市政府为此提供了资金、技术和政策支持,在IPTV的推广试点中将为农民工提供公共文化服务放在首要地位。

同时,传统的广播电视文化产业也因此改变形态,形成面向多种平台、多种媒体、多种终端的新型节目形态,使内容复用为社会服务,实现价值最大化。以华数TV为例,传统电视单一服务的业态演变为可定制的个性化服务,在家庭版、酒店版、休闲版、农村版等个性化服务版本中提供有所侧重的内容供应。从而实现电视机——电视门户,电视终端——服务终端、信息终端、交流终端,单一屏幕——多屏互动的文化服务转移。

政府可通过购买服务等政策加大技术投入力度,为新生代农民工及其家庭提供公益性的文化产品和文化服务,引导他们就近就便享受文化生活,从而提高文化设施的利用效率,在照顾到全体人民群众的利益和需求的基础上提供分层次、多元化的文化需求。

——文化与科技融合发展有利于提升文化事业服务能力。一方面,结合国家公共文化服务体系建设,加强农家书屋、文化馆、图书馆、博物馆、科技馆等文化公共服务平台的网络化和数字化建设,在传统硬件更新的基础上进行软件升级,进一步提高文化事业的现代化服务能力;另一方面,结合公共文化服务均等化、公益性要求,向新生代农民工免费开放公共图书馆等城市公共文化服务设施,减少农民工城市公共文化服务的隔膜,提高新生代农民工的文化素质。逐步让新生代农民工有更多的条件接触网络资源,避免"数字化区隔"造成的信息占有和利用弱势。通过为新生代农民工创造有利的城市文化环境,提高其社会资本积累能力,增强农民工自我支持和发展的能力。也是在此基础上,搭建文化沟通、交流平台,开拓农民工与城市居民之间新型的对话空间。

丁光清　赵 蓉(原文刊《艺术百家》2015 年第 2 期)

农民工公共文化服务现状及路径探究[①]

改革开放以来,农民工成为中国城市化进程中独特的群体,他们用超强度的劳动和惊人的忍耐力为中国经济发展作出了全球瞩目的贡献。截至2012年,中国农民工的总量已达26261万人。其中,外出农民工16336万人。作为远离土地又尚未融入城市的特殊人群,从生活改善到城市融入,亿万农民工要跨越的不仅仅是温饱生活的坎,更需要面对的是城市文化的心理认同和身份认同。可以说,农民工的文化精神困境问题,自有农民工之日始,就一直存在,直到第二代农民工——"新生代农民工"出现,这个困境非但没有消失,反而更加凸显,甚至引发了严重的社会问题。

农民工问题本质上是,在社会发展的城市化进程中人的社会角色转换问题。要真正融入城市,由农民转变为市民,由过客转变为主人,与实现经济权益、政治权益、社会权益相比,更为深层的是文化认同和文化融入。因为只有实现了文化认同和融入,才能实现价值观念、行为规则、生活方式的转化。所以从这个意义上而言,为农民工提供适合自身发展与群体融入的公共文化服务,让他们真正从文化认同角度实现农民——新市民的角色转变,既是尊重人权、体现社会公平的必然之举,也是促进群体融入和社会良性运作的必要举措,在促进城镇化进程、进一步拉动社会内需的未来,农民工的城市融入,更关乎社会的进一步发展。

2011年,文化部、人力资源和社会保障部与中华全国总工会下发《关于进一步加强农民工文化工作的意见》,保障农民工的文化享有权,为农民工阶层提供均等化的公共文化服务的政策计划日益提上日程。意见出台之后,全国各地在保障农民工基本文化权益、丰富农民工精神生活方面作出了一些颇有实效的努力。如深圳南山区在农民工集中居住区设置外来工图书馆;拥有400多万农民工的深圳宝安区采取"校企合作"和"社区教育"等模式实施"造就百万技能人才工程";上海市实施农民工基本素质教育培训工程等。

[①] 本文为国家社科基金重大项目《农民工与城市公共文化服务体系研究》(项目批准号:12&ZD022)阶段性成果。

但是,课题组调研①显现的问题也是普遍而集中的:囿于我国现行的农民工公共文化服务体系本身缺乏必要的制度保障和充足的经费支持,在针对农民工的问题上,公共文化服务的提供往往缺乏明确的战略目标、稳定的保障机制和清晰的责任体系。现阶段各地对于农民工的公共文化服务,大多停留在设施建设和较为单一的单向服务方面(如送书、送演出等),在制度层次和精神层次的设计和观照还有待提升。可以说,目前我国农民工人均享有公共文化服务资源的水平是极其有限的。

表一 公共文化服务享有(免费)情况调查

频率	图书馆、文化馆(%)	看电影(%)	观看文艺演出(%)	观看体育比赛育比赛(%)	技能培训(%)
一月一次	10.4	15.0	8.4	7.7	11.7
半年一次	11.6	12.5	14.2	10.4	12.6
一年或更长时间一次	13.7	13.9	16.8	14.6	17.4
从来没有	53.5	48.5	50.1	56.4	49.5

造成农民工人均享有公共文化服务资源水平低下的原因既有客观上的制度与保障机制的缺失,也有文化水平制囿所造成的主体参与意识淡薄,具体可以从以下方面分析。

一、户籍制度壁垒

现有的公共文化经费管理体制、户籍制度、就业制度和劳动人事制度、社会保障制度等,是农民工纳入城市公共文化服务体系的制度樊篱。户籍制度人为地将农民工排除在城市公共服务体系之外,在社会保障、就业教育培训、子女入学等一系列制度上,农民工都难以享受与市民均等的待遇。如缺少行之有效的制度保障,农民工不可能享受到城市公共文化服务体系对体系内对象提供的文化服务。

城乡二元体制是造成公共服务非均等化的根本性制度原因,城乡分割的"二元化"模式,构成了城市和乡村、发达地区和欠发达地区之间不平衡的公

---

① 根据研究需要,2012—2013年,课题组前往成都、北京、广州、深圳、上海、阜阳等地开展调研访谈,共收取有效问卷4183份,本文数据即来源于此。

共产品供应体制和基本制度,将客观进城的农民工的相关配套滞后地留在农村。一方面二元模式造成了农民工现象并极大地限制了这一群体城市融入的进程;另一方面二元模式又因为城乡差别、体制差别,造成公共文化服务相关制度、配套物资和服务队伍的地区差——在制度设计、设施建设上,我国现有的公共文化服务最早以城市和发达地区为重点,图书馆、博物馆、文化活动中心等公共文化设施多集中在城市中心和相对发达地区,很多文化活动的开展和文化产品的提供也以城市居民为优先考虑对象,城郊、农村及落后地区薄弱;在文化服务的人才队伍上,很多文化从业精英倾向于向都市和权力上层流动,造成公共文化服务人才队伍的结构倒挂,农村、城乡接合部和农民工城市聚集地等弱势地区的供给不足,客观上再次加剧了农民工享受公共文化服务的难度。

二、公共文化服务资金与保障制度短缺

改革开放30多年,随着我国社会主义市场经济体制的建立,社会结构产生了一系列的变化。由于政治体制、经济体制、社会体制和文化体制等领域的改革进程不平衡,导致了经济社会发展面临极为复杂的矛盾和问题。进一步的改革和发展对社会公共文化服务体系建设提出了新的要求。

伴随我国经济的快速发展,国家财政能力大幅增强:我国财政收入从1960年的572亿元增加到2007年的117210亿元,增长204.91倍;财政支出从1960年的654亿元增加到2012年的125712.25亿元,增长了192.22倍。雄厚的财政实力为我国加大公共文化服务体系扶持力度提供坚实后盾。然而,一方面,我国整体与各地区的文化事业费快速增长,人均文化事业费大幅提升(全国人均文化事业费从1980年的0.56元增加到2012年的35.46元,增长63.32倍);另一方面,投入增长速度和国民经济及财政收入的增长速度不相匹配(文化事业费从1985年的9.32亿元增加到2012年的480.10亿元,增长了51.51倍,远远低于GDP和国家财政支出的增长速度)。从理论上说,随着经济社会的发展,文化事业的投入增速应大于经济发展的增速,但我国文化事业投入的增速却远远低于经济发展和财政能力的增速。20多年来,我国文化事业费占国家财政支出的比例不仅没有上升,反而呈下降趋势:1985年为0.51%,2012年只为0.38%,虽然该比例中间有所反复,但自1988

年以来,一直未高于0.40%[1],远远低于国外发达国家2%~3%的水平。在省级区域方面,各地文化事业费占财政支出的比例也基本不高;文化事业的基本建设投资增长速度远远低于国家基本建设投资的增速,且投入经费的各项支出不尽合理。

表二 2010年各地文化事业费占财政支出比例(%)[2]

地区	比例	地区	比例	地区	比例
浙江	0.75	宁夏	0.44	山东	0.34
北京	0.60	新疆	0.42	四川	0.34
福建	0.60	天津	0.41	黑龙江	0.33
上海	0.56	山西	0.40	江苏	0.33
青海	0.55	广西	0.40	贵州	0.33
吉林	0.51	陕西	0.40	湖南	0.32
内蒙古	0.50	江西	0.38	安徽	0.30
广东	0.50	云南	0.38	河南	0.28
海南	0.47	西藏	0.38	河北	0.25
湖北	0.46	甘肃	0.38		
重庆	0.45	辽宁	0.35		

现行公共文化经费管理体制形成于计划经济时期,曾对我国文化事业的繁荣作出过重要贡献。但是在市场经济条件下,这种传统的公共文化体制显现出某些不适应性:一直以来,政府在看待和解决农民工问题时,只偏重维护农民工的经济权益,而忽视农民工的精神文化需求,在构建公共文化服务体系过程中,城市政府多着力于满足辖区内市民的文化需求和维护权益,并未考虑到在体系内对农民工维护权益的保障和文化需求的满足,在制度设计时未将农民工纳入。因此,农民工在城市工作、生活,但文化权益的维护却缺乏制度保障,从而制约了农民工文化需求的满足。

---

[1] 数据来源:据《中国文化文物统计年鉴》(文化部编)、《2013中国文化统计手册》(文化部财政司编)整理。

[2] 根据2012年《中国文化文物统计年鉴》整理。

表三 当地政府为农民工提供公共文化服务情况

服务内容	频率	百分比
文化馆、图书馆、博物馆免费开放	1290	30.8
送图书、送演出、送电影	499	11.9
免费文化艺术培训	333	8.0
组织大型文化节庆活动	277	6.6
举办文化艺术交流活动	70	1.7
从未提供任何免费文化服务	1308	31.3
有效问卷	3784	90.5
缺失	399	9.5
共计	4183	—

《关于进一步加强农民工文化工作的意见》出台之后，顶层设计开始关注农民工文化需求的保障与满足，并强调城市要将农民工纳入其公共文化服务体系之中，但建构于国家公共文化服务体系下的农民工公共文化服务体系，在资金投入上带有明显的先天不足，即使沿海经济发达地区也仍普遍存在财政支出对公共文化投入的非均衡性，在公共财政支出结构上与其地公共事业处在不均等的问题；且现行的公共文化经费管理体制并不能及时有效地为农民工的文化权益提供财政支持，这种财政投入的方式与质量严重制约着农民工公共文化服务发展的规模和速度。如何有效地兼顾农村与城市、流动与留守所造成的不稳定性，切实有效地将良好的制度设计、财政支持落实在这一特殊的群体，是目前农民工公共文化服务必须面对的问题。

三、农民工公共文化服务管理体制不顺，主管部门职能不清

传统的文化建设按地方和行业的条块分割方式设立，文化经营管理单位众多，重复建设严重，服务效率低下。在文化体制改革中，这一局面虽有改善，但作为文化服务主体的政府部门之间、政府与各公益性事业单位之间依然存在体制不顺、职能不清等情况。

所谓"政府主导、企业共建、社会参与"①的农民工文化工作机制,在缺乏相应保障机制的前提下,这三方究竟有着怎样的责任和目标,并无进一步细致的规定。因此,政府的"每一个职能化的机构都愿意在职能边际内寻找与公共文化服务体系的功能叠合,并且也就会在缝隙性政府结构中形成对公共文化服务体系的某些功能排斥或者功能减值"②。由于缺少必要的制度规范和相关鼓励机制,在农民工公共文化资源供给领域,企业和社会力量参与不足——企业在追求社会效益时,往往注重所参与社会公益活动的传播性和影响力,一般不会太多地把具有劳动能力的农民工纳入自己的公益投资范围;而由于市场准入壁垒和相关激励机制的缺乏,很多潜力巨大的民间资本不能进入公共文化服务领域。

四、农民工文化需求表达机制与参与机会阙如

尊重农民工的文化权利,就要尊重他们的文化需求的表达权和公共决策的知情权、参与权。据调查结果显示,虽然农民工对享受文化生活有较高热情(见表五),但普遍对现有的公共文化服务评价不高(见表四)。在计划经济时代,公众的公共文化需求基本是由长官意志决定的,改革开放以来,这种制度模式还有很深的影响,在公共文化服务模式的构建和公共文化产品的提供等方面,也存在着行政领导主观"决定"公众公共文化需求的情况。在农民工公共文化服务资源供给方面,政府与公共文化服务资源的提供机构一般只有单纯的服务输出和设施建设功能,而作为服务对象的农民工基本处于被动地位——既不掌握相关信息,也无法对接受服务的过程进行评价、问责,更无法决定参与渠道。很多文化产品的生产和文化服务的提供因为不符合这一群体的特定需求,所以出现"供而不需""供而不当"的"被服务"局面。究其原因,就是缺少一个农民工参与的公共决策程序。

---

① 文化部,人力资源和社会保障部,中华全国总工会.关于进一步加强农民工文化工作的意见.
② 王列生,郭全中,肖庆.国家公共文化服务体系论[M].北京:文化艺术出版社,2009:24.

表四 农民工对城市政府为其提供的公共文化服务评价

满意度	整体评价	公共文化设施	公共文化资金投入	公共文化资金投入	公共文化活动内容	公共文化服务质量	公共文化服务形式	公共文化服务场所
不满意	22.2	21.3	27.3	27.3	24.3	25.4	24.0	24.1
一般	51.0	48.7	44.6	44.6	45.5	44.8	45.0	45.1
满意	14.7	18.5	15.5	15.5	17.3	16.7	16.5	17.2
非常满意	2.8	2.3	3.4	3.4	3.5	4.3	5.4	4.2

表五 农民工是否愿意参加当地政府或社区开展的文体活动

参与意愿	频率	百分比
非常愿意	835	20.0
愿意	1104	26.4
看具体情况	1501	35.9
不愿意	284	6.8

由于长期以来公共文化发展的滞后,我们的公共文化服务欠账很多,在此体系下的农民工公共文化服务带有先天的不足,建设农民工公共文化服务体系是一个长期的系统工程,不能毕其功于一役,它需要全社会的支持与参与。

(一)加快农民工城市融入的制度建设

彼得·德鲁克在其重要的政治作品《工业人的未来》中认为,一个社会要给它的工业体系中的每个成员以明确的社会功能和身份,只有这样的建构才是合法的。此理论解释了德国工业革命中功能性社会建设失败给世界带来的战争灾难,也解释了中国东南沿海功能性社会缺失造成的政治后果,广东"乌坎事件"中的族群矛盾深刻地说明了这一点。对于很多新生代农民工而言,他们对农村和土地的依附已大大减弱,在情感认同上,他们更认同也更渴望城市生活,对于这一群体的保障制度和文化服务,关系到他们的城市融入和对社会主流价值观的认同,也关系到社会的良性运作与长治久安。

城镇化将成为中国经济未来发展的最大内需,随着中国产业结构升级,农民工也将成为城镇化的最主要力量。淡化户籍,解决居住、医疗、教育等生存发展难题,让农民工享有城镇居民身份,从而有资格在福利分配方面享受更好的待遇,实现农民工市民化和社会保障体系的全覆盖,只有这样城镇化才能顺利推进。在公共文化服务领域,加快户籍制度改革,有序推进农民工城市化,为农民工享受均等的公共文化服务提供前提和保障。

(二)健全财政转移支付制度,增加资金投入

财政转移支付制度是由于中央和地方财政之间的纵向不平衡和各区域之间的横向不平衡而产生和发展的,它在促进区域经济协调发展上能够转移和调节区域收入,从而直接调整区域间经济发展的不协调、不平衡状况。我国目前实行的财政转移支付制度仍然需要进一步健全、完善。现行的公共文化经费管理体制并不能及时有效地为农民工的文化权益提供财政支持,在针对农民工的流动性上,财政转移支付应更加便捷和有效地兼顾农村与城市、流动与留守所造成的不稳定性,将属于个人的文化事业费有效落实到个人。

发展公共文化服务需依靠政府财政资金支持,要调整财政支出结构,把更多财政资金投向公共文化服务领域,目前文化事业费占国家财政总支出的比重只有0.4%,远远滞后于我国的财政收入和财政支出的发展速度,按照财权和事权相匹配的原则,加大转移支付力度,规范转移支付方式,建立农民工专项转移支付机制,并建立监督评价体系,着力提高转移支付效果。

(三)厘清服务职责,理顺服务思路

对于长期处于社会主义初级阶段的中国社会来说,"政府的基本文化职责主要集中在两个方面,一是在政党政府条件下发挥文化在意识形态价值实现中的独特优势,二是在公共政府条件下作出政府在公共文化生活中的应有努力并提供与社会发展水平相一致的公共文化生活条件"[①]。对于后者而言,随着社会发展的进程,促进社会成员综合素质的提高,不仅是对公民个体的人权保障,还关乎社会的整体发展进程,要提高公共文化服务水平,必须厘清政府职责,理顺服务思路,建立清晰的责权制度和问责制度,追求服务效率的高效化和廉洁化。

在农民工文化的建设主体和推进力量方面,常住地政府是保障农民工文

---

① 王列生,郭全中,肖庆.国家公共文化服务体系论[M].北京:文化艺术出版社,2009:18.

化权益、满足农民工文化需求的责任主体。城市公共文化服务体系的建设规划、经费保障和资源配置应考虑辖区内农民工的文化需求,提高面向农民工的文化服务能力。城市社区是促进农民工融入城市的主要平台和载体,要以常住人口为主要依据,考虑辖区内农民工的规模、特点和文化需求,规划建设和优化配置社区文化设施和服务,构建以社区文化设施为依托的农民工文化服务平台;提高农民工文化活动参与能力,促进农民工城市融入。各级政府部门要鼓励和引导用工企业加强农民工文化工作,督促用工企业加强农民工文化权益保障。研究与企业共建农民工文化服务体系的长效机制,充分调动企业参与农民工文化工作的积极性。引导企业将农民工文化生活纳入企业文化建设范畴,提升企业开展农民工文化工作的自觉性,鼓励用工企业加强农民工文化建设。

明晰职权,理顺农民工公共文化服务的手段,必须对现有文化机构进行整合,提高公共文化服务能力,加大内部机制改革和文化事业单位改革力度,深化文化体制改革,重点推进公益性单位内部劳动人事、分配和社会保障制度的改革,以转化机制、增强活力、改善服务为着力点,取得成效。

(四)推动公共文化的市场化和社会化

调动社会力量参与公共文化服务资源供给,推动公共文化服务一定程度的社会化和市场化。构建公共文化服务体系必须坚持政府主导的方针和原则,这是政府应尽的职责。但是,无论是从投入资金还是从精力来看,政府的资源毕竟是有限的。因此,"在构建公共文化服务体系的过程中,除发挥政府文化部门及传统的公办文化事业单位力量外,还应当通过创新公益文化活动运作机制,通过政府采购、委托承办、承包等形式,吸引社会办各类文化艺术机构参与公共文化服务,推动公共文化的市场化和社会化"[①]。

在宏观上进行管理和调控,将公共文化服务的生产与供给分开。对于政府机构来说,一个重要任务是提供公共产品和服务,至于服务产品,可以根据宏观需要,通过多种方式有效获得。E.S.萨瓦斯在区分"供应"与"生产"的基础上,提出公共服务供给(delivering)包括政府服务、政府出售、政府间协

---

① 曹爱军,杨平.公共文化服务的理论与实践[M].北京:科学出版社,2011:78.

议、合同承包、特许经营、政府补助等10种不同的制度安排①,这些都给我们在制度设计时提供参照和思考。

(五)鼓励农民工参与公共文化服务,注重农民工需求的特殊性

自20世纪打工潮开始,就有文学爱好者一边打工,一边记录自己的打工生活,涌现了许多才华横溢的小说家、诗人、歌手、戏剧导演和民间艺术家,如安子、王十月、郑小琼、许强、孙恒等。如今,越来越多的农民工拥有了文化创造的物质条件和创造愿望,焕发着旺盛的文化热情。鼓励农民工参与公共文化服务,不仅可以改善目前供给模式单一与供给产品"供而不当""供而不需"的现状,而且有利于其自身情感的释放,促进社会融入。从社会融合角度来看,公民参与性原则可以增强公民的归属感和责任感,培养现代公民意识,树立公民在公共文化生活中的主人翁意识、文化认同感和凝聚力,从而更好地调动公民参与公共生活的积极性并激发其文化创造力。因此,公共文化服务除了对农民工提供看书、看电影的初级文化服务之外,还应该帮助农民工在主动参与和创造文化成果中实现自我价值。公民参与具体包括两个方面的含义:一是参与公共文化政策的制定、执行和监督过程,特别是其中的关键性环节,使公民的文化利益诉求得到充分及时的表达,以实现公民合法拥有的民主权利。二是参与文化活动的举办、文化成果的创造,从而实现公民创造文化成果的权利。目前,农民工参与公共文化的保障机制有待建立,农民工参与公共文化活动、文化成果创造的渠道亟待建立。

缺乏平等参与和均衡关系的服务供给过程极易导致服务内容和基本需求之间的脱节与扭曲,也会削弱农民工参与公共文化服务的热情及公共文化服务的社会效果。农民工不是被动的文化接受者,作为为社会作出极大贡献的独特群体,他们曾经历乡土中国的浸润,又感受到了城市文明的步履,在文化需求和文化表达上具有独特性,尤其是新一代农民工,他们对城市的认同和对自身表达的需要,与他们的父辈相比都明显而强烈。

笔者认为,要加强农民工文化需求调研,研究分析农民工的文化需求特

---

① [美]E.S.萨瓦斯著.民营化与公私部门的伙伴关系[M].周志忍等译,北京:中国人民大学出版社,2002:69~89.

点和文化消费规律,尤其是新生代农民工文化需求的特殊性,积极探索适合农民工的文化活动形式。在保障农民工享受城市基本公共文化服务的同时,要充分考虑农民工文化需求特点,提供有针对性的文化服务,丰富农民工的精神文化生活,还要鼓励、扶持农民工自办业余文化团队。

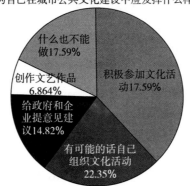

图一　农民工对自身在城市公共文化建设中发挥作用的评价

目前,一些发达国家和地区采用的理事会制度、公示制度、听证制度、表决制度等,通过理事会、咨询委员会、公民调查、公民会议等技术方法获取专家学者、社会各界及普遍公民对公共文化管理及具体文化项目的意见与建议,取得良好效果,并在一些技术环节上积累了不少宝贵的经验。

(六)改变服务模式,形成多方联动的供给模式

参与不仅仅是公民个人的依法参与,还应吸纳社会力量,通过组织民间社团、非营利性文化机构等社会组织形式,合法地、有组织地进入公共领域,形成公共文化服务的共同治理结构,实现公共文化服务中政府与公民社会的良性互动。

提供切实可行的服务模式和农民工需求的文化产品,建立有利于社会力量参与的配套制度,增强社会资金融入的渠道和规模,鼓励企业、组织、个人的直接捐赠、税前赞助及遗产奉献等多种文化事业捐助形式,这样既能减少地方政府的财政支出,又能提高公共文化服务体系的社会公信度和社会号召力。

总之,文化是破解城乡二元结构形成的心理沟壑的重要因素,能否对农民工提供均等有效的公共文化服务,关乎群体融入和社会良性运作;更关乎

社会进一步发展。囿于目前我国公共文化服务现状,服务于农民工的公共文化服务体系,在制度保障、资金支持、服务职能及双向参与等诸多环节都需进一步完善。淡化户籍,健全财政转移支付制度、增加资金投入,厘清服务职责,推动公共文化的市场化和社会化,鼓励农民工参与公共文化服务,注重农民工需求的特殊性,从而在精神、制度、设施三个层面,实现农民工公共文化服务体系的有效构建与积极关联,只有这样农民工公共文化服务才能真正有效促进农民工群体的文化认同和城市融入。

江刘伍　沈　梅(原文刊《艺术百家》2015 年第 2 期)

后　记

俗话说,十年磨一剑。经过十年的学习和研究,国家社会科学基金重大项目结项成果终于付梓了。《农民工城市公共文化服务体系重组与优化》是国家社会科学基金重大项目"农民工与城市公共文化服务体系研究"(项目批准号:12&ZD022)的最终研究成果。该项目首席专家是安徽省人民政府副秘书长、安徽省社会科学院特约研究员刘奇,项目执行主持人是安徽省社会科学院邢军研究员和范丽娟副研究员。

进入21世纪以来尤其是党的十八大以来,农民工的文化权益维护成为各级党委政府关注的重点工作,无论是农民工输出地政府还是农民工输入地社区,都开始关注农民工精神文化生活,重视农民工权益保护问题。但是如何构建包括农民工在内的城市公共文化服务体系,从需求侧和供给侧两个方面满足农民工文化需求,引导农民工参与城市文化活动和文化创造,实现以文化促进农民工的城市融入,提高新型城镇化的质量,成为学界研究的热点问题。

近十年来,全国农民工总量始终保持在2.5亿人以上,安徽省是农民工输出大省,每年外出就业创业的农民工都在1000万人以上。为此,根据2012年全国哲学社会科学规划办公室发布的重大项目指南,安徽省人民政府副秘书长、安徽省社会科学院特约研究员刘奇教授组织安徽省社会科学界研究人员申报关于农民工城市公共文化服务体系研究项目。

该项目在申报和研究的过程中,中共安徽省委宣传部、安徽省人民政府办公厅、安徽省人民政府发展研究中心、安徽省社会科学院、安徽省扶贫开发工作办公室、安徽省人民政府参事室、安徽省文化和旅游厅、安徽省艺术研究院、阜阳师范学院等单位给予大力支持。在项目通过通讯评审后,刘奇副秘书长、丁光清副厅长、邢军研究员等三人赴北京进行项目申报答辩。我国著名社会学家、中国社会科学院荣誉学部委员、国家社科基金重大项目评审组组长陆学艺研究员给予了热情鼓励和大力帮助,在此向陆学艺先生表达深深敬意和真挚感谢。

2012年5月接到项目立项通知。2012年6月29日,"农民工与城市公共文化服务体系研究"开题论证会在合肥召开。时任安徽省委宣传部副部长、安徽社会科学院院长陆勤毅教授主持开题论证会。安徽省人民政府副秘书长、项目首席专家刘奇教授和子课题负责人邢军、宰学明、丁光清、李应振、范丽娟、靳贞来及项目组核心成员参加了会议。国家社科基金项目评审专家、安徽大学党委书记黄德宽教授、国家社科基金项目评审专家、中国艺术研究员王列生研究员、安徽省文化厅厅长杨果教授、安徽农业大学党委书记赵良庆教授、上海浦东改革与发展研究院闻继宁研究员、华中师范大学吴理财教授等担任项目论证专家。安徽省社会科学院副院长倪学鑫研究员、安徽省人民政府参事孙自铎研究员、安徽省委宣传部理论处处长杨俊龙、安徽省哲学社会科学规划办副主任陈德友、安徽省社会科学院科研处处长卫国、阜阳师院科研处处长时伟等作为特邀嘉宾参会。刘奇教授代表项目组就课题研究背景及价值、课题研究框架及内容、课题研究的创新观点、课题研究的基本思路和课题预期成果及研究计划等作了翔实的汇报。项目论证专家组及邀请嘉宾对项目研究意义和框架设计给予高度肯定,并就进一步完善和深化课题研究设计,提高课题成果的学理性、现实性和针对性等,尤其是农民工深层精神需求、农民工身份认同、农民工文化需求表达机制、农民工文化进企业进社区、农民工文化的顶层制度设计方面提出了许多有价值的建议。

2012年9月8日至12日,课题组成员邢军、范丽娟在四川省成都市的现代工业港、郫县农科村、郫县富士康乐园、郫县温德姆大酒店、郫县联华电器公司、川菜博物馆等单位调研,四川省青少年研究与发展中心主任刘勇帮助联系成都工业学院的50多名师生参与项目调研,协助课题组完成960份问卷调查和73份个案访谈报告。2012年10月14日至16日,课题组成员范丽娟、沈梅、李双全、周艳、王磊、邢军在北京市朝阳区金盏乡皮村、朝阳区全峰快递、大兴区义利食品公司、大兴区保全保安公司、丰台区秦唐食府等单位实地调研,发放问卷1200份,完成个案访谈报告85份。2012年12月27日至29日,课题组成员范丽娟、李小群、沈梅、李应振、邢军在深圳福田区深圳特发物业管理有限公司、盐田区珍兴鞋业有限公司、盐田区中显微电子有限公司等单位实地调研,发放问卷680份,完成个案访谈报告39份。2013年4月26日至28日,课题组成员范丽娟、陶武、沈梅、殷民娥、李双全、邢军等到上海市青浦区上海五天实业有限公司、徐汇区上海天天渔港集团、松江区雅泰实业集团、松江区龙工机械公司进行实地调研,发放问卷660份,完成个案访谈报告33份。2013年5月20日至28日,课题组成员李应振、韦向阳、宋玉军、朱剑峰在安徽省阜阳市发放问卷1650份,完成访谈问卷报告82份。2019年9月,该课题顺利结项。

该专著的编纂出版得到安徽省社会科学院区域现代化研究院的项目资助。感谢安徽省社会科学院曾凡银院长、沈天鹰副院长、杨俊龙副院长、沈跃春主编的大力指导,感谢安徽省政协江刘伍副秘书长、安徽省社会科学联合会党组书记洪永平、安徽省文化和旅游厅副厅长丁光清、深圳市委宣传部常务副部长吴忠、安徽省委宣传部理论处处长唐国富、安徽省艺术研究院院长李春荣、安徽省政府驻沪办办公室主任郭万金、安徽省政府发展研究中心综合经济处处长凌宏斌、安徽省政府办公厅处长靳贞来、安徽大学教授沈昕的有力支持,感谢全国哲学社会科学规划办公室、安徽省委宣传部干部处、理论处,以及安徽省社会科学院人事处、科研处、财务处、办公室、当代安徽研究所的鼎力帮助。

《农民工城市公共文化服务体系重组与优化》是集体研究成果。刘奇撰写序,范丽娟撰写第一章、第二章、第三章、第十章,李双全撰写第四章,邢军撰写第五章、第八章、后记,周艳撰写第六章,沈梅撰写第七章,李应振撰写第九章。由于体例和篇幅所限,个案访谈报告和大部分已发表论文没有列入,今后会择机单独出版。本书在写作过程中参阅了大量省内外专家学者的研究成果和珍贵资料,部分文献未能在书中全部标注,也没有在参考文献中列出,敬请给予谅解。

由于学术水平有限,本书可能存在诸多问题和错漏,敬请读者朋友指正。

作　者

2021年11月26日